JBoss AS 7 따라잡기

Korean edition copyright ⓒ 2014 by acorn publishing Co. All rights reserved.

Copyright ⓒ Packt Publishing 2011.
First published in the English language under the title
'JBoss AS 7 Configuration, Deployment and Administration'

이 책은 Packt Publishing과 에이콘출판(주)가 정식 계약하여 번역한 책이므로
이 책의 일부나 전체 내용을 무단으로 복사, 복제, 전재하는 것은 저작권법에 저촉됩니다.

JBoss AS 7 따라잡기

강력한 오픈소스 자바 엔터프라이즈 애플리케이션 서버

프란체스코 마르치오니 지음
김완철 · 신정훈 · 김상곤 · 안광운 옮김

BIRMINGHAM - MUMBAI- SEOUL

acorn+PACKT 시리즈 출간 도서 (2013년 10월 기준)

- Unity 3D Game Development by Example 한국어판
- BackTrack 4 한국어판
- Android User Interface Development 한국어판
- Nginx HTTP Server 한국어판
- BackTrack 5 Wireless Penetration Testing 한국어판
- Flash Game Development by Example 한국어판
- Node Web Development 한국어판
- XNA 4.0 Game Development by Example 한국어판
- Away3D 3.6 Essentials 한국어판
- Unity 3 Game Development Hotshot 한국어판
- HTML5 Multimedia Development Cookbook 한국어판
- jQuery UI 1.8 한국어판
- jQuery Mobile First Look 한국어판
- Play Framework Cookbook 한국어판
- PhoneGap 한국어판
- Cocos2d for iPhone 한국어판
- OGRE 3D 한국어판
- Android Application Testing Guide 한국어판
- OpenCV 2 Computer Vision Application Programming Cookbook 한국어판
- Unity 3.x Game Development Essentials 한국어판
- Ext JS 4 First Look 한국어판
- iPhone JavaScript Cookbook 한국어판
- Facebook Graph API Development with Flash 한국어판
- CryENGINE 3 Cookbook 한국어판
- 워드프레스 사이트 제작과 플러그인 활용
- 반응형 웹 디자인
- 타이타늄 모바일 앱 프로그래밍
- 안드로이드 NDK 프로그래밍
- 코코스2d 게임 프로그래밍
- WebGL 3D 프로그래밍
- MongoDB NoSQL로 구축하는 PHP 웹 애플리케이션
- 언리얼 게임 엔진 UDK 3
- 코로나 SDK 모바일 게임 프로그래밍
- HBase 클러스터 구축과 관리
- 언리얼스크립트 게임 프로그래밍
- 카산드라 따라잡기
- 엔진엑스로 운용하는 효율적인 웹사이트
- 컨스트럭트 게임 툴로 따라하는 게임 개발 입문
- 하둡 맵리듀스 프로그래밍
- RStudio 따라잡기
- 웹 디자이너를 위한 손쉬운 제이쿼리
- 센차터치 프로그래밍
- 노드 프로그래밍
- 게임샐러드로 코드 한 줄 없이 게임 만들기
- 안드로이드 데이터베이스 프로그래밍
- 아이폰 위치 기반 애플리케이션 개발
- 마이바티스를 사용한 자바 퍼시스턴스 개발
- Moodle 2.0 이러닝 강좌 개발
- 티샤크를 활용한 네트워크 트래픽 분석
- Ext JS 반응형 웹 애플리케이션 개발
- 아파치 톰캣 7 따라잡기
- 제이쿼리 툴즈 UI 라이브러리
- 코코스2d-x 모바일 2D 게임 개발
- 노드로 하는 웹 앱 테스트 자동화
- 하둡과 빅데이터 분석 실무
- 아이폰 애플리케이션 성능 튜닝

acorn+PACKT 시리즈를 시작하며

에이콘출판사와 팩트 출판 파트너십 제휴

첨단 IT 기술을 신속하게 출간하는 영국의 팩트 출판(PACKT Publishing, www.packtpub.com)이 저희 에이콘출판사와 2011년 5월 파트너십을 체결하고 전격 제휴함으로써 acorn+PACKT Technical Book 시리즈를 독자 여러분께 선보입니다.

2004년부터 전문 기술과 솔루션을 독자에게 신속하게 출간해온 팩트 출판은 세계 각지에서 시스템, 애플리케이션, 프레임워크 등을 도입한 유명 IT 전문가들의 경험과 지식을 책에 담아 새로운 소프트웨어와 기술을 업무에 활용하려는 독자들에게 전문 기술과 경쟁력을 공유해왔습니다. 특히 여타 출판사의 전문기술서와는 달리 좀 더 심도 있고 전문적인 내용으로 가득 채움으로써 IT 서적의 진정한 블루오션을 개척합니다. 따라서 꼭 알아야 할 내용은 좀 더 깊이 다루고, 불필요한 내용은 과감히 걸러냄으로써 독자들에게 꼭 필요한 심층 정보를 전달합니다.

남들이 하지 않는 분야를 신속하고 좋은 품질로 전달하려는 두 출판사의 기업 이념이 맞닿은 acorn+PACKT Technical Book 시리즈의 출범으로, 저희 에이콘출판사는 앞으로도 국내 IT 기술 발전에 보탬이 되는 책을 열심히 펴내겠습니다.

www.packtpub.com을 둘러보시고 번역 출간을 원하시는 책은 언제든 저희 출판사 편집팀(editor@acornpub.co.kr)으로 알려주시기 바랍니다.

감사합니다.

에이콘출판㈜ 대표이사
권 성 준

이 책을 항상 나를 위해 곁에 있어준 가족과 특히 연극배우가 되겠다는
4살짜리 우리 아이 알렉산드로에게 바친다.
알렉산드로, 모두가 미쳤다고 할지라도 절대 너의 꿈을 의심하지 말아라.

- 프란체스코 마르치오니

지은이 소개

프란체스코 마르치오니 Francesco Marchioni

SCEA(Sun Certified Enterprise Architect) 자격을 가진 아키텍트이며 이탈리아 로마에 있는 회사에서 일하고 있다. 1997년에 자바를 배우기 시작한 이래로 썬에서 만든 새로운 API들을 지켜봐 왔다. 제이보스 애플리케이션 서버(이하 JBoss AS)의 버전이 2.x 였던 2000년부터 JBoss 커뮤니티에 참여했다. 소프트웨어 컨설턴트로 오랜 시간을 보냈으며, 벤더 기반의 플랫폼을 JBoss AS 같은 오픈소스 제품으로 성공적으로 이전하는 것을 계획해 왔다. 지금처럼 빠듯한 예산 요구사항을 만족시키면서 말이다.

지난 5년간은 오라일리 미디어에서 기술 기사를 작성했으며 JBoss 제품에 초점을 둔 IT 포탈(http://www.mastertheboss.com)을 운영 중이다. 팩트 출판사에서 출간된 『JBoss AS 5 Development』, 『JBoss AS 5 Performance Tuning』, 『JBoss 인피니스팬 따라잡기』(에이콘출판, 2013), 『JBoss AS 7 Development』를 저술했다.

이 서적에 도움을 주신 많은 분에게 감사를 드립니다. 첫 번째로 새로운 제품을 개발에 참여를 통해 도움을 주신 JBoss 커뮤니티에 깊은 감사를 드립니다. 특히, 실질적으로 품질이 향상되도록 감수자로서 자신의 경험을 공유해 주신 자이키란에게 감사드리고 싶습니다.

애플리케이션 서버가 변경될 때마다 여러 번 다시 책을 쓰게 도전을 공유해 주신 팩트출판사 팀에게 감사를 표현하고 싶습니다.

마지막으로, 책을 쓰는 동안 참을성 있게 집안일을 잘 해주고 저주의 JBoss 업무를 언제 끝낼 거냐고 묻던 아내 린다에게 감사하고 싶습니다.

기술 감수자 소개

자이키란 파이 Jaikiran Pai

레드햇에서 JBoss AS의 일원으로 EJB3 개발팀에서 근무했다. 소프트웨어 개발자 역할에서 자바EE와 자바 언어에 주로 참여했다. 2004년 졸업 후 인도 푸네에 있는 소프트웨어 회사에서 근무했다. 이 기간 동안 JBoss 애플리케이션 서버에 관심을 가지고 개발했고, JBoss 커뮤니티에서 활동했다. 그후, JBoss EJB3 팀의 일원으로 레드햇에 합류했다.

『JBoss AS Getting Started DZone RefCard』의 공동집필자이기도 하다. 그가 JBoss에 관련 일을 안할 때면, 그가 좋아하는 장소인 2007년부터 운영자로 활동 중인 자바랜치 JavaRanch(http://www.javaranch.com)에서 그를 찾을 수 있다.

디팍 보흐라 Deepak Vohra

NuBean.com 소프트웨어 회사의 주요 일원이며, 컨설턴트다. 썬 공인 자바 프로그래머이자 웹 컴포넌트 개발자로서, XML 및 자바 프로그래밍을 하고 5년간 J2EE 분야에서 일했다. 『Pro XML Development with Java Technology』(2006, Apress)의 공동 저자며, 『WebLogic: The Definitive Guide』(2004, O'Reilly)에 대한 기술 감수도 맡았다. 『Ruby Programming for the Absolute Beginner』(2007, Cengage Learning PTR)의 기술 검토 및 『Prototype and Scriptaculous in Action』(2007, Manning Publications)의 기술 편집자다. 또한 『JDBC 4.0과 Oracle JDeveloper for J2EE Development』(2008, Packt Publishing)과 『Processing XML Documents with Oracle JDeveloper 11g』(2009, Packt Publishing), 『EJB 3.0 Database Persistence with Oracle Fusion Middleware 11g』(2009, Packt Publishing)를 저술했다.

옮긴이 소개

김완철(gomkwc@gmail.com)

15년차 자바 엔지니어로 과거 SEGA China에서 게임 웹 서비스 개발을 담당했고, 현재는 네오위즈게임즈에서 모바일 프로젝트와 백엔드 시스템으로 빅데이터 관련 프로젝트를 진행하고 있다. Korea JBoss User Group 멤버로 활동하고 있으며, JBoss Community 프로젝트 및 실시간 빅데이터 분석에 관심이 많다.

신정훈(jhshin9@gmail.com)

공공 및 텔레콤, 금융 프로젝트에서 다년간 AA 및 TA, 개발자로 지내왔으며, 현재는 KT에서 BIT 프로젝트 진행 중이다. SKT 및 KT에서 오랫동안 클라우드 및 빅데이터 프로젝트를 수행해서 이쪽 분야에 관심이 많다.

김상곤(ytwokei@gmail.com)

텔레콤, 금융 프로젝트에서 미들웨어 SE와 TA로 활동했으며 현재 클라우드 서비스 시스템 기술지원을 하고 있다. 데브옵스 관점에서 미들웨어와 BPM활용이란 주제로 고민 중이다.

안광운(z@kuahn.com)

현재 멜론에서 음악을 쉽게 즐길 수 있는 방법을 고민하는 커머스팀에서 개발을 하고 있다. 모험심이 가득해서 새로운 것을 좋아하고, 개발자로서 할 수 있는 것이 무엇인지에 대해 생각한다.

옮긴이의 말

JBoss는 자바를 기반으로 하는 오픈소스 미들웨어의 총칭입니다. 대표적으로 자바EE 스펙을 구현한 JBoss 애플리케이션 서버(이하 JBoss AS)가 있으며, 인피니스팬(Infinispan), RHQ 등등 매우 다양한 프로젝트가 JBoss 커뮤니티(http://www.jboss.org)에 의해 개발되고 있습니다.

2006년에는 레드햇에 인수되어 JBoss 프로젝트를 운영하고 있으며, 2007년부터는 각종 컴포넌트의 제공, 보증 및 통합 품질 테스트를 완료한 EAP 버전(JBoss Enterprise Application Server)을 제공하고 있습니다.

아직 국내에서는 톰캣을 가장 많이 사용하고 있고, 금융 권에서는 웹로직과 웹스피어 같은 상용 WAS를 많이 사용하고 있습니다. 하지만 국외에서는 오픈소스라는 장점으로 인해 JBoss AS는 매우 인기 있는 WAS로 이미 자리 잡고 있습니다. 최근에는 국내 대기업에서도 많이 도입되어 운영하고 있으며, 계속해서 확산해 가는 추세입니다. 저희 역자들도 프로젝트에 JBoss AS를 다년간 사용해 오고 있습니다.

하지만 현재 JBoss AS와 관련되어 출간된 서적은 그리 많지 않으며, 최신 버전을 다룬 서적은 극히 드문 편입니다. 이번 기회를 통해 여러분에게 JBoss AS와 같은 뛰어난 오픈소스 WAS를 알리고, 오픈소스에 대한 선입관을 없애주고 싶어서 번역서를 출간하게 되었습니다.

우선, 간단하게 JBoss AS 7을 소개하겠습니다. JBoss AS 7은 매우 가벼우면서 강력한 기능을 제공하는 오픈소스 WAS입니다. 기존 5 버전의 무겁고, 복잡했던 설정을 7 버전에서는 새롭게 개선하여, 서브시스템을 모듈화시켰고, 설정파일을 단일 파일로 제공하여 손쉽게 수정할 수 있게 했습니다.

또한, 7 버전에서는 중앙의 도메인 서버가 각 서버를 관리할 수 있는 도메인 개념의 서버 관리 아키텍처 기능을 선보이게 됐습니다. 5 버전과 비교하면 10배나 빠른 구동속도와 더욱 세련된 관리페이지를 제공하고 있어 여러분은 마치 새로운 솔루션을 만난 것 같은 느낌을 갖게 될 것입니다.

이 책을 통해서 스탠드얼론 방식과 도메인방식으로 JBoss AS 7을 구성하는 방식과 웹 애플리케이션 개발 및 EJB 개발 그리고, 오픈시프트(https://www.openshift.com)라는 JBoss PaaS Platform as a Service 클라우드에 대해 배우게 될 것입니다. 톰캣 웹 서버만을 다뤄본 자바 엔지니어나 시스템 엔지니어 입장에서는 매우 낯설고 어려운 내용일 수도 있지만, 예제 따라하기 형식의 내용으로 구성되어 있어 천천히 따라 하다 보면 어느덧 WAS, 특히 JBoss AS에 대한 두려움이 완전히 사라진 자신의 모습을 볼 수 있을 것입니다.

마지막으로 번역으로 인해 주말마다 고생하신 역자들과 그의 가족들(아버지, 어머니, 미령, 세은, 혜신, 수민, 성린, 성희, 정옥)에게 감사의 인사를 전합니다. 특히, JBoss User Group 멤버들에게 감사 드립니다.

대표역자 **김완철**

목차

지은이 소개 8
기술 감수자 소개 10
옮긴이 소개 12
옮긴이의 말 14
들어가며 25

1 JBoss AS 7 설치 31

애플리케이션 서버의 시작 33
   자바 환경 설치 33
   JBoss AS 7 설치 36
   JBoss AS 시작하기 37
      커맨드라인 인터페이스 서버 연결 39
   JBoss 정지 40
      종료 스크립트 위치 40
      원격 머신에서 JBoss 정지 40
   JBoss 재시작 41
   이클립스 개발환경 설치 41
      JBoss tools 설치 42
애플리케이션 서버 파일 시스템 알아보기 43
   bin 폴더 44
   docs 폴더 45
   domain 폴더 46
   standalone 폴더 47
   welcome-content 폴더 48
   modules 폴더 48
   애플리케이션 서버 모듈 로딩하기 49
요약 51

2 애플리케이션 서버 설정 — 53

애플리케이션 서버 설정 — 54
- 확장(Extensions) — 56
- 경로(Paths) — 56
- 관리 인터페이스(Management interfaces) — 57
- 프로파일(Profiles) — 58
- 인터페이스(Interfaces) — 58
- 소켓 바인딩 그룹(Socket binding groups) — 60
- 시스템 프로퍼티(System properties) — 61
- 배포(Deployments) — 61

코어 서브시스템 설정 — 61
- 스레드 풀 서브시스템 설정 — 62
  - 스레드 팩토리 설정 — 63
  - 제한 스레드 풀 — 64
  - 무제한 스레드 풀 — 66
  - 큐 없는 스레드 풀 — 67
  - 스케줄 스레드 풀 — 68

애플리케이션 서버 로깅 설정 — 69
- 로깅 구현체 선택 — 70
  - 로깅 서브시스템 설정 — 71
  - 로거 설정 — 77
- 애플리케이션에 Log4j 설정 — 78

요약 — 81

3 엔터프라이즈 서비스 설정 — 83

데이터베이스 연결 설정 — 84
- JDBC 드라이버 설치 — 85
- 로컬 데이터소스 추가 — 87
  - 커넥션 풀 설정 — 88
  - 명령문 캐시 구성 — 89
  - xa-datasource 추가 — 90

데이터소스 설치 간소화	91
올바른 드라이버 배포 전략 선택	92
프로그래밍적 데이터소스 설정	94

엔터프라이즈 자바 빈 설정 — 94

EJB 컴포넌트 설정	97
무상태 세션 빈 설정	97
상태유지 세션 빈 설정	100
메시지 드리븐 빈 설정	102
타이머 서비스 설정	103
메시징 시스템 설정	105
전송 설정	107
커넥션 팩토리 설정	110
JMS 목적지 설정	111
주소 설정으로 목적지 사용자 정의	112
호넷큐 지속성 설정	114
트랜잭션 설정	115

요약 — 118

4 JBoss 웹 서버 설정 — 119

웹 컨테이너 설정 — 119

웹 서버 설정은 어디서?	120
웹 서버 커넥터 설정	121
웹 서버 리소스 설정	126
정적 리소스 설정	126
동적 리소스 설정	127

웹 애플리케이션 생성 및 배포 — 130

새로운 동적 웹 프로젝트 생성	130
JSF 컴포넌트 추가	133
EJB 레이어 추가	136
애플리케이션 웹 컨텍스트 선택	138
웹 애플리케이션 배포	139
리모트 EJB 클라이언트 추가	141

데이터 퍼시스턴트 설정	145
JPA 서브시스템 기본 데이터소스 사용	147
엔티티스 설정	148
다른 애플리케이션 아카이브 퍼시스턴트 설정	150
다른 제공자로 변경	151
요약	152

5 JBoss AS 도메인 설정 — 153

JBoss AS 도메인 소개	154
기본 도메인 설정 이해	155
도메인 시작 및 종료	157
도메인 설정	158
domain.xml 파일 설정	159
host.xml 파일 설정	161
관리 인터페이스 설정	162
네트워크 인터페이스 설정	163
도메인 컨트롤러 설정	164
JVM 설정	165
서버에 JVM 옵션 추가	165
요소들 사이의 우선 순위	166
서버 노드 설정	167
도메인 설정 적용	168
도메인 설정 예제	170
런타임에 도메인 설정 변경	175
요약	177

6 JBoss AS 7 애플리케이션 배포 — 179

애플리케이션 서버에 리소스 배포	180
JAR 아카이브	180
WAR 아카이브	181
EAR 아카이브	181

JBoss AS 스탠드얼론에 애플리케이션 배포	182
애플리케이션 자동 배포	182
사용자 정의 폴더에 애플리케이션 배포	183
애플리케이션 스캐너 작동 변경	184
CLI를 사용한 애플리케이션 배포	184
웹 어드민 콘솔을 사용한 애플리케이션 배포	186
이클립스 환경에서 애플리케이션 배포	188
이클립스 배포를 위한 패키징 스타일 선택	188
애플리케이션 수동 배포	189
JBoss AS 도메인 애플리케이션 배포	193
CLI를 사용해서 AS 도메인에 배포	194
전체 서버 그룹 배포	194
단일 서버 그룹 배포	195
어드민 콘솔을 사용해서 AS 도메인에 배포	197
JBoss AS 7 클래스로딩 설명	199
모듈 이름 알아내기	201
격리 수준 찾기	201
암시적 의존성	202
명시적 의존성	203
전역 모듈 설정	206
고급 배포 전략	206
단일 모듈 의존성 설정	207
서버의 자동 의존성 제거	208
서브 배포 격리	209
의존성 해결을 위한 클래스 경로 사용	212
요약	213

7 애플리케이션 서버 관리　　215

커맨드라인 인터페이스	216
CLI 사용법	217
리소스 탐색과 오퍼레이션 실행	218
CLI의 명령어 실행	226

CLI에서 도움받기	231
배치 CLI 스크립트 실행	231
고급 배치 명령어	232
파일을 이용한 스크립트 실행	234
비 대화형 출력 리다이렉션	235
설정의 스냅샷 찍기	235
애플리케이션 서버가 자동으로 저장하는 것	236
스냅샷 찍기	237
CLI의 히스토리	238
새로운 웹 어드민 콘솔	**239**
어드민 콘솔 접속	240
서버 프로파일 설정	241
데이터소스 설정	242
JMS 목적지 설정	244
소켓 바인딩 그룹 설정	246
커맨드라인 인터페이스 혹은 웹콘솔?	**247**
요약	**248**

8 클러스터링   249

JBoss 클러스터링 설치	**250**
스탠드얼론 서버 클러스터링 설치	250
다른 장비에서 운영되는 AS 노드 클러스터	251
같은 장비들에서 서버 클러스터링	254
도메인 서버 클러스터링 설치	259
클러스터링 트러블슈팅	261
JBoss 클러스터링 설정	**263**
제이그룹스 서브시스템 설정	264
프로토콜 스택 커스터마이징	267
인피니스팬 서브시스템 설정	**268**
세션 캐시 컨테이너 설정	270
복제와 분산 선택	273
하이버네이트 캐시 설정	276

하이버네이트 캐시를 위한 복제 사용	279
고급 인피니스팬 설정	280
인피니스팬 스레드 설정	280
인피니스팬 전송 설정	281
메시징 서브시스템 클러스터링	282
메시징 인증서 설정	285
요약	285

9 웹 애플리케이션 로드밸런싱   287

JBoss AS 7과 아파치 웹 서버 사용	288
mod_jk 설정	289
mod_proxy 설정	292
mod_cluster로 로드밸런싱	294
mod_cluster 설치	296
CLI로 mod_cluster 관리	300
CLI로 웹 컨텍스트 관리	302
네이티브 관리 기능들 추가	303
설정파일을 이용해서 웹 컨텍스트 관리	304
mod_cluster 트러블 슈팅	304
mod_cluster 테스트	306
노드 간 로드밸런싱	307
로드 메트릭 사용	308
클러스터에서 다이나믹 메트릭 설정 예제	310
애플리케이션에서 클러스터링 설정	312
세션 빈 클러스터링	313
엔티티 클러스터링	315
엔티티 캐싱	317
쿼리 캐시	319
웹 애플리케이션 클러스터링	320
요약	321

10 JBoss AS 7 보안   323

자바 보안 API에 접근   324
   JBoss AS 7 보안 서브시스템   326
   UserRoles 로그인 모듈   329
   데이터베이스 로그인 모듈   330
      패스워드 암호화   331
   LDAP 로그인 모듈   333
      Jboss AS에 LDAP 연결   335
   웹 애플리케이션 보안   338
   EJB 보안   341
   웹 서비스 보안   343
AS 7 관리 인터페이스 보안   344
전송계층 보안   347
   JBoss AS의 보안 소켓 계층 사용   350
   인증서 관리 도구   350
   자체 서명된 인증서를 사용한 HTTP 통신 보안   351
   CA가 서명한 인증서로 HTTP 통신 보안   353
요약   354

11 클라우드에도 매력적인 JBoss AS 7   357

클라우드 컴퓨팅이란?   358
   클라우드 컴퓨팅 vs 그리드 컴퓨팅   359
   클라우드 컴퓨팅의 장점   360
   클라우드 컴퓨팅의 형태   361
      침입 탐지 시스템(IDS)   362
   클라우드 컴퓨팅의 종류   363
JBoss 클라우드 인프스트럭처   365
   오픈시프트 온라인 시작   366
   오픈시프트 클라이언트 툴 설치   367
   오픈시프트 온라인 도메인 생성   368
   오픈시프트 온라인 애플리케이션 생성   371

서버에 무슨 일이 일어나는지 보기	377
AS 7 애플리케이션 관리	379
클라우드에서 애플리케이션 설정	380
오픈시프트 스토리지 관리	381
요약	**382**

부록 385

시작 옵션	385
일반 명령어	386
도메인 모드	387
배포 명령어	387
JMS	388
데이터소스	388
데이터소스(리소스에서 오퍼레이션 사용)	389
모드클러스터	390
배치	391
스냅샷	391

찾아보기	393

들어가며

자바EE 표준이 진화하고 성숙해짐에 따라 API는 점점 더 많아지고 복잡해지고 있다. 애플리케이션 서버의 다음 세대는 모듈화되고, 특정 서비스 또는 컨테이너를 실행하도록 구성해야 한다. JBoss AS 7는 이러한 요구 사항을 충족하지만, 복잡한 애플리케이션 서버의 설정은 혼란스럽고, 종종 중복되는 관리 및 운영 업무가 섞여서 구성되어 있다.

『JBoss AS 7 따라잡기』는 JBoss 애플리케이션 서버를 구성하는 모든 컴포넌트 전문가의 경험을 제공한다. 그리고 사용하는 방법과 제품에 대한 학습 곡선을 극적으로 줄여주는 데 도움이 된다.

이 책은 새로운 AS를 설정하는 일반적인 함정을 피하기 위해 논리적인 순서로 설정, 관리, 배포 및 고급 관리를 설명한다. 우선, 이 책은 새 애플리케이션 서버의 구조와 설치 방법을 알려준다. 또한 스레드 풀, 메시징 시스템 및 트랜잭션 서비스 등의 핵심 AS 서비스를 설정하는 방법에 대해 배우게 된다. 마지막으로, 하나의 노드 또는 애플리케이션 서버의 클러스터를 통해 스탠드얼론 또는 도메인 서버를 비롯해 가능한 모든 구성 변형을 통해 애플리케이션 배포 및 관리하는 방법을 배운다. 효율적이고 필수적인 애플리케이션 서버를 만들기 위한 AS 성능 튜닝방법도 배우게 된다. 이 책의 마지막 부분에서는 서비스로서 클라우드에서 애플리케이션을 제공하는 방법도 보여준다.

이 책의 구성

1장. JBoss AS 7 설치에서는 가장 중요한 기능을 설명하고 장비에 설치하는 방법을 보여줄 새로운 애플리케이션 서버를 소개한다.

2장. 애플리케이션 서버 설정에서는 애플리케이션 서버 주요 설정 파일과 스레드 풀 설정과 로깅 서브시스템과 같은 일부 핵심 부분이 포함되어 있다.

3장. 엔터프라이즈 서비스 설정에서는 어떻게 스탠드얼론 설정 파일을 사용해 핵심 자바 엔터프라이즈 서비스를 모델링하는지 알려준다.

4장. JBoss 웹 서버 설정에서는 웹 서브시스템을 확인해 스탠드얼론 서버 구성을 완료한다. 이 장에는 JBoss AS 7에서 자바EE 6 애플리케이션을 만들고 구성하는 방법을 배울 수 있는 전체 자바EE 예제가 포함되어 있다.

5장. JBoss AS 도메인 설정에서는 스탠드얼론 또는 도메인 서버 설정의 선택 기준이 되는 도메인 서버 설정 구성 방법을 알려준다.

6장. JBoss AS 7 애플리케이션 배포에서는 애플리케이션 배포와 관련된 실부 내용이 포함되어 있다. 또한, 애플리케이션이 로드될 때 애플리케이션 서버에 의해 사용되는 클래스로딩 메커니즘을 설명한다.

7장. 애플리케이션 서버 관리에서는 애플리케이션 서버 인스턴스를 제어하는 데 사용할 수 있는 관리 도구를 알려준다.

8장. 클러스터링에서는 애플리케이션에 확장성과 고가용성을 제공하는 필수 컴포넌트 역할인 AS 7 클러스터링 기능이 포함되어 있다.

9장. 웹 애플리케이션 로드밸런싱에서는 여러 서버가 동일한 서비스에 참여하고 동일한 작업을 수행할 수 있는 능력인 클러스터링의 두 번째 중요한 문제인 가용 서버의 리퀘스트 부하를 분산하는 방법에 대해 설명한다.

10장. JBoss AS 7 보안에서는 JBoss의 보안 프레임워크의 기초와 엔터프라이즈 애플리케이션과 서버 관리 인터페이스를 보호하는 방법이 포함됐다.

11장. 클라우드에도 매력적인 JBoss AS 7에서는 레드햇 오픈시프트 플랫폼을 사용하여 클라우드 환경에서 자바EE 애플리케이션을 제공하는 방법을 보여준다.

부록에서는 CLI를 사용하여 애플리케이션 서버를 관리하는 데 사용할 수 있는 가장 일반적인 명령어 및 작업에 대한 요약 정보를 제공한다.

이 책을 읽기 전에 필요한 요구사항

자바 엔터프라이즈의 사전 지식은 필요하지만, JBoss 애플리케이션 서버에 대한 사전 지식은 필요하지 않다. 이 책은 새로운 서버 릴리스에 있는 기존의 JBoss AS 설정 업그레이드 시 도움이 될 만한 내용을 포함하고 있다. 따라서 JBoss 사용자가 이 책을 읽으면 분명히 많은 도움이 될 것이다.

이 책의 대상 독자

이 책은 자바 시스템 관리자, 개발자 및 애플리케이션 테스터에게 도움이 될 것이다. 이전에 JBoss AS를 사용했든 안 했든 간에 이 책에서 AS 7의 완전 새로운 기능에 대한 지식을 얻을 수 있다.

이 책의 편집 규약

이 책에서 여러분은 다른 종류의 정보를 구별하는 텍스트 스타일을 찾을 수 있다. 다음은 이러한 스타일의 예와 의미에 대한 설명이다.

텍스트의 코드 단어는 다음과 같이 표시된다.

"반면에 모든 IP 주소로 네트워크 인터페이스를 바인딩해서 사용하고 싶으면 `<any-address />` 요소를 사용한다."

코드 블록은 다음과 같이 설정한다.

```xml
<module xmlns="urn:jboss:module:1.0" name="com.mysql">
    <resources>
        <resource-root path="mysql-connector-java-5.1.17-bin.jar"/>
    </resources>
    <dependencies>
        <module name="javax.api"/>
        <module name="javax.transaction.api"/>
    </dependencies>
</module>
```

코드 블록의 특정 부분에 주목하고자 하는 경우에 해당 줄이나 항목을 굵게 설정한다.

```
Connection result = null;
try {
    Context initialContext = new InitialContext();
    DataSource datasource =
    (DataSource)initialContext.lookup("java:/MySqlDS");
    result = datasource.getConnection();
}
catch ( Exception ex ) {
    log("Cannot get connection: " + ex);
}
```

모든 커맨드라인 입력 또는 출력은 다음과 같이 작성한다.

```
[disconnected /] connect
Connected to localhost:9999
[localhost:9999 /] :reload
```

새로운 용어와 중요한 단어는 굵게 표시된다. 화면에 표시되는 단어, 예를 들어, 메뉴나 대화 상자에서 다음과 같은 텍스트로 표시된다.

"이제 이클립스에서 상단 메뉴에서 New > Server를 선택하면 JBoss Community 옵션 하위에 있는 JBoss AS 7을 볼 수 있다."

경고 또는 중요한 사항은 다음과 같이 상자에 표시된다.

팁과 요령은 다음과 같이 표시된다.

독자 의견

책을 읽는 독자 여러분의 의견은 언제든지 환영한다. 이 책을 어떻게 생각하는지 부담 없이 이야기해준다면 좋겠다.

일반적인 의견은 이 책의 제목을 메일 제목으로 해서 feedback@packtpub.com 으로 보내면 된다.

출판되기 원하는 책이 있다면 그 내용을 www.packtpub.com에 있는 **SUGGEST A TITLE** 양식이나 이메일(suggest@packtpub.com)로 보내면 된다.

특정 분야의 책을 쓰거나 기여하는 데 관심이 있다면 www.packtpub.com/authors에 있는 저자 가이드를 참조하기 바란다.

고객 지원

팩트 출판사의 구매자가 된 독자에게 도움이 되는 몇 가지를 제공하고자 한다.

이 책에 사용된 예제 코드 내려받기

이 책의 예제 코드는 http://www.PacktPub.com에서 내려받을 수 있다. 다른 곳에서 구매한 경우에는 http://www.packtPub.com/support를 방문해 등록하면 파일을 이메일로 직접 받을 수 있다. 에이콘출판사의 도서정보 페이지 http://www.acornpub.co.kr/book/jboss-as7에서도 예제 코드를 내려받을 수 있다.

오탈자

내용을 정확하게 전달하려고 온 힘을 다했지만, 실수가 있을 수 있다. 팩트 출판사의 책에서 코드나 텍스트상의 문제를 발견해서 알려준다면 매우 감사하게 생각할 것이다. 그런 참여를 바탕으로 다른 독자에게 도움을 주고, 다음 버전에서 책을 더 완성도 있게 만들 수 있다. 오자를 발견한다면 http://www.packtpub.com/support를 방문해 이 책을 선택하고, 정오표 제출 양식으로 오류 정보를 알려주기 바란다. 보내준 내용이 확인되면 웹사이트에 그 내용이 올라가거나, 해당 서적의 정오표 섹션에 그 내용이 추가될 것이다. http://www.packtpub.com/support에서 해당 타이틀을 선택하면 지금까지의 정오표를 확인할 수 있다. 한국어판은 에이콘출판사의 도서정보 페이지 http://www.acornpub.co.kr/book/jboss-as7에서 찾아볼 수 있다.

저작권 침해

인터넷에서의 저작권 침해는 모든 매체에서 벌어지고 있는 심각한 문제다. 팩트 출판사에서는 저작권과 사용권 문제를 아주 심각하게 인식하고 있다. 어떤 형태로든 팩트 출판사 서적의 불법 복제물을 인터넷에서 발견한다면 적절한 조치를 취할 수 있게 해당 주소나 사이트명을 알려주길 부탁한다.

의심되는 불법 복제물의 링크를 copyright@packtpub.com으로 보내주기 바란다.

저자와 더 좋은 책을 위한 팩트 출판사의 노력을 배려하는 마음에 깊은 감사의 마음을 전한다.

질문

이 책에 관련된 질문이 있다면 questions@packtpub.com으로 문의하기 바란다. 온 힘을 다해 질문에 답해드리겠다. 한국어판에 관한 질문은 이 책의 옮긴이나 에이콘출판사 편집팀(editor@acornpub.co.kr)으로 문의할 수 있다.

1
JBoss AS 7 설치

자바는 오늘날 유일하게 모든 스크립트 계열 언어들을 따돌리고 가장 널리 사용되는 단일 프로그래밍 언어다. 자바는 여전히 엔터프라이즈와 웹 애플리케이션 개발, 특히 대규모 애플리케이션 개발 시 선택되는 플랫폼이자 언어다.

자바 언어는 처음 등장 이래 많은 변화가 있었고 앞으로도 계속 변할 것이다. 오라클Oracle이 자바 언어의 모태인 썬Sun을 인수하면서 자바의 영역을 더 끌어 올려 확장하는 고급 전략을 펼치고 있다. 이는 새롭게 부상하고 있는 소프트웨어 개발 패러다임에 대응해 자바 플랫폼에 새로운 아키텍처를 바탕으로 **단순화, 최적화, 통합화**하고 자바 개발자 커뮤니티에 더 많은 투자를 해 더 많은 참여를 끌어내고 있다.

이쯤에서 한 가지 의문이 생긴다. 애플리케이션 서버는 이러한 새로운 패러다임에 대응할 준비가 됐을까? 애플리케이션 서버는 원래 웹 애플리케이션을 지원하는 형태의 단순한 웹 컨테이너로 설계되었다가 본래의 역할에 원격 액세스 서비스를 더한 EJB 컨테이너로 크게 확장됐다. 오늘날 대부분의 애플리케이션 서버는 분산 트랜잭션, 클러스터링, 보안 등을 지원하는 종합적인 서비스 계층을 제공한다.

또한, 많은 오픈소스가 애플리케이션 서버에 포함되고 오늘날 여러 제품에 주요하게 사용된다. 그러나 각 라이브러리는 수시로 발전 방향에 따라 작동을 위해 추가적인 라이브러리들을 요구하게 됐고 결국 복잡하게 발전했다. 때문에 이러한 라이브러리들을 통합하기란 결코 쉬운 일이 아니다.

대부분의 IT 전문가들이 동의하는 현재 애플리케이션 서버의 도전과제는 가볍고 유연한 컨테이너 설정으로 고객의 요구에 맞게 다양한 기능을 통합하는 것이다.

JBoss AS 7.0은 현재 두 가지 주요 프로젝트를 기반으로 완전히 새로워진 커널 kernel 중심으로 설계됐다.

- **JBoss 모듈**: 컨테이너의 자원을 로딩하는 클래스를 다룬다. 모듈 환경에서 애플리케이션을 실행하는 가벼운 부트스트랩 래퍼bootstrap wrapper[1]라고 생각할 수 있다.

- **모듈화 서비스 컨테이너**MSC, Modular Service Container: 컨테이너가 사용하는 서비스를 설치, 삭제, 관리하는 방법을 제공한다. 또한, MSC는 서비스에 자원을 추가하고 서비스 간 의존성dependency을 관리한다.

다음 그림은 새로워진 애플리케이션 서버 커널의 기본 아키텍처를 묘사했다.

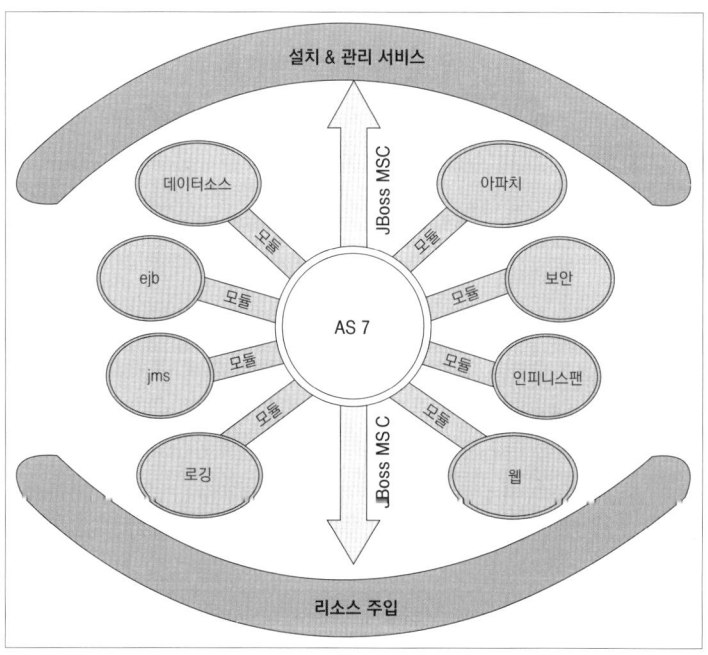

---

[1] 여기서 부트스트랩 래퍼(bootstrap wrapper)는 서버가 시동 되거나 재시동될 때 애플리케이션을 적재하는 역할로 볼 수 있다. - 옮긴이

처음부터 새로운 모듈화 커널에 대해 자세히 이해하기란 쉽지 않기 때문에 자연스럽게 기초적인 서버 구성에 익숙해지도록 몇 가지 유용한 개념들을 1장에서 소개한다.

우선은 코어 서버 컴포넌트와 필요한 것들을 설치하자.

애플리케이션 서버의 시작

애플리케이션 서버에 대해 배우는 첫 단계는 이를 운영하기 위해 자신의 컴퓨터에 직접 설치하는 것이다. 애플리케이션 서버는 자바가상머신 환경 설치를 요구한다.

필요한 하드웨어 사양으로 이 글을 쓰고 있는 현 시점에서 서버 배포를 위해 하드 디스크 용량은 약 75MB가 필요하며, 메모리는 스탠드얼론 서버를 위해 최소 64MB, 최대 512MB를 할당해야 한다.

설치를 위한 체크 리스트는 다음과 같다.

1. JBoss AS 7을 설치할 곳에 자바 개발 도구를 설치한다.
2. JBoss AS 7을 설치한다.
3. 이클립스 개발환경을 설치한다.

1장이 끝날 쯤이면 애플리케이션 서버를 시작할 모든 준비가 완료된다.

자바 환경 설치

JBoss AS는 완전한 자바 애플리케이션 서버이기 때문에 자바 플랫폼을 구동하기 위해 가상머신을 설치해야 한다.

이 글을 쓰고 있는 시점에서, J2SE 1.7이 배포되었고 다운로드할 수 있지만, 많은 사람이 새로운 애플리케이션 서버를 집중적으로 테스트하고 있으나 아직 어떤 이슈가 생길지 알 수 없으므로 더 안정적인 J2SE 1.6으로 시작하고 나중에 새로운 자바 플랫폼을 고려하기 바란다.

이제, 모든 JDK를 설치할 수 있는 다운로드 페이지에 가보겠다. http://www.oracle.com/technetwork/java/javase/downloads/index.html

최신 JDK/JRE를 다운로드하자. 지금 책을 쓰는 시점에서는 JDK1.6 Update 26 이다.

Java SE Development Kit 6 Update 26		
Product / File Description	File Size	Download
Linux x86 - RPM Installer	76.85 MB	jdk-6u26-linux-i586-rpm.bin
Linux x86 - Self Extracting Installer	jdk-6u2611 MB	jdk-6u26-linux-i586.bin
Linux Intel Itanium - RPM Installer	76.85 MB	jdk-6u26-linux-ia64-rpm.bin
Linux Intel Itanium - Self Extracting Installer	81.11 MB	jdk-6u26-linux-ia64.bin
Linux x64 - RPM Installer	77.06 MB	jdk-6u26-linux-x64-rpm.bin
Linux x64 - Self Extracting Installer	81.36 MB	jdk-6u26-linux-x64.bin
Solaris x86 - Self Extracting Binary	81.00 MB	jdk-6u26-solaris-i586.sh
Solaris x86 - Packages - tar.Z	136.67 MB	jdk-6u26-solaris-i586.tar.Z
Solaris SPARC - Self Extracting Binary	85.96 MB	jdk-6u26-solaris-sparc.sh
Solaris SPARC - Packages - tar.Z	141.11 MB	jdk-6u26-solaris-sparc.tar.Z
Solaris SPARC 64-bit - Self Extracting Binary	12.24 MB	jdk-6u26-solaris-sparcv9.sh
Solaris SPARC 64-bit - Packages - tar.Z	15.58 MB	jdk-6u26-solaris-sparcv9.tar.Z
Solaris x64 - Self Extracting Binary	8.49 MB	jdk-6u26-solaris-x64.sh
Solaris x64 - Packages - tar.Z	12.25 MB	jdk-6u26-solaris-x64.tar.Z
Windows x86	76.66 MB	jdk-6u26-windows-i586.exe
Windows Intel Itanium	67.27 MB	jdk-6u26-windows-ia64.exe
Windows x64	67.27 MB	jdk-6u26-windows-x64.exe

다운로드는 네트워크 속도에 따라 몇 분 정도 소요될 것이다. 다운로드 완료 후, 실행파일을 클릭하라(32비트 또는 64비트 시스템에 따라, 인스톨러 실제 이름은 다를 수 있지만, 설치 절차는 동일하다).

```
jdk-6u26-windows-i586.exe        # Windows
sh jdk-6u26-linux-i586.bin       # Linux
```

리눅스/유닉스에 설치한다면, 설치 마법사를 이용해서 기본 설정으로 설치할 수 있다. 윈도우 사용자라면 C:\Program Files처럼 경로에 빈 공간을 두지 말아야 한다. 이는 코어 라이브러리를 참조할 때 문제를 유발하게 된다. 설치 경로는 C:\Software\Java 또는 단순하게 C:\Java로 하는 것이 좋은 방법이다.

설치가 완료되면 자바 상호작용을 위해 몇 가지 설정을 업데이트해야 한다. 가장 중요한 설정은 JBoss 시작 스크립트가 직접 참조하는 JAVA_HOME이다.

윈도우 XP-2000 운영체제[2]라면 다음 순서를 따라서 설치하라.

1. **내 컴퓨터**에서 마우스 우클릭해 **속성**을 선택하라.
2. **고급** 탭에서 **환경변수**를 클릭하라.
3. **시스템 변수**에서 **NEW**를 클릭하라.
4. JAVA_HOME 새로운 변수 이름을 추가하고, JDK 설치한 곳으로 경로를 지정하라. C:\Java\jdk1.6.0_26과 같이 하는 것을 권장한다.

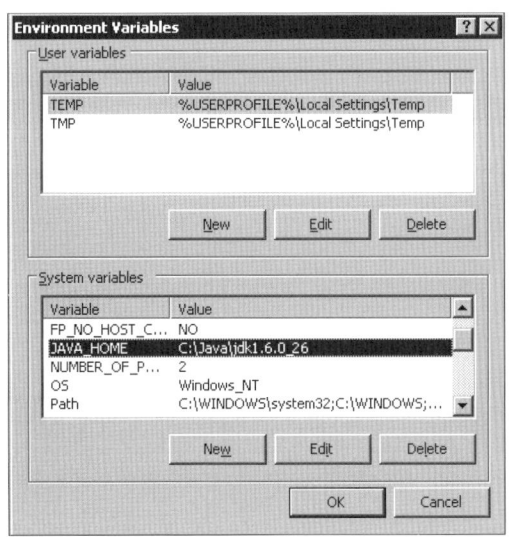

---

2 윈도우 7 운영체제에서도 동일한 방식으로 설치하면 된다. - 옮긴이

5. 시스템 경로 변수를 수정하자. 시스템 경로 변수를 더블 클릭하고, 팝업창의 **변수 값** 마지막에 세미콜론을 추가하고 JDK가 설치한 곳의 경로를 추가하라. 여기서는 $JAVA_HOME/bin이다.

유닉스/리눅스 사용자는 사용자 프로필 스크립트에 다음 명령어를 추가할 수 있다.

```
export JAVA_HOME=/installDir/jdk1.6.0_26
export PATH=$JAVA_HOME/bin:$PATH
```

JBoss AS 7 설치

JBoss 애플리케이션 서버는 커뮤니티 사이트에서 무료 다운로드할 수 있다.

http://www.jboss.org/jbossas/downloads/

7.1						
Name	Version	Description	Size	Release date	Release notes	Download
7.1.0 Beta1	Tesla	EE6 Application Server	95MB	2011-11-22	Release Notes	ZIP Downloads: 370
		EE6 Application Server	95MB	2011-11-22	Release Notes	TAR.GZ Downloads: 190

7.0						
Name	Version	Description	Size	Release date	Release notes	Download
7.0.2.Final	Arc	Web Profile Only (Java EE6 Certified)	68 MB	2011-09-22	Release Notes	ZIP Downloads: 19654
		Web Profile Only (Java EE6 Certified)	68 MB	2011-09-22	Release Notes	TAR.GZ Downloads: 2485
		Everything (NOT Java EE6 Certified)	75MB	2011-09-22	Release Notes	ZIP Downloads: 10640
		Everything (NOT Java EE6 Certified)	75MB	2011-09-22	Release Notes	TAR.GZ Downloads: 2653

위 그림과 같이, 지금 글을 쓰고 있는 시점에서, 7.0.2와 7.1.0 베타를 선택할 수 있다. 만일 JBoss AS 7을 운영환경에 사용해야 한다면, 4장에서 언급한('원격 EJB 클라이언트 추가')를 제외하고, 이 책에 포함된 모든 기능을 제공하는 7.0.2버전을 사용할 것을 권장한다.

7.0.2 릴리스는 웹 프로파일 인증 배포판과 사용 가능한 모든 서버 모듈을 포함하는 전체 배포판을 사용할 수 있다.

물론, 새로운 서버를 배우고자 한다면, 단일 EE 6 서버 릴리스에서 사용할 수 있는 7.1.0 베타 릴리스를 설치하면 된다.

전체 서버 배포판을 다운로드하라. 커뮤니티 배포판으로서 아직 완전히 지원받을 수 있는 것이 아니라는 경고를 받을 것이다. 이전에 언급한 바와 같이, 레드햇은 JBoss 미들웨어 엔터프라이즈 릴리즈를 유지보수하고 있으며, 아마도 AS 7도 그렇게 될 것이다.

 JBoss AS 7은 인스톨러를 사용하지 않는다. 압축 파일을 단순히 풀기만 하면 된다.

윈도우 사용자의 경우 전체 디렉토리 경로 상에 띄어쓰기가 포함되지 않았는지를 주의해서 압축파일을 풀자. 유닉스/리눅스는 압축을 풀도록 다음 명령어를 사용한다.

```
unzip jboss-as-7.0.2.Final.zip
```

 보안 경고
유닉스/리눅스에서는 JBoss가 사용하는 기본 포트가 1024 이하의 포트를 사용하지 않기에, JBoss AS 구동하는 데 루트 권한은 필요 없다. JBoss AS를 통해서 루트 권한이 탈취되지 않도록 JBoss를 루트 권한 없는 사용자 계정으로 설치하고 운영하라.

JBoss AS 시작하기

JBoss를 설치한 다음, 자바 가상머신/운영체제 조합에 큰 문제가 없는지 확인하기 위해 간단히 시작 테스트를 해보자. 이를 위해, `JBOSS_HOME` 디렉토리의 `bin` 디렉토리로 이동해서 다음 명령어를 실행하라.

```
standalone.bat     # Windows users
$ standalone.sh    # Linux/Unix users
```

다음은 JBoss AS 7 시작 콘솔이다.

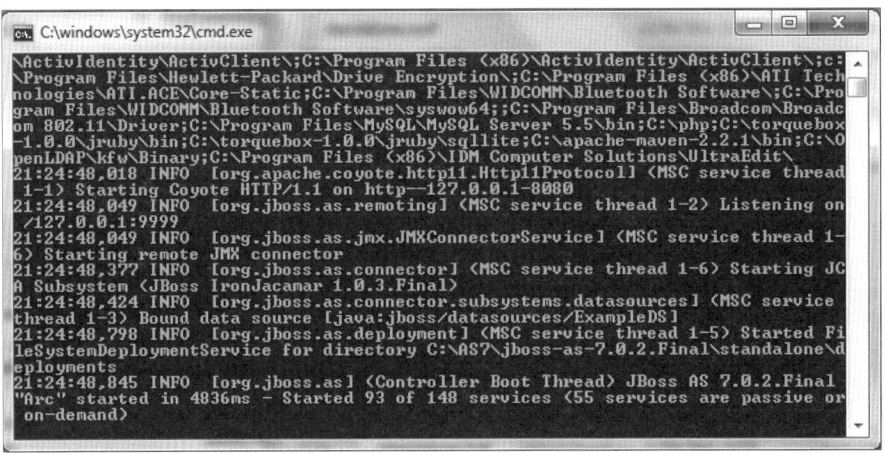

상기 JBoss 스탠드얼론 인스턴스instance를 시작하는 명령어는 AS 이전 릴리스에서 사용되었던 run.bat/run.sh 스크립트와 동일하다. 새로운 애플리케이션 서버가 얼마나 빨리 시작되는지를 알 수 있다. 이는 적재된 애플리케이션에 의해 애플리케이션 서버 컨테이너의 필요한 부분만 시작하는 새로운 모듈 아키텍처 때문이다.

애플리케이션 서버의 시작 속성을 수정하기 위해 standalone.conf(윈도우 사용자는 standalone.conf.bat)를 열면, JBoss 메모리 요구 조건이 선언되어 있다. 다음은 리눅스에서 해당 핵심 부분이다.

```
if [ "x$JAVA_OPTS" = "x" ]; then
    JAVA_OPTS="-Xms64m -Xmx512m -XX:MaxPermSize=256m -Dorg.jboss.resolver.
warning=true -Dsun.rmi.dgc.client.gcInterval=3600000 - Dsun.rmi.dgc.
server.gcInterval=3600000"
fi
```

따라서 기본적으로, 애플리케이션 서버는 단지 서버를 구동하기엔 힙heap 공간이 최소 64MB, 최대 512MB 메모리로도 충분하지만, 코어 자바EE 애플리케이션을 올려야 한다면, 적어도 1GB 또는 애플리케이션 종류에 따라 2GB 이상이 필요하다. 일반적으로, 32비트 머신은 2GB 프로세스 공간을 넘을 수 없지만, 64비트 머신에서는 제한을 갖지 않는다.

애플리케이션 서버 시작 페이지를 보게 되면 서버가 제대로 작동하는 것을 확인할 수 있다. 기본으로 http://localhost:8080에서 작동한다.

커맨드라인 인터페이스 서버 연결

이전 애플리케이션 서버를 사용해봤다면 애플리케이션 서버에 설치된 엠빈즈MBeans를 쿼리하는 **트위들**twiddle 커맨드라인 유틸리티를 들어보았을 것이다. 유틸리티는 JBOSS_HOME/bin 폴더에 있는 **커맨드라인 인터페이스**CLI, command line interface라고 하는 더욱 정교한 인터페이스로 바뀌었다.

jboss-admin.bat 스크립트(리눅스 사용자는 jboss-admin.sh)를 시작하면 셸 인터페이스에서 애플리케이션 서버를 관리할 수 있다.

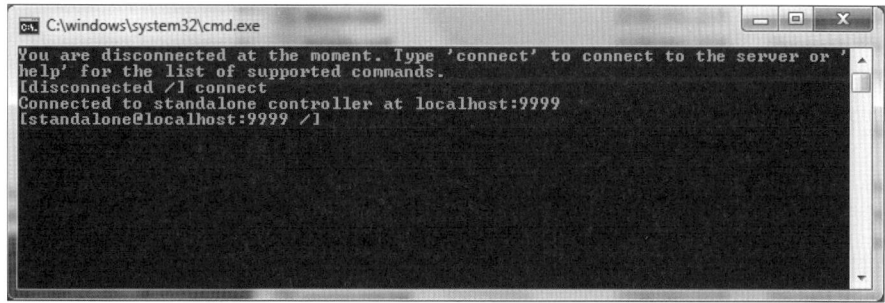

커맨드라인 완성은 탭 키를 누르면 일부 작성한 명령어를 완성할 수 있어, 정확한 명령어 구문을 찾을 필요가 없다.

상기 이미지는 connect 명령어를 통해서 서버에 연결된 것을 볼 수 있다. 여기서 기본 설정으로 루프백(loopback) 서버 주소와 9999 포트를 사용한다.

커맨드라인 인터페이스는 7장 애플리케이션 관리에서 좀 더 깊이 다루겠다. 여기서는 그 강력한 툴에 익숙해질 수 있도록 기본 기능에 대해 맛보기를 해보겠다.

JBoss 정지

가장 쉽게 JBoss를 멈추게 하는 방법은 Ctrl + C를 사용하여 인터럽트interrupt를 보내는 것이다.

JBoss 프로세스가 백그라운드에서 시작되었거나 다른 머신에서 운영된다면, 아래와 같이 간단히 종료 명령어를 사용할 수 있는 CLI 인터페이스를 사용한다.

```
[disconnected /] connect
Connected to localhost:9999
[localhost:9999 /] :shutdown
```

종료 스크립트 위치

애플리케이션 서버를 종료하는 다른 방법은 아래의 스크립트를 사용하면 유용할 것이다. 아래와 같이 어드민 셸에 --connect 옵션을 포함하는 것으로, 인터랙티브interactive 방식으로 종료할 수 있다.

```
jboss-admin.bat --connect command=:shutdown    # Windows

jboss-admin.sh --connect command=:shutdown     # Unix / Linux
```

원격 머신에서 JBoss 정지

원격 머신에서 운영되는 애플리케이션 서버를 종료하는 하려면 다음과 같이 접속해 CLI에 서버 원격 주소를 입력한다.

```
[disconnected /] connect 192.168.1.10
Connected to 192.168.1.10:9999
[192.168.1.10:9999 /] :shutdown
```

 JBoss 7.1.0 베타 1에서 CLI에 원격 접속 시 인증을 요구한다. 10장에서 더 자세한 내용을 확인하자.

JBoss 재시작

커맨드라인 인터페이스는 다양한 효과적인 명령어를 포함한다. 이 중에서 가장 흥미로운 것은, reload 명령어를 사용해서 AS 설정의 전부 혹은 일부를 리로드reload 할 수 있다는 점이다.

AS 서버의 **루트 노드 경로**에 연결하여, 서비스 설정을 리로드할 수 있다.

```
[disconnected /] connect
Connected to localhost:9999
[localhost:9999 /] :reload
```

이클립스 개발환경 설치

이 책은 애플리케이션 서버 관리에 중점을 두고 있지만, 애플리케이션 패키징과 배포는 물론, 필요한 개발환경도 알아보겠다. 이 책에서는 전 세계적으로 자바 개발자들에게 잘 알려지고, 기능확장에 필요한 다양한 플러그인을 보유한 이클립스를 개발환경으로 정했다. 이클립스는 새로운 애플리케이션 서버에 호환되는 최초의 IDE이다.

그러면, 다음 사이트에서 이클립스를 다운로드하자.

http://www.eclipse.org

최신 엔터프라이즈 에디션을 다운로드하라(이 책을 쓰는 시점에는 3.7 버전이고 Indigo라고 불린다). 압축 패키지는 모든 자바EE 플러그인을 포함하며 210MB 디스크 공간이 필요하다.

다운로드 받은 파일을 풀면 eclipse 폴더가 생긴 것을 알 수 있다. 그 폴더 안에, 이클립스 애플리케이션을 찾을 수 있다. 이클립스 시작을 편리하게 하도록 컴퓨터 바탕화면에 바로 가기를 생성하는 것을 권장한다. JBoss AS처럼 이클립스는 압축 파일을 풀기만 하면 모든 것이 끝난다.

JBoss tools 설치

다음 순서로 JBoss tools 플러그인 제품군 중의 JBoss AS 플러그인을 설치하겠다. 이클립스에 플러그인을 설치하는 것은 매우 간단하다. 다음 순서를 따라 해보자.

1. 메뉴에서 [Help > Install New Software]를 선택하라.
2. 아래의 JBoss tools 다운로드 URL을 입력하고 **Add** 버튼을 클릭하라.

   http://download.jboss.org/jbosstools/updates/development/indigo/

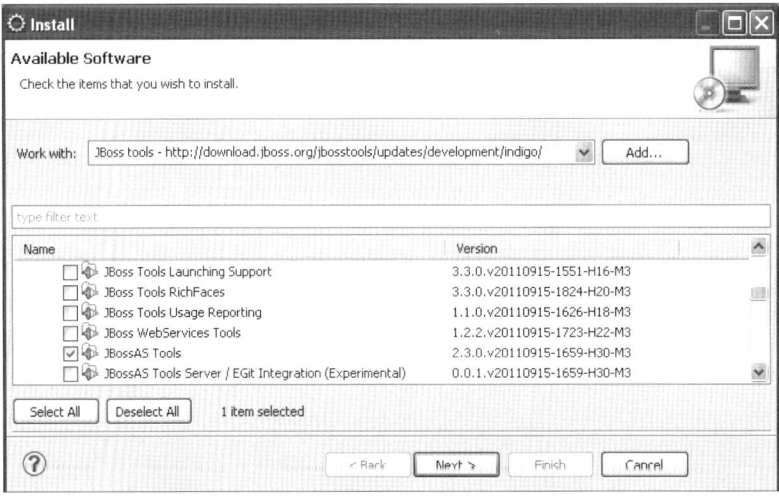

위 이미지에서 **JBoss AS Tools** 플러그인을 체크해야 하고 설치 과정을 완료하도록 다음 순서를 따라 하라. 모든 과정을 마치면, 이클립스가 재시작되고 설치가 완료된다.

이제 이클립스에서 상단 메뉴 중 [New > Server]를 선택하면 JBoss Community 옵션 하위에 있는 JBoss AS 7을 볼 수 있다.

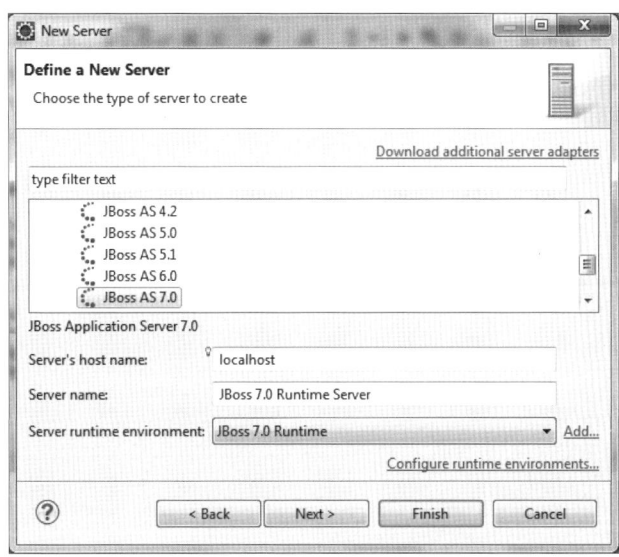

이클립스에 서버가 설치된 폴더를 확인해 설정하면 서버 설치가 완료된다. 스스로 실습해 보기 바란다.

애플리케이션 서버 파일 시스템 알아보기

일단 필요한 도구 설치가 완료됐으니, 새로운 서버 구조에 대해 알아보자. 여러분은 애플리케이션 서버 폴더를 통해서 서버의 파일 시스템이 크게 2가지 코어 부분으로 나뉘는 것을 알 수 있다. 그것은 **스탠드얼론** 서버와 **도메인** 서버를 구분하기 위한 것이다.

도메인 서버의 개념은 애플리케이션 서버 시장에서 새로운 것은 아니다. 그러나 이번에 JBoss AS에서 애플리케이션 서버의 인스턴스 단위를 관리하고 조정하는 방식으로 처음으로 도입됐다.

5장 JBoss AS 도메인 설정에서는 자세하게 도메인 개념을 알아볼 것이다. 여기서는 두 가지 서버의 서로 다른 파일 시스템 구조를 알아볼 것이다.

거시적으로 살펴보면 주요 파일 시스템은 2가지로 분리된다. **도메인 서버**와 **스탠드얼론 서버**로 나뉘는 것이다. 다음 이미지는 애플리케이션 서버의 새로운 트리 구조를 보여준다.

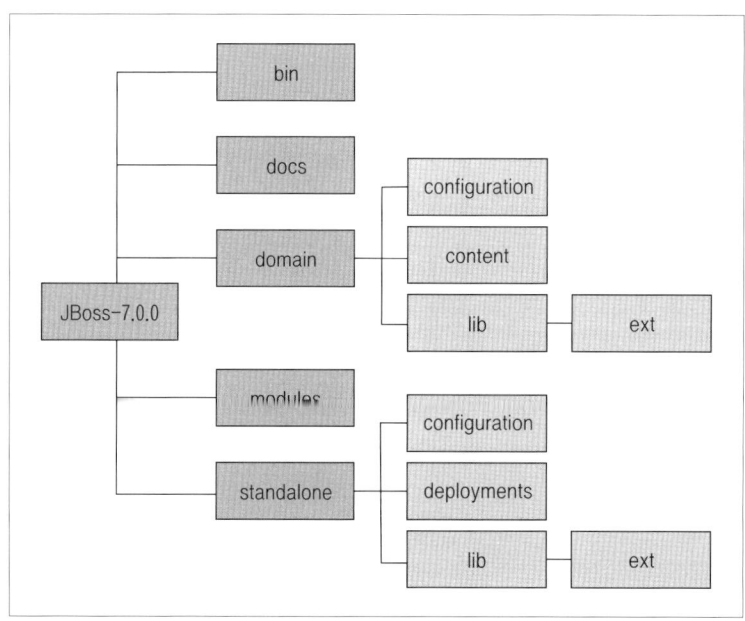

그러면 애플리케이션 서버에서 사용되는 새로운 AS 하부구조의 단일 폴더에 대해 알아보자.

bin 폴더

이 폴더는 애플리케이션 서버 인스턴스를 시작하는 곳이다. standalone.bat(리눅스에서는 standalone.sh)를 실행해서 스탠드얼론 서버를 구동할 수 있다. 구동 스크립트 외에 JBoss 부트스트랩 처리를 커스터마이징 하기 위한 설정을 standalone.bat에서 찾을 수 있다. 도메인 서버를 사용한다면 domain.bat 스크립트(리눅스에서는 domain.sh)를 사용하면 된다. 이러한 셸 스크립트는 도메인 설정 파일에 따라 애플리케이션 서버 인스턴스를 구동시킨다.

또한, bin 폴더에는 유용한 스크립트 명령을 포함하는 커맨드라인 인터페이스를 구동하는 jboss-admin.bat(리눅스에서는 jboss-admin.sh)가 있다.

아울러, bin 폴더는 웹 서비스 정의 언어 및 자바 인터페이스를 생성하기 위한 웹 서비스 유틸리티 스크립트(wsconsume.sh 및 wsprovide.sh)가 있다.

docs 폴더

이 폴더는 폴더 이름과는 상관없이, 서버 문서가 들어있지 않으며, 이는 2개의 서브 폴더를 포함한다. 우선적으로, 라이선스licenses 폴더는 애플리케이션 서버 및 의존성dependencies에 대한 라이선스 정보를 포함한다. 기본 애플리케이션 서버 모듈 또는 의존성을 포함하는지를 파악하기 위해 빠르게 참조하도록 licenses.xml 파일을 사용할 수 있다. 예를 들어, JBoss AS 7은 하이버네이트 코어 라이브러리 4.0.0.CR2 배포판을 포함한다.

```xml
<dependency>
    <groupId>org.hibernate</groupId>
    <artifactId>hibernate-core</artifactId>
    <version>4.0.0.CR2</version>
    <licenses>
        <license>
            <name>GNU Lesser General Public License</name>
            <url>http://www.gnu.org/licenses/lgpl-2.1.html</url>
            <distribution>repo</distribution>
            <comments>See discussion at http://hibernate.org/license
                for more details.
            </comments>
        </license>
    </licenses>
</dependency>
```

나머지 서브 폴더인 스키마schema 폴더는 스키마처럼 설정에 사용되는 .xsd 파일을 포함한다.

domain 폴더

도메인 구조를 가지고 있는 domain 폴더는 아래와 같이 여러 가지 폴더로 나누어져 있다.

configuration 폴더는 예상할 수 있는 것처럼 설정 파일을 포함한다. domain.xml은 주 설정 파일이다. 이는 도메인 노드에서 사용되는 모든 서비스를 포함한다. 그리고 모든 서비스의 소켓 바인딩 인터페이스도 설정한다.

아울러, host.xml은 또 다른 중요한 파일이다. 이는 도메인의 관리 개념을 정의하기 위해 사용된다.

마지막으로 logging.properties 파일이 있다. 이는 부트스트랩 처리의 로깅 포맷을 정의한다.

content 폴더는 배포된 모듈을 저장하기 위한 리포지토리로 사용된다.

lib 폴더는 서브 폴더 ext를 포함한다. 이는 자바 SE/EE 스타일 'extensions'을 지원한다.

애플리케이션 서버 배포자는 이 폴더에서 로컬 클래스로더local class loader에 의해서 선택되는 추가 라이브러리를 검색할 수 있다. 이러한 방법은 권장하지 않지만 언어 사양에 따라 유지될 수 있다. modules 폴더는 라이브러리를 위한 유일한 경로가 되어야 한다.

log 폴더는 예상할 수 있는 것처럼 도메인에서 로그 결과를 포함한다. 기본적으로 이 파일은 서버가 리부팅될 때마다 삭제된다.

servers 폴더는 설정 파일에 정의된 서버에 할당되는 서브 폴더들을 포함한다. 서버에 포함되는 매우 유용한 디렉토리는 log 폴더다. 이는 단일 인스턴스가 로그를 만들어내는 위치다. data 폴더는 애플리케이션 서버가 트랜잭션 로깅과 같은 런타임 데이터를 저장하는 데 사용된다. tmp 폴더는 어떤 큰 이슈가 되지 않는 자원들이 임시 저장되는 장소다.

standalone 폴더

애플리케이션 서버가 스탠드얼론으로 운영되고 있으면 관심을 가지게 될 AS 파일 시스템의 일부가 있는 곳이다. 이 구조는 **domain** 폴더와 비슷하다. **deployment** 폴더만 조금 다르다. 순서대로 살펴보면 domain 폴더 아래 서브 디렉토리가 있는 형태다.

configuration 폴더는 애플리케이션 서버 설정 파일도 포함한다. 실제로 애플리케이션 서버는 서로 상이한 기능을 수행하기 위해 상이한 설정 파일로 구성된다. 스탠드얼론 구동 스크립트를 시작할 때, 기본적으로 standalone.xml 설정 파일이 사용될 것이다.

standalone.xml 외에도, logging.properties 파일이 이 폴더에 있다. 이것도 부트스트랩 처리의 로깅에 관한 것이다. 여기서 찾을 수 있는 다른 파일은 mgmt-users.properties다. 이는 관리 인터페이스 보안을 위한 것이다. 10장, 'JBoss AS 7 보안'을 보면, 더 많은 자세한 내용을 볼 수 있다.

data 폴더는 애플리케이션 서버가 트랜잭션 로깅 같은 런타임 데이터를 저장할 때 사용된다.

deployments 폴더는 서버 런타임에 자동으로 배포되도록, 사용자가 배포 컨텐트(예를 들면, WAR, EAR, JAR, SAR 파일)를 둘 수 있는 장소다. 특히 시스템을 운영하는 사용자는 이 디렉토리를 주기적으로 검색하는 배포 스캐너 서브시스템을 의존하는 것보다, 배포 컨텐트를 업로드하고 배포하도록 JBoss AS 관리 API를 사용하기를 권장한다. 6장, 'JBoss AS 7에 애플리케이션 배포'를 보면, 자세한 내용을 더 많이 볼 수 있다.

lib 폴더는 서브 폴더 ext를 포함한다. 이는 애플리케이션 서버의 확장을 정의하기 위해 사용된다. 도메인의 lib 경로의 동일한 개념을 여기에 적용한다.

log 폴더는 애플리케이션 서버의 스탠드얼론 인스턴스에 생성되는 로그를 포함한다. server.log 기본 로그 파일은 서버가 리부팅될 때마다 삭제된다.

tmp 폴더는 JBoss **가상 파일 시스템**Virtual File System에서 사용되는 임시 저장소다.

welcome-content 폴더

애플리케이션 서버(http://localhost:8080)에 접속할 때 보여주는 기본설정 페이지를 포함하는 디렉토리다. 웹 서버 설정으로 볼 때, 이는 **웹 루트 컨텍스트**Web root context다.

modules 폴더

modules 폴더 아래에 애플리케이션 서버의 라이브러리를 찾을 수 있다. 이는 서버 배포의 일부분이 된다.

역사적으로, JBoss AS 릴리스는 라이브러리 단위를 다른 방식으로 관리했다. 이것을 순서에 따라 생각해보자. 4.x에서 JBOSS_HOME/server 라이브러리에 코어 서버 라이브러리를 정의했다. 그 이후로, 각 서버 정의는 server/〈servername〉/lib 폴더에 특정 라이브러리를 포함했다.

이 방법은 단순하지만, default/all 서버에 불필요한 라이브러리가 복사됐다.

5.x 및 6.x 릴리스는 모든 서버 정의에 동일한 모든 모듈의 주 리포지토리가 되는 common/lib 폴더 개념을 가지고 있다. 각 서버는 서버설정에 특화된 라이브러리를 포함한 server/〈servername〉/lib 폴더를 여전히 가지고 있다. JBOSS_HOME/server로 구성된 코어 서버 모듈을 위한 리포지토리는 변경되지 않았다.

JBoss AS 7은 이전에 출시되는 모든 방식과 전혀 다른 진정한 모듈 방식을 따른다. 서버 부트스트랩 라이브러리는 이제는 애플리케이션 서버의 루트에 위치한다. 여기에 jboss-modules.jar 아카이브 파일을 찾을 수 있는데, 이는 JBoss 모듈에 기반하는 새로운 애플리케이션 서버 커널을 부트스트랩 할 때 필요한 것이다.

애플리케이션 서버 모듈은 modules 폴더 아래에 정의된 자원 단위로 할당되는 서브 폴더 단위로 나누어진다. 처음에는 이전 출시 버전보다는 직관적이지 않겠지만, 익숙해지게 되면, 훨씬 쉽게 모듈 설치/업데이트를 관리할 수 있다.

다음 표는 여러 서버 릴리스에서 사용되는 다양한 방식을 보여준다.

AS 릴리스	부트스트랩 라이브러리	서버 라이브러리
4.x	JBOSS_HOME/server	JBOSS_HOME/server/〈server〉/lib
5.x – 6.x	JBOSS_HOME/server	JBOSS_HOME/common/lib and JBOSS_HOME/server/〈server〉/lib
7.x	JBOSS_HOME/jboss-modules.jar	JBOSS_HOME/modules subfolders

모든 모듈을 나열하는 것은 너무 많은 공간을 차지하지만, 모듈의 저장소 레이아웃은 거의 모듈의 이름과 동일하다. 예를 들어, org.jboss.as.ejb3 모듈은 modules 폴더의 org/jboss/as/ejb3 하위 폴더에서 찾을 수 있다. 1장의 마지막 부분에서, 모듈이 실제로 응용 프로그램 서버에서 로드하는 방법을 볼 수 있다.

애플리케이션 서버 모듈 로딩하기

서버 설정에 대한 다음 장을 이해하려면 JBoss의 모듈에 대해 좀 더 배워야 한다. 기본적으로 모든 모듈은 플러그 가능한 단위다. 다음 그림과 같이 JBoss 모듈은 두 가지 방법으로 라이브러리를 로드할 수 있다.

- 정적 파일 시스템 사용
- JAR 실행 파일 직접 사용

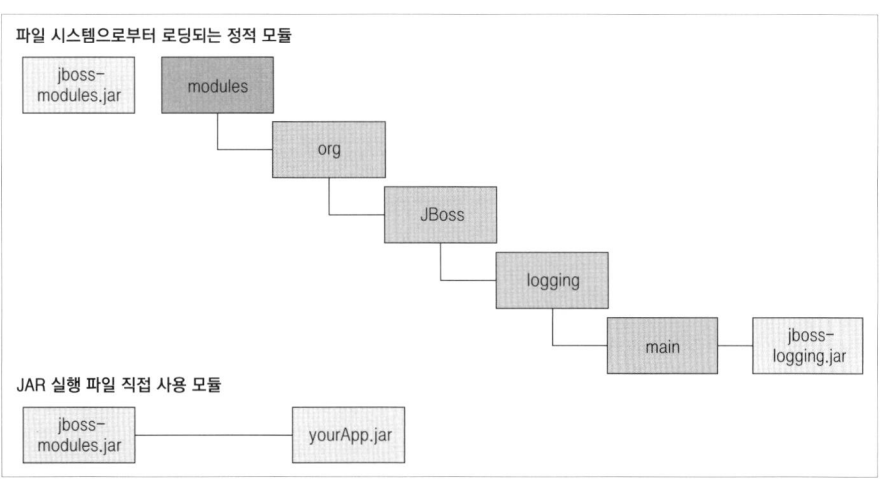

정적 파일 시스템을 사용하는 방법이 모듈을 로드하는 가장 단순한 방법이고, 애플리케이션 서버를 시작할 때 기본 설정으로 사용한다. 파일 시스템 사용 모듈의 이름과 버전을 반영한다는 가정을 기반으로 한다. 환경에 제공할 필요가 있는 모듈이 저장되는 위치다. 예를 들어, 다음 명령을 사용하여 JBoss AS 7의 스탠드얼론 인스턴스를 시작할 수 있다.

```
java -jar jboss-modules.jar -mp "%JBOSS_HOME%\modules" org.jboss.as.standalone
```

argument 모듈 경로(-mp)는 루트 디렉토리를 실제로 표시하는 데, 이는 모듈 정의의 기본 설정 로더에 의해 검색된다. 모듈은 다음과 같이 XML 디스크립터로 정의된다.

```xml
<module xmlns="urn:jboss:module:1.0" name="org.jboss.msc">

    <main-class name="org.jboss.msc.Version"/>
    <resources>
        <resource-root path="jboss-msc-1.0.0.Beta8.jar"/>
    </resources>
    <dependencies>
        <module name="javax.api"/>
        <module name="org.jboss.logging"/>
        <module name="org.jboss.modules"/>
    </dependencies>
</module>
```

기본적으로 모듈 정의는 2가지 주요 요소를 포함한다. 첫째, 모듈(및 경로)에서 정의된 **resources**이며, 둘째, 모듈 **dependencies**이다. 상기 예에서 모듈 정의는 JBoss MSC 모듈에 대한 모듈 정의다. 이는 jbossmsc-1.0.0.Beta8.jar 파일에 포함되며, javax.api, org.jboss.logging 및 org.jboss.modules 모듈에 대한 의존성을 가진다.

 main-class 요소로 정의되는 모듈은 실행 가능하다. 즉, 모듈 이름은 커맨드라인에 나타나며, 모듈의 main-class에서 표준 static main(String[ ]) 메소드가 적재되고 실행될 것이다.

모듈 리포지토리에 접근하는 다른 방법은 **JAR 실행 파일을 직접 사용**하는 것이다. 의존성과 같은 모듈 정보를 의미하고 MANIFEST 파일에 포함된다.

JAR 형식으로 패킹 된 애플리케이션 모듈 명을 가지고 있는 JAR 파일이 실행될 때, JBoss 모듈은 해당 정보를 가져간다.

```
java -jar jboss-modules.jar -jar your-app.jar
```

따라서 application.jar 안에, 일반적인 파일시스템 모듈에서 한 것처럼 모듈 정의를 지정할 수 있다. 이런 정의는 META-INF/MANIFEST.MF 파일에 포함된다.

```
Main-Class: mypackage/MyClass
Dependencies: org.jboss.logging
```

요약

1장에서 새로운 애플리케이션 서버, 새로운 기능을 소개했고 이러한 변화를 가져온 근거에 대해 대략 알아봤다.

JBoss 애플리케이션 서버 7.0 출시는 애플리케이션 서버의 새로운 세대를 위한 토대를 제공한다. 이는 진정한 모듈 서비스를 의미한다.

결과적으로 아주 작은 모듈 커널에 기반을 둔 초경량 플랫폼은 파일 시스템에서 컴포넌트를 로드하고 확장할 수 있으며 사용자가 요구할 때 활성화할 수 있게 됐다.

기본적으로 단일 노드 인스턴스로 되어 있는 스탠드얼론 서버와 도메인 컨트롤러 및 호스트 컨트롤러가 관리하는 관리 자원 단위인 도메인 서버를 각각 따로 반영할 수 있도록 애플리케이션 서버의 물리적 구조가 변경됐다.

다음 2장에서 우리는 애플리케이션 서버 구성을 자세하게 알아볼 것이며 코어 애플리케이션 서버 구성과 그 위에 운영되는 엔터프라이즈 서비스 스택을 가지고 있는 스탠드얼론 서버 구성 파일에 집중할 것이다.

2
애플리케이션 서버 설정

1장에서는 JBoss AS 7을 시작하기 위한 기초적인 준비작업을 알아봤다. 이번 장에서는 새로운 설정방법과 애플리케이션 서버의 스탠드얼론 인스턴스 구성 방법을 알아본다. 1장에서 살펴봤듯이 애플리케이션 설정이 새로워졌고 많은 XML 파일들의 내용이 일체화되어 단일 파일로 옮겨졌다.

새로운 설정 파일은 서브시스템subsystems 목록으로 구성되어 있고 애플리케이션 서버 코어 서비스와 스탠다드 자바EE 서비스들이 포함된다. 2장에서 다룰 내용은 다음과 같다.

- 서버 환경 설정 파일 소개
- 애플리케이션 서버의 스레드 풀 설정
- 애플리케이션 서버의 로깅 서브시스템 설정. 로깅 구현체 선택

애플리케이션 서버 설정

애플리케이션 서버 구조는 단일 파일로 유지되며 이 파일은 모든 서버 설정의 기본적인 기준 역할을 한다. 이 파일은 정적 파일이 아니며 변경된 사항을 서버가 구동 중인 상태에서 반영할 수 있다. 예를 들면 JMS 목적지destination와 같은 새로운 컴포넌트를 추가하거나 애플리케이션을 배포할 때 서버가 구동 중인 상태에서 반영할 수 있다.

기본 설정 파일인 standalone.xml 파일은 스탠드얼론 애플리케이션 서버의 설정 파일이고 domain.xml 파일은 도메인domain 애플리케이션 서버의 설정 파일이다. 도메인 애플리케이션 서버는 **도메인과 호스트 컨트롤러**Host controller 설정을 포함하는 전문적인 서버 설정이다. 도메인 애플리케이션 서버는 5장, 'JBoss AS 도메인 설정'에서 설명하겠지만, 코어 서비스 구성이 중요하므로 여기서도 도메인 설정을 일부 배운다.[1]

 원한다면 여러 설정파일을 정의할 수 있다. 예를 들면 AS 7.0.2 릴리스에서는 standalone-preview.xml(JMS와 웹 서비스가 포함된 서브시스템에서 사용하는 파일)과 standalone-ha.xml(클러스터 어웨어(cluster-aware) 애플리케이션 서버를 시작할 때 사용하는 파일) 같은 몇 가지 standalone.xml의 파생 파일들을 제공한다. 다른 설정 파일로 바꾸길 원하면 다음처럼 할 수 있다.

```
standalone.bat --server-config customConfiguration.xml
```

standalone.xml 파일은 JBOSS_HOME/standalone/configuration 폴더 아래에 위치한다. 이 설정 파일은 큰 XML 파일로 되어 있고 `<server>` 요소에서 정의된 .xsd를 통해 유효성을 검사한다.[2]

---

1 스탠드얼론은 단일 서버 모드, 도메인은 다중 서버 모드로 볼 수 있다. 때문에 스탠드얼론 애플리케이션 서버라고 서버 자체의 기능에 제한이 있는 건 아니다. - 옮긴이
2 .xsd를 통해서 일정 설정 값을 변경해서 적용할 수 있다. - 옮긴이

.xsd 파일을 확인하려면 서버가 배포된 JBOSS_HOME/docs/schema 폴더에 있다. 이 파일들을 간단하게 살펴봐도 되고 이클립스 환경이라면 임포트해서 해당 프로젝트에 두고 파일을 오른쪽 클릭 후 Generate > XML File 메뉴를 선택하면 사용 가능한 서버 파라미터 정보들을 알 수 있다.

애플리케이션 서버 환경 설정은 루트root 요소와 서버server 정의를 포함한 트리 같은 구조를 따른다.

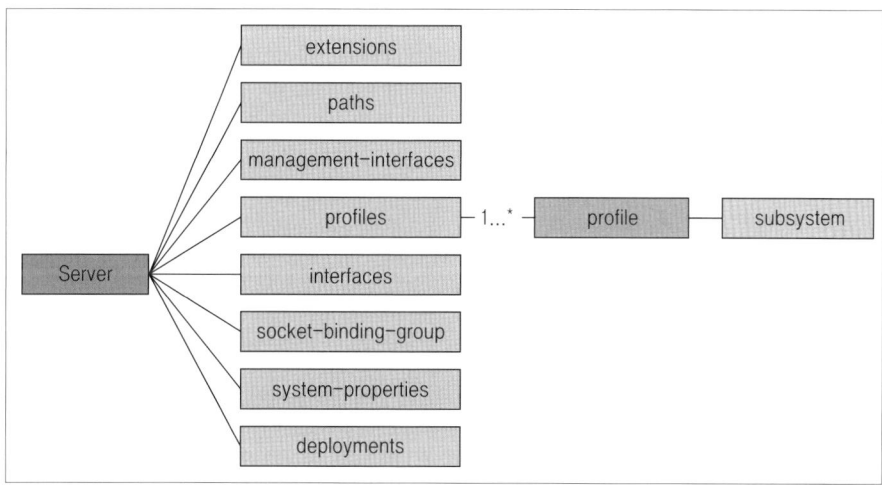

다음 절에서는 부분별 서버 설정을 상세하게 살펴본다. 데이터는 확인되지 않은 수정이 발생하면 쉽게 손상되기 때문에 수동으로 설정 파일을 조작하는 것을 권장하진 않지만, 애플리케이션 서버에서 각 단일 컴포넌트들의 역할을 이해하는 데 도움이 된다.

 서버 설정을 변경하는 가장 좋은 방법은 7장, '애플리케이션 서버 관리'에서 다루는 커맨드 라인 인터페이스(CLI)를 사용하거나 웹 어드민 콘솔을 사용하는 것이다.

2_ 애플리케이션 서버 설정 | 55

확장(Extensions)

애플리케이션 서버는 모든 서비스에서 공유되는 확장이라는 기본적인 모듈 리스트를 포함한다. 확장이란 애플리케이션의 기능을 확장하는 데 사용되는 특별한 종류의 모듈로 볼 수 있다. 확장 모듈들도 많은 표준 모듈처럼 JBOSS_HOME/modules 폴더에 저장된다. 각 확장 모듈들은 배포 하기 전 부트boot 시점에 애플리케이션 서버 클래스로더classloader에 의해 차례대로 로드된다. 다음은 서버 설정에서 발췌한 부분이다.

```
<extensions>
    <extension module="org.jboss.as.clustering.infinispan"/>
    <extension module="org.jboss.as.messaging"/>
</extensions>
```

 애플리케이션 서버는 모듈이 라이브러리의 META_INF/services 폴더를 스캔해 확장하는 것을 감지한다. 확장이 가능한 모듈은 META_INF/services 폴더 안에 org.jboss. as.controller.Extension 형식의 이름으로 포함된다. 이 파일은 간단히 확장모듈의 이름을 선언하는데 예를 들면 EJB3 서브시스템은 org.jboss.as.ejb3.subsystem.EJB3Extension 형식으로 포함된다.

경로(Paths)

확장 모듈 아래에는 파일 시스템 경로를 논리적으로 정의한 경로들을 찾을 수 있다. 예를 들어 스탠드얼론 서버의 JBOSS_HOME/standalone/log/mylogdir 폴더를 상대경로로 선언한 log.dir이라는 이름의 애플리케이션 서버 로그 디렉토리로 설정해보면 다음과 같다.

```
<paths>
    <path name="log.dir" path="mylogdir" relative-to="jboss.server.log.dir"/>
</paths>
```

이제 해당 경로는 설정 파일의 다른 부분에서도 참조할 수 있다. 예를 들면 파일 핸들러로 순환하며 로그를 저장하는 폴더로 사용할 수 있다.

```
<periodic-rotating-file-handler name="FILE" autoflush="true">
    <file relative-to="log.dir" path="myserver.log"/>
</periodic-rotating-file-handler>
```

 relative-to 프로퍼티가 꼭 필요하진 않다. 경로 설정에 포함되어 있지 않다면 절대 경로를 의미한다.

기본적으로 애플리케이션 서버는 시스템 경로들을 제공하고 상대 경로로 사용할 수 있으며 사용자가 변경할 수 없다.

경로	의미
jboss.home	JBoss AS 배포판의 루트 디렉토리
user.home	사용자의 홈 디렉토리
user.dir	사용자의 현재 작업 디렉토리
java.home	자바가 설치된 디렉토리
jboss.server.base.dir	개별 서버 인스턴스 루트 디렉토리
jboss.server.data.dir	서버에서 영구 데이터 파일 저장에 사용할 디렉토리
jboss.server.log.dir	로그 파일 저장에 사용할 디렉토리
jboss.server.tmp.dir	임시 파일 저장에 사용할 디렉토리
jboss.domain.servers.dir	호스트 컨트롤러가 개별 서버 인스턴스에 대해 생성하는 작업 공간이 해당 디렉토리 아래에 생성

관리 인터페이스(Management interfaces)

애플리케이션 서버의 혁신적인 기능 중 하나는 강력한 관리와 CLI 그리고 웹 기반의 관리 콘솔을 포함한 관리 수단이다. 네이티브native CLI 인터페이스는 기본적으로 9999 포트로 실행되고 웹 콘솔은 9990 포트로 실행된다.

```
<socket-binding-group name="standard-sockets" default- interface="public">
    ......
    <socket-binding name="management-native" interface="management"
        port="9999"/>
    <socket-binding name="management-http" interface="management"
        port="9990"/>
    ......
</socket-binding-group>
```

관리 인터페이스는 애플리케이션 관리 도구에 대한 상세한 적용 방법을 제공하는 7장, '애플리케이션 서버 관리'에서 자세히 다룬다.

프로파일(Profiles)

설정 파일을 훑어보면 애플리케이션 서버에 도입된 중요한 개념 중 하나인 서버 프로파일profile이 정의된 것을 찾을 수 있다. 프로파일은 서브시스템의 모음으로 볼 수 있는데 각 서브시스템은 차례대로 애플리케이션 서버에서 사용하는 기능의 하위 집합으로 포함된다. 예를 들면 웹 서브시스템은 컨테이너에 사용되는 커넥터의 정의가 포함되고 메시지 서브시스템은 JMS 설정과 애플리케이션 서버의 메시지 제공자가 사용하는 모듈 등이 정의되어 있다.

 스탠드얼론과 도메인 설정 파일 사이의 중요한 차이점 중 하나는 포함된 프로파일의 개수다. 스탠드얼론 설정은 서브시스템 설정이 포함된 단일 프로파일이 사용되는 데 반해 도메인 설정은 여러 개의 프로파일들을 제공한다.

인터페이스(Interfaces)

인터페이스 섹션은 애플리케이션 서버가 바인딩하는 네트워크 인터페이스/IP 주소 또는 호스트host명이 포함된다.

기본적으로 스탠드얼론 애플리케이션 서버는 두 가지 사용 가능한 management 네트워크 인터페이스와 public 네트워크 인터페이스가 정의된다.

```xml
<interfaces>
    <interface name="management">
        <inet-address value="${jboss.bind.address.management:127.0.0.1}"/>
    </interface>
    <interface name="public">
        <inet-address value="${jboss.bind.address:127.0.0.1}"/>
    </interface>
</interfaces>
```

public 네트워크 인터페이스는 애플리케이션 코어 서비스에 사용되기 위한 것이다.

```
<socket-binding-group name="standard-sockets" default-interface="public">
..........
</socket-binding-group>
```

management 네트워크 인터페이스는 섹션에 표시된 대로 AS 매니지먼트 management 인터페이스에 의해 참조된다.

두 네트워크 인터페이스는 기본적으로 127.0.0.1 주소로 자기 자신을 가리킨다. 이 의미는 애플리케이션 서버의 퍼블릭 서비스와 매니지먼트 서비스가 기본적으로 로컬 장비에서만 접근 가능하다는 것이다. inet-address 요소의 값을 변경하면 장비에서 또 다른 IP 주소로 네트워크 인터페이스를 사용하게 바인드bind한다.

```
<interface name="public">
    <inet-address value="192.168.1.1"/>
</interface>
```

반면에 모든 IP 주소로 네트워크 인터페이스를 바인딩해서 사용하고 싶으면 <any-address /> 요소를 사용한다.

```
<interface name="public">
    <any-address />
</interface>
```

네트워크 인터페이스에서 쓸 만한 다른 대안은 주소 정보와 네트워크 카드 이름을 수집해 놓은 **네트워크 인터페이스 카드**NIC, Networks Interface Card 요소다.

```xml
<interface name="public">
    <nic name="eth0" />
</interface>
```

 커맨드라인(Command-line) 옵션을 사용한 네트워크 인터페이스 바인딩 변경하기
이전의 애플리케이션 서버에서는 유효한 호스트/IP 주소를 시작 스크립트에 매개변수 -b로 추가해서 시작했다. 그러면 서버는 제공한 호스트/IP 주소에 바인딩된다. 이 옵션은 AS 7 초반에는 사용하지 못했지만, AS 7.1.0 릴리스에서 다시 가능해졌다.

소켓 바인딩 그룹(Socket binding groups)

소켓 바인딩은 소켓 설정 이름으로 구성된다. 이번 절에서는 포트를 열고 수신하도록 네트워크 포트를 구성한다. 다음과 같이 모든 소켓 바인딩 그룹은 `default-interface` 속성을 통해 네트워크 인터페이스를 참조한다.[3]

```xml
<socket-binding-group name="standard-sockets" default-interface="public">
    <socket-binding name="jndi" port="1099"/>
    <socket-binding name="jmx-connector-registry" port="1090"/>
    <socket-binding name="jmx-connector-server" port="1091"/>
    <socket-binding name="http" port="8080"/>
    <socket-binding name="https" port="8447"/>
    <socket-binding name="osgi-http" port="8090"/>
    <socket-binding name="remoting" port="4447"/>
    <socket-binding name="txn-recovery-environment" port="4712"/>
    <socket-binding name="txn-status-manager" port="4713"/>
    <socket-binding name="txn-socket-process-id" port="4714"/>
    <socket-binding name="messaging" port="5445"/>
    <socket-binding name="messaging-throughput" port="5455"/>
</socket-binding-group>
```

서비스가 바인딩된 포트를 변경하려면 해당 서비스의 `port` 속성으로 변경한다. 하지만 더 좋은 확실한 접근 방법은 변경됐을 때 바로 결과를 제공하는 관리 인터페이스를 사용하는 것이다. 다음 예제는 CLI를 사용해 http 기본 연결 포트를 변경하는 것이다.

---
3 애플리케이션 서버는 내부적으로 통신하는 소켓의 종류가 많다. 그래서 클러스터링할 때는 오프셋이라는 기능으로 충돌을 해결한다. - 옮긴이

```
[standalone@localhost:9999 /] /socket-binding-group=standard-sockets/
 socket-binding=http:write-attribute(name="port",value="8090")
{
    "outcome" => "success",
    "response-headers" => {
        "operation-requires-reload" => true,
        "process-state" => "reload-required"
    }
}
```

시스템 프로퍼티(System properties)

다음 절은 부팅 프로세스의 일부로 애플리케이션 서버에 추가하는 시스템 전체 프로퍼티들이 포함된다. 다음 설정은 `dummyvalue`라고 지정된 프로퍼티 예제 일부다.

```
<system-properties>
    <property name="myproperty" value="dummyvalue"/>
</system-properties>
```

프로퍼티는 나중에 애플리케이션 서버에서 검색해 사용할 수 있다.

```
String s = System.getProperty("myproperty");
```

배포(Deployments)

설정 파일의 마지막 부분은 애플리케이션 서버에 등록되어 배포된 애플리케이션이 포함된다. 새로운 애플리케이션이 배포되고 해제될 때마다 이 부분은 새로운 애플리케이션이 반영되게 업데이트한다.

코어 서브시스템 설정

이제 새로운 설정 파일의 기본적인 개념을 파악했고 단일 서비스의 특징을 살펴봤다. 2장에서 단일 서브시스템에 대한 모든 것을 논하는 것은 저자나 읽는 독자에게나 고역이다. 그래서 우리는 이해하기 쉽고 흥미롭게 읽을 수 있도록 서서히 모든 서브시스템에 접근하기 위한 기준을 찾아야 했다.

다음 그림에서 JBoss AS 7 코어 서브시스템core subsystem의 대략적인 구성을 볼 수 있다(간단하게 표현하기 위해 이 책 전반에 걸쳐 적용하는 서브시스템만 포함했다).

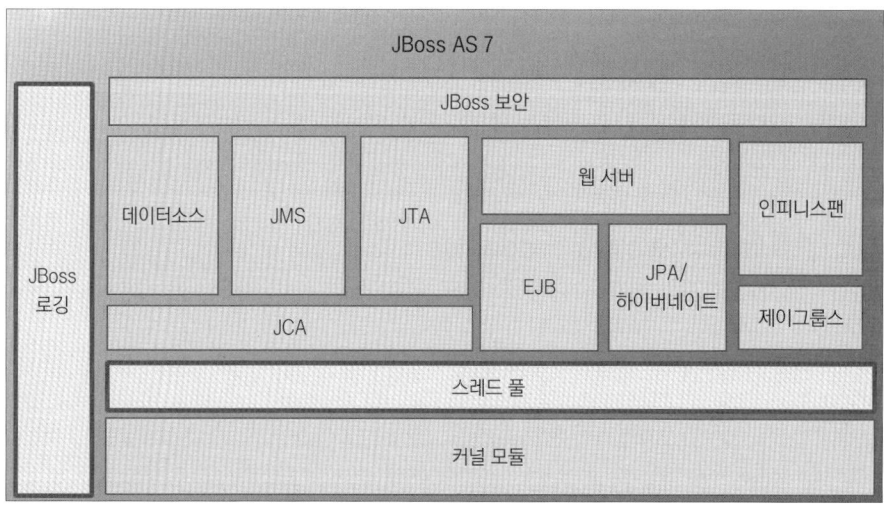

이제 애플리케이션 서버에서 처음으로 그림에 굵게 표시된 스레드 풀과 JBoss 로깅 영역을 탐구해본다. 여기에는 다음과 같은 애플리케이션 서버의 서브시스템을 포함한다.

- 스레드 풀Thread Pool 서브시스템
- **JBoss 로깅**JBoss Logging 서브시스템

별도의 절에서 각 서브시스템에 대해 알아본다.

스레드 풀 서브시스템 설정

스레드 풀은 두 가지 문제를 해결한다. 작업당 호출의 부하를 감소시켜 많은 수의 비동기 작업을 실행할 때 일반적으로 향상된 성능을 제공하고 컬렉션 작업 실행 시 소모되는 스레드의 자원을 제한하고 관리하는 수단을 제공한다.

이전 애플리케이션 서버 릴리스에서는 스레프 풀 설정이 하나의 파일 또는 배포 디스크립터deployment descriptor 중심이었다. 이 방법은 새로운 애플리케이션 서버의

첫 번째 스냅샷으로 유지됐고 7.0.0 CR1 릴리스 이후 각각의 서브시스템은 스레드 풀을 사용하여 스레드 구성을 관리하게 됐다.

새로운 작업을 제공하는 풀 종류를 사용해 적절한 스레드 풀을 설정하면 효과적으로 특정 영역을 조정하게 된다. 애플리케이션 서버 스레드 풀 설정은 다음과 같은 요소를 포함한다.

- 스레드 팩토리Thread factory 설정
- 제한 스레드Bounded Threads 설정
- 무제한 스레드Unbounded Threads 설정
- 큐 없는 스레드 풀Queueless Thread Pool 설정
- 스케줄 스레드Scheduled Thread 설정

이제 각각의 요소를 자세히 살펴본다.

스레드 팩토리 설정

스레드 팩토리(java.util.concurrent.ThreadFactory에 구현됐다)는 새로운 스레드를 생성하는 객체다. 스레드 팩토리를 사용하여 애플리케이션이 특별한 스레드 서브 클래스, 우선 순위 등을 사용할 수 있게 새로운 스레드에 대한 하드와이어링hardwiring을 제거한다.

기본값이 적절하므로 스레드 팩토리는 서버 설정에 기본적으로 포함되어있지 않고 대부분 수정할 필요도 없다. 그럼에도 불구하고 스레드 구성을 완벽히 제어할 필요가 있는 사용자를 위해 샘플 구성을 제공한다.

이제 사용자가 정의할 수 있는 스레드 팩토리 구성을 보자.

```
<thread-factory name="MyThreadFactory" thread-name-pattern="My Thread %t"
  group-name="dummy" />
```

다음은 스레드 팩토리를 정의할 때 사용 가능한 속성들이다. name 속성은 생성된 스레드 팩토리 이름이다.

- `priority` 선택 속성은 생성된 스레드의 스레드 우선 순위를 지정하는 데 사용한다.
- `group-name` 선택 속성은 해당 스레드 팩토리를 생성하는 스레드 그룹의 이름을 지정한다.

`thread-name-pattern`은 스레드에 대한 이름을 만들 때 사용하는 템플릿이다. 다음 패턴들을 사용한다.

패턴	결과
%%	%기호를 내보낸다.
%t	각 팩토리 스레드 시퀀스 번호를 내보낸다.
%g	전역 스레드 시퀀스 번호를 내보낸다.
%f	팩토리 번호를 내보낸다.
%i	스레드 아이디를 내보낸다.
%G	스레드 그룹 이름을 내보낸다.

제한 스레드 풀

제한 스레드 풀은 풀의 크기에 제한 조건을 정의하여 애플리케이션 서버의 자원 고갈 방지를 위해 일반적으로 사용하는 풀의 종류다. 반면에 이런 종류의 풀이 사용하기 가장 복잡하다. 본질적으로 복잡한 이유는 고정 길이 큐와 **코어 크기**, **최대 크기**인 두 가지 풀 크기를 둘 다 유지하기 때문이다.

새로운 작업이 전송될 때마다 실행 중인 스레드의 수가 코어의 크기보다 작은 경우 새로운 스레드가 생성된다. 그렇지 않으면 큐에 공간이 있는 경우 작업은 대기한다.

이러한 옵션 중 어느 것도 실행할 수 없는 경우 실행자Executor는 여전히 새로운 스레드를 생성할 수 있는지 확인한다. 실행 중인 스레드 수가 최대 크기보다 작은 경우 새로운 스레드를 생성하지만 그렇지 않은 경우 `blocking` 속성이 작동한다. `blocking`이 활성화되어 있으면 호출자 블록 공간이 사용 가능할 때까지 큐에 대기한다.

blocking이 비활성화되면 하나가 지정된 경우 작업은 지정된 hand-off 실행자에 할당된다. 지정된 hand-off가 없으면 작업은 거부된다.

다음 그림은 전반적인 전체 과정을 잘 보여준다.

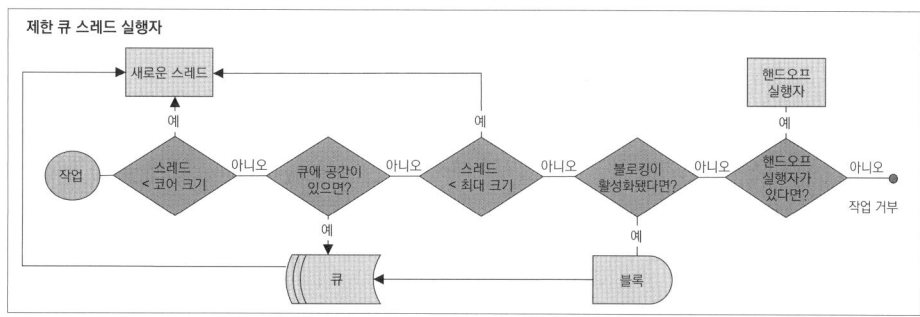

다음은 설정에 포함된 제한 스레드 풀의 샘플이다.

```
<bounded-queue-thread-pool name="jca-short-running" blocking="true">
    <core-threads count="10" per-cpu="20"/>
    <queue-length count="10" per-cpu="20"/>
    <max-threads count="10" per-cpu="20"/>
    <keepalive-time time="10" unit="seconds"/>
</bounded-queue-thread-pool>
```

다음은 각 속성에 대한 간단한 설명이다.

속성	설명
name	생성된 실행자의 빈 이름을 지정
allow-core-timeout	코어 스레드의 시간 초과 여부 지정으로 속성값이 false이면 코어 크기 이상의 스레드에서만 시간 초과가 발생
blocking	공간이 실행자에 사용되지 않는 경우 전송자 스레드 차단 여부를 지정
core-threads	최대 풀 크기보다 작은 코어 스레프 풀 크기를 지정
max-threads	최대 스레드 풀 크기를 지정
queue-length	실행자 큐 길이를 지정
keepalive-time	유휴 상태 시 코어 풀 크기보다 스레드 실행을 유지할 시간의 크기를 지정
thread-factory	특정 스레드 팩토리의 빈 이름을 작업자 스레드를 생성할 때 사용하도록 지정
handoff-executor	작업을 허용하지 못할 때 작업을 위임할 실행자를 지정

성능의 관점

큐 크기와 풀 크기는 서로 성능에 영향을 주는 상충관계의 두 가지 샘플이다. 큰 크기의 큐와 작은 크기의 풀을 사용하면 CPU 사용량, OS 자원과 컨텍스트 스위칭 오버헤드[4]가 최소화된다. 그러나 이건 인위적으로 낮은 처리량을 보여준다. 많은 입출력 작업이 있는 경우(따라서 자주 차단) 시스템은 그렇지 않은 수보다 더 많은 스레드에 예약이 걸린다. 작은 큐 사용은 일반적으로 CPU를 바쁘게 할 뿐 아니라 처리량을 감소해 받아줄 수 없는 스케줄링 오버헤드가 발생하기 때문에 큰 크기의 풀이 필요하다.

무제한 스레드 풀

이 종류의 스레드 풀 실행자는 간단하지만, 더 위험하다. 즉 항상 새로운 작업을 허용한다.

실제로 무제한 스레드 풀은 코어 사이즈와 큐의 제한이 없다. 실행 중인 스레드 수가 코어 사이즈보다 작으면 작업이 전송될 때 새로운 스레드가 생성된다. 그렇지 않으면 작업은 큐에 위치한다. 만약 너무 많은 작업이 해당 실행자에게 전송되면 메모리 부족 상태가 발생한다.

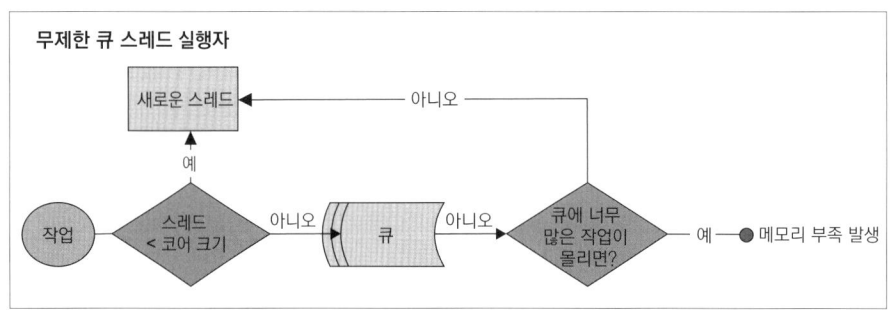

위험하므로 무제한 스레드 풀은 서버 구성에 기본적으로 포함되어있지 않다. 단 하나의 권장 샘플을 제공한다. 모른다면 절대 따라 하지 않는 게 좋다.

---

4 컨텍스트 스위칭 오버헤드에 대한 자세한 내용은 여기서 볼 수 있다(http://ko.wikipedia.org/wiki/문맥_교환). – 옮긴이

```
<unbounded-queue-thread-pool name="unbounded-threads" >
    <max-threads count="10" per-cpu="20"/>
    <keepalive-time time="10" unit="seconds"/>
</unbounded-queue-thread-pool>
```

만약 각 스레드 풀 요소에 대해 자세히 알고 싶다면 제한된 스레드 풀 테이블을 참조한다.

큐 없는 스레드 풀

이름에서 알 수 있듯이 큐가 없는 스레드 풀 실행자다. 기본적으로 이 실행자는 큐에 작업을 저장하지 않기 때문에 제한된 스레드 실행자와 동일한 로직이다.

그래서 실행 중인 스레드 수가 최대 사이즈보다 작은 경우 작업이 전송될 때 새로운 스레드가 생성된다. 그렇지 않고 blocking이 활성화된 경우 다른 스레드가 작업을 완료하고 새로운 작업을 허용할 때까지 호출자를 블록 한다. blocking이 비활성화되면 실행자가 지정된 경우 작업은 지정된 hand-off 실행자에 할당된다. 지정된 hand-off가 없으면 작업은 거부된다.

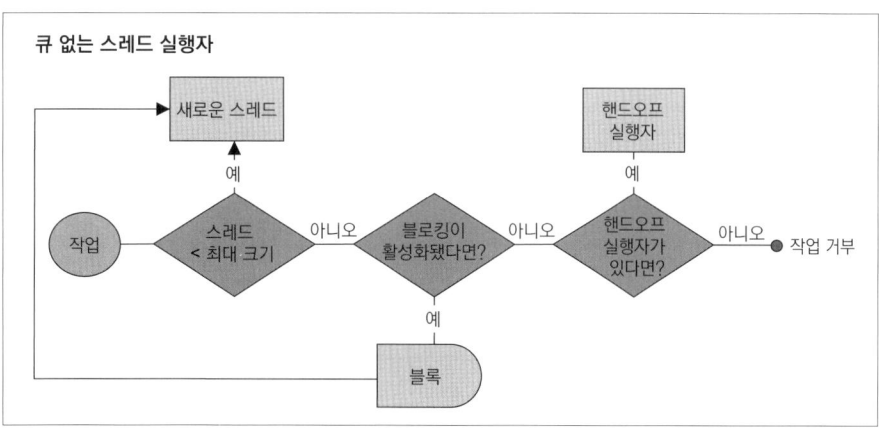

큐 없는 스레드 풀 실행자는 구성 파일에 기본적으로 포함되어 있지 않지만, 여하튼 샘플을 제공한다.

```
<queueless-thread-pool name="queueless-thread-pool" blocking="true">
    <max-threads count="10" per-cpu="20"/>
    <keepalive-time time="10" unit="seconds"/>
</queueless-thread-pool>
```

스케줄 스레드 풀

서버 스케줄 스레드 풀은 정기적으로 또는 지연 실행이 필요한 서버 측 작업에 사용된다. `java.util.concurrent.ScheduledThreadPoolExecutor` 인스턴스에 내부적으로 대응한다.

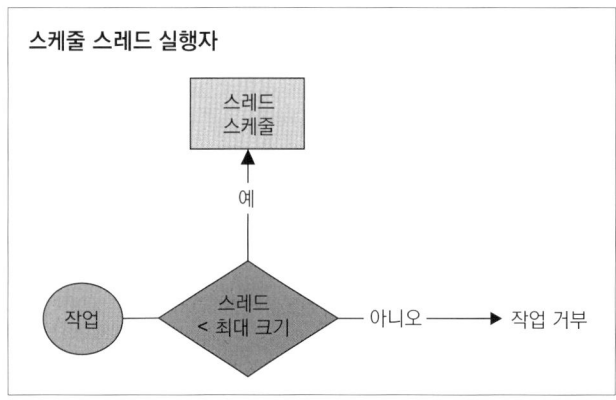

이런 유형의 실행자는 `scheduled-thread-pool` 실행자 요소로 구성된다.

```
<scheduled-thread-pool name="remoting">
    <max-threads count="10" per-cpu="20"/>
    <keepalive-time time="10" unit="seconds"/>
</scheduled-thread-pool>
```

 스케줄 스레드 풀은 원격 프레임워크와 제한 JCA 스레드 실행자와 전달을 지연시키는 스케줄 풀이 사용하는 호넷큐(HornetQ) 서브시스템에 의해 사용된다.

애플리케이션 서버 로깅 설정

모든 애플리케이션은 로깅 추적이 필요하다. 현시점에는 자바 애플리케이션을 위한 몇 가지 인기 있는 로그 라이브러리가 구현되어 있다.

- **Log4j**: 아파치의 유연한 오픈소스 로깅 라이브러리다. Log4j는 오픈소스 커뮤니티에서 널리 사용되고 있고 JBoss AS 이전 릴리스에선 기본 로깅 구현체였다.
- **J2SE Logging libraries(JUL)**: J2SE 플랫폼의 표준 라이브러리의 한 부분으로 로깅 클래스와 인터페이스를 제공한다.

Log4j와 JUL는 API가 실제로 매우 유사하다. 단지 세부적인 작은 개념적 차이가 있고 어찌 됐든 Log4j가 더 많은 기능을 가지고 있다는 점을 제외하면 결국 같은 기능을 한다.

JBoss 로그 프레임워크는 크게 세 가지 주요 개념인 **로거**loggers, **핸들러**handlers와 **포맷터**formatters를 중심으로 하는 JUL을 기반으로 한다. 이 개념들은 결국 개발자가 로그 메시지를 어떻게 볼지, 종류와 우선 순위를 제어한다.

다음 그림은 JUL 프레임워크를 사용하는 로깅 주기를 보여준다. **애플리케이션**은 로거 객체로 로깅을 호출한다. 이 **로거** 객체는 게시를 위한 핸들러 객체에 전달되는 LogRecord 객체에 할당된다. 로거와 핸들러 모두 레이아웃을 처리한다. 특정 로그레코드에 흥미가 있다면 **필터**Filter를 결정해서 **포맷터**를 사용할 수 있다.

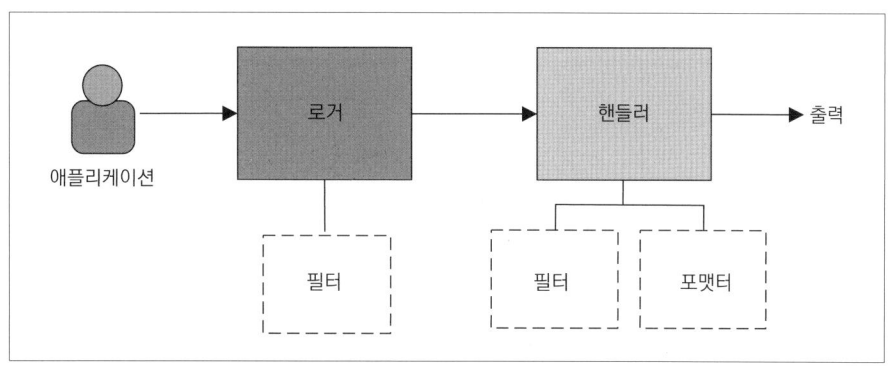

로깅 구현체 선택

이번 JBoss AS는 애플리케이션 서버 로그를 처리하기 위해 다른 프레임워크을 사용했다. JBoss AS 5와 이전 버전에서는 Log4j를 애플리케이션 서버의 기본 API로 사용했다. 이것은 server/⟨server⟩/conf/jboss-log4j.xml 파일에 정의되어 있다.

JBoss AS 6 이후엔 로깅 제공을 JDK 1.4 로깅 시스템 기반으로 JBoss에서 구현했다. 그러나 기본 JDK 구현에 심각한 문제들이 있어서 이것을 피하기 위해 몇 가지를 수정해서 제공한다. 예를 들면 JDK에서 제공하는 java.util.logging 기본 구현체는 사용하기에 너무 제한적이다. JDK 로깅의 한계는 구성별 VM이기 때문에 웹 애플리케이션별 로깅을 못한다.

결과적으로 JBoss AS는 기본 JUL 로그매니저LogManager 구현체의 단점을 해결한 자체 구현체로 대체했다. 다음 그림은 JBoss AS 7 로깅 서브시스템을 구성하는 모듈을 보여준다.

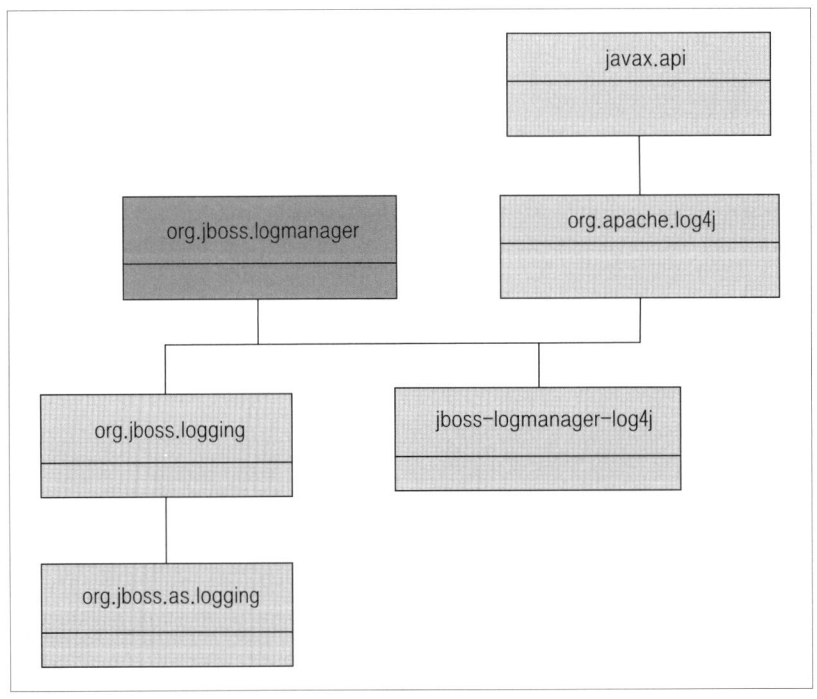

계층 구조 상위에 있는 `org.jboss.logmanager` 모듈은 Jboss 로깅 서브시스템에서 로그를 관리하는 최상위 라이브러리다. JBoss `logmanager` 밑에 `org.jboss.logging`이나 `jboss-logmanager-log4j` 모듈과 같은 구체적인 구현체를 볼 수 있다. 기본적으로 애플리케이션 서버는 애플리케이션 서버 안에 로그를 관리하는 `org.jboss.as.logging`으로 구현된 예전 모듈(`org.jboss.logging`)을 사용한다. 그러나 log4j 구현체로 전환할 경우 `jboss-logmanager-log4j` 모듈이 필요하다(2장의 마지막 절에서는 애플리케이션에서 log4j를 어떻게 사용하는지 예제를 포함한다).

로깅 서브시스템 설정

로깅 서브시스템은 특별한 로그 핸들러들을 포함한다. 핸들러 객체는 로거에서 로그 메시지를 가져와 내보내는 일을 한다. 예를 들면 콘솔에 기록하거나 파일에 쓰거나 또는 네트워크 로깅 서비스로 전송하거나 OS 로그 등을 전달하는 일을 한다. 기본적으로 다음과 같은 핸들러들이 정의되어 있다.

콘솔 핸들러

`console-handler`는 단순히 콘솔에 로그 메시지를 쓰는 핸들러를 정의한다.

```
<console-handler name="CONSOLE" autoflush="true">
    <level name="INFO"/>
    <formatter>
        <pattern-formatter pattern="%d{HH:mm:ss,SSS} %-5p [%c] (%t) %s%E%n"/>
    </formatter>
</console-handler>
```

`console-handler`의 속성은 다른 모든 핸들러와 공통이다. 속성의 의미를 간단하게 바로 설명하면 옵션인 `autoflush` 속성은 버퍼 로그가 자동으로 플러시flush 될지 여부를 결정한다. 이 옵션의 기본값은 `true`다.

다음 요소 `level`은 핸들러와 관련된 로그 수준 범위를 FINEST(낮은 수준)부터 FATAL(최곳값)까지 정의한다.

그다음 formatter 요소로 LogRecords 포맷팅을 지원하도록 제공한다. 로그 포맷팅은 오래된 C 언어의 printf 함수에 영향을 받은 log4j 레이아웃 패턴의 문자열 패턴과 같은 것을 상속받았다.

로그 형식의 전체 목록을 보려면 log4j 문서에서 확인할 수 있다(http://logging.apache.org/log4j/1.2/apidocs/org/apache/log4j/PatternLayout.html).

여기서 %d{HH:mm:ss,SSS} 중괄호 안에 포함된 치환자는 사용한 로깅 이벤트의 날짜를 출력하는 것을 의미한다.

- 문자열 %-5P는 로깅 이벤트의 우선 순위를 출력한다.
- 문자열 [%c]는 로깅 이벤트의 카테고리를 출력하는 데 사용한다.
- 문자열 (%t)는 로깅 이벤트를 생성한 스레드를 출력한다.
- 문자열 %s는 로그 메시지를 출력한다.
- 마지막으로 문자열 %n은 플랫폼에 해당하는 개행 문자 또는 문자로 출력된다.

주기적 순환 파일 핸들러

periodic-rotating-file-handler는 파일에 쓰는 핸들러를 정의한다. java.text.SimpleDateFormat 클래스가 이해하는 형식의 주어진 접미사 문자열에서 도출한 후 로그를 파일에 순환하며 기록한다.

다음과 같이 정의한다.

```
<periodic-rotating-file-handler name="FILE" autoflush="true">
    <level name="INFO"/>
    <formatter>
        <pattern-formatter pattern="%d{HH:mm:ss,SSS} %-5p [%c] (%t) %s%E%n"/>
    </formatter>
    <file relative-to="jboss.server.log.dir" path="server.log"/>
        <suffix value=".yyyy-MM-dd"/>
</periodic-rotating-file-handler>
```

이 핸들러는 실제 파일 이름과 relative-to 위치를 포함한 파일 요소를 도입했다. 이런 경우 상대 위치는 애플리케이션 서버의 매개 변수 jboss.server.log.dir에 해당한다.

기본 접미사 구성으로는 로그는 12시에 순환된다. 로그가 순환할 때 SimpleDateFormat으로 기간을 변경한다. 예를 들면 yyyy-MM-dd-HH로 접미사를 설정하면 매시간 로그를 순환한다.

용량 순환 파일 핸들러

size-rotating-file-handler는 파일의 크기가 일정 지점을 지나 커지면 로그를 파일에 순환하며 기록한다. 또한, 백업의 일정 번호를 유지한다.

표준 설정에서 크기가 지정된 핸들러는 없다. 기본 구성은 JBOSS_HOME/docs/schema/jboss-as-logging.xsd 파일에서 알 수 있다.

```xml
<size-rotating-file-handler name="FILESIZE" autoflush="true" >
    <rotate-size value="500k" />
    <level name="INFO"/>
    <formatter>
        <pattern-formatter pattern="%d{HH:mm:ss,SSS} %-5p [%c] (%t) %s%E%n"/>
    </formatter>
    <file relative-to="jboss.server.log.dir" path="server.log"/>
</size-rotating-file-handler>
```

비동기 핸들러

비동기 핸들러The asynchronous handler는 비동기 로그 이벤트를 생성하기 위해 다른 핸들러에 추가하는 핸들러다. 이 핸들러는 이벤트를 저장하는 데 은밀히 제한 큐를 사용한다. 매시간 로그가 나올 때 비동기 핸들러는 큐를 즉각 반환하고 로그를 추가한다. 다음은 FILE에 추가하는 비동기 로그 예제다.

```xml
<async-handler name="ASYNC" >
    <level name="INFO" />
    <queue-length>1024</queue-length>
    <overflow-action>block</overflow-action>
    <sub-handlers>
        <handler-ref name="FILE" />
    </sub-handlers>
</async-handler>
```

또 이 핸들러는 이벤트가 async 큐에 오버플로우될 때 전송되고 가져오는 행위에 대한 큐 크기를 지정할 수 있다. 호출 스레드가 블록 됐을 때 블록을 해제하고 메시지가 삭제되면 삭제를 취소한다.

 비동기 핸들러는 언제 사용할까?
비동기 핸들러는 집중적인 입출력 작업으로 차단된 스레드에서 비동기 로깅 이벤트가 발생하기 때문에 무거운 입출력이 필요한 애플리케이션에 상당한 이점을 준다. 이와 반대로 CPU에 제약적인 애플리케이션은 CPU에 추가적인 부하를 준 거처럼 비동기 로깅이 전혀 이점이 없을 수 있다.

사용자 정의 핸들러

지금까지의 몇 가지 기본적인 로그 핸들러는 보통 서버 구성에 포함돼 있다. 로그에 좀 더 고급 처리가 필요하면 사용자 정의 로그 핸들러를 정의할 수 있다. 사용자 정의 핸들러Custom handlers를 추가하려면 java.util.logging.Handler 인터페이스를 상속받고 추상 메소드를 오버라이드 해야 한다. 예제를 보면 JdbcLogger라는 클래스는 데이터베이스 저장소에 로그를 기록한다(실행 가능한 전체 코드는 http://community.jboss.org/wiki/CustomLogHandlersOn701에 있다).

```
public class JdbcLogger extends Handler {
    @Override
    public void publish(LogRecord record) {
        try {
            insertRecord(record);
        } catch (SQLException e) {
            e.printStackTrace();
        }
    }
    @Override
    public void flush() { . . . . }
    @Override
    public void close() { . . . . }
}
```

일단 컴파일하면 이 클래스는 아카이브(예를 들면 logger.jar)로 패키지하고 애플리케이션 서버에 모듈로 설치돼야 한다. 모듈의 이름은 com.JDBCLogger가 되고 모듈 폴더 아래 다음과 같은 구조로 될 것이다.

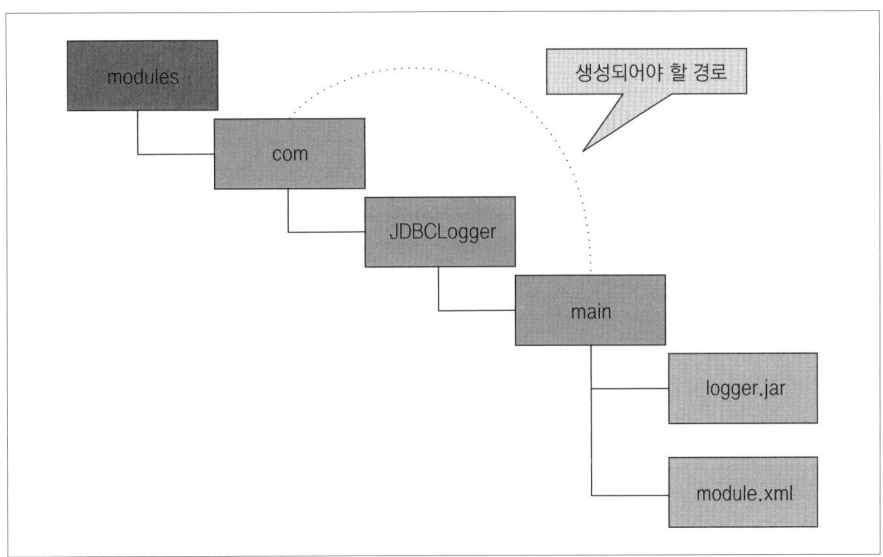

생성되어야 할 경로 표시는 **logger.jar** 아카이브와 다음과 같은 내용의 해당 설정 파일(module.xml)이 위치하는 디렉토리 구조 내용을 보여준다.

```
<module xmlns="urn:jboss:module:1.0" name="com.JDBCLogger">
    <resources>
        <resource-root path="logger.jar"/>
    </resources>
    <dependencies>
        <module name="javax.api"/>
        <module name="org.jboss.logging"/>
        <module name="com.mysql"/>
    </dependencies>
</module>
```

이 설정 파일의 모듈은 com.mysql이란 다른 모듈과 의존성이 있다는 것을 알아둬야 한다. 다음 장에서는 적절한 모듈을 설치해 데이터베이스에 어떻게 연결하는지 본다.

이제 데이터베이스 연결 문자열 프로퍼티와 데이터베이스에 로그를 삽입할 때 사용하는 구문이 포함된 로깅 서브시스템에 핸들러를 추가한다.

```xml
<custom-handler name="DB" class="com.sample.JdbcLogger" module="com.JDBCLogger">
    <level name="INFO"/>
    <formatter>
        <pattern-formatter pattern="%d{HH:mm:ss,SSS} %-5p [%c] (%t) %s%E%n"/>
    </formatter>
    <properties>
        <property name="driverClassName" value="com.mysql.jdbc.Driver"/>
        <property name="jdbcUrl" value="jdbc:mysql://localhost:3306/mydb"/>
        <property name="username" value="root"/>
        <property name="password" value="admin"/>
        <property name="insertStatement" value="insert into log_table
          values (?, $TIMESTAMP, $LEVEL, $MDC[ip], $MDC[user], $MESSAGE,
          hardcoded)"/>
    </properties>
</custom-handler>
<root-logger>
    <level name="INFO"/>
    <handlers>
        <handler name="CONSOLE"/>
        <handler name="FILE"/>
        <handler name="DB"/>
    </handlers>
</root-logger>
```

DB라는 이름의 새로운 handler는 INFO 이상의 우선 순위가 있는 모든 로그 문을 수집하는 root-logger를 지원한다. 로거를 테스트하기 전에 MySQL 데이터베이스에 필요한 테이블을 생성하는 것을 잊지 말자.

```sql
CREATE TABLE log_table(
    id INT(11) NOT NULL AUTO_INCREMENT,
    `timestamp` VARCHAR(255) DEFAULT NULL,
    level VARCHAR(255) DEFAULT NULL,
    mdc_ip VARCHAR(255) DEFAULT NULL,
    mdc_user VARCHAR(255) DEFAULT NULL,
    message VARCHAR(1500) DEFAULT NULL,
    hardcoded VARCHAR(255) DEFAULT NULL,
    PRIMARY KEY (id)
```

```
)
ENGINE = INNODB
AUTO_INCREMENT = 1
```

필요한 모든 단계를 주의 깊게 수행했다면 `log_table`에 서버가 시작된 후 발생한 로그 이벤트들이 포함되는 것을 볼 수 있다.

로거 설정

로거 객체는 특정 시스템 또는 애플리케이션 구성요소에 대한 로그 메시지를 기록하는데 사용된다. 로거는 일반적으로 계층 구조를 점으로 구분한 네임스페이스를 사용해서 지정한다. 로거의 이름은 임의의 문자열이 되지만 일반적으로 패키지 이름이나 로그 구성요소의 클래스 이름을 기준으로 한다. 예를 들어 로거는 로그 수준이 "WARN" 이상인 경우 패키지 com.sample에 대해 로그 구문을 출력하게 로그 시스템에 지시할 수 있다.

```
<logger category="com.sample">
    <level name="WARN"/>
</logger>
```

계층 구조 상단에는 `root-logger`가 있고 두 가지 이례적인 부분이 있다.

- 항상 존재한다.
- 이름으로 검색하지 못한다.

기본 서버 설정에서 `root-logger`는 CONSOLE과 FILE 핸들러에 연결된 두 가지 핸들러를 정의한다.

```xml
<root-logger>
    <level name="INFO"/>
    <handlers>
        <handler name="CONSOLE"/>
        <handler name="FILE"/>
    </handlers>
</root-logger>
```

애플리케이션에 Log4j 설정

지금까지 애플리케이션 서버의 주요 설정 파일(standalone.xml)에 운영 시 필요한 로그 설정 방법에 대해 알아봤다. 하지만 아마도 사용자들은 널리 채택되고 있는 log4j 프레임워크를 사용한 애플리케이션 기반 로그 구성을 제공하길 원할 수 있다. 여기서는 애플리케이션의 log4j 도입에 필요한 간단한 단계를 보여준다.

LogExample이라는 기본 웹 애플리케이션을 생성하기 위해 이클립스 IDE에서 **New Dynamic Web** 프로젝트를 시작한다. log4j를 설정하기 위해 기본적으로 제공되는 log4j.properties와 log4j.xml이라는 설정파일이 필요하고 자바 소스의 루트에 위치해야 한다(이클립스에서는 src이다).

다음 예제는 log4j.properties에 두 개의 appenders를 정의했다. 첫 번째(stdout)는 콘솔에 메시지를 출력하는 데 반해 두 번째(R)는 RollingFileAppender에 연결하는 것이다.

```
log4j.rootLogger=warn, stdout, R

# stdout is set to be a ConsoleAppender.
log4j.appender.stdout=org.apache.log4j.ConsoleAppender

# stdout uses PatternLayout.
log4j.appender.stdout.layout=org.apache.log4j.PatternLayout

# Pattern to output the caller's file name and line number.
log4j.appender.stdout.layout.ConversionPattern=%5p [%t] (%F:%L) - %m%n

# R is set to be a RollingFileAppender.
```

```
log4j.appender.R=org.apache.log4j.RollingFileAppender
log4j.appender.R.File=example.log

# Max file size is set to 100KB
log4j.appender.R.MaxFileSize=100KB

# Keep one backup file
log4j.appender.R.MaxBackupIndex=1

# R uses PatternLayout.
log4j.appender.R.layout=org.apache.log4j.PatternLayout
log4j.appender.R.layout.ConversionPattern=%p %t %c - %m%n

log4j.logger.com.packtpub=DEBUG, stdout, R
```

앞서 말했듯이 이 파일은 웹 프로젝트의 루트에 위치한다. 그래서 프로젝트가 설정되었을 때 웹 애플리케이션의 클래스 경로에 보이는 WEB-INF/classes 폴더로 이동된다.

그리고 애플리케이션의 WEB-INF/lib 폴더에 log4j 라이브러리가 위치한다. 다음은 웹 애플리케이션이 어떻게 보여야 하는지 나타내는 그림이다.

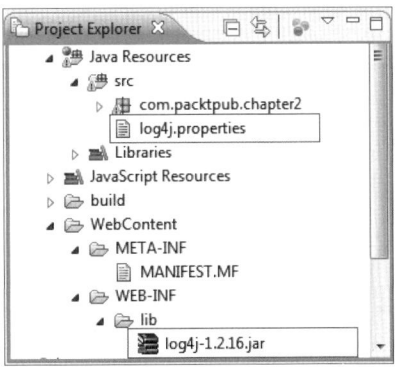

이제 클래스에 로그 문장을 추가하면 그 로그 문장들은 console appender와 file appender에 의해 가로채진다. 예를 들어 다음 서블릿Servlet은 서버 설정 파일에 추가된 System 변수명의 myproperty 값을 출력할 수 있다.

```
@WebServlet("/LoggerServlet")
public class LoggerServlet extends HttpServlet {
    private static org.apache.log4j.Logger logger = org.apache.log4j.
      Logger.getLogger(LoggerServlet.class);
    protected void doGet(HttpServletRequest request, HttpServletResponse
      response) throws ServletException,IOException {
        logger.info("System variable
          myproperty="+System.getProperty("myproperty"));
        PrintWriter out = response.getWriter();
        out.println("The Servlet just logged.");
    }
}
```

 왜 log4j 라이브러리를 애플리케이션에 추가해왔을까?

log4j 라이브러리 없이 애플리케이션을 배포해봤다면 배포자가 log4j 패키지를 사용하는 클래스에서 ClassNotFoundException을 일으킨다는 것을 알게 된다. 실제로는 log4j 라이브러리가 애플리케이션 서버 모듈에 포함되어 있기 때문에 조금 의아해할 수 있다. 이유는 JBoss AS 7이 더는 클래스로더 계층에 기반을 두지 않으려고 하기 때문이다. 하지만 아직은 전반적으로 클래스로딩에 기반을 둔다.

이는 실제로 각각의 배포 구성단위 자체가 하나의 모듈이라는 의미이고 이 모듈은 다른 모듈들에 분리되어 있다. 예를 들면 .jar 같은 것이 애플리케이션 서버에 포함된 것과 마찬가지다.

첫 번째 좋은 소식은 더는 어떤 애플리케이션 클래스들과 서버 클래스 간의 classpath hell이라는 별칭으로 악명높은 충돌을 경험하지 않게 된다는 점이다.

두 번째 희소식은 설치된 다른 모듈에 간단한 의존성을 추가하면 기본 동작을 쉽게 오버라이드 가능하다는 사실이다. 예를 들면 이 경우에 org.apache.log4j 모듈에 있는 의존성을 추가할 필요가 있다. 그래서 log4j 라이브러리가 자동으로 애플리케이션에 연결된다. 6장 'JBoss AS 7 애플리케이션 배포'에서는 애플리케이션의 배포 내용과 클래스로더에 관련된 이슈를 해결하기 위한 모든 과정을 설명한다.

요약

2장에서는 애플리케이션 서버 설정의 기초와 설치된 모든 서비스에 대한 정보를 포함하는 단일 파일 구성을 살펴봤다.

새로운 애플리케이션 서버 인프라를 완전히 이해하기 위해서는 서버 설정이 중요한 기본이 된다는 것은 재차 강조할 만큼 중요하다. 비록 일부분이라도 수정을 위해서는 매니지먼트 인터페이스 사용을 권장한다.

그렇게 각 절의 상세한 내용을 검토 후에 애플리케이션 서버 코어 서비스가 사용하는 풀들을 정의하는 J2SE 스레드 실행자 API에 의존해서 스레드 풀 설정을 적용해봤다.

다음으로 JBoss 로깅 프레임워크에 대해 논의했고 이는 **자바 유틸 로깅** 프레임워크를 기반으로 만들어졌고 결점을 수정해서 제공했으며 로그 설정을 사용자 정의하는 방법과 애플리케이션에 **log4j** 프레임워크로 사용하는 방법에 대해 설명했다.

다음 3장에서는 많은 엔터프라이즈 애플리케이션들의 중추인 데이터소스와 메시지 서브시스템들과 같은 몇 가지 핵심 엔터프라이즈 서비스 구성에 대해 살펴본다.

3
엔터프라이즈 서비스 설정

3장에서는 애플리케이션 서버 위에서 실행되는 자바 엔터프라이즈 서비스의 전체적인 설명과 함께 애플리케이션 서버 설정을 완료한다. 각각의 서비스 자체는 제공할 애플리케이션 종류에 따라 추가, 삭제하는 코어 서브시스템이다. 3장에서는 급증하는 애플리케이션 서버 실사용자들이 채택한 가장 흥미로운 내용을 알아본다. 주제는 다음과 같은 순서로 진행한다.

- 데이터베이스 연결 설정
- 엔터프라이즈 자바 빈즈 컨테이너 설정
- 메시징 서비스 설정
- 트랜잭션 서비스 설정

데이터베이스 연결 설정

모든 애플리케이션 서버는 서버 환경 설정으로 데이터소스를 추가해 데이터베이스 연결을 설정한다. 각 데이터소스는 서버가 구동될 때 설정된 데이터베이스 커넥션 풀을 포함한다. 애플리케이션은 JNDI 트리와 getConnection()을 호출하는 시점에 데이터소스에서 데이터베이스 커넥션을 획득한다.

```
Connection result = null;

try {
    Context initialContext = new InitialContext();
    DataSource datasource =
    (DataSource)initialContext.lookup("java:/MySqlDS");
    result = datasource.getConnection();
} catch ( Exception ex ) {
    log("Cannot get connection: " + ex);
}
```

연결이 설정되면 애플리케이션은 다른 애플리케이션이 데이터베이스 커넥션 풀을 사용할 수 있도록 가능한 한 빠르게 connection.close()를 호출해 반환한다.

이전 JBoss AS 릴리스는 애플리케이션에서 데이터소스를 사용하기 위해 잘 아는 데이터소스 구성 파일(-ds.xml로 끝나는)을 배포해야 했다. JBoss AS 7 릴리스 이후로는 애플리케이션 서버의 성격이 모듈화되었기 때문에 다른 접근 방식이 필요하다.

기본적으로 애플리케이션 서버에 테스트를 목적으로 사용할 수 있는 작고 편리한 브라우저 기반의 콘솔을 지원하는 H2 오픈소스 DB 엔진이 탑재됐다(http://www.h2database.com).

하지만 실제 애플리케이션은 오라클과 MySQL 같은 업계 표준 데이터베이스가 필수다. 이번 절에서는 MySQL의 데이터소스 구성 방법을 알아본다.

기본적으로 어떤 데이터베이스도 2단계 설정 절차가 필요하다.

1. JDBC 드라이버 설치
2. 설정에 데이터소스 추가

자세한 내용은 각 절에서 살펴본다.

JDBC 드라이버 설치

JBoss AS 5와 6 버전에서는 JDBC 드라이버를 설치하기 위해 서버의 common/lib 폴더에 위치시켰다. 새로운 모듈화 서버 구조에서는 JDBC 드라이버를 설치하는 여러 가지 방법이 있다. 먼저 권장하는 방법은 모듈로 된 드라이버를 설치하는 것이다.

 데이터소스 설치 간소화 절에서 일반적으로 조금 더 빠른 방법에 대해 설명한다. 하지만 몇 가지 제한사항이 있다.

2장에서 봤듯이 새로운 모듈을 설치할 때 필요한 .jar 라이브러리를 해당 모듈 경로에 복사하고 모듈과 의존성 선언을 module.xml 파일에 추가한다. 모듈의 실제 경로는 JBOSS_HOME/modules/⟨module⟩/main일 것이다.

main 폴더는 모든 핵심 모듈 컴포넌트가 설치된 곳이다. 따라서 다음과 같은 구성 단위를 예제로 추가하면.

- JBOSS_HOME/modules/com/mysql/main/mysql-connector-java-5.1.17-bin.jar
- JBOSS_HOME/modules/com/mysql/main/module.xml

모듈 트리의 형태는 다음과 같다.

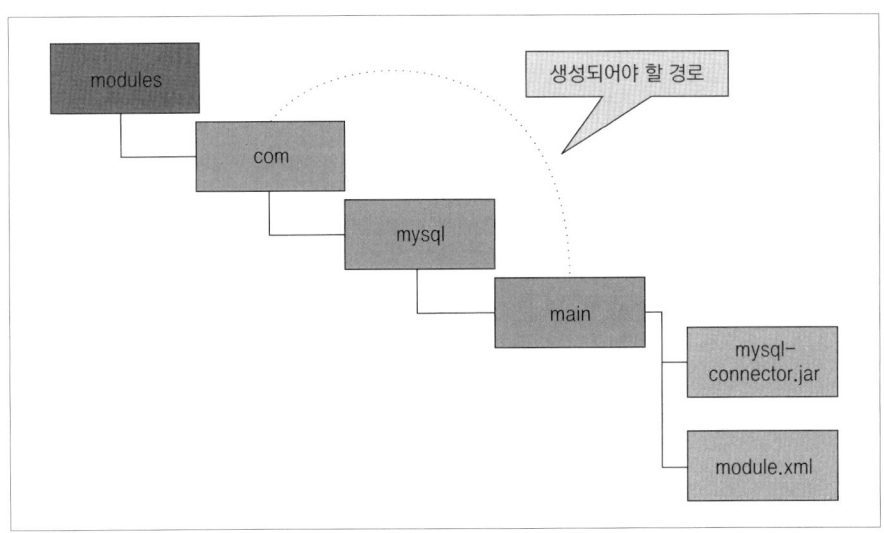

Connector/J로 알려진 이번 예제에서 사용한 JDBC 드라이버는 MySQL 웹사이트에서 무료로 다운로드할 수 있다(http://dev.mysql.com/downloads/connector/j/).

module.xml은 실제 모듈 정의가 포함된다. 상당히 흥미로운 부분은 데이터소스에 정의된 module 속성에 해당하는 모듈 이름(com.mysql)이다.

다음은 JDBC 드라이버 리소스에 대한 경로와 마지막으로 module dependencies를 명시할 필요가 있다.

```
<module xmlns="urn:jboss:module:1.0" name="com.mysql">
    <resources>
    <resource-root path="mysql-connector-java-5.1.17-bin.jar"/>
    </resources>
    <dependencies>
        <module name="javax.api"/>
        <module name="javax.transaction.api"/>
    </dependencies>
</module>
```

로컬 데이터소스 추가

JDBC 드라이버가 설치되면 애플리케이션 서버에 데이터소스 설정이 필요하다. JBoss AS 7에서는 **local datasources**와 **xa-datasources**, 2가지 종류로 설정할 수 있다.

 로컬 데이터소스는 java.sql.Driver를 사용한 두 단계 커밋을 지원하지 않는다. 반면에 xa-datasource는 javax.sql.XADataSource를 사용한 두 단계 커밋을 지원한다.

데이터소스 정의를 여러 가지 방법으로 추가해서 완료할 수 있는데 그냥 데이터소스 정의를 서버 설정 파일에 넣을 수도 있고 정확한 작업을 위해 관리 인터페이스를 사용할 수도 있다.

이 절에서 가능한 모든 방식을 한 번에 보여주기에는 정보가 너무 많다. 그래서 처음에는 서버 설정 파일에 정의되어 있는 데이터소스를 잘라 붙여넣는 가장 직관적인 방법부터 소화해본다. 서버 관리에 대한 7장, '애플리케이션 서버 관리'에서 사용 가능한 다른 방식들을 자세히 살펴본다.

다음은 MySQL 데이터소스 설정 예제다.

```xml
<datasources>
    <datasource jndi-name="java:/MySqlDS" pool-name="MySqlDS_Pool"
      enabled="true" jta="true" use-java-context="true" use-ccm="true">
        <connection-url>
            jdbc:mysql://localhost:3306/MyDB
        </connection-url>
        <driver>mysql</driver>
        <pool/>
        <security>
            <user-name>jboss</user-name>
            <password>jboss</password>
        </security>
        <statement/>
        <timeout>
            <idle-timeout-minutes>0</idle-timeout-minutes>
            <query-timeout>600</query-timeout>
```

```
        </timeout>
    </datasource>
    <drivers>
        <driver name="mysql" module="com.mysql"/>
    </drivers>
</datasources>
```

새로운 설정 파일도 예전 버전의 -*.ds.xml 파일의 XML 스키마 정의와 같다. 그래서 새로운 설정으로 마이그레이션하는 건 어렵지 않다. 기본적으로 `connection-url`로 데이터베이스 경로와 `driver` 부분에서 JDBC 드라이버 클래스를 사용해서 연결을 설정한다.

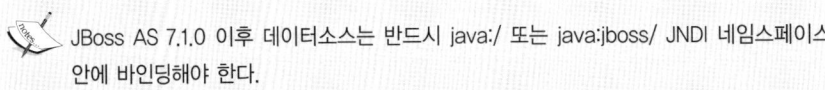

JBoss AS 7.1.0 이후 데이터소스는 반드시 java:/ 또는 java:jboss/ JNDI 네임스페이스 안에 바인딩해야 한다.

`pool` 섹션은 기본값인 경우를 제외하고 JDBC 연결 풀 프로퍼티 정의를 사용할 수 있다. 그다음 `security` 섹션은 연결 인증을 설정한다.

또, `statement` 섹션은 단순히 구문 캐시 옵션에 대한 표시자로 추가할 수 있다.

`timeout` 옵션 부분은 `query-timeout`처럼 쿼리 시간이 초과하기까지의 최대 시간을 정하는 정적 설정이다. `idle-timeout-minutes` 요소는 연결이 닫히기 전에 대기할 수 있는 최대 시간을 나타낸다. 기본적으로 15분이며 0으로 설정 시 비활성화된다.

커넥션 풀 설정

데이터소스 설정의 핵심 중에 하나는 `pool` 섹션이다. 엄밀히 말하면 커넥션 풀을 사용하기 위해 설정이 따로 필요하진 않다. 특별한 설정이 없어도 JBoss AS의 몇 가지 기본 설정을 선택할 수 있다. 하지만 커넥션 풀이 설정된 어떤 타입의 풀 사이즈를 제어하는 등의 풀링 수행을 사용자가 정의할 경우 사용하는 속성에 대한 좋은 학습이 될 것이다.

다음은 데이터소스 설정에 추가할 수 있는 풀 설정의 예제 코드다.

```xml
<pool>
    <min-pool-size>5</min-pool-size>
    <max-pool-size>10</max-pool-size>
    <prefill>true</prefill>
    <use-strict-min>true</use-strict-min>
</pool>
```

풀 설정에 포함된 것은 이전 릴리스에서 가져온 것과 같다. 다음 표를 참고하자.

속성	의미
min-pool-size	최소 커넥션 풀 사이즈(기본 0)
max-pool-size	최대 커넥션 풀 사이즈(기본 20)
prefill	최소 커넥션을 미리 채우기 위한 시도 여부
use-strict-min	min-pool-size 보다 유휴 커넥션이 낮을 때 커넥션을 닫을지 여부

명령문 캐시 구성

시스템 커넥션 풀의 각각의 연결에 대해 명령문 캐시를 만들 수 있다. 재사용할 수 있는 명령문, 호출문이 연결에 사용되는 경우 JBoss AS는 명령문을 캐시한다. 명령문 캐시를 활성화하려면 `prepared-statement-cache-size` 크기를 0보다 크게 지정해야 한다.

```xml
<statement>
    <track-statements>true</track-statements>
    <prepared-statement-cache-size>10</prepared-statement-cache-size>
    <share-prepared-statements/>
</statement>
```

`statement` 섹션에 `track-statements`가 `true`로 포함되면 `statements`와 `ResultSets`의 자동 종료가 활성화된다. prepared statement 캐시 또는 데이터베이스에서 커서 누수가 발생하길 바라지 않는다면 이 부분은 매우 중요하다.

마지막 요소인 share-prepared-statements는 prepared statement 캐시가 활성화되어 동일한 트랜잭션에서 두 요청이 동일한 명령문을 반환할지를 결정하는 경우에만 사용한다(기본은 false다).

xa-datasource 추가

xa-datasource를 추가하려면 데이터소스 설정에 약간의 수정이 필요하다. 실제로 연결 정보는 xa-datasource 속성을 통해 획득되지 않는다. 또한 xa-datasource 클래스는 드라이버 섹션에 지정되어야 한다.

다음 코드에서는 현재 xa-datasource를 설정하는 데 사용하는 MySQL JDBC 드라이버를 해당 설정에 추가하고 있다.

```xml
<datasources>
    <xa-datasource jndi-name="java:/XAMySqlDS" pool-name="MySqlDS_Pool"
      enabled="true" use-java-context="true" use-ccm="true">
      <xa-datasource-property name="URL">
          jdbc:mysql://localhost:3306/MyDB
      </xa-datasource-property>
      <xa-datasource-property name="User">jboss</xa-datasource-property>
      <xa-datasource-property name="Password">jboss
      </xa-datasource-property>
      <driver>mysql-xa</driver>
    </xa-datasource>
    <drivers>
        <driver name="mysql-xa" module="com.mysql">
            <xa-datasource-class>
                com.mysql.jdbc.jdbc2.optional.MysqlXADataSource
            </xa-datasource-class>
        </driver>
    </drivers>
</datasources>
```

데이터소스 설치 간소화

이 책을 시작할 때 말했듯이 새롭게 출시한 애플리케이션 서버는 모든 라이브러리가 모듈이다. 따라서 단순히 애플리케이션 서버에 JDBC 드라이버를 배포하는 것만으로 설치가 이뤄진다.

그림과 같이 옵션을 사용하는 경우 mysql-connector-java-5.1.17-bin.jar 드라이버를 단순히 JBOSS_HOME/standalone/deployments 폴더에 복사하는 것만으로 설치된다.

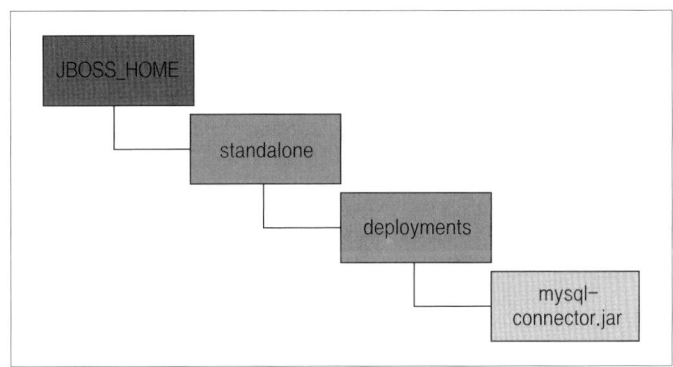

일단 배포되면 서버에 데이터소스 설정을 추가해야 한다. 다양한 방법으로 할 수 있지만 가장 직관적인 방법은 설정 파일에 데이터소스를 정의하는 것이다.

```
<datasource jndi-name="java:/MySqlDS" pool-name="MySqlDS_Pool"
    enabled="true" jta="true" use-java-context="true" use-ccm="true">
    <connection-url>
        jdbc:mysql://localhost:3306/MyDB
    </connection-url>
    <driver>mysql-connector-java-5.1.17-bin.jar</driver>
    <pool/>
    <security>
        <user-name>jboss</user-name>
        <password>jboss</password>
    </security>
</datasource>
```

아니면, 새로운 CLI를 사용하거나 웹 관리자 콘솔로도 동일한 결과를 얻을 수 있다. 7장, '애플리케이션 서버 관리'에서는 인터페이스를 사용해서 데이터소스를 추가하는 구체적인 예제 몇 가지를 제공하겠다.

도메인 배포는 어떻게 할까?
3장에서 스탠드얼론 서버 설정과 서비스 설정도 도메인 서버에 적용할 수 있다고 설명했다. 하지만 도메인 서버는 배포에 대해 스캔을 하는 지정된 폴더가 없고 오히려 관리 인터페이스는 도메인에 리소스를 주입하는 데 사용한다. 5장, 'JBoss AS 도메인 설정'에서 도메인 서버를 사용할 때 모듈을 배포하는 자세한 내용을 단계별로 진행한다.

올바른 드라이버 배포 전략 선택

이 시점에서 어떻게 JDBC 드라이버를 배포하는 것이 가장 좋은 방법인지 궁금할 것이다. 사실 배포 단위로 드라이버를 설치하는 것이 편하다. 그러나 이것은 개발 범위에서 사용해야 하며 몇 가지 제한이 있다. 첫째로 JDBC 4를 준수하는 드라이버가 필요하다.

JDBC 4를 준수하지 않는 드라이버도 배포는 가능하고 간단한 패치 절차가 필요하다. java.sql.Driver 파일이 포함된 META-INF/services 디렉토리 구조를 만든다. 파일의 내용은 드라이버의 이름이 된다. 예를 들면 MySQL 드라이버를 패치했다면 콘텐츠의 내용은 com.mysql.jdbc.Driver가 된다.

일단 구조가 생성되면 압축 유틸리티나 .jar 명령어(jar -uf your-jdbc-driver.jar META-INF/services/java.sql.Driver)를 사용해서 JDBC 드라이버를 업데이트할 수 있다.

현재 대부분의 JDBC 드라이버들은 JDBC 4를 준수하지만 모든 드라이버가 애플리케이션 서버에 인식되는 것은 아니다. 다음 표는 가장 많이 사용되는 드라이버와 해당 드라이버의 JDBC 준수 여부에 대한 설명이다.

DB	Driver	JDBC 4 준수 여부	java.sql.Driver 포함 여부
MySQL	mysql-connector-java-5.1.17-bin.jar	준수. 단 AS 7에서는 인정되지 않는다.	포함
PostgreSQL	postgresql-9.1-901.jdbc4.jar	준수. 단 AS 7에서는 인정되지 않는다.	포함
Oracle	ojdbc6.jar / ojdbc5.jar	준수	포함
Oracle	ojdbc4.jar	비준수	불포함

표에서 볼 수 있듯이 드라이버의 목록 중에 가장 주목할만한 것은 JDBC 4를 준수하지 않는 오라클의 예전 ojdbc4.jar가 META-INF/services/java.sql.Driver에서 제외된 것이다.

드라이버를 배포하는 데 두 번째 문제는 xa-datasources의 특정한 케이스와 연관 있다. 사실 배포로 드라이버를 설치하여 자체적으로 애플리케이션 서버가 드라이버에 사용되는 xa-datasource 클래스에 대한 정보를 유추할 수 없음을 의미한다. 해당 정보는 META-INF/services 내부에 포함되어 있지 않기 때문에 생성하려 하는 각각의 xa-datasource에 대한 xa-datasource 클래스 정보를 지정하도록 강제한다.

이전 예제에서 모듈로 드라이버를 설치한 부분을 기억한다면 xa-datasources 클래스 정보는 설치된 모든 데이터소스에 대해 공유할 수 있다.

```
<driver name="mysql-xa" module="com.mysql">
    <xa-datasource-class>
        com.mysql.jdbc.jdbc2.optional.MysqlXADataSource
    </xa-datasource-class>
</driver>
```

결론적으로 이런 이슈에 대한 문제가 없다면 드라이버를 배포해서 설치하는 것이 편하지만 어떤 개발 환경에서 채택하든 상용서비스에서 한다는 건 모험심이 대단해야 한다.

프로그래밍적 데이터소스 설정

프로그래머의 행복을 위해 무설정 파일로 데이터소스를 설정하는 추가적인 옵션을 설명한다. 사실 자바EE 6가 지원하는 멋진 기능 중에 하나가 @DataSourceDefinition 애노테이션을 통한 프로그래밍적인 데이터소스 구성이다.

```
@DataSourceDefinition(name = "java:/OracleDS",
    className = " oracle.jdbc.OracleDriver",
    portNumber = 1521,
    serverName = "192.168.1.1",
    databaseName = "OracleSID",
    user = "scott",
    password = "tiger",
    properties = {"createDatabase=create"})
@Singleton
public class DataSourceEJB {
    @Resource(lookup = "java:/OracleDS")
    private DataSource ds;
}
```

위의 예제에선 싱글턴singleton EJB 3.1에 오라클 데이터베이스에 대한 데이터소스를 정의했다. 프로그래밍적인 데이터소스를 구성할 때 실제로 클라이언트와 커넥션 풀 사이에 프록시 요청 JCA를 생략하는 것이 중요하다.

해당 방법의 장점은 재구성 없이 다른 애플리케이션으로 옮길 수 있다는 것이다. 반면에 JBoss의 데이터소스 설정을 바꿔 사용하여 여러 애플리케이션의 필요한 많은 활용 옵션들을 설정할 수 있다.

엔터프라이즈 자바 빈 설정

엔터프라이즈 자바 빈EJB, Enterprise Java Bean 컨테이너는 자바 엔터프라이즈 아키텍처의 기본적인 부분이다. 간단히 말해서, EJB 컨테이너는 컨테이너에 배포된 EJB 컴포넌트를 호스팅하고 관리하는 데 사용되는 환경을 제공한다. 컨테이너는 캐시,

동시성, 지속성, 보안, 트랜잭션 관리, 잠금 서비스를 포함한 서비스의 표준을 제공하는 책임이 있다.

컨테이너는 호스트 컴포넌트에 대한 분산 접속 및 조회 기능을 제공한다. 호스팅된 컴포넌트에 모든 메소드 호출을 가로채 선언된 보안과 트랜잭션 컨텍스트를 적용한다.

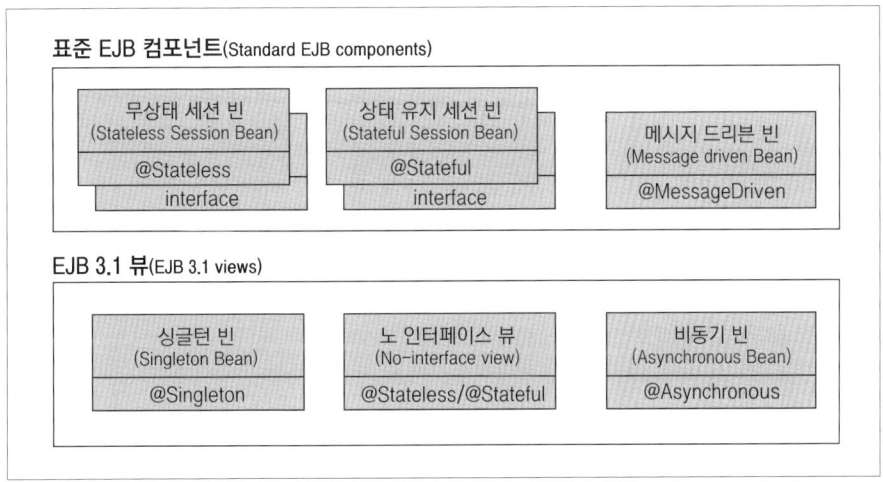

이 이미지에 묘사된 대로 풍부한 EJB 컴포넌트를 JBoss AS 7에 배포할 수 있다.

- **무상태 세션 빈**SLSB, Stateless session bean: SLSB는 인스턴스에 대화 상태가 없는 개체다. 클라이언트를 서비스하지 않을 때 모든 빈 인스턴스가 동일하다는 것을 의미한다.
- **상태유지 세션 빈**SFSB, Stateful session bean: 밀접하게 결합된 클라이언트와 SFSB를 지원하는 대화 서비스를 제공한다. 상태 유지 세션 빈은 특정 클라이언트에 대한 작업을 수행하고 클라이언트 세션이 지속하는 동안 상태를 유지한다. 세션이 완료되면 상태는 더 유지되지 않는다.
- **메시지 드리븐 빈**MDB, Message-driven bean: MDB는 비동기로 모든 JMS 생산자에서 보낸 메시지를 처리할 수 있는 엔터프라이즈 빈의 일종이다.

변환 상태(SLSB, MDB)를 유지하지 않는 EJB 컴포넌트는 시간 초과 알림을 선택해서 설정할 수 있다. 자세한 내용은 '타이머 서비스 설정' 절에서 볼 수 있다.

표준 EJB 컴포넌트 외에도 애플리케이션 서버는 자바EE 6에 도입된 새로운 EJB 3.1을 지원한다.

- **싱글턴**singleton **EJB**: 무상태 세션 빈과 본질적으론 비슷하지만, 클라이언트 요청을 처리하는 단일 인스턴스를 사용한다. 따라서 호출에 동일한 인스턴스를 사용하도록 보장한다. 싱글턴은 인스턴스에 대한 동시 액세스를 제어하는 이벤트의 풍부한 생명 주기와 엄격한 잠금 정책을 사용할 수 있다. 웹 애플리케이션에 관한 다음 4장에서 싱글턴을 사용해 일부 캐시 된 데이터를 보유할 수 있는 Java EE 6 애플리케이션을 설명한다.

- **노 인터페이스**No-interface **EJB**: 로컬 클라이언트는 별도의 인터페이스를 필요로 하지 않는 점을 제외하고 표준 세션 빈의 또 다른 모습으로 볼 수 있다. 즉, 빈 클래스의 모든 public 메소드가 자동으로 호출에 노출된다.

- **비동기**Asynchronous **EJB**: 형식화된 인터페이스를 제공한다는 점을 제외하고 MDB와 같이 비동기 클라이언트 요청을 처리한다. 클라이언트 요청을 처리하기 위해 더 복잡한 접근 방식을 따를 수 있다.

    - 클라이언트에 호출되는 비동기 fire-and-forget void 메소드
    - retrieve-result-later 비동기 메소드는 Future<?>Return 타입을 가지고 있다.

 웹 애플리케이션에 대한 다음 4장에서는 싱글턴 사용으로 일부 캐시 데이터를 보유할 수 있는 자바EE 6 애플리케이션을 설명한다.

EJB 컴포넌트 설정

이제 곧 EJB의 기본 타입을 가지고 애플리케이션 서버 환경 설정에서 구체적인 상세 정보를 입력한다. 따라서 다음과 같은 컴포넌트를 살펴본다.

- SLSB 설정
- SFSB 설정
- MDB 설정
- Timer 서비스 설정

이제 해당 컴포넌트 전부를 자세히 알아본다.

무상태 세션 빈 설정

기본적으로 JBoss AS 구동 시점에 무상태 세션 빈 인스턴스는 존재하지 않는다. 개별적으로 빈이 호출될 때 EJB 컨테이너는 새로운 SLSB 인스턴스들을 초기화한다.

해당 인스턴스들은 서비스 EJB 메소드 호출에 사용되는 프리 풀에 유지된다. EJB는 클라이언트의 메소드를 호출하는 동안 활성 상태를 유지한다. 메소드가 완료되면 EJB 인스턴스는 프리 풀에 반환된다. EJB 컨테이너가 각 메소드 호출 후에 무상태 세션 빈들을 클라이언트로부터 해제하기 때문에 클라이언트가 실제 사용한 빈 클래스 인스턴스는 호출한 것과 호출된 것이 다를 수 있다.

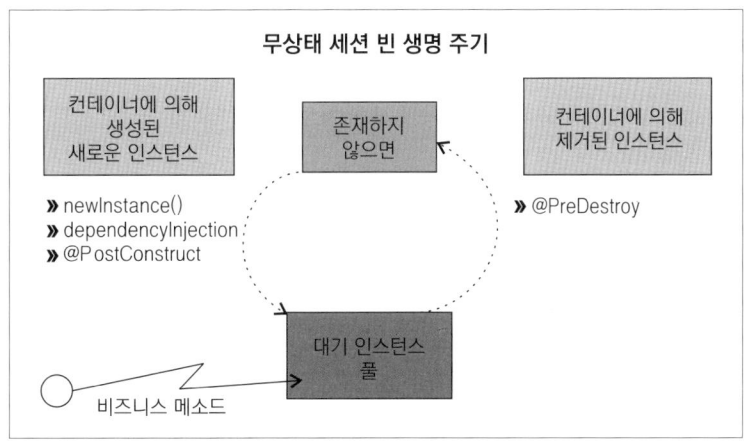

만약 EJB 클래스의 모든 인스턴스가 활성화 상태이고 pool의 max-pool-size에 이르면 EJB 클래스를 요청하는 새 클라이언트들이 활성 EJB가 메소드 호출을 완료할 때까지 차단된다. 무상태 풀을 어떻게 구성했는지에 따라 수집 타임아웃이 발생하고 풀로부터 인스턴스를 최대 시간 내에 획득할 수 없다.

메인 설정 파일을 통해 세션 풀을 설정하거나 프로그래밍을 하여 설정할 수 있다. 2가지 접근방식을 모두 살펴보자.

EJB는 ejb3.1.2 서브시스템 일부다. 풀을 설정하기 위해 **풀의 최대 크기**max-pool-size와 **인스턴스 획득 타임아웃**instance-acquisition-timeout 파라미터 2개를 설정할 수 있다.

예제를 살펴보자.

```
<subsystem xmlns="urn:jboss:domain:ejb3:1.2">
    <session-bean>
        <stateless>
            <bean-instance-pool-ref pool-name="slsb-strict-max-pool"/>
        </stateless>
        .........
    </session-bean>
    .........
    <pools>
        <bean-instance-pools>
            <strict-max-pool name="slsb-strict-max-pool" max-pool-size="25" instance-acquisition-timeout="5" instance-acquisition-timeout-unit="MINUTES"/>
        </bean-instance-pools>
    </pools>
    .........
</subsystem>
```

이 예제에서는 SLSB 풀을 최대 25개의 strict로 구성했다. strict 풀pool 구현은 작성 시에만 사용할 수 있다. 그리고 한정된 수의 동시요청을 한 번에 실행하는 것을 허용한다. 풀의 strict 크기보다 더 많은 요청이 실행되고 있다면 이 요청들은 인스턴스가 활성화될 때까지 차단될 것이다. 풀 설정에서 역시 instance-aquisition-timeout을 5분으로 설정했다. 이는 요청이 풀 크기보다 커지면 실행된다.

원하는 만큼 많은 풀을 설정할 수 있다. EJB 컨테이너에 의해 사용될 풀은 `bean-instance-pool-ref` 요소의 `pool-name` 속성으로 표시된다. 예를 들어 `largepool`이라는 풀 설정을 하나 더 추가하고, EJB 컨테이너의 풀 구현으로 설정했다.

```
<subsystem xmlns="urn:jboss:domain:ejb3:1.2">
    <session-bean>
        <stateless>
          <bean-instance-pool-ref pool-name="large-pool"/>
        </stateless>
    </session-bean>
    <pools>
        <bean-instance-pools>
<strict-max-pool name="large-pool" max-pool-size="100" instance-acquisition-timeout="5" instance-acquisition-timeout-unit="MINUTES"/>
            <strict-max-pool name="slsb-strict-max-pool" max-pool-size="25"
                instance-acquisition-timeout="5" instance-acquisition-timeout-
                unit="MINUTES"/>
        </bean-instance-pools>
    </pools>
</subsystem>
```

무상태 풀 크기 구성을 위한 CLI 활용

기본 설정 파일을 통해 SLSB 풀 크기 설정을 위한 필수 단계를 상세화했다. 하지만 가장 좋은 연습은 서버 모델을 변경하는 커맨드라인 인터페이스를 사용하는 것이다.

여기 lager-pool이라는 새로운 풀을 EJB 3 서브시스템에 어떻게 추가할 수 있는지 보자.

```
/subsystem=ejb3/strict-max-bean-instance-pool=large-pool:add(max-pool-
  size=100)
```

이제 해당 풀을 EJB 컨테이너에 의해 사용되는 디폴트 값으로 설정할 수 있다.

```
/subsystem=ejb3:write-attribute(name=default-slsb-instance-pool,
  value=large-pool)
```

결국, 언제든지 풀 크기를 max-pool-size 속성으로 조절해서 적절하게 변경할 수 있다.

```
/subsystem=ejb3/strict-max-bean-instance-pool=large-pool:write-
  attribute(name="max-pool-size", value=50)
```

상태유지 세션 빈 설정

상태유지 세션 빈SFSB은 특정 클라이언트 인스턴스들에 연결된다. 애플리케이션 서버는 활성 EJB 인스턴스를 메모리에 저장하기 위해 캐시를 사용하고 즉시 클라이언트 요청에 사용할 수 있다. 캐시는 현재 클라이언트에 의해 사용되는 EJB와 최근에 사용한 인스턴스를 포함한다.

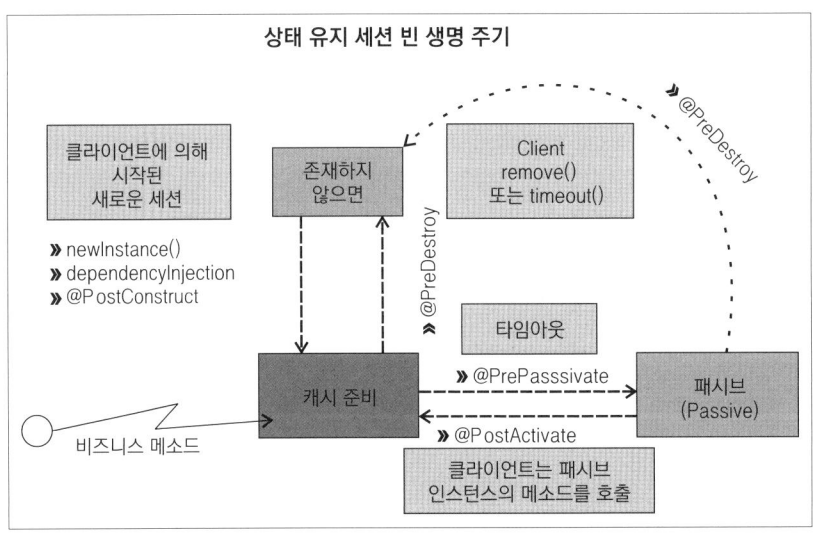

메모리에 있는 EJB는 비용이 많이 드는 작업이고 가능한 한 빨리 밖으로 이동시켜야 하며 패시베이션Passivation하거나 제거해야 한다.

패시베이션는 EJB 컨테이너가 유휴 SFSB 인스턴스를 캐시에서 해제하지만, 디스크에 자신의 상태를 저장해서 보장하는 과정이다.

캐시에서 빈을 제거하는 것은 반대로 사용자 또는 EJB 컨테이너에 작동하는 과정이다. 사용자의 의해 작동될 때 EJB 메소드에 @java.ejb.Remove 애노테이션이 추가되어 수행되고 실제 호출 시 EJB를 제거한다.

```
@Remove
public void remove() {}
```

상태 유지 인스턴스의 접근 제한은 정확히 상태 유지 세션 빈이 변경된 설정이 유효한 시점이다.

```xml
<subsystem xmlns="urn:jboss:domain:ejb3:1.2">
    <session-bean>
      ......
      <stateful default-access-timeout="5000"/>
    </session-bean>
    ......
</subsystem>
```

하지만 JBoss 팀과 특히 폴 페라로Paul Ferraro의 협조 덕분에 출시될 AS 7 릴리스에서 상태 유지 캐시 설정의 프리뷰를 공유할 수 있었다. AS 7.1에서 캐시 정의는 ejb3.1 서브시스템 내에서 정의된다. 캐시 정의에서 선택적으로 **최대 크기**를 정의할 수 있는 패시베이션 저장을 명세하기 위한 옵션을 가진다.

```xml
<subsystem xmlns="urn:jboss:domain:ejb3:1.2">
    <session-bean>
      <stateful default-access-timeout="5000" cache-ref=
      "passivating" clustered-cache-ref="clustered"/>
    </session-bean>
    ..........
    <caches>
      <cache name="simple"/>
      <cache name="passivating" passivation-store-ref="file"/>
      <cache name="clustered" passivation-store-ref="infinispan"/>
    </caches>
    <passivation-stores>
      <file-passivation-store name="file" max-size="500"/>
      <cluster-passivation-store name="infinispan" backing-cache="sfsb"
      max-size="500"/>
    </passivation-stores>
    ..........
</subsystem>
```

알다시피 상태 유지 빈 인수는 캐시 정의를 참조한다. 이는 순서대로 passivation-store와 연결된다. 이 설정 예제에서 파일 기반 패시베이션 캐시는 클러스터가 아닌 SFSB에 사용된다. max-size 옵션 속성을 주목하면 이는 SFSB의 양을 제한하고 캐시에 포함될 수 있다. 반면에 클러스터 캐시는 인피니스팬의 cluster-passivation-store에 의해 백업 된다(인피니스팬 캐시에 대한 더 많은 정보는 8장에서 살펴본다).

메시지 드리븐 빈 설정

메시지 드리븐 빈MDB, message driven bean은 비동기 JMS 메시지를 처리하는 무상태, 서버 사이드, 트랜잭션 인식 컴포넌트다.

 MDBs의 가장 중요한 측면 중에 하나는 동시에 메시지를 소비하고 처리할 수 있다는 것이다.

이 기능은 다중 스레드 환경에서 리소스, 트랜잭션과 보안을 관리하기 위해 사용자 지정 빌드하는 기존의 JMS 클라이언트보다 상당한 이점을 제공한다.

세션 빈은 잘 정의된 생명 주기를 가지고 있듯이 MDB 빈도 그렇다. MDB 인스턴스의 생명 주기는 거의 무상태 빈과 동일하다. 실제로 **존재하지 않는 상태**와 **메소드가 준비된 풀 상태**, 두 가지로 나뉜다.

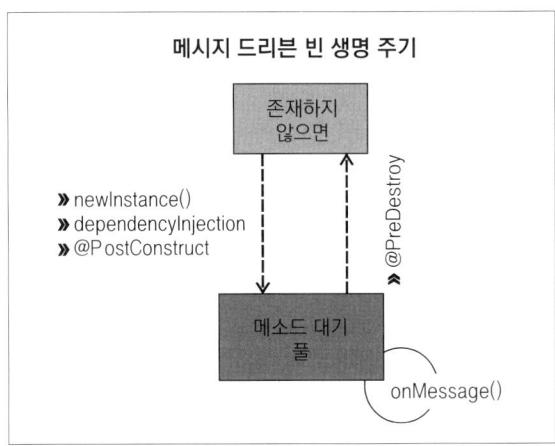

메시지가 수신되면 EJB 컨테이너는 MDB 인스턴스 풀에서 사용할 수 있는지 확인한다. 빈이 프리 풀에서 사용할 수 있으면 JBoss는 해당 인스턴스를 사용한다. MDB 인스턴스의 `onMessage()` 메소드가 반환된 후 요청이 완료되며 인스턴스는 메소드를 프리 풀에 다시 돌려놓는다. 최적의 응답 시간 결과로 새로운 인스턴스가 생성될 때까지 기다릴 필요없이 제공된다.

쓸모있는 빈 인스턴스가 없는 경우 풀 크기에 MDB의 `MaxSize` 속성을 비교해서 풀에 MDB를 위한 공간이 더 있는지 컨테이너가 확인한다.

`MaxSize`에 아직 도달하지 않으면 새로운 MDB가 초기화된다. 생성 순서는 그림에서 봤듯이 무상태 빈과 동일하다. 새 인스턴스 생성이 실패하면 반대로 MDB 완료가 활성화될 때까지 요청은 차단된다. 요청이 `instance-acquisition-timeout` 내로 풀에서 인스턴스를 획득할 수 없으면 예외가 발생한다.

MDB 풀의 설정은 정확하게 SLSB와 동일하다. 따라서 설명은 생략하고 다음에 MDB 풀을 설정했다.

```xml
<subsystem xmlns="urn:jboss:domain:ejb3:1.2">
    <mdb>
        <resource-adapter-ref resource-adapter-name="hornetq-ra"/>
        <bean-instance-pool-ref pool-name="mdb-strict-max-pool"/>
    </mdb>
    <pools>
        <bean-instance-pools>
            <strict-max-pool name="mdb-strict-max-pool" max-pool-size="20"
              instance-acquisition-timeout="5" instance-acquisition-
              timeout-unit="MINUTES"/>
        </bean-instance-pools>
    </pools>
</subsystem>
```

타이머 서비스 설정

주기적인 알림에 의존하는 비즈니스 프로세스 애플리케이션은 메소드가 특정 시간이나 시간 간격마다 호출할 방법을 제공하는 EJB 3 타이머 서비스를 사용할 수 있다.

EJB 타이머 서비스는 상태 유지 세션 빈을 제외한 모든 EJB 3타입에 시간 주기가 만료될 때 컨테이너에 의해 작동하게끔 @javax.ejb.Timeout 애노테이션을 추가하는 거 외에 별다른 설정이 필요 없다.

다음 예제는 scheduleTimer(long milliseconds) 메소드를 호출해 클라이언트 측에 설정되는 아주 간단한 타이머를 구현하는 방법을 보여준다.

```java
import java.util.Date;
import javax.annotation.Resource;
import javax.ejb.*;
@Stateless

// 간략하게 TimerSample의 원격 인터페이스는 생략한다
public class TimerSampleBean implements TimerSample {
    private @Resource SessionContext ctx;

    public void scheduleTimer(long milliseconds) {
        ctx.getTimerService().createTimer(new Date(new Date().getTime() +
          milliseconds), "Hello World");
    }

    @Timeout
    public void timeoutHandler(Timer timer) {
        System.out.println("* Received Timer event: " + timer.getInfo());
        timer.cancel();
    }
}
```

지금까지의 설정과 관련해서 실행 계획을 저장하고 스레드의 양을 thread-pool 요소를 참조하는 thread-pool-name 속성으로 타이머 서비스를 예약할 수 있는 임시 파일 시스템 경로인 data-store 경로를 정의할 수 있다.

```xml
<subsystem xmlns="urn:jboss:domain:ejb3:1.2">
    <timer-service thread-pool-name="default">
        <data-store path="timer-service-data" relative-to="jboss.server.
          data.dir"/>
    </timer-service>
    <thread-pools>
        <thread-pool name="default" max-threads="10" keepalive-time="100"/>
    </thread-pools>
</subsystem>
```

메시징 시스템 설정

첫 애플리케이션 서버 릴리스 이후 메시지 중심 미들웨어는 애플리케이션 서버의 중요한 부분이 되었다. 메시징 시스템은 두 개의 이기종 시스템에 일반적으로 안정성, 트랜잭션 그리고 그 외 많은 기능을 느슨하게 사용할 수 있도록 제공한다.

 현재 애플리케이션 서버 (7.0.2) 릴리스에서 메시징 서브시스템은 standalone-preview.xml이라는 별도의 설정 파일에 포함됐다. 애플리케이션 서버 7.1.0 릴리스에서는 메시징 서브시스템은 standalone-full.xml이라는 이름의 설정 파일에 포함되기 시작했다.

메세징 시스템은 보통 **큐 메시징**(Queue messaging 또는 point-to-point messaging으로 알려졌다)과 **퍼블리시 서브스크라이브 메시징**Publish-Subscribe messaging, 두 개의 주요 비동기 메시징 스타일을 지원한다.

점대점point-to-point 모델에서는 특정 큐와 수신기는 발신기가 전송한 메시지를 큐에서 읽는다. 여기서 발신기는 메시지의 목적지를 알고 있고 수신기의 큐에 메시지를 직접 전송한다.

반면에 퍼블리시/서브스크라이브publish/subscribe 모델은 특정 메시지 항목에 메시지가 게시되는 것을 지원한다. 서브스크라이버는 관심 있는 특정 메시지 항목에 대한 메시지 수신을 등록할 수 있다. 이 모델에서는 퍼블리셔와 서브스크라이버는 서로에 대해 알고 있어야 한다.

다음 표는 서로 다른 두 개의 전형적인 특성을 보여준다.

점대점 메시징	퍼블리시/서브스크라이브
한 소비자만 메시지를 받을 수 있다.	여러 소비자(또는 없어도)가 메시지를 받을 수 있다.
생산자는 소비자가 메시지를 소비하는 시점에 실행되지 않아도 된다. 소비자도 메시지가 전송되는 시점에 실행될 필요 없다. 소비자에게 성공적으로 처리된 모든 메시지는 인정된다.	퍼블리시는 서브스크라이브 클라이언트를 위해 메시지 항목을 생성한다. 서브스크라이브는 지속 가능한 등록이 설정되어 있지 않다면 메시지 수신을 위해 계속 활성 상태를 유지해야 한다. 이 경우 서브스크라이브가 연결되어 있지 않을 때도 메시지가 발행되면 다시 연결될 때마다 재배분된다.

JBoss AS는 릴리스에 따라 다른 JMS 구현체를 사용하고 있다. 6.0 릴리스 이후로는 기본 JMS 제공자로 다중 프로토콜, 임베디드, 고성능, 클러스터링, 비동기 메시징 시스템을 제공하는 호넷큐HornetQ가 사용된다(http://www.jboss.org/hornetq).

 호넷큐는 몇 가지 의존성 있는 외부 jar 파일과 Plain Old Java Objects (POJOs)로 간단하게 설계됐다. 사실 의존성있는 jar 중에 하나는 고성능 네트워크 애플리케이션을 구축하기 위한 자바 New Input-Output (NIO) API를 활용한 네티(Netty) 라이브러리다.

쉽게 적용 가능한 구조 때문에 호넷큐는 프로젝트에 내장하거나 JBoss 마이크로 컨테이너Microcontainer, 스프링, 구글 주스Google Guice 같은 의존성 주입 프레임워크에 인스턴스 해서 내장할 수 있다.

이 책에서는 호넷큐가 모듈로 JBoss AS 서브시스템에 통합하는 시나리오를 포함한다. 다음 그림은 호넷큐 서버의 적절한 사용 방법을 전반적으로 보여준다.

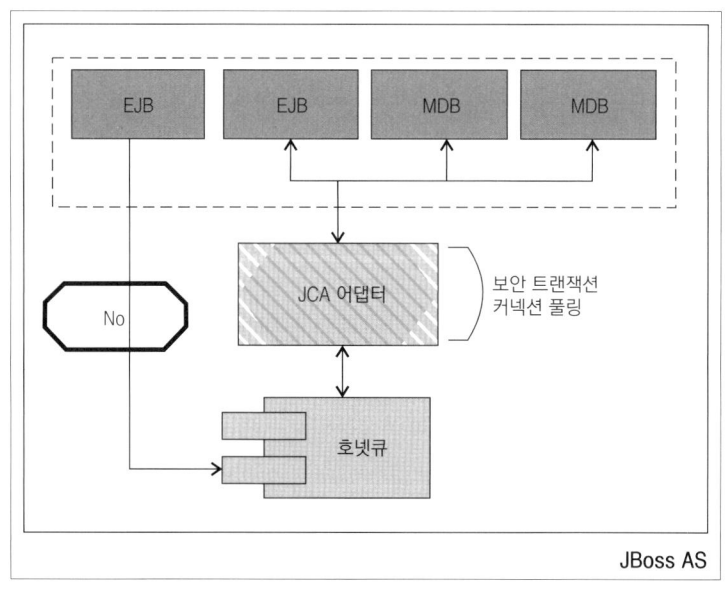

그림을 보면 호넷큐 통합의 핵심 부분은 애플리케이션 서버와 호넷큐 서버 사이에서 통신을 처리하는 **JCA 어댑터**다.

왜 간단하게 호넷큐 서버에 리소스(EJB를 말함)를 연결하지 못할까?
이론적으로 가능하지만, 자바EE 사양을 위반하고 다양한 혜택도 잃게 되기 때문이다. 사실 애플리케이션 서버의 JCA 계층은 EJB 내부에서 논하는 메시징을 사용할 때 바람직한 커넥션 풀링과 자동 트랜잭션 요청 등의 추가 기능을 제공한다. JCA 스레드 풀링 설정에 관한 설명은 3장의 '제한 스레드 풀'이라는 절을 참조하면 된다.

전송 설정

JMS 메시지 전송 설정은 메시징 시스템 튜닝의 핵심 부분이다. 특히 호넷큐는 현재 고성능 저수준의 네트워크 라이브러리인 네티Netty를 사용한다. 네티는 **프로토콜 서버와 클라이언트** 같은 네트워크 애플리케이션을 빠르고 쉽게 개발할 수 있는 NIO 클라이언트 서버 프레임워크다. 네티는 매우 간단하게 TCP나 UDP 소켓 서버 같은 네트워크 프로그래밍을 간소화해준다.

호넷큐 전송에서 가장 중요한 개념 중에 하나는 어셉터acceptors와 커넥터connectors의 정의다.

어셉터는 호넷큐 서버에서 허용하는 연결 유형을 정의하고 커넥터는 호넷큐 서버에 연결하는 방식을 정의한다. 커넥터는 호넷큐 클라이언트에서 사용한다.

호넷큐는 두 가지 타입의 어셉터/커넥터를 정의한다.

- **invm**: 해당 타입은 호넷큐 클라이언트와 서버 양쪽이 같은 **가상머신**invm for intra Virtual Machine에서 실행할 때 사용한다.
- **netty**: 해당 타입은 호넷큐 클라이언트와 서버가 각각 다른 가상머신에서 실행할 때 사용된다(해당 커넥션 타입은 IO 처리를 네티 프로젝트로 사용한다).

통신하려면 호넷큐 클라이언트는 서버의 어셉터와 호환되는 커넥션을 사용해야 한다. 클라이언트-서버 호환 통신이란 다음 그림과 같이 동일한 타입의 어셉터/커넥터를 사용해서 실행하는 것이다.

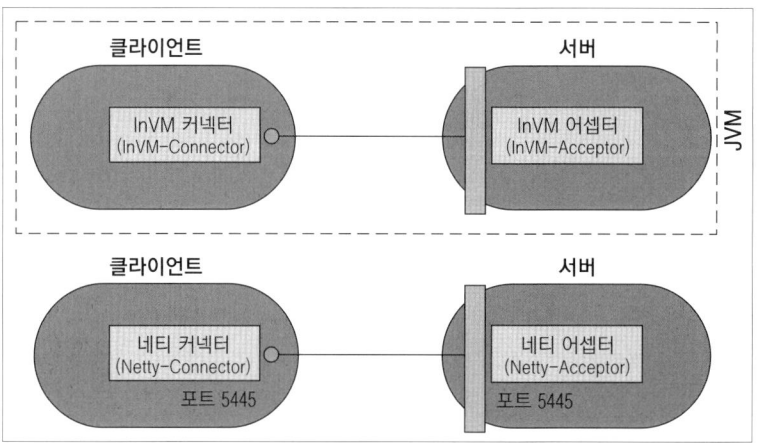

예를 들면 네티 서버 어셉터에 **InVM** 클라이언트 커넥션은 연결할 수 없다. 반대로 동일한 호스트와 포트에서 구동되게 설정해서 제공하면 네티 서버 어셉터에 네티 클라이언트 커넥터는 연결할 수 있다.

JBoss AS 7에서는 이미 JBoss 메시징 서브시스템의 일부인 어셉터/커넥터가 제공된다. 다음 내용에 포함했다.

```
<acceptors>
    <in-vm-acceptor name="in-vm" server-id="0"/>
    <netty-acceptor name="netty" socket-binding="messaging"/>
    <netty-acceptor name="netty-throughput" socket-binding="messaging-
       throughput">
        <param key="batch-delay" value="50"/>
        <param key="direct-deliver" value="false"/>
    </netty-acceptor>
</acceptors>
<connectors>
    <in-vm-connector name="in-vm" server-id="0"/>
    <netty-connector name="netty" socket-binding="messaging"/>
    <netty-connector name="netty-throughput" socket-binding="messaging-
       throughput">
        <param key="batch-delay" value="50"/>
    </netty-connector>
</connectors>
```

in-vm 어셉터/커넥터 외에 각 섹션은 두 가지 종류의 어셉터/커넥션을 정의한다. netty는 기본적인 네티에 기반을 두고 netty-throughput는 높은 메시지 처리량을 위해 특화됐다.

또한, 어셉터/커넥터 섹션에 추가 가능한 단일 파라미터의 전반적인 지식이 있다면 네티의 TCP 전송을 조정할 수 있다.

다음은 모든 파라미터와 해당 의미에 대한 전체 목록이다.

파라미터	정의
use-nio	true면 자바 논블록킹 NIO를 사용한다. false로 설정되면 예전 블로킹 자바 IO가 사용된다. 기본은 true다.
host	연결(커넥터 설정 시)하거나 수신하는(어셉터 설정 시) 호스트 이름이나 IP 주소를 지정한다. 해당 프로퍼티의 기본값은 localhost다. 여러 개의 호스트나 IP 주소는 쉼표로 구분해서 지정할 수 있다.
port	연결(커넥터 설정 시)하거나 수신하는(어셉터 설정 시) 포트를 지정한다. 해당 프로퍼티의 기본값은 5445다.
tcp-no-delay	true면 네이글(nagle) 알고리즘은 비활성화된다. 해당 프로퍼티의 기본값은 true다.
tcp-send-buffer-size	해당 파라미터는 바이트 단위의 TCP 전송 버퍼 크기를 결정한다. 해당 프로퍼티의 기본값은 32,768바이트다
tcp-receive-buffer-size	해당 파라미터는 바이트 단위의 TCP 수신 버퍼 크기를 결정한다. 해당 프로퍼티의 기본값은 32,768바이트다.
batch-delay	해당 파라미터는 호넷큐에 메시지가 전송되기 전에 일괄처리에 대한 최대 지연 시간(밀리초)을 설정한다. 해당 기능은 아주 작은 메시지에 대한 전체적인 처리량을 증가시킨다. 해당 프로퍼티의 기본값은 0ms다.
direct-deliver	해당 파라미터는 메시지 전송이 메시지를 전달하는 것과 동일한 스레드를 사용해서 완료되는 경우에 설정한다. true(기본값)로 설정하면 메시지 처리량 비용으로 스레드 컨텍스트 스위치 지연시간을 줄일 수 있다. 높은 처리량이 목적이라면 해당 파라미터를 false로 설정한다.
nio-remoting-threads	NIO를 사용하는 경우 호넷큐는 기본적으로 유입되는 패킷을 처리하는 데 코어 프로세서보다 3배의 스레드를 사용한다. 이 값을 변경하고 싶으면 해당 파라미터로 스레드 수를 지정할 수 있다. 해당 파라미터의 기본값은 -1이고 Runtime.getRuntime().availableProcessors() * 3의 값을 사용하는 것을 의미한다.

호넷큐 사용자들이 자주 혼란스러워하는 근본적인 이유는 서버가 연결을 허용하고 메시지 전송을 담당하는 경우 커넥터가 서버 설정에 포함되어 있기 때문이다. 이에 대한 두 가지 주된 이유가 있다.

1. 또 다른 서버에 연결할 때에 따라 서버는 클라이언트 역할을 한다. 예를 들면 한 서버가 다른 서버에 연결된 경우나 서버가 클러스터의 일부인 경우에 커넥터에 정의된 대로 서버는 다른 서버에 연결하는 방법을 알아야 한다.

2. JMS `ConnectionFactory` 인스턴스를 인스턴스화하고 JNDI에 바인드하는 JMS와 서버 측 JMS 서비스를 사용하는 경우 `HornetQConnectionFactory` 생성 후 커넥션 팩토리에 연결을 생성할 서버를 알아야 한다.

커넥션 팩토리 설정

`connection-factory` 인스턴스 정의는 기본 서버 설정에 포함되어 있다.

```
<connection-factory name="InVmConnectionFactory">
    <connectors>
        <connector-ref connector-name="in-vm" backup-connectorname="netty"/>
    </connectors>
    <entries>
        <entry name="java:/ConnectionFactory"/>
    </entries>
</connection-factory>
<connection-factory name="RemoteConnectionFactory">
    <connectors>
        <connector-ref connector-name="netty" backup-connector-name="in-vm"/>
    </connectors>
    <entries>
        <entry name="RemoteConnectionFactory"/>
    </entries>
</connection-factory>
```

JMS `ConnectionFactory` 객체는 서버와 연결하기 위한 클라이언트에 사용된다. 두 가지 커넥션 팩토리 정의를 알아보자.

1. `InVmConnectionFactory`: 해당 커넥션 팩토리는 `java:/ConnectionFactory` 항목에 바인드되고 서버와 클라이언트가 같은 프로세스에 있을 때 사용된다 (즉, 같은 JVM에서 실행 중인 경우).

2. `RemoteConnectionFactory`: 해당 커넥션 팩토리는 이름에서 알 수 있듯이 커넥터로 네티를 사용해 원격 서버에서 JMS 커넥션을 제공할 때 사용된다.

JMS 목적지 설정

JMS 서브시스템에 커넥션 팩토리의 정의에 따라 서버 배포판의 일부인 JMS 목적지(queue와 topic)를 찾을 수 있다.

```xml
<jms-queue name="testQueue">
    <entry name="queue/test"/>
</jms-queue>
<jms-topic name="testTopic">
    <entry name="topic/test"/>
</jms-topic>
```

queue의 name 속성은 queue의 이름을 정의한다. JMS 관점에서 실제 queue 이름은 다음과 같은 명명규칙을 따른다. `jms.queue.testQueue`

entry 요소는 JNDI에 큐를 바인딩하는 데 사용될 이름을 설정한다. 해당 요소는 필수며 queue는 다른 이름으로 동일한 queue에 여러 개가 바인딩 되어 포함될 수 있다.

따라서 예를 들면 여기서는 "queue/test" 큐에서 메시지를 소비하는 MessageDrivenBean 컴포넌트를 어떻게 설정하는지 본다.

```java
@MessageDriven(name = "MessageMDBSample", activationConfig = {
    @ActivationConfigProperty(propertyName = "destinationType",
      propertyValue = "javax.jms.Queue"),
    @ActivationConfigProperty(propertyName = "destination", propertyValue
      = " queue/test"),
    @ActivationConfigProperty(propertyName = "acknowledgeMode",
      propertyValue = "Auto-acknowledge") })

public class SampleMDBean implements MessageListener {
    @Resource
    private MessageDrivenContext context;
}
```

왜 실제 목적지 이름을 아는 것이 유용할까?

분명히 서버의 목적지 이름(예제에 있는 jms.queue.testQueue)을 아는 것은 전혀 중요해 보이지 않는다. 오히려 목적지가 향하는 JNDI 항목이 더 중요해 보인다. 하지만 목적지 설정을 통해 일부 프로퍼티를 정의하려면 실제 목적지 이름은 매우 중요한 역할을 한다. 다음 절인 '주소 설정으로 목적지 사용자 정의'를 참고한다.

큐와 토픽 정의 시 `selector`와 `durable` 같은 필수가 아닌 요소들을 선택해서 포함할 수 있다.

```
<jms-queue name="selectorQueue">
    <entry name="/queue/selectorQueue"/>
    <selector>name='john'</selector>
    <durable>true</durable>
</jms-queue>
```

`selector` 요소는 JMS 메시지 셀렉터에 미리 정의한 `queue`를 포함할지 정의한다. `selector`에 일치하는 메시지만 `queue`에 추가된다. 이 선택 요소는 생략 시 기본값은 `null`이다.

`durable` 요소는 `queue`의 지속 여부를 지정한다. 이것도 선택적이며 생략 시 기본값은 `true`가 된다.

주소 설정으로 목적지 사용자 정의

JMS 목적지에 대한 몇 가지 사용자 설정을 지정하려면 단일 목적지와 다중 목적지에 모두 적용 가능한 `address-setting` 블록을 사용할 수 있다. 기본 설정은 모든 목적지에 대해 최소한의 속성으로 적용되어 있다.

```
<address-settings>
    <!--전부 포착하기 위한 기본값-->
    <address-setting match="#">
        <dead-letter-address>jms.queue.DLQ</dead-letter-address>
        <expiry-address>jms.queue.ExpiryQueue</expiry-address>
        <redelivery-delay>0</redelivery-delay>
        <max-size-bytes>10485760</max-size-bytes>
```

```
        <message-counter-history-day-limit>10</message-counter-history-
            day-limit>
        <address-full-policy>BLOCK</address-full-policy>
    </address-setting>
</address-settings>
```

다음은 주소 설정의 간단한 설명이다.

address-setting의 match 속성은 목적지 필터를 정의한다. "#" 와일드카드를 사용 시 프로퍼티는 해당하는 모든 목적지에 대해 유효해진다. 다음은 또 다른 예제다.

`<address-setting match="jms.queue.#">`

설정은 destination 섹션에 정의된 모든 큐에 적용된다.

`<address-setting match="jms.queue.testQueue">`

따라서 설정은 jms.queue.testQueue라는 큐에 적용된다.

다음은 목적지 프로퍼티에 대한 간단한 정의다.

프로퍼티	정의
dead-letter-address	전달할 수 없는 메시지의 목적지를 지정한다.
expiry-address	만료된 전송 메시지의 목적지를 지정한다.
redelivery-delay	취소된 메시지를 재전송하기 시도 전에 대기할 시간을 정의한다.
max-size-bytes	page 모드 진입 전에 메시지의 최대 바이트 크기를 지정한다.
page-size-bytes	각 페이지 파일의 크기는 페이징 시스템에서 사용된다.
max-delivery-attempts	dead-letter-address로 보내기 전에 취소된 메시지가 재 전송될 때까지의 시간을 정의한다.
message-counter-history-day-limit	며칠 동안 메시지 카운터 기록을 유지할지 지정한다.
address-full-policy	목적지가 최대 크기에 도달했을 때 사용된다. PAGE로 설정됐으면 추가 메시지는 디스크에 페이징된다. 해당 값이 DROP이면 추가 메시지는 자동 삭제된다. BLOCK을 사용했다면 클라이언트 메시지 생산자가 추가 메시지를 다시 보낼 경우 차단한다.

호넷큐 지속성 설정

메시지 지속성에 대해 다뤄야 할 마지막 정보가 남았다. 호넷큐HornetQ는 컴포넌트에 대해 모두 알아야 더 나은 튜닝으로 지속성 엔진을 최적화할 수 있다.

 호넷큐의 높은 데이터 지속성의 비밀은 저널 파일에 데이터를 추가하는 대신 높은 수준의 디스크 헤드 이동이 필수적인 비싼 랜덤 액세스 연산을 사용한 구성이다.

저널 파일은 미리 생성되어 구동 시점에 공백 문자로 채워진다. 미리 생성된 파일 하나가 가득 차면 저널은 즉시 작성을 중단하지 않고 다음 파일로 재개한다.

다음은 JMS 서브시스템에 실려있는 기본 저널 설정이다.

```
<journal-file-size>102400</journal-file-size>
<journal-min-files>2</journal-min-files>
<journal-type>NIO</journal-type>
<persistence-enabled>false</persistence-enabled>
```

기본적으로 `journal-file-size`(바이트로 표시)는 100KB다. 저널이 유지되는 최소 파일 개수는 `journal-min-files`로 표시한다. 해당 예제에서는 최소 2개의 파일을 유지한다고 명시했다.

`journal-type` 프로퍼티는 데이터 지속성에 사용되는 입력/출력 라이브러리의 타입을 나타낸다. 유효한 값은 `NIO` 또는 `ASYNCIO`다.

`NIO`를 선택하면 자바 NIO 저널이 설정된다. `AIO`를 선택했다면 리눅스 비동기 IO 저널이 설정된다. `AIO` 선택했지만 리눅스가 구동되지 않았거나 `libaio`가 설치되지 않은 경우 호넷큐는 이를 감지하고 자동으로 `NIO`를 사용해서 대비한다.

`persistence-enabled` 프로퍼티가 `false`로 설정되면 메시지 지속성은 비활성화된다. 비활성화되면 더는 데이터 바인딩, 메시지 데이터, 큰 메시지 데이터, 중복 ID 캐시 또는 페이징 데이터가 유지되지 않는다는 것을 의미한다. 데이터 지속성이 비활성화되면 애플리케이션은 뚜렷하게 성능 향상이 되지만 반대로 데이터 메시지의 신뢰성을 잃을 수밖에 없다.

완성도를 높이기 위해 메시지/페이징과 저널 저장소 디렉토리 정의를 원한다면 포함할 수 있는 몇 가지 프로퍼티들을 지정할 수 있다.

```
<bindings-directory relative-to="jboss.server.data.dir" path="hornetq/
  bindings" />

<large-messages-directory relative-to="jboss.server.data.dir"
  path="hornetq/largemessages" />

<paging-directory relative-to="jboss.server.data.dir" path="hornetq/
  paging" />

<journal-directory relative-to="jboss.server.data.dir" path="hornetq/
  journal" />
```

최상의 성능을 위해서는 디스크 헤더의 이동을 최소화하기 위해 저널이 해당 물리적 볼륨에 위치하는 것을 권장한다. 저널이 다른 파일(예를 들면 바인딩 저널, 데이터베이스 또는 트랜잭션 코디네이터)을 작성할 수 있는 다른 프로세스와 공유한 볼륨에 있다면 디스크 헤드는 이러한 파일들 사이를 신속히 이동해 기록해야 하기 때문에 성능을 매우 감소시킨다.

트랜잭션 설정

트랜잭션은 메시지를 전송하고 데이터 객체를 유지해야 하는 등의 한 단위로 수행되어야 하는 작업의 묶음으로 정의할 수 있다.

트랜잭션 작업이 데이터베이스나 별도의 컴퓨터 또는 프로세스에 위치한 다른 자원에 걸쳐 수행하는 것을 분산 트랜잭션이라고 한다. 이러한 전사적인 트랜잭션은 관련 리소스간의 특별한 조정이 필요하고 안정적인 프로그램이 매우 어렵다. **자바 트랜잭션 API**JTA에서는 분산 트랜잭션 관여를 위해 리소스를 구현하는 인터페이스를 제공하고 결합해준다.

EJB 컨테이너는 JTA를 지원해서 다른 EJB 컨테이너뿐만 아니라 다양한 데이터베이스 관리 시스템과 같은 타사의 JTA 리소스를 포함해 분산 트랜잭션에 관여할 수 있는 트랜잭션 관리자다.

JBoss AS 7 트랜잭션은 해당 서브시스템 안에 설정되어 있다. 트랜잭션 서브시스템은 4가지 주요 요소로 구성된다.

- 코어 환경
- 복구 환경
- 코디네이터 환경
- 객체 저장

코어 환경은 애플리케이션 서버가 관리되는 리소스를 대신해서 트랜잭션 범위를 제어하는 `TransactionManager` 인터페이스를 포함한다.

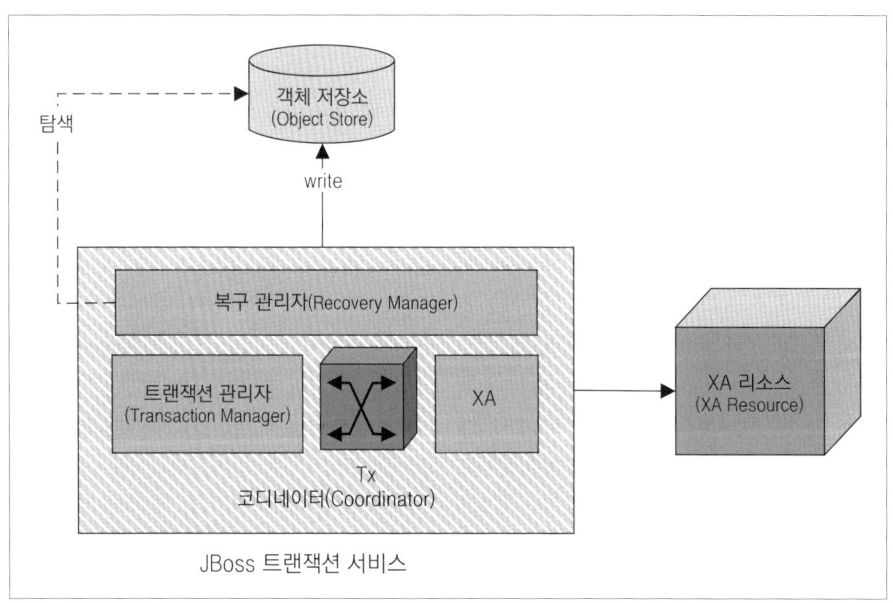

트랜잭션 코디네이터는 트랜잭션에 참여할 트랜잭션 개체와 리소스의 통신을 관리한다.

JBossTS 복구 서브시스템은 애플리케이션 프로세스나 호스팅 장비가 고장 나거나 네트워크 연결이 끊어지는 경우에도 트랜잭션 결과는 트랜잭션 영향을 받은 모든 리소스에 일관되게 적용되도록 보장한다.

트랜잭션 서비스 내의 JBoss 트랜잭션 서비스는 장애 복구를 위해 지속적으로 트랜잭션의 결과를 기록하는 `ObjectStore`를 사용한다. 실제로 `RecoveryManager`는 `ObjectStore`와 다른 위치의 정보를 검색해 필요하거나 필요할 수 있는 트랜잭션과 리소스를 찾아서 복구한다.

코어와 복구 환경은 `socket-binding-group` 설정 부분을 참조하는 `socket-binding` 프로퍼티를 변경해서 정의할 수 있다.

타임아웃과 로깅 통계를 포함하는 코디네이터 환경 섹션의 프로퍼티들을 사용자 정의하는 것이 더 유용할 수 있다. 다음은 사용자 정의 트랜잭션 설정 예제다.

```xml
<subsystem xmlns="urn:jboss:domain:transactions:1.0">
    <core-environment>
        <process-id>
            <uuid/>
        </process-id>
    </core-environment>
    <recovery-environment socket-binding="txn-recovery-environment"
       status-socket-binding="txn-status-manager"/>
    <coordinator-environment default-timeout="300" enable-
       statistics="true" />
    <object-store/>
</subsystem>
```

`default-timeout`은 새로운 트랜잭션에 사용되는 기본 트랜잭션 제한 시간을 지정한다. 초 단위의 정수로 지정한다.

`enable-statistics`는 트랜잭션 서비스 통계 정보 수집 여부를 결정한다. 기본적으로 정보를 수집하지 않는다.

트랜잭션 타임아웃은 어떻게 여러분의 애플리케이션에 영향을 줄까?
트랜잭션 타임아웃은 리스트 된 모든 JTA 트랜잭션을 정의하므로 여러분의 애플리케이션 작동에 심각한 영향을 준다. 일반적으로 JTA 트랜잭션은 여러분의 EJB 또는 JMS 세션으로 시작된다. 따라서 이러한 트랜잭션의 지연시간이 특정 타임아웃 설정을 초과하면 트랜잭션 서비스는 자동으로 트랜잭션을 롤백한다.

요약

3장에서는 자바 엔터프라이즈 서비스 관점에서 애플리케이션 서버 설정을 분석했다.

우리는 먼저 애플리케이션에 데이터베이스 연결을 추가하고 사용할 수 있게 데이터소스를 설정하는 방법을 배웠다. 새로워진 서버 릴리스는 deployment 폴더에 -ds.xml 파일을 둬야 했던 일반적인 접근 방식에서 벗어났다. AS 7에서는 데이터소스 설치 시 JDBC 드라이버를 설치하고 서버 설정에 데이터소스를 추가하는 두 가지 간단한 단계만 필요하다.

그다음은 EJB 컨테이너를 조정하고 설정하는 엔터프라이즈 자바 빈 서브시스템을 살펴봤다. 그리고 기본 EJB 컴포넌트(SLSB, SFSB와 MDB) 설정을 거쳐 애플리케이션 시간 기반 서비스를 제공하는 데 사용할 수 있는 EJB 타이머 서비스 설정을 살펴봤다.

다음으로 두 가지 이기종 시스템에 허용되는 메시지 지향 미들웨어 설정과 동시에 일반적으로 제공하는 신뢰성, 트랜잭션과 그 외 많은 기능을 설명했다.

마지막으로 트랜잭션 로그를 수집하고 모든 JTA 트랜잭션 요청에 대한 시간제한을 정의하는 트랜잭션 서브시스템 설정을 살피면서 엔터프라이즈 서비스를 끝마쳤다.

4장에서는 애플리케이션 패키징과 구조에 초점을 맞추면서 엔터프라이즈 기술을 가미해 사용할 수 있는 전체적인 예제를 제공하며 웹 컨테이너 설정에 대해 논한다.

4
JBoss 웹 서버 설정

4장에서는 웹 서버 설정을 통해 스탠드얼론 서버 설정 구성을 완료할 예정이다. JBoss AS는 자카르타 톰캣에 기반을 둔 중형 및 대형 애플리케이션을 위해 설계된 엔터프라이즈급 웹 서버다.

처음에, JBoss의 웹 서버에서 정적 및 동적 리소스를 구성하는 방법을 배우고, AS 7 예제 프로젝트를 생성, 패키징, 배포하여 웹 애플리케이션의 구조를 알아볼 것이다. 예제 애플리케이션은 자바EE 6 애플리케이션을 배울 수 있는 데이터 퍼시스턴스(JPA, Java Persistence API)를 포함한 그 밖의 일부 자바EE 구성 요소를 포함하게 된다.

웹 컨테이너 설정

이 절에서는 애플리케이션 서버의 서브시스템으로 웹 컨테이너 구성을 설명한다. JBoss AS는 웹 애플리케이션을 렌더링하기 위한 인기 있는 아파치 톰캣(Apache Tomcat) 엔진을 내장하고 있다.

JBoss 웹의 새로운 릴리스는 실제로 JCP에서 JSF 2.1 호환 구현을 포함하여, 서블릿 3.0, JSP 2.2 스펙을 구현한 아파치 톰캣 7.0에 기반을 두고 있다.

웹 컨테이너의 상단에 아파치 CXF 프레임워크를 기반으로 하는 웹 서비스 엔진과 같은 추가 프레임워크를 이용할 수 있고, JAX-WS 및 JAX-RS 같은 프론트엔드 프로그래밍 API를 사용하여 서비스를 구축하고 개발할 수 있다.

웹 서버 설정은 어디서?

표준 톰캣 웹 서버는 해당 서비스의 환경 설정을 정의하기 위한 server.xml이라는 파일을 사용한다. 책의 초반에 얘기했던 것과 같이 AS7도 standalone.xml 파일에 설정한다(도메인을 실행하는 경우 domain.xml이라는 파일을 사용). 웹 서버 설정은 파일 안에 모두 포함되어 있다. 아래에 웹 서브시스템에 대한 내용을 적어 놓았다.

```
<subsystem xmlns="urn:jboss:domain:web:1.1" default-virtual-
  server="default-host">
<connector name="http" protocol="HTTP/1.1" scheme="http"
  socket-binding="http"/>
<virtual-server name="default-host" enable-welcome-root="true">
    <alias name="localhost"/>
    <alias name="example.com"/>
</virtual-server>
</subsystem>
    .......
<socket-binding-group name="standard-sockets" default-interface="public">
<socket-binding name="http" port="8080"/>
<socket-binding name="https" port="8443"/>
    .......
</socket-binding-group>
```

기본 구성은 매우 간결하다. 웹 서브시스템은 그 안에 포함된 별칭aliases 세트(localhost 같은)와 default-host라는 이름의 가상 서버를 정의한다. 버추얼 호스트Virtual hosts는 JBoss가 구동되고 있는 서버에 다양한 DNS 이름으로 웹 애플리케이션을 그룹화할 수 있다.

웹 서버 커넥터와 socket-binding 인터페이스 설정이 가장 흥미롭다. socket-binding 요소는 설정파일 하단에 있는 socket-binding-group을 참조한다.

웹 서버 커넥터 설정

커넥터는 기본적으로 웹 서버 클라이언트에 대한 인터페이스를 제공하는 자바 객체다. 기본 설정은 기본 속성을 제외하고, 전형적인 커넥터 설정을 제공한다. 기본 설정은 간단한 애플리케이션에는 적당하지만, 복잡성을 최소화해야 하는 애플리케이션을 구성하려는 경우는 직접 적합한 값으로 connector 속성을 구성해야 한다.

다음은 connector 속성에 대한 내용이다.

```
<subsystem xmlns="urn:jboss:domain:web:1.1">
    <connector enable-lookups="false" enabled="true" executor="http-
      executor"
        max-connections="200"
        max-post-size="2048" max-save-post-size="4096"
        name="http" protocol="HTTP/1.1"
        proxy-name="proxy" proxy-port="8081"
        redirect-port="8443" scheme="http"
        secure="false" socket-binding="http" />
</subsystem>
```

웹 서버 스레드 풀을 참조하는 데 중요한 측면 중 하나는 executor 속성이다. executor 속성은 커넥터에 대한 클라이언트 요청을 처리하는 데 사용되는 참조 스레드 풀 정의를 참조한다.

```
<subsystem xmlns="urn:jboss:domain:threads:1.0">
    <bounded-queue-thread-pool name="http-executor" blocking="true">
        <core-threads count="10" per-cpu="20"/>
        <queue-length count="10" per-cpu="20"/>
        <max-threads count="10" per-cpu="20"/>
        <keepalive-time time="10" unit="seconds"/>
    </bounded-queue-thread-pool>
</subsystem>
```

이 구성을 사용하면 http connector는 클라이언트 요청을 처리하기 위해 제한된 스레드 풀 구성을 사용한다(스레드 풀 구성에 대한 자세한 내용은 2장 애플리케이션 서버 구성을 참고). 그 밖의 connector 설정은 톰캣/JBoss의 웹 서버에서 사용하는 해당 속성을 참고하면 된다. 아래에 해당 속성을 정리해 놓았다.

파라미터	설명
enable-lookups	request를 요청하려면 true로 설정한다. getRemoteHost()는 원격 클라이언트의 실제 호스트 이름을 반환하기 위해 DNS 조회를 수행한다. DNS 조회를 건너뛰거나 문자열 형식의 IP 주소를 반환하려면 false로 설정한다(false 설정 시 성능이 향상).
enabled	커넥터의 활성화 여부를 결정한다.
executor	JBoss 웹 서버 구성 요소간에 공유할 수 있는 스레드 풀을 나타낸다.
max-connections	커넥터에 의해 생성되는 요청 처리 스레드가 처리할 수 있는 동시 요청의 최대 수를 결정한다.
max-post-size	HTTP POST 요청의 최대 크기 제한을 설정한다. 기본적으로 2메가바이트다.
max-save-post-size	인증하는 동안 컨테이너에 의해 저장되는 POST의 최대 크기. 기본적으로 4KB다.
name	커넥터의 이름
protocol	이 속성값은 기본값인 HTTP 처리기를 사용하는 HTTP/1.1이어야 한다. AJP/1.3으로 설정하면, Apache JServ Protocol(AJP)이 사용된다.
proxy-name	프록시되는 커넥터 요청을 필요로 하는 서버 이름
proxy-port	프록시되는 커넥터 요청을 필요로 하는 서버 포트
redirect-port	커넥터가 non-SSL 요청을 지원하고, 요청이 〈security-constraint〉와 매칭되는 SSL 전송을 필요로 하는 수신이라면, 카타리나(Catalina)는 자동으로 여기에 지정된 포트 번호로 요청을 리다이렉션 한다.
scheme	request.getScheme()가 반환하는 프로토콜 이름의 속성을 설정한다. 예를 들어, SSL 커넥터에 대한 https에 속성을 설정한다. 기본값은 http다.
secure	커넥터(SSL 커넥터를 원한다면)에 의해 수신된 요청에 대해 request.isSecure()가 true를 반환하려면, true로 설정한다. 기본값은 false다.
socket-binding	커넥터의 해당 소켓 바인딩 인터페이스를 제공한다.

protocol 파라미터는 설명이 더 필요하다. 사실, 임베디드 JBoss의 웹 서버는 표준 HTTP 프로토콜 또는 아파치에 Jserv 프로토콜(AJP)를 사용하여 들어오는 연결을 수신할 수 있다.

9장 로드밸런싱 웹 애플리케이션에서는 아파치-JBoss 연결을 설정하기 위한 가능한 옵션을 설명한다. 지금부터 어떻게 아파치 포터블 런타임 커넥터APR, Apache Portable Runtime Connector를 사용하여 기본 HTTP 커넥터를 업그레이드할 수 있는지 살펴보자.

HTTP 커넥터 설정

JBoss의 웹 서버는 HTTP 요청을 파싱하기 위해 자바 기반 HTTP/1.1(코요테Coyote) 커넥터를 사용하고, 웹 서버 엔진에 요청을 전달한다.

자바 기반 코요테Coyote 커넥터는 완성도가 높고 매우 안정적인 구성 요소며, 대부분 많이 사용한다. 특히 JBoss AS를 사용할 경우에도 마찬가지다.

그러나 고부하 시스템에서 여러분은 입증된 운영 시스템 수준의 최적화를 활용해 최고 수준의 성능 향상을 제공하는 새로운 APR HTTP 커넥터를 선택할 수 있다.

네이티브 APR 커넥터는 엄격한 의미에서는 완전한 커넥터가 아니다. 실제로는 대부분 작업에 대한 표준 자바 기반의 커넥터를 사용한다. 그러나 네이티브 코드 APR 커넥터를 사용하는 경우, 자바 코드는 몇 가지 성능 및 확장성에 민감한 작업에 대한 기본 구현으로 전환된다.

APR의 커넥터는 성능을 최적화하고 세 가지 주요 메커니즘을 통해 확장성을 향상시킨다.

- sendfile 커널 모드의 사용은 버퍼 캐시에서 큰 정적 파일을 직접 전송하기 위해 호출된다.
- 많은 수의 연결을 위한 킵 얼라이브keep alive 연결을 구현하기 위해, 폴러poller를 킵 얼라이브하는 싱글 네이티브 코드를 사용한다.
- SSL 처리 (하드웨어를 통해) 시 SSL 성능을 높일 수 있는 openSSL 네이티브 코드를 사용한다.

APR 커넥터 설치

JBoss AS는 순수 자바 애플리케이션 서버로서 APR 커넥터를 제공하지 않는다. 애플리케이션 서버를 시작하면 다음과 같은 로그 메시지를 볼 수 있다.

```
15:50:39,187 INFO  [org.apache.catalina.core.AprLifecycleListener] (MSC
   service Thread 1-2) The Apache Tomcat Native library, which allows
   optimal performance in production environments, was not found on the
   java.library.path
```

`AprLifecycleListener` 시작 시 APR 라이브러리를 찾는다. 서버 설치 시 라이브러리를 추가하지 않았기 때문에 웹 서버는 표준 HTTP/1.1 커넥터로 운영된다. APR 커넥터를 설치하려면 간단히 몇 단계만 거치면 된다.

1. 우선, JBoss 네이티브 커넥터(JBoss 웹 프로젝트의 일부)를 다운로드한다. http://www.jboss.org/jbossweb/downloads/jboss-native-2-0-9 페이지에서 운영체제에 맞는 라이브러리를 선택한다.

Name	Description	Size	Release date	License	Download
source tarball	jboss-native 2.0.9 sources	7.6M	2010-03-29	LGPL	jboss-native- Downloads: 362
source zip	jboss-native 2.0.9 sources	11M	2010-03-29	LGPL	jboss-native- Downloads: 702
binaries 2.0.9-hpux parsic2	jboss-native 2.0.9 tar bundles	2.8M	2010-03-29	LGPL	jboss-native- Downloads: 21
binaries 2.0.9-linux2 i64	jboss-native 2.0.9 tar bundles	2.4M	2010-03-29	LGPL	jboss-native- Downloads: 131
binaries 2.0.9-linux2 x64	jboss-native 2.0.9 tar bundles	1.8M	2010-03-29	LGPL	jboss-native- Downloads: 697
binaries 2.0.9-linux2	jboss-native 2.0.9 tar bundles	1.7M	2010-03-29	LGPL	jboss-native- Downloads: 509
binaries 2.0.9-macosx	jboss-native 2.0.9 tar bundles	1.2M	2010-03-29	LGPL	jboss-native- Downloads: 83
binaries 2.0.9-solaris10 sparc32	jboss-native 2.0.9 tar bundles	1.9M	2010-03-29	LGPL	jboss-native- Downloads: 44
binaries 2.0.9-solaris9 sparc32	jboss-native 2.0.9 tar bundles	1.9M	2010-03-29	LGPL	jboss-native- Downloads: 9
binaries 2.0.9-solaris10 x86	jboss-native 2.0.9 tar bundles	1.7M	2010-03-29	LGPL	jboss-native- Downloads: 56
binaries 2.0.9-windows (i64)	jboss-native 2.0.9 zip bundles	2.4M	2010-03-29	LGPL	jboss-native- Downloads: 2375

2. 다운로드가 완료되면, JBoss home 폴더에 압축을 푼다.

   아카이브 안의 네이티브 폴더에는 HTTP 커넥터의 기능을 향상하는 데 사용하는 시스템 라이브러리를 포함하고 있다. 아래는 윈도우 서버에서 사용되는 라이브러리의 예다.

   ```
   jboss-native-2.0.9-windows-x86-ssl.zip
   ├──bin
   │   │   jbosssvc.exe
   │   │   jbossweb.exe
   │   │   jbosswebw.exe
   │   │   service.bat
   │   │
   │   └──native
   │          openssl.exe
   │          tcnative-1.dll
   │
   └──licenses
   ```

   APR은 네이티브 라이브러리이므로 `java.library.path` 환경 변수에 사용할 수 있는지 확인해야 한다. JVM은 JAVA_HOME/bin 폴더 또는 (윈도우 시스템에서) C:\Windows32\system32 폴더에서 네이티브 라이브러리를 찾기 때문에 해당 폴더에 네이티브 라이브러리를 넣거나, 다음과 같이 애플리케이션 서버의 시작 스크립트에 해당 경로를 추가하면 된다.

   ```
   set "JAVA_OPTS=%JAVA_OPTS% -Djava.library.path=C:\JBoss-as-
     7.0.2.Final\bin\native"
   ```

3. 네이티브 라이브러리가 검색 후, 적용되도록 `standalone.bat` 또는 `standalone.sh` 명령어로 JBoss AS를 다시 시작한다.

   APR이 설치된 것을 콘솔을 통해 확인할 수 있다.

```
C:\WINDOWS\system32\cmd.exe
on Version 3.0.0.Beta3
09:02:48,828 INFO  [org.jboss.as.ee] (Controller Boot Thread) Activating EE subs
ystem
09:02:49,015 INFO  [org.apache.catalina.core.AprLifecycleListener] (MSC service
thread 1-3) An older version 1.1.20 of the Apache Tomcat Native library is insta
lled, while Tomcat recommends version greater then 1.1.21
09:02:49,093 INFO  [org.jboss.as.remoting] (MSC service thread 1-1) Listening on
 /127.0.0.1:9999
09:02:49,328 INFO  [org.jboss.as.jmx.JMXConnectorService] (MSC service thread 1-
4) Starting remote JMX connector
09:02:50,015 INFO  [org.jboss.as.connector] (MSC service thread 1-1) Starting JC
A Subsystem (JBoss IronJacamar 1.0.3.Final)
09:02:50,515 INFO  [org.jboss.as.connector.subsystems.datasources] (MSC service
thread 1-2) Bound data source [java:/WFODS]
09:02:50,531 INFO  [org.jboss.as.connector.subsystems.datasources] (MSC service
thread 1-4) Bound data source [java:jboss/datasources/ExampleDS]
09:02:50,921 INFO  [org.apache.coyote.http11.Http11AprProtocol] (MSC service thr
ead 1-3) Starting Coyote HTTP/1.1 on http--127.0.0.1-8080
09:02:51,031 INFO  [org.jboss.as.deployment] (MSC service thread 1-3) Started Fi
leSystemDeploymentService for directory D:\jboss-as-7.0.2.Final\standalone\deplo
yments
09:02:51,093 INFO  [org.jboss.as] (Controller Boot Thread) JBoss AS 7.0.2.Final
"Arc" started in 6953ms - Started 98 of 153 services (55 services are passive or
 on-demand)
```

웹 서버 리소스 설정

이제 표준 웹 서버 구성을 포함한, 사용할 수 있는 추가 구성 옵션을 살펴보자. 실제적으로는 standalone.xml 구성 파일에 표시되어 있지 않다. 해당 웹 서버 구성 섹션은 두 가지 영역으로 나뉜다.

- **정적 리소스 구성**: HTML 페이지와 이미지와 같은 리소스를 포함한다.
- **JSP 구성**: 웹 컨테이너에 의해 생성되는 동적 페이지가 사용될 때

다음 두 절에서 두 가지 옵션을 다룰 것이다.

정적 리소스 설정

정적 리소스는 웹 컨테이너에 의해 처리가 필요로 하지 않는 웹 애플리케이션의 일부(특히 HTML 페이지와 이미지)를 포함하지만, 사용자들에게는 렌더링해서 보여줘야 한다. 높은 처리량을 요구하는 대규모 애플리케이션의 경우, 아파치를 추가로 구성하여 정적 리소스를 처리하는 것이 좋다. 로드밸런싱 애플리케이션에 대해서는 9장, '웹 애플리케이션 로드밸런싱'에서 자세히 설명한다.

소규모 프로젝트를 위해, 기본값을 기반으로 한 예제 정적 리소스 구성을 포함했다.

```xml
<subsystem xmlns="urn:jboss:domain:web:1.1" default-virtual-
  server="default-host">
    <configuration>
    <static-resources listings="false" sendfile="49152"
    file-encoding="utf-8" read-only="true" webdav="false"
    max-depth="3" disabled="false"/>
    </configuration>
    .....
</subsystem>
```

다음은 static-resources 항목의 내부 속성들의 내용이다.

프로퍼티	의미
disabled	커넥터에 의해 처리되는 정적 리소스를 비활성화하는 설정은 true로 한다.
file-encoding	정적 리소스를 읽을 때 사용되는 파일 인코딩. 플랫폼 파일 인코딩을 기본값으로 사용한다.
listings	true로 설정하고, welcome 파일이 없는 경우 디렉토리 목록이 표시된다.
max-depth	WebDAV에 대한 요청 max-depth를 정의한다. webdav 파라미터를 참고한다.
read-only	true로 설정하면, PUT 및 DELETE와 같은 HTTP 명령은 거부된다.
sendfile	sendfile을 사용하려면 버퍼 크기를 설정한다. 디폴트 값은 49152이며, 값이 클수록 블로킹 기록을 사용하여 큰 응답을 보내는 대신 버퍼를 증가하여 sendfile을 하게 된다. 네트워크 구성에 따라 데이터 전송 성능이 향상되지 않을 수 있다.
webdav	이 파라미터는 JBoss AS를 WebDAV 서버로 구성할 수 있다(공유 드라이브 같은 웹 애플리케이션에 사용자가 쉽게 문서를 업로드하고, 다운로드할 수 있도록 허용한다. 자세한 내용은 http://wiki.apache.org/tomcat/Tomcat/WebDav 참고).

동적 리소스 설정

정적 리소스의 구성 외에, JBoss의 웹 서버에 의해 처리되는 JSP 페이지와 같은 동적 리소스 설정에 관심이 있을 것이다. 기본적으로 jsp-configuration 항목은 없다. 정적 리소스 설정과 같은 방식으로 설정의 하위요소로 추가해야 한다. jsp-configuration 기본 구성은 다음과 같다.

```
<configuration>
  <jsp-configuration check-interval="1" development="false"
  disabled="false"
  display-source-fragment="true"
  dump-smap="false"
  error-on-use-bean-invalid-class-attribute="false"
  generate-strings-as-char-arrays="false"
  java-encoding="UTF8"
  keep-generated="true"
  mapped-file="true"
  modification-test-interval="4"
  recompile-on-fail="false"
  scratch-dir=""
  smap="true"
  source-vm="1.5"
  tag-pooling="true"
  target-vm="1.5"
  trim-spaces="false"
  x-powered-by="true"/>
</configuration>
```

configuration 섹션의 대부분은 개발 및 제품화 시 실행되는 애플리케이션의 최적화에 대한 추가 정보를 제공하는 것을 목표로 한다. 동적 페이지(JSP와 같은)가 check-interval 시간(초 단위)을 사용하여 재컴파일이 되도록 결정하는 development 속성을 알고 있어야 한다. 애플리케이션을 개발할 때에는, 일반적으로 true로 설정해야 하고, 제품화 시에는 false로 설정한다.

jsp-configuration 섹션 요소의 전체 설명은 아래와 같다.

프로퍼티	의미
check-interval	development가 활성화된 경우, 컴파일이 작동되는 빈도를 결정한다. 300초가 기본값이다.
development	JBoss가 JSP 파일이 수정되었는지 확인하지 않게 하려면 false로 설정한다.
disabled	true로 설정하면 JSP 구성 설정이 비활성화된다.
display-source-fragment	true로 설정하면 예외 메시지에 소스 일부가 포함되어 표시된다.

(이어짐)

프로퍼티	의미
dump-smap	true로 설정하면 SMAP 정보(소스 파일은 클래스 파일-JSR 45에 매핑됨)가 파일에 기록된다.
error-on-use-bean-invalid-class-attribute	true로 설정하면 Jasper 컴파일러는 useBean 액션에 오류가 있는 경우에 컴파일 오류를 발생하여 JSP에 대한 엄격한 검사를 수행한다.
generate-strings-as-char-arrays	이 설정은 마이너 퍼포먼스 최적화이며, true로 설정하면 컴파일러가 조금 더 효율적으로 문자 배열을 생성하는 컴파일러를 수행하도록 한다.
java-encoding	JSP 페이지 서블릿을 생성하는 자바 플랫폼의 인코딩을 설정한다. 기본값은 UTF8이다.
keep-generated	true(기본값)로 설정하면, JSP 파일의 생성 된 소스 파일은 삭제되지 않는다.
mapped-file	true로 설정하면 JBoss 웹 서버에서 디버깅을 쉽게 하기 위해, 입력 라인 당 작성되는 정적 콘텐츠를 생성한다.
modification-test-interval	JSP 파일의 수정을 확인하기 위한 빈도수를 설정한다. 기본값은 4초이며, 0으로 설정하면 JSP가 모든 액세스에 체크된다. 개발시에는 true로 설정한다.
recompile-on-fail	컴파일 오류가 있는 경우에 true로 설정하면 웹 서버는 modification-test-interval을 무시한다. development 모드에서 사용하고, 기본적으로 비활성화되어 있다. 컴파일에 부하를 줄 수 있으며, 과도한 리소스 사용으로 이어질 수 있다.
scratch-dir	설정하면 JSP 페이지를 컴파일할 때 사용해야 하는 scratch 디렉토리를 결정한다.
smap	true로 설정되어 있는 경우 JSR45 디버깅을 위한 SMAP 정보 생성이 활성화된다.
source-vm	소스 파일(기본값 1.5)과 호환되는 JDK 버전을 선택한다.
tag-pooling	태그 라이브러리 클래스의 풀링을 활성화할지(true) 안 할지(false)를 enablePooling 속성이 지정한다. 기본값은 true다.
target-vm	생성된 파일(기본값 1.5)과 호환되는 JDK 버전을 선택한다.
trim-spaces	응답에서 쓸모없는 공백 바이트를 제거하려면 true로 설정한다.
x-powered-by	true로 설정하면, 응답의 x-powered-by에 텍스트를 추가한다.

웹 애플리케이션 생성 및 배포

애플리케이션 서버는 웹 컨테이너를 설정할 수 있는 간단한 방법을 제공한다. 웹 애플리케이션을 실행하려면, 특정 설정 파일을 설정하는 방법과 웹 애플리케이션을 렌더링하는 데 필요한 라이브러리를 설정하는 방법을 배워야 한다.

자바EE 6 호환 애플리케이션 서버인 JBoss AS 7은, 다양한 웹 애플리케이션을 배포할 수 있다. 오늘날, 애플리케이션을 구축하는 가장 일반적인 방법은 JSP의 진화된 기술인 JSF(JavaServer Faces) 기술을 사용하여 구축하는 것이다.

현재 JBoss AS 7은 Mojarra 구현체인 JSF 릴리스 2.1를 지원하고, MyFaces 구현체를 지원할 계획이 있다.

예제의 목적은 자바EE 6 애플리케이션을 JBoss AS 7에 생성하고, 설정하고, 배포하는 방법을 알려주기 위함이다. 자바EE 6 애플리케이션인 JBoss AS 7 개발 베스트 프랙티스를 원한다면, 배포되는 서버에 포함된 quick-start 예제를 보면 좋다.

새로운 동적 웹 프로젝트 생성

이클립스 엔터프라이즈를 사용하여 JSF 프로젝트를 생성하는 방법에는 여러 가지가 있다. 가장 기본적인 방법은 이클립스 메뉴에서 Dynamic Web Project를 생성하는 것이다.

프로젝트 이름은 **as7project**로 설정하고, 책 초반에 설정했던 **JBoss AS 7 runtime**을 선택한다.

JSF 2.1을 구성하기 위해서는 2가지 설정이 필요하다. 첫 번째로, 웹 애플리케이션의 설정 파일(web.xml)에 FaceServlet을 선언하고, URL patterns를 설정하면 된다.

FacesServlet은 사용자 인터페이스를 생성하는 자바 서버 페이지를 활용하는 웹 애플리케이션에 대한 요청 프로세스 생명주기를 관리하는 서블릿이다.

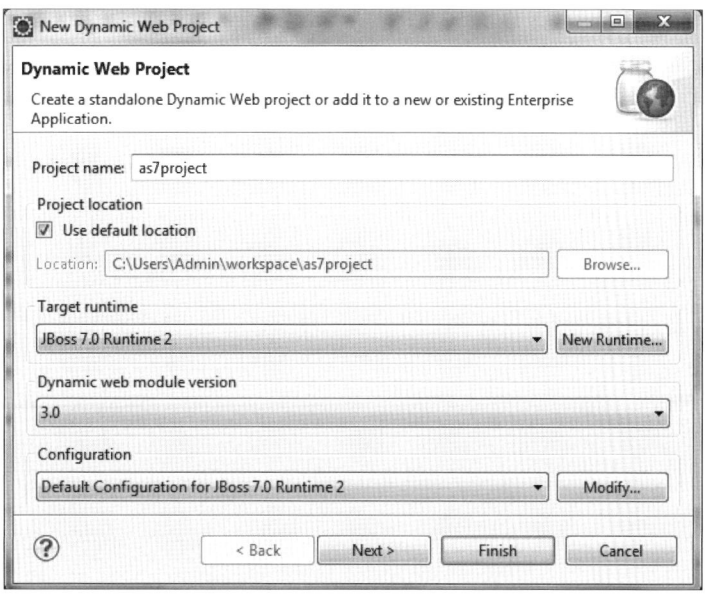

다음은 애플리케이션의 WEB-INF 폴더에 배치될 web.xml 파일의 내용이다.

```
<web-app xmlns="http://java.sun.com/xml/ns/javaee"
    xmlns:xsi="http://www.w3.org/2001/XMLSchema-instance"
    xsi:schemaLocation="http://java.sun.com/xml/ns/javaee
    http://java.sun.com/xml/ns/javaee/web-app_3_0.xsd"
    version="3.0">

<display-name>WebExample</display-name>

<welcome-file-list>
    <welcome-file>index.html</welcome-file>
    <welcome-file>index.htm</welcome-file>
    <welcome-file>index.jsp</welcome-file>
    <welcome-file>default.html</welcome-file>
    <welcome-file>default.htm</welcome-file>
    <welcome-file>default.jsp</welcome-file>
</welcome-file-list>

<servlet>
    <servlet-name>Faces Servlet</servlet-name>
    <servlet-class>javax.faces.webapp.FacesServlet</servlet-class>
    <load-on-startup>1</load-on-startup>
```

```
</servlet>

<servlet-mapping>
    <servlet-name>Faces Servlet</servlet-name>
    <url-pattern>*.xhtml</url-pattern>
</servlet-mapping>

</web-app>
```

두 번째로, 애플리케이션의 WEB-INF 폴더에 배치되도록 최소한의 JSF 구성 파일(faces-config.xml)를 작성해야 한다. 다음은 JSF 릴리스 2.1 버전으로 선언한 파일이다.

```
<?xml version="1.0" encoding="UTF-8"?>

<faces-config
    xmlns="http://java.sun.com/xml/ns/javaee"
    xmlns:xsi="http://www.w3.org/2001/XMLSchema-instance"
    xsi:schemaLocation="http://java.sun.com/xml/ns/javaee
    http://java.sun.com/xml/ns/javaee/web-facesconfig_2_1.xsd"
    version="2.1">
</faces-config>
```

이클립스는 **JavaServer Faces Facets**를 활성화하여 설치할 수 있도록 지원한다. 우선 프로젝트의 오른쪽 마우스를 클릭하여, Project Properties를 선택하면, 자동으로 프로젝트에 추가할 수 있는 옵션을 Project Facets에서 확인할 수 있다. 이 경우는 이클립스가 직접 생성한 구성 파일을 추가할 것이다.

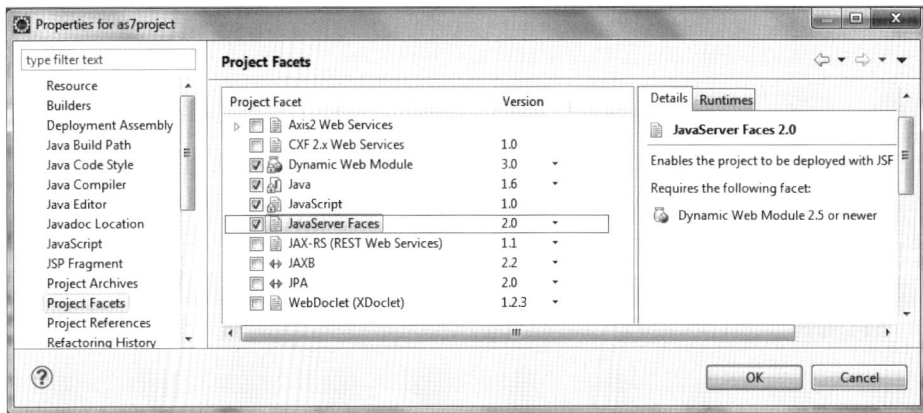

JSF 컴포넌트 추가

자바EE 6 애플리케이션의 패키징 학습을 위해, 3장, '엔터프라이즈 서비스 설정'에서 소개했던 매니지드 빈즈Managed Beans와 JSF views와 같은 JSF 컴포넌트를 포함하는 방법과 EJB 싱글턴singleton 같은 엔터프라이즈 컴포넌트를 포함하는 방법을 알아보자.

이 예제에서, 우리는 메모리 캐시를 처리하기 위해 EJB 싱글턴을 사용하는 간단한 캐싱 시스템을 만들 것이다. 추후에 스토리지에 캐시를 유지하기 위한 데이터 유지 방법을 소개하겠다.

1. 만들어 둔 동적 웹 프로젝트에 home.xhtml이라는 페이지를 추가한다.

```
<!DOCTYPE html PUBLIC "-//W3C//DTD XHTML 1.0 Transitional//EN"
  "http://www.w3.org/TR/xhtml1/DTD/xhtml1-transitional.dtd">
<html xmlns="http://www.w3.org/1999/xhtml"
      xmlns:ui="http://java.sun.com/jsf/facelets"
      xmlns:h="http://java.sun.com/jsf/html"
      xmlns:f="http://java.sun.com/jsf/core"
      xmlns:c="http://java.sun.com/jsp/jstl/core">

<h:head>
    <style type="text/css">
        <!-- 간결성을 위해 생략 -->
    </style>
</h:head>

<h:body>
    <h2>JSF 2 example on JBoss 7</h2>

    <h:form id="jsfexample">
        <h:panelGrid columns="2" styleClass="default">
        <h:outputText value="Enter key:"/>
        <h:inputText value="#{manager.key}"/>
        <h:outputText value="Enter value:"/>
        <h:inputText value="#{manager.value}"/>
        <h:commandButton actionListener="#{manager.save}"
          styleClass="buttons" value="Save key/value"/>
```

```
<h:commandButton actionListener="#{manager.clear}"
  styleClass="buttons" value="Clear cache"/>
<h:messages/>
</h:panelGrid>

<h:dataTable value="#{manager.cacheList}" var="item"
  styleClass="table" headerClass="table-header"
  rowClasses="table-odd-row,table-even-row">

  <h:column>
    <f:facet name="header">Key</f:facet>
    <h:outputText value="#{item.key}"/>
  </h:column>

  <h:column>
    <f:facet name="header">Value</f:facet>
    <h:outputText value="#{item.value}"/>
  </h:column>

</h:dataTable>

       </h:form>
   </h:body>
</html>
```

이 페이지는 키/값 쌍을 저장하고 검색할 수 있는 manager라는 **매니지드 빈**을 참고 했다. 매니지드 빈은 UI 컴포넌트 모델에 사용 되는 자바 클래스다. JSF 1.2에서는 빈이 매니지드 빈이 되도록, JSF 설정 파일(faces-config.xml)에 등록했다. 가장 큰 문제는 빈의 개수가 증가함에 따라, JSF 설정 파일 내용도 많아지고, 연결된 3개 파일(JSF 설정파일, JSF view 파일, bean 파일)도 변경되어, 매번 모든 설정 명을 확인할 수 없다는 것이다. 다행히, JSF 2 에서는 매니지드 빈을 등록하는 애노테이션annotations을 발표했다. 애노테이션을 빈과 같은 장소(자바 클래스)에 등록할 수 있어, 관리하기가 매우 쉬워졌다.

2. `PropertyManager` 매니지드 빈을 코딩하는 방법을 살펴보자.

```java
package com.packtpub.chapter4.bean;

import java.util.ArrayList;
import java.util.List;
import javax.ejb.EJB;
import javax.faces.application.FacesMessage;
import javax.faces.bean.ManagedBean;
import javax.faces.context.FacesContext;
import javax.faces.event.ActionEvent;
import com.packtpub.chapter4.ejb.SingletonBean;

@ManagedBean(name = "manager")
public class PropertyManager {
    @EJB
    SingletonBean ejb;
    ArrayList cacheList = new ArrayList();

    private String key;
    private String value;
    // 키/값 getter와 setter는 생략한다

    public void save(ActionEvent e) {
        ejb.put(key, value);
    }

    public void clear(ActionEvent e) {
        System.out.println("Called clear");
        ejb.delete();
    }

    public List getCacheList() {
        return ejb.getCache();
    }
}
```

이 클래스의 가장 중요한 부분은 JSF 매니지드 빈 클래스로 등록한 `@ManagedBean` 애노테이션이다. 그다음은, `@EJB` 애노테이션을 해당 클래스의 `SingletonBean`을 주입하는 데 사용한다.

EJB 레이어 추가

`SingletonBean`은 특히 `@javax.ejb.Singleton`으로 표시되는 EJB다. 이러한 애노테이션을 가진 클래스는 한 번만 인스턴스화를 보장하는 싱글턴 패턴에 상응하는 미들웨어다. 자바EE의 컨텍스트에서, 주로 애플리케이션 수준의 공유 데이터를 저장하는 데 사용된다.

1. `SingletonBean`이라는 새 클래스를 만든다. 이 클래스의 목적은 해시맵 HashMap에 키/값 쌍을 저장하는 것이다.

    ```
    package com.packtpub.chapter4.ejb;

    import java.util.ArrayList;
    import java.util.List;
    import javax.annotation.PostConstruct;
    import javax.ejb.Singleton;
    import com.packtpub.chapter4.entity.Property;

    @Singleton
    public class SingletonBean {
        private List<Property> cache;

        @PostConstruct
        public void initCache() {
            this.cache = new ArrayList();
        }

        public void delete() {
            this.cache.clear();
        }

        public void put(String key, String value) {
            Property p = new Property();
            p.setKey(key);
            p.setValue(value);
            this.cache.add(p);
        }

        public List<Property> getCache() {
    ```

```
        return cache;
    }

}
```

2. 추가해야 할 마지막 클래스는 JavaBean 클래스인 Property다. 이 클래스의 목적은 HashMap에 키/값 쌍을 저장하는 것이다.

```
package com.packtpub.chapter4.entity;

public class Property {
    private String key;
    private String value;
    // getter와 setter는 생략한다
}
```

클래스를 com.packtpub.chapter4.entity에 배치했다. 4장의 다음 절에서부터, 이 클래스는 데이터를 저장하기 위한 Entity 클래스로 사용된다. 모든 단계를 완료한 경우에 다음과 같은 항목을 포함하는 프로젝트가 생성된다.

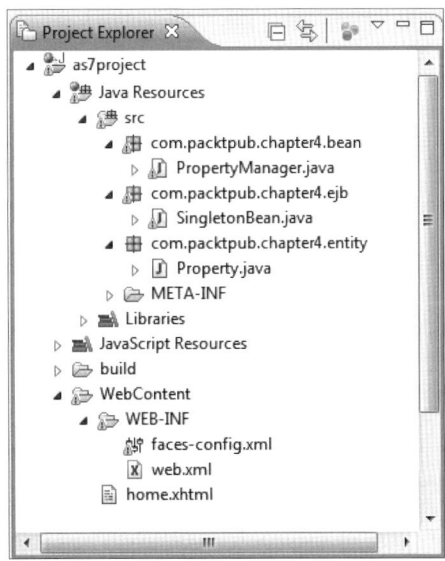

애플리케이션 웹 컨텍스트 선택

기본적으로 웹 애플리케이션은 애플리케이션 서버에 배포된 아카이브 이름에서 웹 컨텍스트 이름을 상속한다. as7project.war라는 이름의 아카이브를 배포한다면, 다음 이미지와 같이, 웹 컨텍스트 이름인 as7project를 사용하여 접속할 수 있다.

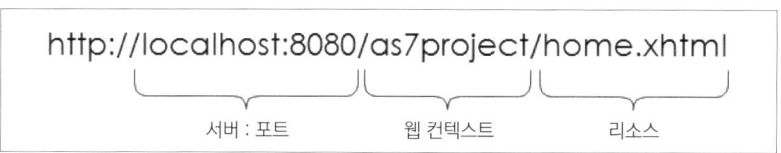

사용자 정의인 컨텍스트 이름을 정하는 가장 간단한 방법(아카이브 이름을 변경하지 않고)은 프로젝트의 WEB-INF 폴더에 jboss-web.xml 파일을 추가하는 것이다.

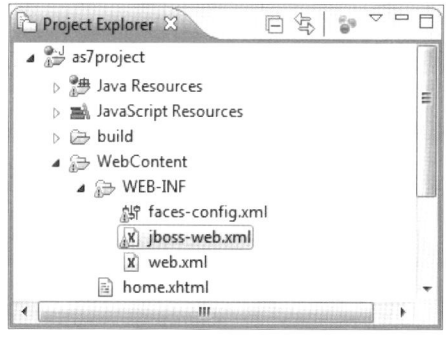

다음 파일은 context-root 요소에 의해 지정할 수 있는 사용자 지정 웹 컨텍스트를 포함한 내용이다.

```
<jboss-web>
    <context-root>customContext</context-root>
</jboss-web>
```

jboss-web.xml에 다른 컨텍스트를 사용할 수 있다. 예를 들어 Valve 컴포넌트를 선언할 수 있다. Valve 컴포넌트는 파이프라인 요청 프로세스에 추가될 수 있는 하이레벨 컴포넌트를 나타낸다.

사용 가능한 많은 Valve 컴포넌트는 아파치 톰캣 가이드에서 확인할 수 있다.

http://tomcat.apache.org/tomcat-7.0-doc/config/valve.html

다음은 요청 정보를 프린트할 수 있는 RequestDumperValve를 웹 애플리케이션에 추가하는 예제다.

```
<jboss-web>
  <valve>
    <class-name>
      org.apache.catalina.valves.RequestDumperValve
    </class-name>
  </valve>
</jboss-web>
```

웹 애플리케이션 배포

설정이 완료되었다면, 애플리케이션을 배포하고 확인할 수 있다. 이클립스에서 애플리케이션을 배포하려면, **JBoss Runtime Server**에서 오른쪽 마우스 클릭을 하고 **Add and Remove** 옵션을 선택한 후, 웹 프로젝트를 deployed project 리스트에 추가하면 된다.

그리고 프로젝트에서 오른쪽 마우스를 클릭하고, **Full Publish**를 선택하면 실제로 배포할 수 있다.

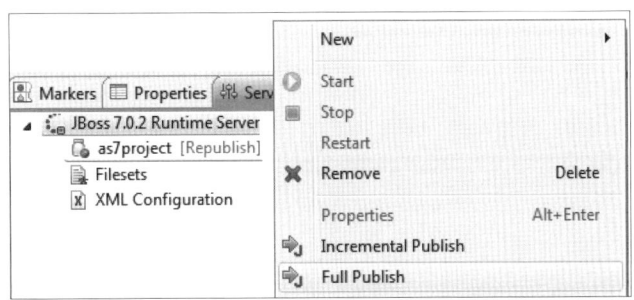

이클립스는 as7project.war.dodeploy라는 파일과 함께 아카이브(as7project.war) 파일을 서버로 이동시킨다. 6장, 'JBoss AS 7에 애플리케이션 배포'에서 배우게 될 확장 아카이브 배포는 기본적으로 배포와 동시에 JBoss AS 7에 마커 파일 marker file이 필요하다. 다행히, 이클립스는 자동으로 지원해 준다.

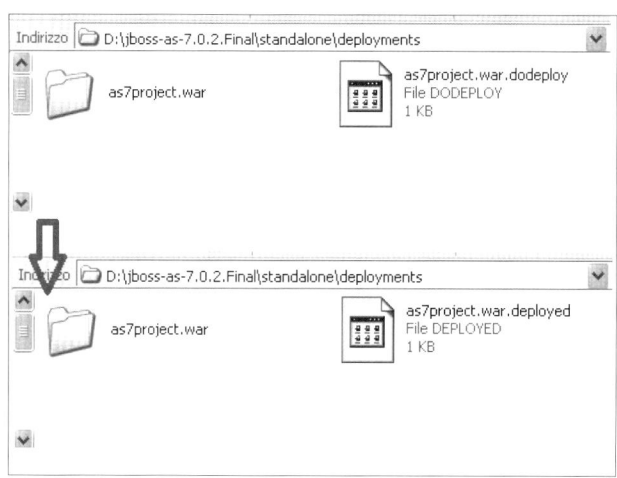

성공적으로 배포되면, as7project.war.dodeploy 마커 파일은 as7project.war. deployed 마커 파일로 변경된다. http://localhost:8080/as7project/home. xhtml 페이지로 연결하여 올바르게 작동하는지 확인한다.

루트 컨텍스트에 웹 애플리케이션 배포

이 예제에서, jboss-web.xml 파일을 사용하여 사용자 정의 컨텍스트에 웹 애플리케이션을 배포하는 방법을 설명했다. 웹 컨텍스트는 특정한 요청을 보내지 않으면 웹 서버가 사용하는 컨텍스트는 루트 컨텍스트다. 일반적으로 웹 서버는 welcome 컨텍스트를 http://localhost:8080으로 확인하고 사용한다. 기본적으로, JBoss AS 7는 JBOSS_HOME/welcome-content 폴더에 매핑되는 루트 컨텍스트가 있으며, 애플리케이션을 root 컨텍스트에 배포하여 사용할 수도 있다. 설정하기 위해 다음 두 단계를 거쳐야 한다.

1. 처음에는 `virtual-server` 섹션에 `enable-welcome-root` 파라미터를 false로 설정한다.

   ```
   <virtual-server name="default-host" enable-welcome-root="false">
   </virtual-server>
   ```

2. 그런 다음, 애플리케이션에 루트 컨텍스트를 포함하는 jboss-web.xml 파일을 추가한다.

   ```
   <jboss-web>
       <context-root>/</context-root>
   </jboss-web>
   ```

리모트 EJB 클라이언트 추가

이 책이 인쇄되기 몇 주 전에 애플리케이션 서버의 새로운 릴리스 7.1.0 베타를 다운로드할 수 있었다. 이 릴리스는 몇 가지 향상된 기능을 제공하며, 그중 가장 중요한 하나는 EJB에 대한 원격 호출을 수행하는 데 사용할 수 있는 새로운 JBoss 특정 EJB 클라이언트 API를 포함하고 있다.

리모트 클라이언트와 애플리케이션을 테스트하기 위해서는, 먼저 EJB에 대한 리모트 인터페이스를 제공해야 한다.

```
package com.packtpub.chapter4.ejb;
import java.util.List;
import com.packtpub.chapter4.entity.Property;
```

```
public interface SingletonBeanRemote {
    public void delete();
    public void put(String key, String value);
    public List<Property> getCache();
    public List<Property> queryCache();
}
```

이 인터페이스의 구체적인 구현은 이전 섹션에 언급한 `SingletonBean` 클래스와 같이 자바 메소드 구현체를 가진 `SingletonBeanRemoteImpl` 클래스다.

```
@Singleton
@Remote(SingletonBeanRemote.class)
public class  SingletonBeanRemoteImpl implements SingletonBeanRemote{
    // Bean 클래스는 변하지 않는다
}
```

여기에서 리모트 EJB 클라이언트는 매우 흥미롭다. EJB 원격 호출은 클라이언트 서버 보안을 위한 **Simple Authentication and Security Layer**SASL를 사용하는 **리모팅**Remoting 프레임워크를 통해 이루어지고, 애플리케이션 서버의 현재 버전에서는, 명시적으로 보안 제공자Security provider를 다음과 같이 클라이언트에 추가시켜야 한다.

```
static {
    Security.addProvider(new JBossSaslProvider());
}
```

이것은 EJB가 있는 원격 서버에 익명 액세스를 가능하게 한다. 다음으로 까다로운 부분은 조회할 EJB의 JNDI 이름을 결정하는 것이다. EJB의 실제 JNDI 이름은 EJB의 유형에 따라 다르다. 다음 표는 SLSBs와 SFSBs에 모두 사용할 수 있는 두 가지 구문을 적은 내용이다.

EJB 타입	JNDI 구문
Stateless EJB	ejb:⟨app-name⟩/⟨module-name⟩/⟨distinct-name⟩/⟨bean- name⟩!⟨fully-qualified-classname-of-the-remote- interface⟩
Stateful EJB	ejb:⟨app-name⟩/⟨module-name⟩/⟨distinct-name⟩/⟨bean- name⟩!⟨fully-qualified-classname-of-the-remote- interface⟩?stateful

꽤 복잡한 구문이지만, 항목별로 분리해서 테이블에 설명해 놓았다.

파라미터	설명
app-name	애플리케이션 이름과 엔터프라이즈 아카이브로 배포되는 애플리케이션 경우에 사용된다. 일반적으로 .ear이 없는 엔터프라이즈 아카이브 이름에 해당한다. 웹 아카이브에 애플리케이션을 패키징 했을 때는 파라미터는 사용되지 않는다.
module-name	EJBs가 포함된 모듈이다. as7project.war라는 파일로 애플리케이션 배포한 경우, as7project가 해당한다.
distinct-name	다른 EJB 구현과 구별할 수 있도록 할당하는 선택적 이름이며, 이 예제에서는 사용되지 않았다.
bean-name	EJB 이름이 기본적으로 빈 구현 클래스의 클래스 이름이며 예제의 경우 SingletonBeanRemoteImpl이다.
fully-qualified-classname-of-the-remote-interface	룩업(lookup)하는 인터페이스의 정규화 된 클래스 이름과 정확히 일치하며 예제의 경우, com.packtpub.chapter4.ejb.SingletonBeanRemote이다.

 상태유지 EJBs는 JNDI 룩업 파라미터에 ?stateful를 붙여야 한다.

복잡한 JNDI 네임스페이스에 익숙해져야 하며, 다음의 클라이언트 코드를 이해하기 위한 준비를 하자.

```
package com.packtpub.chapter4.client;
import javax.naming.*;
import java.security.Security;
import java.util.*;
import org.jboss.sasl.JBossSaslProvider;
import com.packtpub.chapter4.ejb.SingletonBeanRemote;
import com.packtpub.chapter4.ejb.SingletonBeanRemoteImpl;
import com.packtpub.chapter4.entity.Property;

public class RemoteEJBClient {
    static {
```

```java
        Security.addProvider(new JBossSaslProvider());
    }
    public static void main(String[] args) throws Exception {
        testRemoteEJB();
    }
    private static void testRemoteEJB() throws NamingException {
        final SingletonBeanRemote ejb = lookupEJB();
        System.out.println("Got a remote Singleton EJB");
        // 캐시에 엔트리(entry) 추가
        ejb.put("key", "value");
        // 캐시 엔트리를 가져와서 프린트한다
        List<Property> list = ejb.getCache();
        System.out.println(list);
    }
    private static SingletonBeanRemote lookupEJB() throws NamingException {
        final Hashtable jndiProperties = new Hashtable();
        jndiProperties.put(Context.URL_PKG_PREFIXES, "org.jboss.ejb.
          client.naming");
        final Context context = new InitialContext(jndiProperties);
        final String appName = "";
        final String moduleName = "as7project";
        final String distinctName = "";
        final String beanName = SingletonBeanRemoteImpl.class.
          getSimpleName();
        final String viewClassName = SingletonBeanRemote.class.getName();
        return (SingletonBeanRemote) context.lookup("ejb:" + appName +
          "/" + moduleName + "/" + distinctName + "/" + beanName + "!" +
          viewClassName);
    }
}
```

주요 복잡한 리모트 EJB 클라이언트 코드는 JNDI 룩업 섹션과 연결되어 있다. 위에 강조 표시된 섹션에서는, URL 컨텍스트 팩토리가 로딩될 때 사용되는 패키지 prefixes 리스트 중에서 특정 Context.URL_PKG_PREFIXES 프로퍼티를 가지고 JNDI 컨텍스트가 초기화되고 있다. 여기서는 org.jboss.ejb.client.naming로 설정해서 JNDI API는 ejb: 네임스페이스를 처리할 수 있는 클래스를 알 수 있다.

마지막으로, 클라이언트가 어떻게 실제로 리모트 EJB를 호스트하는 서버의 위치를 아는지 궁금할 것이다. 클라이언트 클래스 경로에 사용해야 하는 jboss-ejb-client.properties이라는 다음과 같은 클라이언트 측 프로퍼티 파일을 통해 알 수 있다.

```
remote.connectionprovider.create.options.org.xnio.Options.SSL_
  ENABLED=false
remote.connections=default
remote.connection.default.host=localhost
remote.connection.default.port=4447
remote.connection.default.connect.options.org.xnio.Options.SASL_
POLICY_NOANONYMOUS=false
```

이 파일에서, 원격 연결에 사용하는 `remote.connectionprovider.create.options`의 프로퍼티 내용을 지정할 수 있다. 예제에서, 일반 텍스트 전송이 클라이언트와 서버를 연결하는 데 사용된다는 것을 의미하는 `org.xnio.Options.SSL_ENABLED`를 `false`로 지정했다.

`remote.connections`는 EJB 리시버(receiver)에 매핑이 하나 또는 그 이상의 그룹을 지정하는 데 사용한다. 우리의 경우, host 항목은 localhost 그리고 포트번호는 4447에 매핑되는 default라는 단일 원격 연결로 설정했다.

마지막으로, SASL 익명 연결을 사용하도록 지정한다. 그렇지 않으면, 인증이 되지 않아 연결이 거부된다.

데이터 퍼시스턴트 설정

EJB 리모트 클라이언트 API에 대해 간략하게 설명하였고, 메모리에 유지하는 대신 관계형 데이터베이스에 키/값 쌍을 저장할 수 있도록 하는 **퍼시스턴스 컨텍스트**를 추가하여 애플리케이션을 향상시킬 것이다. 다시 말하지만, 데이터 퍼시스턴스에 대한 이론을 가르치려는 것이 목적이 아니라 애플리케이션 내에 구성하는 방법을 보여 주는 것이다.

아마 알다시피, 자바EE 사양 3.x의 기술의 주요하게 향상된 기능은 엔티티 퍼시스턴스 모델을 단순화한 새로운 자바 퍼시스턴스 API의 추가다. 자바 퍼시스턴스 API에서 EJB 2.x에서의 엔티티빈은 현재는 **엔티티스**Entities라고 불린다.

퍼시스턴스 서브시스템은 모든 서버 환경 설정 파일에 기본적으로 포함되어 있다.

```
<extension module="org.jboss.as.jpa"/>
<subsystem xmlns="urn:jboss:domain:jpa:1.0"></subsystem>
```

javax.persistence API는 기본적으로 애플리케이션 서버에 로드되지 않는다. 그러나 애플리케이션 서버가 기본 구성 파일(persistence.xml) 또는 퍼시스턴스 애노테이션을 감지하자마자, 퍼시스턴스 API가 자동으로 애플리케이션에 연결된다.

그럼, 데이터베이스에 엔티티스 매핑에 사용되는 데이터소스를 참조하는 JPA persistence.xml 설정 파일을 프로젝트에 추가해 보자.

```xml
<?xml version="1.0" encoding="UTF-8"?>
<persistence version="2.0" xmlns="http://java.sun.com/xml/ns/persistence"
    xmlns:xsi="http://www.w3.org/2001/XMLSchema-instance"
    xsi:schemaLocation="http://java.sun.com/xml/ns/persistence
    http://java.sun.com/xml/ns/persistence/persistence_2_0.xsd">
    <persistence-unit name="persistenceUnit" transaction-type="JTA">
        <provider>org.hibernate.ejb.HibernatePersistence</provider>
        <jta-data-source>java:/MySqlDS</jta-data-source>
        <properties>
            <property name="hibernate.dialect" value="org.hibernate.
              dialect.MySQLDialect" />
        </properties>
    </persistence-unit>
</persistence>
```

이 파일의 주요 특성은 고유한 식별자 이름인 `persistence-unit`의 `name`과 유효한 데이터 원본 정의와 매치되는 `jta-data-source`이다. 3장에서 MySQL 데이터베이스에 바인딩되는 데이터소스를 정의했다.

persistence.xml은 JTA 데이터소스 또는 non-JTA 데이터소스를 명시할 수 있다. JTA 데이터소스는 EE 환경에서 사용된다(액티브 트랜잭션이 없는 데이터 읽기만 있는 경우에도 사용된다).

마지막으로, properties 요소는 기본 퍼시스턴스 제공자persistence provider에 대한 설정 정보를 포함할 수 있다. JBoss AS는 EJB3 퍼시턴트 제공자로 하이버네이트를 사용하기 때문에, 하이버네이트 옵션을 여기서 설정하지 않아도 된다.

생성 시 다음 스크린 샷에 있는 것처럼 파일을 소스 클래스의 META-INF 폴더에 배치해야 한다.

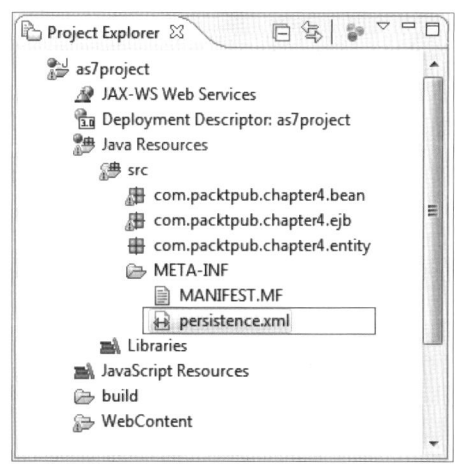

 persistence.xml file의 실제 경로
Eclipse src/META-INF 가상 경로는 애플리케이션의 WEB-INF/classes/META-INF 경로로 런타임 때 전환된다.

JPA 서브시스템 기본 데이터소스 사용

이 예제에서는 많은 개발자에게 잘 알려진 '표준' 방법을 따르는 persistence.xml 으로부터 데이터소스를 참조한다.

JPA 서브시스템에 있는 default-datasource 요소를 추가하여 모든 JPA 애플리케이션에서 기본 데이터소스를 선택할 수도 있다.

```xml
<subsystem xmlns="urn:jboss:domain:jpa:1.0">
    <jpa default-datasource="java:/MySqlDS"/>
</subsystem>
```

persistence.xml에서 jta-data-source 요소를 정의하지 않은 모든 JPA 애플리케이션은 메인 서버 설정파일에 구성된 default-datasource를 사용한다.

엔티티스 설정

퍼시스턴스 구성이 정의되면, 변경사항은 애플리케이션에 프로퍼티 POJO에 javax.persistence 애노테이션을 추가만 하면 된다. 이것은 유저가 정의한 키/값 쌍으로 저장된 동일한 이름의 데이터베이스 테이블과 매핑되어 진다.

```java
package com.packtpub.chapter4.entity;
import javax.persistence.*;

@Entity
public class Property {
    @Id
    @Column(name = "key")
    private String key;
    @Column(name = "value")
    private String value;
    // 간결성을 위해 getter와 setter는 생략한다
}
```

세션 빈도 마찬가지로 변경해야 한다. 요즘 캐싱 시스템에서는, 애플리케이션 저장소(데이터베이스)에 데이터를 유지시키고 있다. 하지만 데이터를 검색할 수 있는 메모리 캐시도 사용하고 있다. 애플리케이션이 다시 시작되면 인메모리in-memory 캐시는 데이터베이스 쿼리 결과 데이터로 채워진다.

```java
package com.packtpub.chapter4.ejb;

import java.util.ArrayList;
import java.util.List;
```

```java
import javax.annotation.PostConstruct;
import javax.ejb.Singleton;
import javax.persistence.*;
import com.packtpub.chapter4.entity.Property;

@Singleton
public class SingletonBean {
    private List<Property> cache;
    @PersistenceContext(unitName = "persistenceUnit")
    private EntityManager em;

    @PostConstruct
    public void initCache() {
        this.cache = queryCache();
        if (cache == null) cache = new ArrayList<Property>();
    }

    public void delete() {
        Query query = em.createQuery("delete FROM com.packtpub.chapter4.
          entity.Property");
        query.executeUpdate();
        this.cache.clear();
    }

    public void put(String key, String value) {
        Property p = new Property();
        p.setKey(key);
        p.setValue(value);
        em.persist(p);
        this.cache.add(p);
    }

    public List<Property> getCache() {
        return cache;
    }

    public List<Property> queryCache() {
        Query query = em.createQuery("FROM com.packtpub.chapter4.entity.
          Property");
        List<Property> list = query.getResultList();
        return list;
    }
}
```

데이터 퍼시스턴스를 사용하기 위해 변경된 코드의 섹션을 강조했다. 가장 중요한 부분은 persistence.xml에 정의된 JPA 컨텍스트 참조인 @javax.persistence.PersistenceContext 애노테이션이다.

배포 후, 애플리케이션은 MySQL 데이터베이스에 데이터를 유지한다.

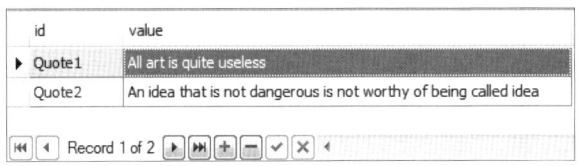

다른 애플리케이션 아카이브 퍼시스턴트 설정

이 예제에서, 우리는 하나의 웹 애플리케이션 아카이브를 사용해 EJB와 웹 컴포넌트로 이루어진 자바EE 6 애플리케이션을 만들어 보았다. 자바EE 6는 하나의 웹 아카이브에서 프론트엔드 컴포넌트와 서버사이드 컴포넌트를 믹싱하고 매칭 mixing-and-matching할 수 있다.

그러나 웹 계층은 비즈니스 서비스 계층과 분리하여 애플리케이션 배포를 고려해 볼 수 있다. 예를 들어 EJB와 엔티티스를 분리시켜 JAR 파일로 배포하려면 JAR 아카이브 META-INF 폴더 아래에 persistence.xml 파일을 배치하면 된다.

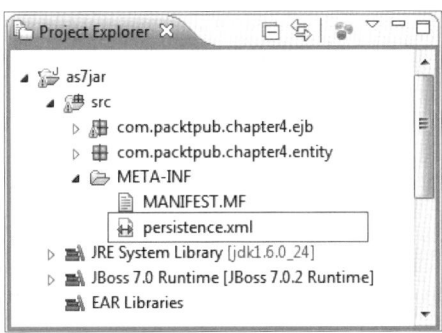

기술적으로 말하자면, 애플리케이션에서 여러 개의 JAR 파일이 있는 경우 하나의 아카이브 파일에 persistence.xml 파일을 배포하고 노테이션notation jarName#unitName을 사용하여 퍼시스턴스 유닛을 참조할 수 있다. 예를 들어, 애플리케이션 퍼시스턴스 유닛은 다음과 같이 애노테이션을 사용하여 다른 JAR에서 참조할 수 있다.

```
@PersistenceContext(unitName="as7.jar#unitName")
```

다른 제공자로 변경

기본적으로 AS 7는 하이버네이트 4.0을 퍼시스턴스 제공자로 사용한다. 하이버네이트 JAR 파일은 org.hibernate 경로의 모듈 폴더에 포함되어 있다. 그러나 애플리케이션이 3.5 또는 그 이상의 하이버네이트의 다른 버전이 필요하다면, 애플리케이션에 JAR 파일을 함께 포함하면 된다.

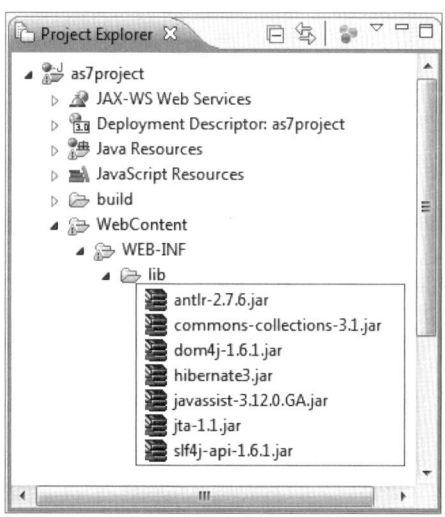

이 외에도, persistence.xml 설정 파일의 jboss.as.jpa.providerModule 속성에 hibernate3-bundled 프로퍼티를 설정해야 한다. 그러면, JPA 배포자는 퍼시스턴스 제공자가 다른 버전의 존재를 감지하고, 해당 버전을 활성화한다.

```
<properties>
    <property name="jboss.as.jpa.providerModule" value="hibernate3-bundled" />
</properties>
```

요약

4장에서는, JBoss AS 설정 파일에 완전히 내장된 웹 서브시스템 구성에 대해 설명했다. JBoss AS 7는 웹 서버 클라이언트 인터페이스를 제공하는 자바 객체 커넥터의 개념을 기반으로 한 톰캣 웹 서버의 포크fork 버전을 사용한다.

웹 서버 구성으로 다음과 같이 나뉜다.

- **정적 리소스 설정**: JBoss AS가 HTML 파일과 이미지 같은 정적 리소스를 제공하는 데 사용된다.
- **JSP 설정**jsp-configuration: 동적 페이지 생성 설정 및 조정에 사용된다.

예제를 통해서 애플리케이션 서버에서 자바EE 6 웹 모듈을 패키징하고 배포하는 방법을 설명했다.

4장에서는 예제에 데이터 퍼시스턴스를 추가한 JPA 서브시스템에 대해 알아봤다. 웹 애플리케이션의 WEB-INF/classes/META-INF에 또는 JAR의 META-INF 폴더에 배치하는 persistence.xml 파일의 올바른 위치에 대해서도 알아봤다.

4장에서는 애플리케이션 스탠드얼론 설정을 완료하였고, 이번 릴리스에서 가장 흥미로운 도메인 설정은 5장에서 알아보자.

5

JBoss AS 도메인 설정

5장은 도메인 설정을 포함한 애플리케이션 서버 설정을 마무리짓는다. 도메인 서버를 생성하는 것은 애플리케이션 서버들을 효율적으로 관리 운영하고 싶은 관리자들에게 중요한 부분이다. 그래서 5장에서 JBoss AS 도메인 인스턴스를 생성하고 설정하는 모든 단계를 설명한다.

알 수 있듯이 단일 모듈 혹은 서브시스템의 설정은 스탠드얼론 설정과 도메인 설정이 다르지 않다. 오히려 배울 것은 애플리케이션 서버 인스턴스의 생명주기를 다루고 조종하는 도메인 컨트롤러와 호스트 컨트롤러 설정이다.

5장에서 다루는 주제는 다음과 같다.

- JBoss AS 도메인 소개
- 도메인 컴포넌트들을 설정하는 방법
- 도메인이나 스탠드얼론을 선택하는 기준

JBoss AS 도메인 소개

처음에는 도메인 개념을 이해하기가 조금 어려울 수 있다. 자바EE 패러다임에서는 도메인보다 서버로 사용되기 때문이다. 특히 개발자들에게는 더 그렇다.

기본적으로 도메인은 관리 단위이며, 그 안에서 모든 JBoss AS 서버들은 도메인 컨트롤러에 의해 관리가 된다.

 도메인의 개념은 관리 대상 서버들에 의해 제공된 기능들을 방해하지 않는다는 것을 이해하는 것이 중요하다. 예를 들면, 로드밸런싱과 고가용성을 제공하는 클러스터링 환경에서 구동되는 애플리케이션 서버들의 도메인을 설치할 수도 있다. 그러나 한 세트의 스탠드얼론 애플리케이션 서버를 가지고 같은 서비스를 제공하는 것이 더 낫다.

이 두 가지 시나리오의 차이점은 도메인에서 구동될 때는, 하나의 중앙집중화된 곳에서 서버들을 효율적으로 관리할 수 있다는 것이다. 반면에, 한 세트의 스탠드얼론 인스턴스를 관리하는 것은 종종 정교한 멀티서버(multi-server) 관리 기능이 필요하지만, 이 기능은 기업에 늘 적합하지만은 않다.

프로세서 관점에서, 도메인은 4개의 요소로 구성된다

1. **도메인 컨트롤러**Domain Controller: 도메인 컨트롤러는 도메인의 관리 포인트다. 도메인 모드에서 작동하는 AS 인스턴스는 기껏해야 도메인 컨트롤러 역할을 하는 하나의 프로세서 인스턴스를 가진다. 도메인 컨트롤러는 중앙집중화된 설정을 하고 그 도메인에 속하는 인스턴스 노드들은 그 설정을 공유한다.

2. **호스트 컨트롤러**Host Controller: 도메인 컨트롤러와 함께 서버 프로세스들의 생명주기 및 도메인 컨트롤러에서 서버 인스턴스로 배포의 분배를 조정하는 역할을 담당한다.

3. **프로세스 컨트롤러**Process Controller: 초경량 프로세스이며 주된 기능은 서버 프로세스들과 호스트 컨트롤러 프로세스들을 생성하고 입/출력input/output 스트림을 관리한다. 또한, 호스트 컨트롤러가 관련된 서버들에 영향을 끼치지 않고 패치 및 재기동하게 한다.

4. **애플리케이션 서버 노드들**Application server nodes: 일반적인 자바 프로세스들이

고 애플리케이션 서버 인스턴스에 맵핑한다. 각 서버 노드들은 차례로 도메인 그룹에 속한다. 도메인 그룹은 도메인 설정파일을 논할 때 자세히 설명한다.

이러한 컴포넌트들을 설정하는 방법을 이해하기 위해서, 먼저 AS와 빌트인built-in 된 기본 도메인 설정을 알아보자.

기본 도메인 설정 이해

도메인 설정은 기본설정을 포함하고 다음 요소들로 구성된다.

- 하나의 프로세스 컨트롤러는 다른 JVM 프로세서들을 시작한다.
- 하나의 호스트 컨트롤러는 도메인 컨트롤러 역할을 한다.
- 세 개의 서버 노드에서 처음 2개는 메인 서버 그룹이고, 나머지 하나(비활성)는 다른 서버 그룹이다.

다음은 지금까지 설명한 개념들을 보충해주는 그림이다.

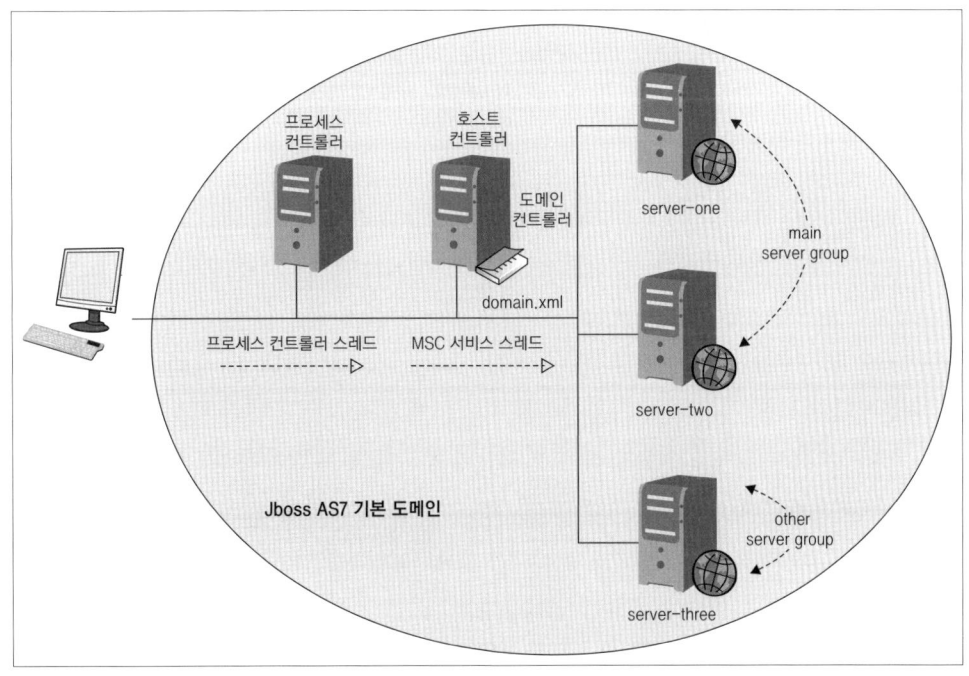

JVM 관점에서 이 설정을 보고 싶다면, VisualVM을 사용해서 도메인의 저수준low-level 상세정보를 볼 수 있다. 다음 그림에 표현된 것처럼 4개의 JVM 프로세서가 떠 있다. 처음으로 프로세스 컨트롤러가 기동 되어 있고 차례로 호스트 컨트롤러 프로세서와 2개의 서버 노드들이 떠 있다.

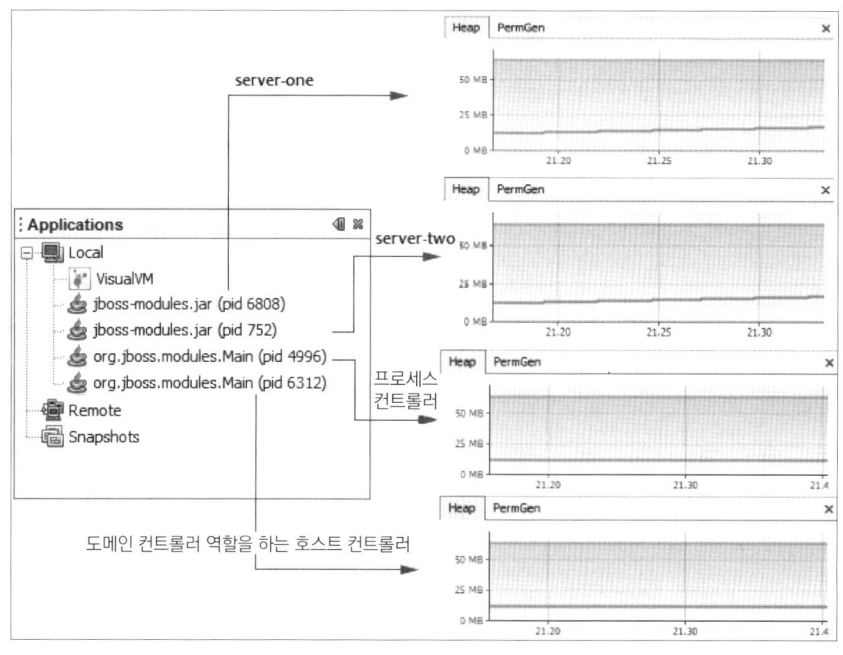

VisualVM은 기본 J2SE 배포판에 포함된 자바 가상머신 모니터링 툴이다. JAVA_HOME/bin 폴더에서 찾을 수 있다. jvisualvm.exe(윈도우) 혹은 jvisualvm(리눅스)을 간단히 실행하자.

그림과 관련된 것은 기본 도메인 설치이고 호스트 컨트롤러는 도메인 컨트롤러 역할을 한다. 여기서 도메인 컨트롤러는 도메인의 중앙집중 설정을 한다. 즉 호스트 컨트롤러와 도메인 컨트롤러는 같은 JVM 프로세스를 공유한다. 포트 9999(도메인 컨트롤러에 의해 사용됨)에 바운드된 OS 프로세스 ID를 확인해보면 알 수 있다. 윈도우 시스템에서는 다음과 같은 커맨드를 실행한다.

```
C:\Users\Admin>netstat -ao | find "9999"
  TCP    127.0.0.1:9999         CP11-010:0             LISTENING       6312
```

VisualVM 프로세스 테이블을 보면, 프로세스 ID(6312)를 볼 수 있는데, org.jboss.as.host-controller 프로세스와 매칭이 된다.

애플리케이션 서버 도메인의 기본적인 소개를 완료했다. 이제부터 설정에 관한 자세한 내용을 모두 설명할 것이다.

도메인 시작 및 종료

JBoss AS 도메인을 시작하는 것은 서버 배포판에 포함된 JBOSS_HOME\bin\domain.bat 혹은 JBOSS_HOME\bin\domain.sh 스크립트 파일을 실행하면 된다. 순식간에 도메인이 시작되어 구동된다.

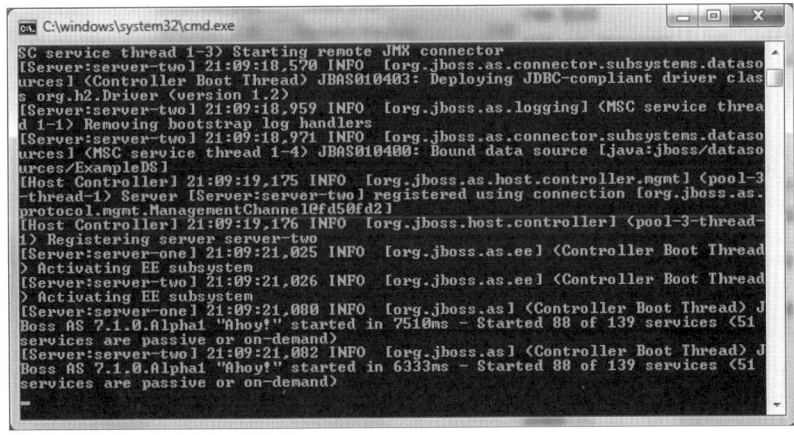

도메인 서버를 정지하기 위해서는 커맨드라인 클라이언트를 사용해 호스트 컨트롤러에서 shutdown 커맨드를 실행하면 된다.

유닉스/리눅스 사용자는 다음과 같이 실행할 수 있다.

```
./jboss-admin.sh --connect command=/host=master:shutdown
```

윈도우 사용자는 다음과 같이 실행한다.

```
jboss-admin.bat --connect command=/host=master:shutdown
```

일단 도메인이 시작되면, 몇몇 로그 파일들이 생성된다. 호스트 컨트롤러 로그는 JBOSS_HOME\domain\log\host-controller이고 프로세스 컨트롤러 로그는 JBOSS_HOME\domain\log\process-controller이다.

 기본 호스트명은 master이고 host.xml 파일에 정의되어 있다. host.xml 파일의 위치는 JBOSS_HOME\domain\configuration 폴더이고 다음 절에서 자세히 다룰 것이다.

도메인 설정

앞에서 언급했듯이, JBoss AS 도메인 설정의 주요 장점 중의 하나는 서버 설정과 배포를 한 곳에서 관리하고 제어한다는 것이다. 도메인 설정은 주로 두 개의 파일로 구성되는데, JBOSS_HOME\domain\configuration 폴더 안에 위치한다.

1. domain.xml 파일은 도메인 서버의 기능들을 나타내고, 도메인의 부분인 서버그룹을 정의한다.
2. host.xml 파일은 각 호스트에 존재하고 거기에 도메인이 설치되고 호스트에 기동된 서버들에 특화된 요소들을 명시한다.

 기본 설정 파일의 오버라이딩

언제든지 기본 설정 파일명과 경로를 변경하는 것이 가능하다. 도메인셸에 다음 파라미터를 추가함으로써 윈도우 사용자들은 새로운 도메인과 호스트 파일명을 정의할 수 있다.

```
domain.bat --domain-config=custom_domain.xml
domain.bat --host-config=custom_host.xml
```

리눅스 사용자들은 다음과 같이 할 수 있다.

```
./domain.sh --domain-config=custom_domain.xml
./domain.sh --host-config=custom_host.xml
```

또 알아야 할 것은 경로를 주지 않으면, jboss.server.config.dir 디렉토리의 상대 경로로 인식하고, 그렇지 않으면 절대 경로로 인식한다.

domain.xml 파일 설정

domain.xml은 도메인 서브시스템 설정이 있는데, 그 설정은 그 도메인에서 모든 서버가 공유한다. 파일의 내용은 스탠드얼론 파일과 같은 구조를 따른다. 도메인은 여러 개의 프로파일profile을 가진다. 기본적으로 2개의 프로파일이 정의되어 있는데, **default 프로파일**과 **ha 프로파일**이다. ha 프로파일은 클러스터 도메인에 사용된다. 예를 들면 웹web 프로파일 혹은 메시징messaging 프로파일같이 사용자 정의 프로파일을 정의할 수 있다.

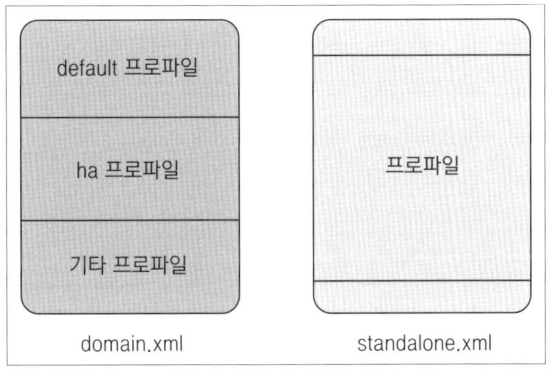

 도메인에서 기동 되는 서버들의 기능을 줄이거나 확장하는 방법으로 추천되는 것은 한 프로파일에서 다른 프로파일로 변경하는 것이다.

각 AS 도메인은 서버 그룹으로 나뉠 수 있고, 각각은 서로 다른 프로파일에 바운드된다. 서버그룹의 개념은 도메인에 의해 단일 유닛으로서 관리되는 서버들의 집합으로 볼 수 있다. 노드들의 세세한fine-grained 설정을 위해서 서버그룹이 사용된다. 예를 들면 각 서버그룹은 커스터마이즈된 JVM 세팅, 소켓 바인딩 인터페이스 혹은 배포된 애플리케이션과 같이 그 자신의 세팅을 정의할 수 있다.

다음 그림은 서버 그룹에 적용할 수 있는 공통 속성을 보여준다.

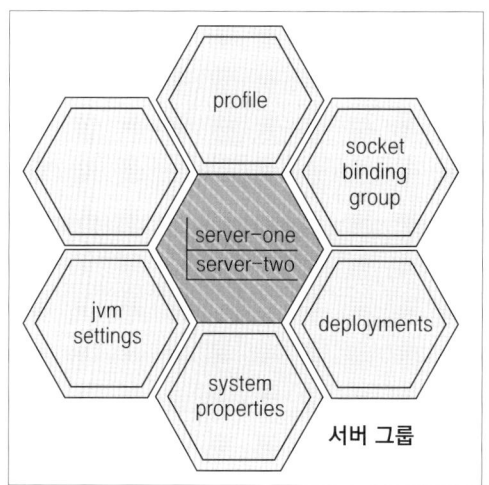

예를 들면, 여기 default 프로파일에 바운드된 더욱 다양한 서버그룹 정의가 있는데, 그 프로파일은 sample.war란 이름의 웹 애플리케이션으로 배포된 서버 그룹의 일부인 서버들에게 커스터마이즈된 JVM 설정, (기동 시에 로드되는) 시스템 프로퍼티를 제공하고 그 서비스들을 standard-socket에 바인딩한다.

```
<server-group name="custom-server-group" profile="default">
    <deployments>
        <deployment name="sample.war_v1" runtime-name="sample.war"
            hash="ABCDEFG1234567890ABC"/>
    </deployments>
    <jvm name="default">
        <heap size="512m" max-size="1g"/>
    </jvm>
    <socket-binding-group ref="standard-sockets"/>
    <system-properties>
        <property name="foo" value="bar" boot-time="true"/>
        <property name="key" value="value" boot-time="true"/>
    </system-properties>
</server-group>
```

host.xml 파일 설정

나머지 도메인 설정파일은 host.xml인데, JBOSS_HOME\domain\configuration 폴더에 있다. 이 파일은 기본적으로 도메인 일부분인 호스트 상에서 구동되는 서버 노드를 정의하고 설정한다.

호스트라는 용어는 물리적 구조를 의미하는데 도메인의 부분이고 AS 배포판에 포함된다. 아래 그림을 보고 좀 더 이해해 보자.

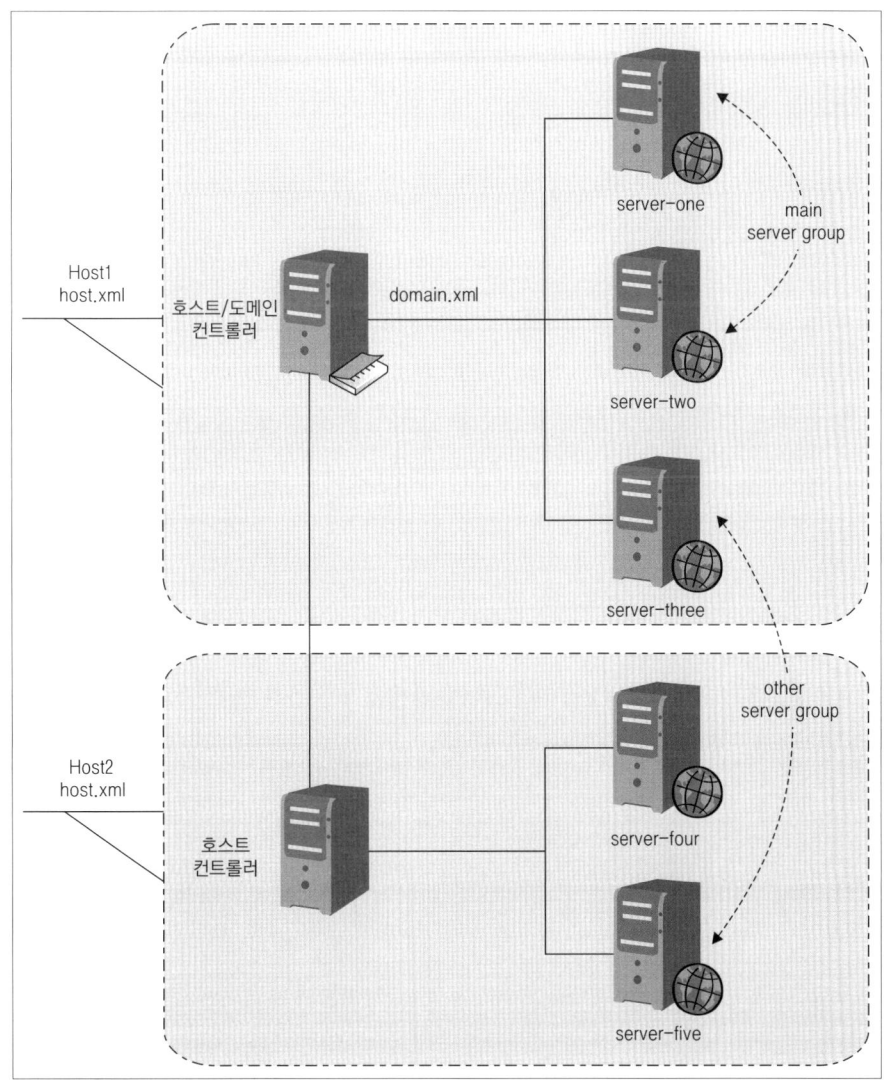

그림에서 볼 수 있듯이, 도메인은 여러 개의 호스트(host1, host2)를 가지고 또한 여러 그룹(main server group, other server group)을 가질 수 있다. 하지만 **서버 그룹**이 단순히 어디에서나 위치할 수 있는 서버 노드들의 논리적인 관계인 반면, **호스트**는 동일 서버의 분산된 노드들의 집합을 말한다.

만약 장비당 하나의 서버를 설치한다면, 호스트라는 용어는 **장비**의 일반적인 의미에 잘 들어맞는다. 하지만 이는 언제나 맞는 말은 아니다. 사실상 같은 장비에 여러 개의 AS를 설치할 수 있어 동일 장비에 다중 호스트를 가질 수도 있다.

호스트에 관해 정의를 완료했고, 다음의 핵심 도메인요소들의 집합인 호스트 설정 파일을 알아볼 것이다.

- 도메인을 제어하기 위해 사용되는 관리 인터페이스management interfaces
- 도메인 컨트롤러 정의
- 서비스들이 바인딩되는 네트워크 인터페이스network interfaces
- JVM 설정
- 도메인 일부분인 서버들

다음 절에서 이 파일의 각 요소를 자세히 살펴보고 그것을 적절하게 설정하는 방법을 배울 것이다.

관리 인터페이스 설정

관리 인터페이스는 네이티브 **커맨드라인 인터페이스**CLI와 도메인을 관리하는 데 사용되는 http 인터페이스를 가지고 있다.[1]

```
<security-realms>
    <security-realm name="ManagementRealm">
        <server-identities>
```

---

1 slave 서버가 구동되면서 master 서버의 9999 포트 계정인증을 시도하기 때문에 다음과 같은 절차가 필요하다.
   1) master 서버에서 $JBOSS_HOME/bin/add_user.sh 명령어로 slave용 계정을 만든다.
   2) 계정명은 slave 서버 host.xml 파일의 host name과 동일하게 만든다.
   3) slave 서버의 host.xml 파일에 server-identities와 security-realm="ManagementRealm" 항목을 추가한다. – 옮긴이

```xml
            <secret value="MTIz"/>    <!-- slave용 계정 패스워드(base64 타입)를 입력
한다 (인터넷 base64 변환기 : http://www.webutils.pl/index.php?idx=base64) 만약 패스
워드가 123이라면 base64로 변환하면 MTIz이 된다 -->
        </server-identities>
        <authentication>
            <properties path="mgmt-users.properties" relative-to="jboss.
domain.config.dir"/>
        </authentication>
    </security-realm>
</security-realms>

<management-interfaces>
    <native-interface security-realm="ManagementRealm">
        <socket interface="management" port="9999"/>
    </native-interface>
    <http-interface security-realm="ManagementRealm">
        <socket interface="management" port="9990"/>
    </http-interface>
</management-interfaces>
```

기본 설정으로 두 서비스는 네트워크 관리 인터페이스network management interface에 바인딩된다. 두 서비스를 구분하는 것은 네이티브native 관리 인터페이스며 CLI는 9999 포트, http 관리 인터페이스는 9990이다.

네트워크 인터페이스 설정

방금 network 인터페이스를 얘기했다. 이름에서도 알 수 있듯이, **네트워크 인터페이스**는 하나 혹은 하나 이상의 네트워크 주소를 말한다. 기본적으로 서버는 두 개의 네트워크 인터페이스를 가지는데 **management**와 **public**이다. 둘 다 루프백 주소loopback address에 바인딩된다.

네트워크 인터페이스의 inet-address 값을 변경함으로써, 애플리케이션 서버의 리스닝 주소를 설정할 수 있다. 예를 들면, management 인터페이스를 루프백 주소(127.0.0.1)와 public 인터페이스 192.168.1.1에 바인딩 하려고 한다면 다음과 같이 설정할 수 있을 것이다.

```
<interfaces>
    <interface name="management">
        <inet-address value="127.0.0.1"/>
    </interface>
    <interface name="public">
        <inet-address value="192.168.1.1"/>
    </interface>
</interfaces>
```

이 의미는 management 인터페이스(http 관리콘솔과 CLI)는 루프백 주소에 바인딩 되고 애플리케이션에 관련된 서비스(public 인터페이스)는 192.168.1.1에 바인딩 된다는 것이다.

```
<socket-binding-group name="standard-sockets" default-interface="public">
    <socket-binding name="http" port="8080"/>
    <socket-binding name="https" port="8443"/>
    … 생략
</socket-binding-group>
```

도메인 컨트롤러 설정

기본적으로 도메인 컨트롤러는 도메인을 시작시킨 동일 장비에 있다.

```
<domain-controller>
    <local/>
</domain-controller>
```

하지만 리모트 호스트에 도메인 컨트롤러를 사용하려면 다음과 같이 설정하면 된다.

```
<domain-controller>
    <remote host="x.x.x.x" port="9999" security-realm="ManagementRealm"/>
</domain-controller>
```

리모트 호스트에 도메인 컨트롤러를 설정하는 것은 로컬 설정(domain.xml) 파일이 사용되지 않고 모든 서버 노드는 리모트 호스트에 저장되어 있는 중앙집중 설정을 사용한다.

JVM 설정

도메인 설정의 키 중의 하나는 도메인의 한 부분인 JVM 설정이다. JVM 요소들은 host.xml 파일에 정의되어 있는데, 그 파일에 여러 개의 JVM 설정들을 정의하고, 서버 그룹 같은 부분에서 그 JVM 설정명으로 연결해서 사용한다.

```xml
<jvms>
    <jvm name="default">
        <heap size="64m" max-size="512m"/>
    </jvm>
</jvms>
```

이 JVM 정의는 서버 그룹 설정의 부분으로서 사용될 수 있다. 예를 들면 서버그룹 other-server-group(domain.xml)은 모든 서버 노드들을 위해 기본 JVM으로 사용되고, heap max-size 설정을 재정의한다.

```xml
<server-group name="other-server-group" profile="default">
    <jvm name="default">
        <heap max-size="512m"/>
    </jvm>
    <socket-binding-group ref="standard-sockets"/>
</server-group>
```

정의된 JVM은 단일 서버와 관련이 될 수 있어서 서버 그룹 정의를 오버라이딩한다. 예를 들면, 여기 server-one(host.xml에 정의되어 있다)은 기본 JVM 설정을 상속받는데, 그 세팅은 힙의 크기가 최소 512MB, 최대 1GB이다.

```xml
<server name="server-one" group="main-server-group" auto-start="true">
    <jvm name="default">
        <heap size="512m" max-size="1G"/>
    </jvm>
</server>
```

서버에 JVM 옵션 추가

JVM 설정을 좀 더 하려면, 가상머신에 비표준 옵션을 추가함으로써 jvm-options 요소를 사용할 수 있다. 이 샘플에서 기본 JVM 옵션인 컨커런트 로우 포즈concurrent low-pause GC를 추가한다.

```
<jvm name="default">
    <heap size="64m" max-size="128m"/>
    <jvm-options>
        <jvm-option value="-XX:+UseConcMarkSweepGC"/>
    </jvm-options>
</jvm>
```

요소들 사이의 우선 순위

이전 절에서 다른 설정 파일에서 기본 JVM 정의를 어떻게 사용하는지 살펴봤다. 사실상, 자바 가상머신 정의는 설정파일 사이에서 전형적인 중복 예이며, JVM은 다음 3개 레벨 어디서나 정의될 수 있다.

- **호스트 레벨**: 설정은 host.xml에 정의된 모든 서버에 적용된다.
- **서버그룹 레벨**: 설정은 그룹의 부분인 모든 서버에 적용된다.
- **서버 레벨**: 설정은 하나의 호스트에 적용된다.

여기까지는 괜찮으나, 다중 레벨에서 같은 이름을 가진 요소를 정의한다고 하면 무슨 일이 일어날까? 사실상 애플리케이션 서버 대부분의 특별한 요소들이 그들의 부모 설정을 오버라이드하게 함으로써 중복을 해결한다. 다른 말로, 호스트 레벨에서 제네릭 JVM을 정의한다면, 서버그룹 레벨에서 동일한 JVM에 의해 오버라이드될 것이다.

```
<!-- host.xml -->
<jvms>
    <jvm name="default">
        <heap size="64m" max-size="256m"/>
    </jvm>
</jvms>

<!-- domain.xml -->

<!-- 여기에서 default JVM은 서버 그룹 JVM 정의에 의해 오버라이드된다 -->

<server-group name="other-server-group" profile="default">
```

```xml
<jvm name="default">
    <heap size="64m" max-size="512m"/>
</jvm>
<socket-binding-group ref="standard-sockets"/>
</server-group>
```

만약 서버 레벨에 적용한다면, 그 서버에 최종 선택된다.

```xml
<!-- 여기에서 서버 정의는 다른 호스트/그룹 정의를 오버라이드한다 -->
<server name="server-one" group="main-server-group">
    <jvm name="default">
        <heap size="256m" max-size="768m"/>
    </jvm>
</server>
```

다음 그림은 다른 설정 레벨(오버라이드 가능하게)에 정의될 수 있는 요소를 정의한다.

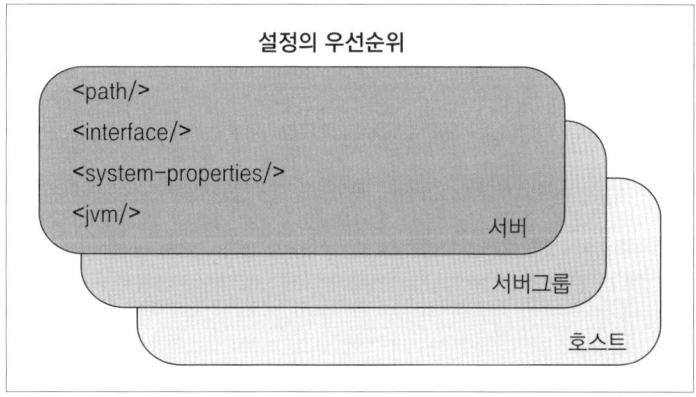

이 그림에서 볼 수 있듯이, 이 리스트 또한 `<path>`, `<interface>`, `<system-properties>` 같은 요소들을 가진다. 이런 요소들에 대해서는 2장, '애플리케이션 서버 설정'에서 설명했다.

서버 노드 설정

마지막 호스트 설정 요소는 도메인의 일부인 서버 노드 리스트를 가진다. 서버를 설정은 최소한 서버명과 그 서버가 속한 그룹을 필요로 한다.

```xml
<!-- host.xml 설정 파일 -->
<servers>
    <server name="server-one" group="main-server-group" />
</servers>
```

이 서버 정의는 애플리케이션 서버 노드들을 위한 기본 속성들에 크게 의존한다. 하지만 path, socket binding interfaces, system properties 혹은 JVM을 추가함으로써 서버를 커스터마이징할 수 있다.

```xml
<server auto-start="true" name="sample" group="sample-group">
    <paths>
        <path name="example" path="example" relative-to="jboss.server.
           log.dir"/>
    </paths>
    <socket-binding-group port-offset="250" ref="standard-sockets"/>
    <system-properties>
        <property boot-time="true" name="envVar" value="12345"/>
    </system-properties>
    <jvm name="default">
        <heap size="256m" max-size="512m"/>
    </jvm>
</server>
```

서버 노드 설정의 적용 가능한 모든 속성을 알고 싶다면, 서버의 JBOSS_HOME/docs/schema 폴더에 있는 jboss-as-config_1.1.xsd 스키마 파일을 한번 보기를 권한다.

도메인 설정 적용

도메인 개념에 접근하는 사용자들은 도메인이 클러스터와 상당히 유사해서 로드 밸런싱과 고가용성 같은 중요한 기능을 하는 것으로 오해한다.

도메인은 애플리케이션을 전달하는 기능에 관련된 것이 아니라는 것을 이해해야 한다. 무엇보다도 도메인은 서버관리 개념으로 설계되었다. 그러므로 클러스터링된 애플리케이션 혹은 그렇지 않은 애플리케이션 둘 다를 위해 사용될 수 있다.

더 나은 이해를 위해서 예를 들어보자. 멀티 서버로 구성된 서버 토폴로지고, 애플리케이션에 사용될 데이터소스를 정의했다고 생각하자. 클러스터를 사용하든 않든 간에 모든 스탠드얼론 서버들에 데이터소스에 관한 설정을 해야만 한다(모든 standalone.xml 파일에 데이터소스 정의를 추가해야 한다는 의미다).

이런 경우는 도메인을 사용하는 이점이 명백하다. 데이터소스 정의는 단지 도메인 컨트롤러에 포함되고, 중앙집중화된 곳을 제공해주고 사용자들은 그곳을 통해 설정을 일관되게 유지하고 또한 여러 가지 방식으로 서버에 설정 변경을 할 수 있다.

도메인에서 또 다른 중요한 측면은 클러스터링할 수 있는 것보다 더 세세한fine-grained 설정을 제공한다는 점이다. 예를 들면 서버그룹들을 정의하고 그룹별 커스텀 설정을 할 수 있다. 하나의 클러스터 설정을 가지고 동일한 일을 하려면 각 장비의 스탠드얼론 설정을 관리하고 필요한 사항을 적용해야 한다.

하지만 도메인과 클러스터링은 상호 배타적인 시나리오가 아니라 더 큰 그림의 일부다. 예를 들면 도메인을 사용하는 것은 멀티 AS 인스턴스의 기동 및 정지를 관리하는 고급설정에서 클러스터의 효율을 더욱 더 강화시킨다. 동시에 클러스터링은 전형적인 밸런싱과 고가용성 기능을 제공하고 그 기능들은 도메인 관리에 통합되지 않는다.

반면에, 도메인을 사용하는 것이 그다지 유용하지 않은 경우도 있다. 예를 들면, 시스템 관리자가 도메인 설정이 수행할 수 있는 것과 거의 비슷한 기능을 수행하는 정교한 멀티서버 관리 도구를 구입했거나 개발했을 수도 있다. 이러한 상황에서, 이미 특별한 목적으로 설정된 것을 한꺼번에 바꾸는 것이 바람직하지 않을 수도 있다.

도메인이 불필요한 다른 예는 도메인 설치에서 어떠한 것도 얻을 수 없는 개발단계다. 오히려, 아키텍처에 복잡성을 더할 수도 있다.

게다가, 스탠드얼론 모드는 임베디드 모드에서 애플리케이션 서버를 구동하기 때문에 도메인이 맞지 않는 경우의 시나리오에서는 유일한 선택이다. 예를 들면, 아퀼리언Arquillian 프로젝트를 사용할 때 임베디드 컨테이너를 사용하는 엔터프라이즈 프로젝트를 테스트할 수 있는데, 그것은 스탠드얼론 설정이 기본인 아퀼리언에 의해 관리된다.

최종적으로, 개별 서버 설정들은 도메인 모드 혹은 스탠드얼론 모드를 운영할지라도 별로 다르지 않기 때문에 스탠드얼론 모드에서 애플리케이션을 개발하고 운영에서 도메인 모드로 바꾸는 것을 고려할 수 있다.

도메인 설정 예제[2]

도메인 설정의 자세한 예제를 제공해 보겠다. 이 예제에서, 분리된 2개의 호스트 컨트롤러 설정이 있으며, 각 하나는 3개의 서버 노드에 있다. 2개의 분리된 JBoss AS 7 설치가 필요하고 다른 두 개의 장비에 분리되거나 같은 장비에서 실행될 수 있다. 동일장비에서 구동될 때, 도메인에서 포트가 충돌되지 않도록 장비에 가상 아이피virtual IP를 지정해서 연습한다.

다음은 도메인 프로젝트를 보여주는 그림이다.

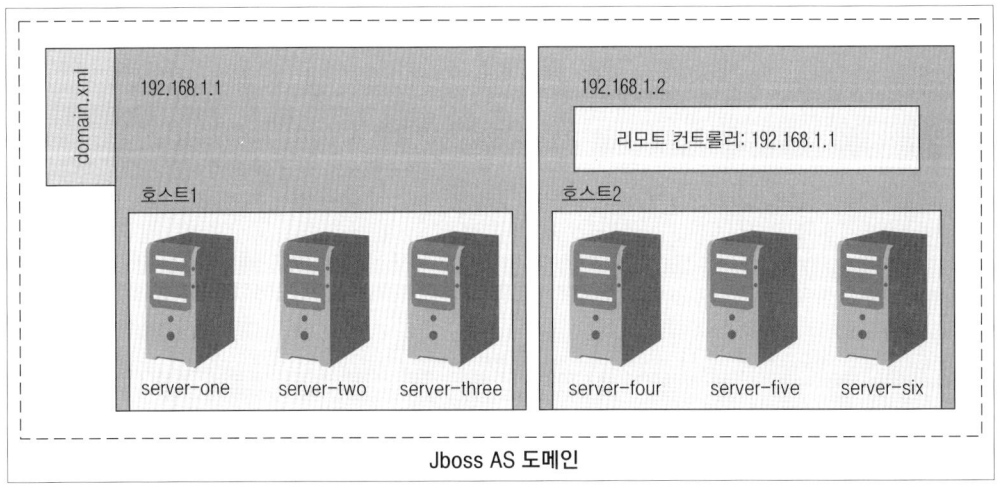

---

[2] 7.1 이상 버전으로 실습 진행시 계정 설정에 대한 내용은 162페이지의 '관리 인터페이스 설정' 절과 164페이지의 '도메인 컨트롤러 설정' 절을 참고하자. – 옮긴이

첫 번째로 필요한 것은 퍼블릭 인터페이스public interface와 관리 인터페이스 둘 다를 위해 네트워크 인터페이스를 유효한 아이넷 주소inet address에 바인딩하는 것이다. 그래서 첫 번째 도메인 설치는 `inet-address 192.168.1.1`에 바인딩할 것을 가정하고, host.xml 파일을 열어 그에 맞추어서 다음과 같이 변경한다.

```
<interfaces>
    <interface name="management">
        <inet-address value="192.168.1.1"/>
    </interface>
    <interface name="public">
        <inet-address value="192.168.1.1"/>
    </interface>
</interfaces>
```

두 번째는 host.xml 파일에서 `inet-address`를 `192.168.1.2`로 변경한다.

```
<interfaces>
    <interface name="management">
        <inet-address value="192.168.1.2"/>
    </interface>
    <interface name="public">
        <inet-address value="192.168.1.2"/>
    </interface>
</interfaces>
```

다음으로 할 것은 각각의 고유의 호스트 명을 정의하는 것이다. 첫 번째 host.xml은 다음과 같다.

```
<host name="host1"/>
```

두 번째는 다음과 같다.

```
<host name="host2"/>
```

다음으로, 가장 중요한 단계는 도메인 컨트롤러의 위치를 선택하는 것이다. 위의 그림에서 봤듯이, 도메인 컨트롤러는 첫 번째 설치(192.168.1.1)에 있고, host.xml 파일에 다음과 같이 `default`를 포함해야 한다.

```
<domain-controller>
    <local/>
</domain-controller>
```

나머지 설치로 바꿔서, 호스트 192.168.1.1에서 동작하는 도메인 컨트롤러를 가리킨다.

```
<domain-controller>
    <remote host="192.168.1.1" port="9999" security-realm="ManagementRealm"/>
</domain-controller>
```

도메인 설정은 마쳤다. 이제 domain.sh/domain.bat 스크립트를 이용해서 도메인 컨트롤러를 포함하는 첫 번째와 두 번째를 차례로 시작한다.

모든 것이 올바르게 설정되었다면, 도메인 컨트롤러는 다음 로그에서 보듯이 새로운 호스트 컨트롤러를 등록하는 것을 볼 수 있다.

이제 어드민 콘솔에서 도메인을 보자. 관리 인터페이스는 7장에서 자세하게 설명할 것이다. 하지만 도메인 예제를 알아 보기 위해 살짝 살펴보자.

브라우저로 아래 주소로 가보자.

http://192.168.1.1:9990/console/

메인 화면에서 다른 관점에서의 설정을 볼 수 있다. 지금부터 도메인 일부분인 호스트 컨트롤러를 보자. 화면 오른쪽 위에 Runtime 탭을 선택하고 좌측에 있는 콤보박스combo-box에서 관심 있는 호스트를 선택한다.

아래에서 볼 수 있듯이, 도메인에서 구동되는 모든 서버를 볼 수 있다.

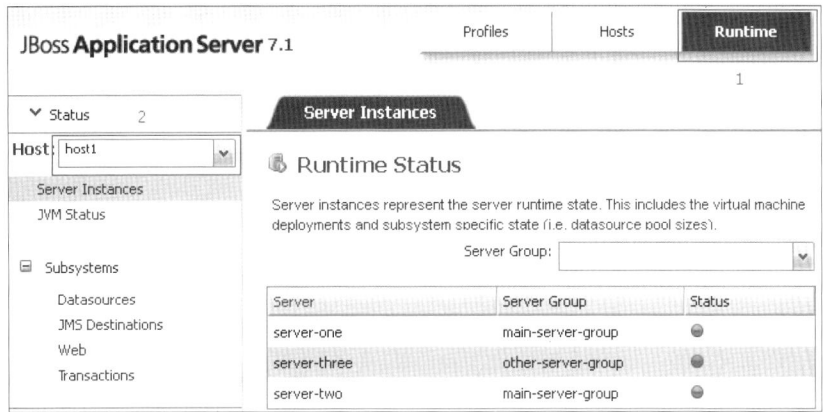

거기서 단지 서버들의 상태와 그룹들만 체크할 수 있는 게 아니라 각 노드를 시작/정지할 수 있다. 예를 들면, 기본으로 3개의 노드를 가지는데, 두 개는 이미 시작되어 있고, 세 번째는 온디맨드On-demand로 시작될 것이다.

노드를 선택하면 Status 패널에서 기동/정지할 수 있다.

같은 수의 노드를 가진 동일 설정을 Host 2에서 볼 수 있다.

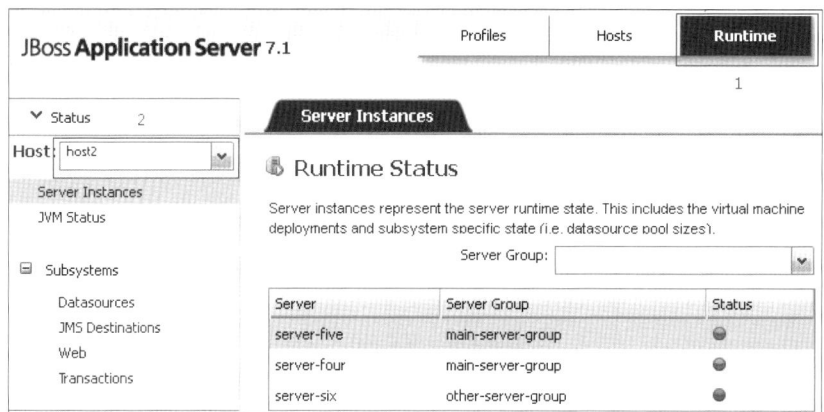

그래서, 분명히 해야 할 것은 각 Host 섹션은 도메인의 일부인 노드들의 리스트를 가진다. 하지만 각 호스트가 의존하는 것은 도메인에 의해 사용되는 도메인 프로파일을 가지는 Profile 섹션이다. 말했듯이, 각 설치에서 도메인의 가장 분명한 장점 중의 하나는 리소스 배포 뿐만 아니라 서비스 설정을 중앙에 집중시킬 수 있다는 점이다.

웹 콘솔에서 애플리케이션이나 데이터소스datasource 같은 모듈을 설치할 수 있다. 6장에서 도메인에 모듈을 설치하고 배포하는 것에 대해 자세히 알아볼 것이다. 스탠드얼론과 주된 차이점은 데이터소스가 도메인 컨트롤러(192.168.1.1)에 한번 추가되면, 데이터소스의 정의는 기본 프로파일의 일부가 되고, 도메인에 연결된 모든 호스트는 그 설정을 상속받는다.

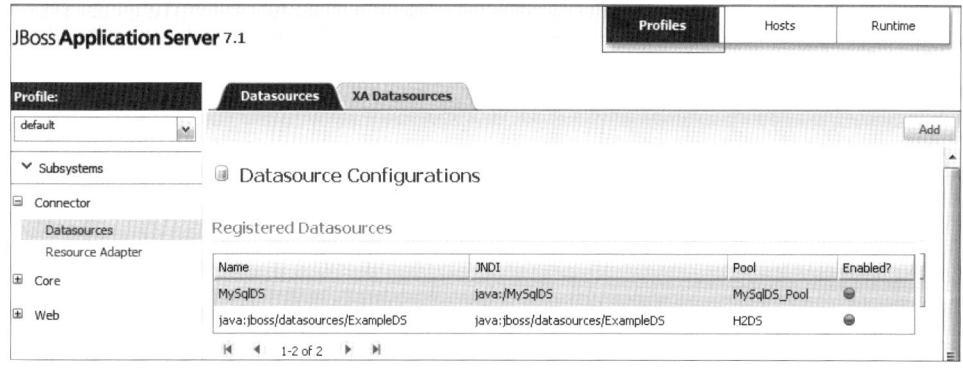

런타임에 도메인 설정 변경

도메인을 기동하기 전에 생성된 설정은 재기동하지 않고 변경할 수 있다. 새로운 서버를 대충 생성하고 몇몇 서버들과 애플리케이션들을 그 도메인에 관련시킬 수 있다.

이건 학술적인 예제가 아니다. 사실상, 운영에서 애플리케이션들은 고쳐야 할 이슈들이 생길 수 있다. 개발환경에 그 이슈를 재생해보는 게 좋다. 하지만 개발 환경이랑 운영환경은 각각 다른 데이터베이스 혹은 다른 버전의 클래스를 쓰기 때문에 항상 정확한 것은 아니다.

이슈를 해결하기 위해 무엇을 할 수 있을까? 새로운 서버그룹을 만들고 하나 혹은 그 이상의 서버들을 거기에 연결하고 그위에 애플리케이션을 배포하고 테스트하라.

어드민 콘솔admin console(그리고 CLI)에서 몇 분 만에 될수 있다. 어드민 콘솔로 돌아와서 우측 상단의 **Profiles** 탭을 선택한다. 좌측의 Group Configuration을 선택한다. **Add** 버튼을 클릭해서 서버 그룹을 추가한다.

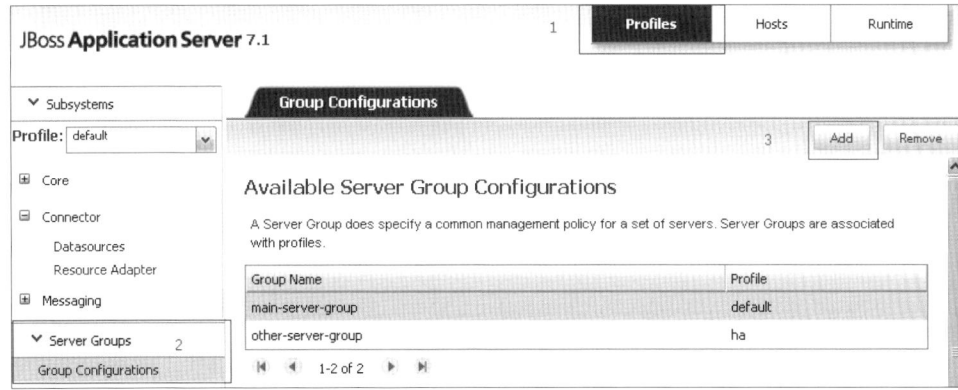

그러고 나서, **staging**과 같이 서버 그룹에 의미 있는 이름을 넣고 새로운 그룹의 바탕이 될 서버그룹 설정을 선택한다.

이제, 새로운 그룹에 하나 혹은 하나 이상의 서버를 연결한다. Hosts 탭에 가서 Add 버튼을 클릭해서 나오는 Server Configurations 메뉴에서 서버를 선택한다.

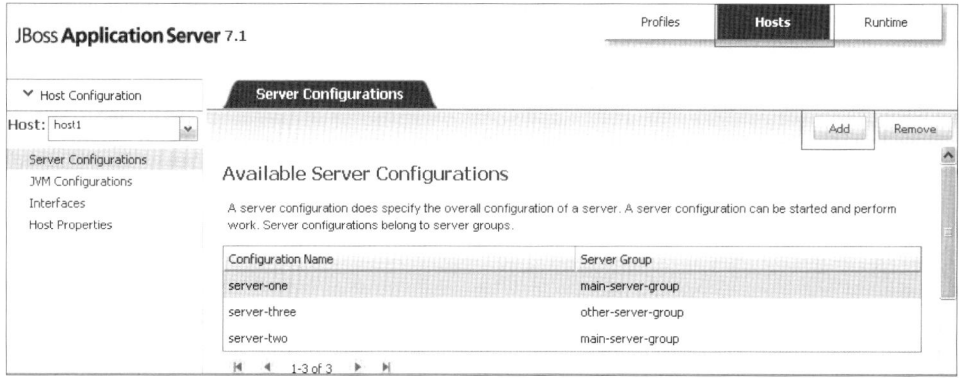

새로운 서버명과 연결될 서버 그룹을 묻는 창이 나타난다. 예를 들면, Test Server 를 입력하고 Staging 그룹을 연결하고, 포트 오프셋 750을 넣는다(연습에서는, 모든 서비스는 기본포트에서 +750이 바운드 된다).

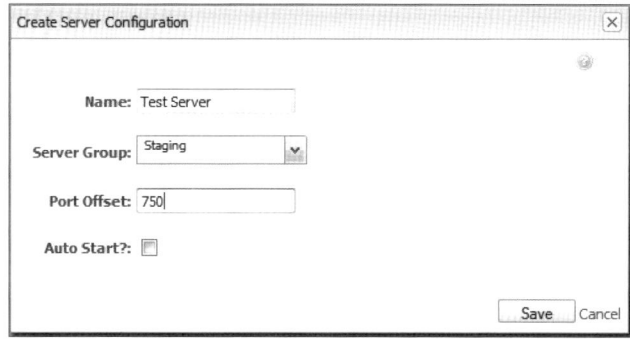

일단 새로운 서버그룹을 설정하고 그 부분인 하나 혹은 그 이상의 서버를 셋팅하면, 애플리케이션을 배포할 수 있다. 애플리케이션 배포는 상단의 Runtime 탭을 클릭하면, 좌측 하단의 Deployments 패널을 활성화해서 실행할 수 있다.

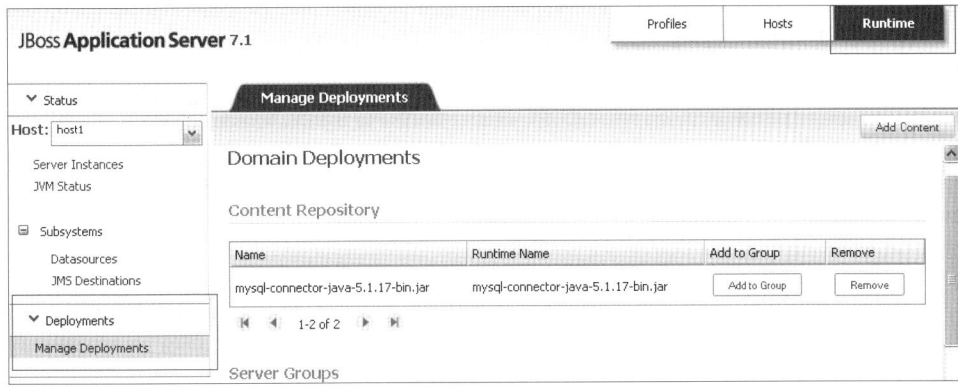

또한 그룹에서 배포들을 추가/삭제를 할 수 있다. 애플리케이션 배포에 대한 자세한 내용은 6장의 'JBoss AS 7 애플리케이션 배포'에서 다룬다.

요약

5장에서 우리는 JBoss 도메인 세팅과 설정을 알아봤다. 서버 도메인을 설정해봄으로써, 많은 서버 노드 집합들을 관리할 때 단일 중앙집중 지점에서 서버들을 관리할 수 있을 것이다.

모든 도메인은 4개의 요소로 구성된다.

- 도메인 설정을 다루는 **도메인 컨트롤러**
- 서버 프로세서들의 생명주기와 배포를 조정하는 **호스트 컨트롤러**
- 도메인 서버를 다루고 서버들의 I/O 스트림을 관리하는 **프로세스 컨트롤러**
- 분산된 애플리케이션이 있는 **서버 노드들**

모든 도메인은 하나 또는 하나 이상의 서버그룹으로 구성되고, 그것은 도메인 설정의 일부분에 대해 세세한 설정을 한다. 각 서버그룹은 JVM 속성, 소켓 바인딩 인터페이스와 시스템 프로퍼티를 정의할 수 있고, 그것은 시작할 때 로드되며, 최종적으로 그 위에 애플리케이션들을 배포할 수 있다.

서버그룹은 domain.xml 설정파일에 정의가 되고, 또한 도메인에 포함된 엔터프라이즈 서비스를 가진다.

host.xml 파일에는 서버그룹의 구성을 포함하며, 도메인 컨트롤러의 위치, 기본 JVM과 네트워크 인터페이스와 관리 인터페이스들도 포함하고 있다.

6
JBoss AS 7 애플리케이션 배포

배포는 애플리케이션이나 리소스를 애플리케이션 서버에 올리는 작업이다. 소프트웨어 생산 주기에서는 논리적으로 개발 단계에서 스크립트를 사용하여 수동 또는 자동화된 방식으로 수행하는 단계를 의미한다.

6장에서는 서버 배포의 일부인 도구들을 사용해 두 가지 접근 방식을 모색한다. 또 JBoss AS 개발자들이 선호하는 방식으로 이클립스 개발 환경을 사용해 애플리케이션 서버에 리소스를 배포하는 방법에 대해 다룬다.

6장 마지막 부분에서는 JBoss AS의 새로운 **클래스로더** 아키텍처를 자세히 설명한다. 6장에서 다루는 내용은 다음과 같다.

- 어떤 리소스도 애플리케이션 서버에 배포할 수 있다.
- JBoss AS 스탠드얼론에서 애플리케이션 배포 방법
- JBoss AS 도메인에서 애플리케이션 배포 방법
- JBoss AS 7 클래스로딩 아키텍처 이해

애플리케이션 서버에 리소스 배포

자바 엔터프라이즈 애플리케이션에서 작업할 때 기본적으로 3가지 파일 유형이 있다.

1. **JAR 파일**: 애플리케이션과 공통 리소스 둘 다 사용할 수 있는 가장 기본적인 패키지다.
2. **WAR 파일**: 이 아카이브는 웹 애플리케이션을 패키징할 때 사용된다.
3. **EAR 파일**: 이 패키지는 엔터프라이즈 애플리케이션의 컨테이너 역할을 한다.

이 외에도 JBoss AS는 애플리케이션 서버에 다음 아카이브를 처리할 수 있는 추가 기능을 제공한다.

- **RAR 파일**: 리소스 어댑터 구성 요소를 정의하는 데 사용되는 리소스 어댑터 파일이다. (리소스 어댑터 서브시스템은 아이언재커마르IronJacamar 프로젝트에서 제공한다. 자세한 내용은 http://www.jboss.org/ironjacamar에서 확인할 수 있다.
- **SAR 파일**: 이전 버전의 애플리케이션 서버가 지원했던 MBean 서비스를 포함하는 서비스 아카이브를 배포하는 파일이다.

6장에선 자바 엔터프라이즈 애플리케이션을 위한 일반적인 패키징 솔루션을 구성하는 세 가지 종류의 아카이브를 설명한다. 애플리케이션 배포에 대해 설명하기 전에 각 아카이브들을 좀 더 알아본다.

JAR 아카이브

자바 아카이브JAR, Java Archive 파일은 여러 파일을 하나로 구성하는 데 사용된다. 실제 내부의 물리적인 배치는 ZIP 파일과 매우 유사하고 사실 압축 파일의 ZIP 유틸리티UTILITY와 같은 알고리즘을 사용한다.

JAR는 일반적으로 자바 클래스와 관련된 메타 정보를 배포하는 데 사용된다. 자바EE 애플리케이션에서 JAR 파일은 흔히 유틸리티 코드, 공통 라이브러리, EJB를 포함한다.

WAR 아카이브

웹 애플리케이션 아카이브WAR, Web Application Archive 파일은 기본적으로 웹 애플리케이션을 캡슐화하는 데 사용하는 아카이브다. 웹 애플리케이션은 일반적으로 사용하는 **자바 서버 페이지**JSP, 서블릿, 자바 클래스, XHTML과 HTML 파일 그리고 기타 여러 형식의 파일들이 포함된다.

자바EE 6 이후부터 웹 애플리케이션은 웹 애플리케이션 클래스에 적용되는 동일한 가이드라인 기준으로 WAR 안에 EJB 패키징이 가능해졌다. 이 의미는 EJB 클래스를 WEB-INF/classes 안에 위치시키거나 JAR 파일을 WEB-INF/lib 안에 배치할 수 있음을 의미한다.

이런 이유 때문에 개발자들이 자바EE 6 애플리케이션을 배포할 때 WAR 아카이브를 자주 사용할 거라 예상된다.

EAR 아카이브

엔터프라이즈 아카이브EAR, Enterprise Archive 파일은 모듈의 집합에 대한 컨테이너 역할을 하는 애플리케이션 아카이브를 나타낸다. EAR 파일은 다음을 포함한다.

- 하나 이상의 웹 모듈이 패키지된 WAR 파일
- 하나 이상의 EJB 모듈이 패키지된 JAR 파일
- 하나 이상의 애플리케이션 클라이언트 모듈
- 애플리케이션에 필요한 추가적인 JAR 파일
- 서비스 아카이브(.sar)와 같은 특정 JBoss 아카이브

엔터프라이즈 아카이브 파일 사용의 장점은 두 가지다. 첫 번째로 모든 단일 모듈을 배포하는 대신 단일 아카이브를 사용하는 모든 애플리케이션 컴포넌트를 배포하는 데 도움이 된다. 가장 중요한 두 번째는 EAR 아카이브 내부의 애플리케이션은 단일 클래스로더에 의해 로드된다는 사실이다. 따라서 기본적으로 각 모듈은 아카이브에 패키지된 다른 모듈에 가시성을 확보한다.

EAR 아카이브에 포함된 애플리케이션 모듈의 격리 수준은 기본 설정 파일 (standalone.xml/domain.xml)의 ear-subdeployments-isolated 요소로 제어된다.

```
<subsystem xmlns="urn:jboss:domain:ee:1.0" >
    <ear-subdeployments-isolated>false</ear-subdeployments-isolated>
</subsystem>
```

JBoss AS 7 클래스로더 설명 절에서는 애플리케이션 서버 클래스로딩 구조에 대한 심도 있는 설명과 애플리케이션 수준에서 구성 설정을 재정의하는 방법을 본다.

JBoss AS 스탠드얼론에 애플리케이션 배포

JBoss AS에서 애플리케이션 배포는 전통적으로 상당히 간단한 작업이다. 그렇다면 왜 이 내용으로 6장 전체를 할애했는지 독자들은 궁금할 수 있다. 그 질문에 대한 답변은 AS 7에의 애플리케이션 배포는 여러 가지 전략으로 가능하기 때문이다. 지금부터 설명할 첫 번째 전략적 차이점은 자동화 배포에 대한 것이다.

- **자동 배포**Automatic deployment: 배포한 리소스에 변경이 생기면 배포 스캐너에 의해 배포가 실행된다.
- **수동 배포**Manual deployment: 배포 실행을 배포 스캐너에 의존하지 않고 마커 파일을 이용해 사용자의 판단으로 애플리케이션을 시작하거나 재시작한다.

애플리케이션 자동 배포

애플리케이션 자동 배포 과정은 간단하다. JBOSS_HOME\standalone\deployments 폴더에 애플리케이션을 끌어다 놓기만 하면 된다.

기본적으로 이 폴더에 놓인 모든 애플리케이션 아카이브(WAR, JAR, EAR와 SAR)는 자동으로 서버에 배포된다.

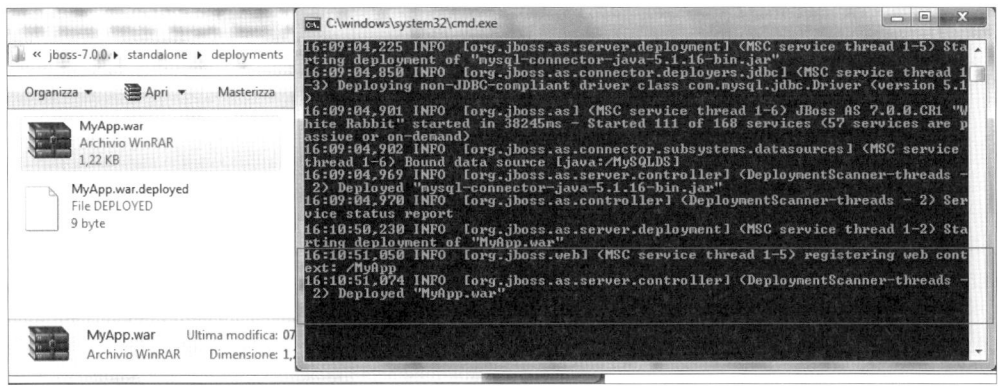

배포된 리소스를 스캔하는 서비스를 배포 스캐너라고 부르고 standalone.xml 설정 파일 안에 구성되어 있다. 설정 파일에서 deployment-scanner 영역을 검색해보면 찾을 수 있다.

```
<subsystem xmlns="urn:jboss:domain:deployment-scanner:1.0">
    <deployment-scanner name="default" path="deployments"
      scan-interval="5000" relative-to="jboss.server.base.dir"/>
</subsystem>
```

코드를 보면 기본적으로 서버는 배포 폴더를 5,000밀리초마다 스캔한다. 이 서비스는 사용자가 여러 가지 방법으로 재설정할 수 있디. 그러면 조작할 수 있는 2가지 주요 변경 방법을 살펴보자.

사용자 정의 폴더에 애플리케이션 배포

기본 배포 폴더를 변경할 경우 `relative-to`와 `path` 속성 조작이 필요하다. 두 가지 속성을 제공할 경우 deployment 폴더는 두 가지 속성을 합친다. 예를 들면, as7deployments 경로를 정의했다면 나중에 배포 상대 경로를 참조한다.

```
<paths>
    <path name="as7deployments" path="C:/AS7" />
</paths>
<subsystem xmlns="urn:jboss:domain:deployment-scanner:1.0">
    <deployment-scanner name="default" path="deployments"
      relative-to="as7deployments" scan-enabled="true"
      scan-interval="5000" deployment-timeout="60"/>
</subsystem>
```

이 설정으로 배포 스캐너는 애플리케이션을 C:/AS7/deployments 폴더 안에서 찾을 것이다.

같은 효과를 relative-to 속성을 사용하지 않고 path 요소 설정만으로 절대 경로를 사용해서 다음과 같이 설정할 수 있다.

```
<deployment-scanner scan-interval="5000" path="C:/AS7/deployments" />
```

애플리케이션 스캐너 작동 변경

앞에서 설명한 대로, 기본적으로 패키지된 모든 아카이브는 자동으로 배포가 활성화된다. 반면에 익스플로디드(압축 해제된 디렉토리 형태) 아카이브 애플리케이션은 활성화를 위해 한 가지 단계가 더 필요하다('수동 애플리케이션 배포' 절 참조).

우리는 언제든지 배포 스캐너의 동작을 바꿀 수 있다. auto-deploy 기능을 제어하는 속성은 각각 auto-deploy-zipped과 auto-deploy-exploded이다.

```
<deployment-scanner scan-interval="5000"
  relative-to="jboss.server.base.dir"
  path="deployments"
  auto-deploy-zipped="true" auto-deploy-exploded="false"/>
```

예를 들어, 익스플로디드 아카이브의 자동 재배포를 하기 위해 auto-deploy-exploded 속성의 값을 true로 설정할 수 있다.

```
<deployment-scanner scan-interval="5000"
  relative-to="jboss.server.base.dir"
  path="deployments"
  auto-deploy-zipped="true" auto-deploy-exploded="true"/>
```

CLI를 사용한 애플리케이션 배포

많은 개발자가 개발환경에서 바로 실행할 수 있게 애플리케이션 아카이브를 직접 복사하는 것을 선호한다. 그렇지만 배포할 때 CLI 인터페이스를 사용하면 이점이 더 있다는 것을 강조하고 싶다. 이는 배포할 때 추가 옵션의 다양한 선택을 제공하고 원격에서 애플리케이션을 배포할 수 있는 기능을 제공한다.

애플리케이션 아카이브 배포는 로컬이든 원격이든 애플리케이션 서버에 로그인 해서 `deploy` 셸 명령을 실행하는 것이 전부다. 인수 없이 사용하면 `deploy` 셸 명 령은 현재 배포된 애플리케이션 목록을 제공한다.

```
[disconnected /] connect
Connected to standalone controller at localhost:9999
[localhost:9999 /] deploy
ExampleApp.war
```

.war와 같은 리소스 아카이브를 셸로 실행하면 바로 스탠드얼론 서버에 배포한다.

```
[standalone@localhost:9999 /] deploy ../MyApp.war
'MyApp.war' deployed successfully.
```

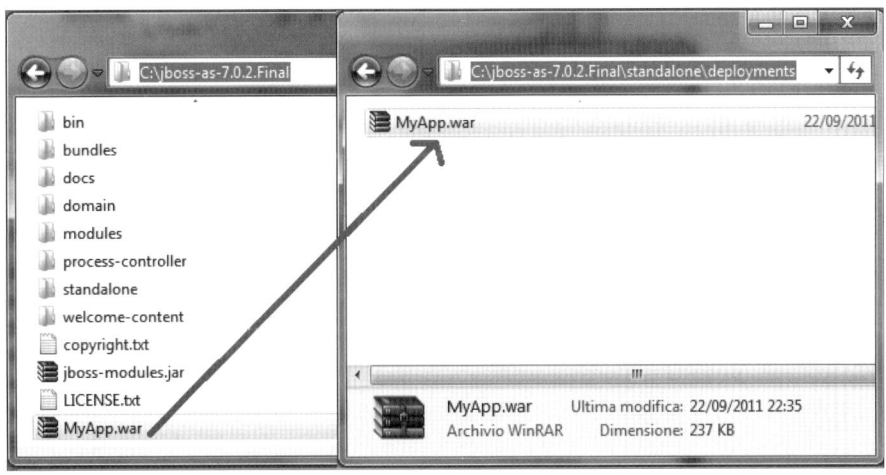

그림에서 볼 수 있듯이 CLI 배포는 실제로 초기 위치로 지정된 기본 JBOSS_ HOME/bin 폴더를 사용한다. 그렇지만 아카이브의 위치를 지정할 때 절대 경로 를 사용할 수 있다. CLI 확장 기능(Tab 키를 사용)은 옵션이 매우 간단하다.

```
[standalone@localhost:9999 /] deploy c:\deployments\MyApp.war
'MyApp.war' deployed successfully.
```

위 내용 그대로, 애플리케이션을 배포하고 사용자가 접근할 수 있도록 활성화된 다. 만약 애플리케이션 배포만 수행하고 활성화는 나중으로 미루려면 `--disabled` 스위치 옵션을 추가해야 한다.

```
[standalone@localhost:9999 /] deploy ../MyApp.war --disabled
'MyApp.war' deployed successfully.
```

배포된 애플리케이션을 활성화하려면 간단히 `--disabled` 스위치 옵션 없이 `deploy` 명령을 실행하면 된다.

```
[standalone@localhost:9999 /] deploy --name=MyApp.war
'MyApp.war' deployed successfully.
```

> 추가된 `--name` 스위치 옵션을 알 수 있을까? 실제로 스위치를 사용할 때 자동으로 비활성화된 배포 건을 찾을 수 있게 탭 완성 기능을 사용할 수 있다.

애플리케이션을 재배포하려면 추가로 `deploy` 명령어의 플래그가 필요하다. 인수 -f를 사용해서 강제로 애플리케이션을 재배포한다.

```
[localhost:9999 /] deploy -f ../MyApp.war
'MyApp.war' re-deployed successfully.
```

배포한 애플리케이션을 해제하려면 `undeploy` 명령어로 배포된 애플리케이션 이름을 인수로 실행할 수 있다.

```
[localhost:9999 /] undeploy MyApp.war
'MyApp.war' undeployed successfully.
```

설정 파일을 확인하면 배포 해제한 애플리케이션의 배포 요소가 제거된 것을 확인할 수 있다.

웹 어드민 콘솔을 사용한 애플리케이션 배포

이전 단계는 애플리케이션 서버가 제공하는 다른 관리 인터페이스인 웹 어드민 콘솔을 사용하여 완료할 수 있다. 브라우저 주소창에 http://localhost:9990/console 입력하고 실행하면 콘솔이 시작된다.

서버 배포는 Runtime 메뉴를 통해 애플리케이션 서버에 의해 관리된다. (1) 상단 메뉴에서 Deployments > Manage Deployments를 선택한다. (2) AS7에 새로운 애플리케이션을 추가하려면 Add Content를 클릭한다. (3) 버튼은 콘솔 오른쪽 중간에 있다.

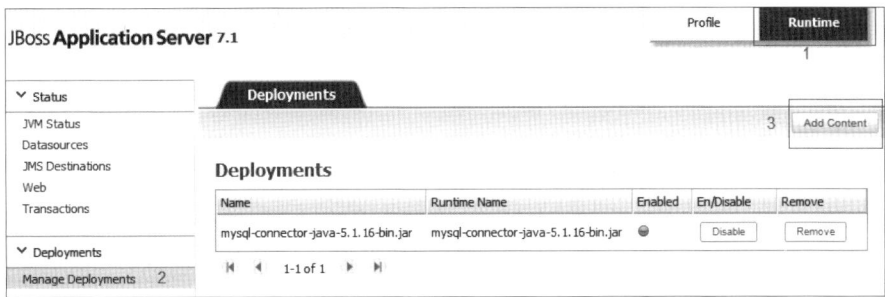

마법사가 할당할 런타임 이름과 추가할 애플리케이션 선택을 도와준다.

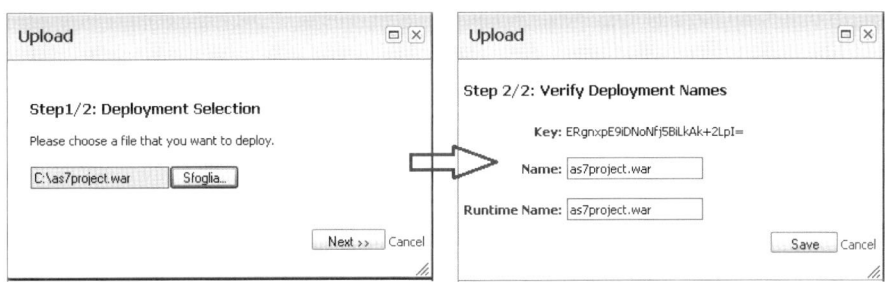

관리 콘솔은 기본적으로 애플리케이션을 배포하지만 활성화하진 않는다. Enable 버튼을 클릭해야 애플리케이션을 최종적으로 사용할 수 있게 된다.

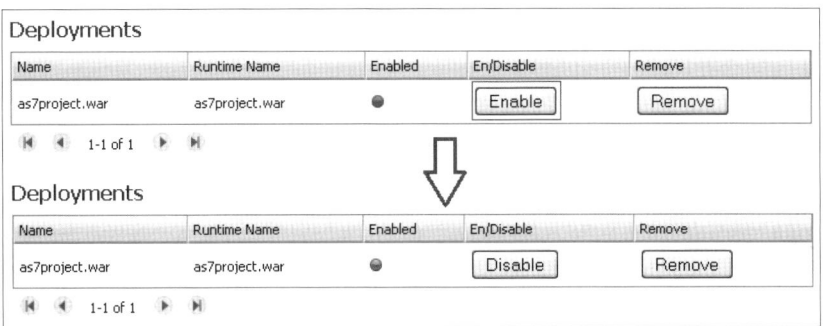

이클립스 환경에서 애플리케이션 배포

이클립스는 가장 널리 사용되는 자바 개발자를 위한 애플리케이션 개발 환경이며 JBoss 프로젝트를 위한 플러그인들을 제공해서 이클립스 환경에서 JBoss 툴즈 프로젝트(http://www.jboss.org/tools)를 지원하기 때문에 JBoss 개발자들이 가장 좋아하는 IDE이다.

이 책의 첫 장에서는 JBoss 툴즈 3.3.0 M3 릴리스와 호환되게 이클립스 인디고에 설치하는 단계를 보여줬다. 이 릴리스는 서버 어댑터로서 스탠드얼론 모드로 JBoss AS 7에 애플리케이션을 시작/중지/디버그와 배포를 할 수 있게 해준다.

이클립스 플러그인을 설치하면 JBoss AS 7에 애플리케이션을 배포하기가 꽤 쉽다. 간단히 Server 탭에서 배포할 프로젝트에 마우스 오른쪽 버튼을 클릭한다. 애플리케이션 배포를 하기 위해 Full Publish를 선택한다.

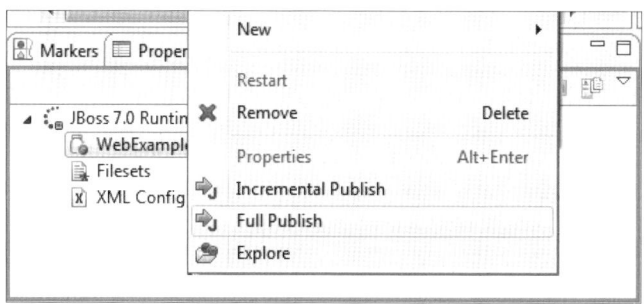

이클립스 배포를 위한 패키징 스타일 선택

최신 릴리스의 JBoss 툴즈를 설치했다면 Server 탭은 기존 Server 메뉴보다 더 많은 옵션을 제공한다. JBoss 7.0 런타임을 더블클릭하면 Overview와 Deployment 두 가지 옵션이 포함된 탭 메뉴에 접근할 수 있다. Deployment 옵션은 JBoss 툴즈와 관련된 배포 위치와 배포 패키지 스타일을 선택할 수 있다.

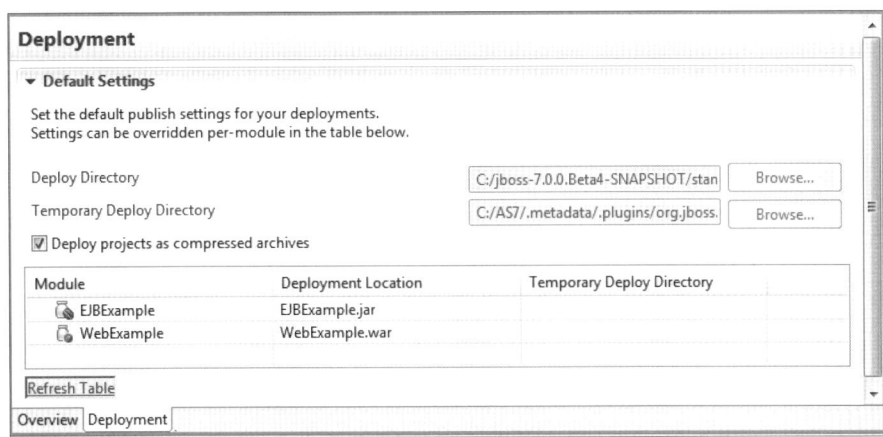

Deploy projects as compressed archives 옵션을 선택하면 애플리케이션은 압축되어 패키지된다.

 익스플로디드 아카이브로 되어있는 애플리케이션을 배포하기로 정했다면 애플리케이션 복사가 완료되는 대로 이클립스로 .dodeploy 마커파일을 추가한다. 그러면 즉시 애플리케이션 배포가 작동한다. 마커파일에 대한 자세한 내용은 다음 '애플리케이션 수동 배포' 절에서 더 알아본다.

애플리케이션 수동 배포

수동 배포 방법을 사용하는 경우 배포 스캐너가 직접 배포 폴더에 애플리케이션을 배포하지 않는다. 더 정확히 얘기하면 애플리케이션 재배포를 실행하고 작업 결과를 포착하는 데 사용되는 마커 파일들을 사용한다.

마커 파일이 이번 릴리스의 애플리케이션 서버에 도입된 이유와 익스플로디드 배포를 위해 기본 서버 옵션으로 채택된 이유가 궁금할 것이다.

사실, 채택된 배경에는 몇 가지 이유가 있고 모든 것은 운영체제의 파일 시스템 API와 관련이 있다. 실제로 익스플로디드 아카이브에 수반되는 파일 시스템의 파일 이동과 교체는 원자적으로 수행된다. 원자적 연산atomic operation이라 함은 파일

시스템 작업을 단일 작업으로 수행되어야 함을 의미한다. 안타깝게도 윈도우 같은 일부 운영체제는 원자적 단위 연산으로 파일 이동과 같은 복잡한 파일 시스템 작업을 처리하지 않는다.[1]

예를 들어 JVM이 META-INF/application.xml 또는 EJB 디스크립터 파일의 파일 조작을 풀어주지 않기 때문에 대부분의 윈도우 사용자들은 이전 JBoss AS 버전에서 배포 문제가 발생했다. 왜냐하면 윈도우는 필수 파일 잠금을 사용하기 때문에 해당 파일을 접근하는 모든 애플리케이션을 막는다. 반면에 유닉스 같은 운영체제는 파일 잠금을 애플리케이션이 검사하지 않는 이상 파일에 접근하는 것을 막을 이유가 없다. 또한, 배포 시 변경이 필요한 이유는 파일 디스크립터, 예를 들면 web.xml 같은 파일 디스크립터를 강제하지 않는 자바EE 6 애플리케이션의 달라진 구조 때문이다. 이전 버전의 애플리케이션 서버는 애플리케이션 재배포를 호출해서 실행하는 파일 디스크립터를 사용하므로 대부분 재배포를 시작하려면 touch 명령을 한 후 재배포를 시작할 수 있었는데 파일 디스크립터를 제공할 필요없이 애플리케이션 배포 실행을 위해 모든 문제를 해결할 수 있는 우수한 새로운 접근 방법의 채택이 필요했다.

결과적으로 마커 파일을 사용하여 애플리케이션 서버는 대용량 배포 파일에 관한 일반적인 문제를 해결할 수 있었다. 만약 큰 패키지 단위(특히 네트워크 통해)를 배포하려면 배포 스캐너가 복사 작업을 완료하기 전에 부분적으로 완료된 배포물의 결과로 초래된 배포 오류들을 경험하게 될 수 있다.

마커 파일은 JBoss AS 7의 익스플로디드 배포를 위한 새로운 접근 방법을 제공한다. 사용자에 의해 배치되는 접미사 또는 작업의 결과를 나타내기 위해 컨테이너에 의해 추가된 파일과 빈 파일 하나를 구성한다.

애플리케이션 재배포를 작동시키는 데 가장 밀접하게 관련된 마커 파일은 .dodeploy다. 실제로 추가된 익스플로디드 배포와 배포 스캐너의 `auto-deploy-exploded` 속성이 `false`일 때 콘솔의 로그는 애플리케이션이 아직 활성화되지 않은 것을 경고한다.

---

1 파일 시스템에 대한 자세한 내용은 다음 링크에서 확인할 수 있다. http://ko.wikipedia.org/wiki/파일_시스템 - 옮긴이

```
05:48:13,438 INFO  [org.jboss.as.deployment] (DeploymentScanner-threads -
1) Found MyApplication.war in deployment directory. To trigger deployment
create a file called MyApplication.war.dodeploy
```

유닉스 사용자는 간단히 touch 명령을 사용해서 배포를 실행할 수 있다.

touch MyApplication.war.dodeploy

윈도우 사용자는 해당 touch 명령어가 없다. 몇 가지 가능한 대안이 있는데 그중 하나는 윈도우용 리눅스 룩앤필 환경을 제공하는 시그윈cygwin 셸을 설치하는 것이다.

시그윈을 사용할 가치를 느끼지 못한다면 deployments 폴더에 있는 .dodeploy 파일을 단순히 복사 또는 대체시키는 DOS 명령을 사용할 수 있다.

copy MyApplication.war.dodeploy %JBOSS_HOME%/standalone/deployments

가능하다면 기존 파일의 타임스탬프를 업데이트하는 copy 명령의 고급 문법을 사용할 수 있다.

copy /b MyApplication.war.dodeploy +,,

배포 과정을 시작하면 애플리케이션 서버는 두 가지 결과로 응답하는데 배포된 마커 파일(예, MyApplication.war.deployed)은 지정된 내용이 런타임에 배포되었음을 나타내는 배포 스캐너의 서비스로 배치된 위치와 로그 결과를 확인하게 된다.

```
05:49:23,211 INFO  [org.jboss.as.server.controller] (DeploymentScanner-
threads - 2) Deployed "MyApplication.war"I
```

.deployed 마커 파일을 제거하면 애플리케이션은 배포해제되고 .undeployed 마커 파일(예, MyApplication.war.undeployed)이 배포 폴더에 추가된다. .undeployed 마커 파일을 제거하면 애플리케이션은 다시 배포된다. 이 방법은 해당 파일 시스템에서 애플리케이션을 지울 필요없이 애플리케이션을 빠르게 배포 해제하거나 재배포할 때 유용하다.

가능한 다른 결과는 .failed 마커로 표시된 배포 실패다. 해당 파일의 내용은 오류의 원인에 대한 정보를 포함한다. 그래도 오류의 원인에 대한 자세한 내용은 서버 로그를 확인하는 것이 좋다.

auto-deploy 모드를 사용할 때는 .failed 마커 파일을 제거해야 재배포할 수 있다.

추가로, 사용자는 마커 파일이 존재하는 동안 `auto-deploy`가 비활성화되는 .skipdeploy 마커 파일(예, myapp.war.skipdeploy)을 배치할 수 있다. 언제 해당 마커 파일을 사용할 필요가 있을까? 대부분 자동 배포에 의존하고 있을 것이고 업데이트가 아직 완료되지 않은 경우 배포가 실행되지 않는다.

리눅스 운영체제 사용시 large.war라는 웹 애플리케이션의 안전한 재배포를 수행하는 데 사용할 수 있는 샘플 스크립트를 보자.

```
touch $JBOSS_HOME/standalone/deployments/large.war.skipdeploy
cp -r large.war/ $JBOSS_HOME/standalone/deployments
rm $JBOSS_HOME/standalone/deployments/large.war.skipdeploy
```

윈도우에서 해당 스크립트는 초보자에게 딱 적합하지는 않다.

```
copy /b %JBOSS_HOME%\standalone\deployments\large.war.skipdeploy +,,
mkdir %JBOSS_HOME%\standalone\deployments\large.war
cd %JBOSS_HOME%\standalone\deployments\large.war
xcopy c:\application_home\large.war /e
del %JBOSS_HOME%\standalone\deployments\large.war.skipdeploy
```

불행하게도, 표준 DOS 셸은 디렉토리를 복사하는 `cp -r` 명령어가 없지만, 대상 디렉토리에 먼저 이동하고 우리의 경우에는 xcopy로 c:\application_home 소스 폴더의 디렉토리 내용을 가져온다.

끝으로 애플리케이션 서버에서는 리소스의 배포 또는 배포 해제를 나타내기 위해 배포 스캐너가 배치하는 .isdeploying, .isundeploying 또는 .pending과 같은 몇 가지 추가 임시 마커 파일을 제공한다. 마커 파일의 자세한 내용은 서버가 설치된 배포 폴더에 있는 README.txt 파일이 제공한다.

다음은 애플리케이션 서버에서 사용 가능한 마커 파일의 간단한 요약이다.

마커	생성자	정의
.dodeploy	User	해당 파일 생성 시 애플리케이션 배포 시작 해당 파일 터치 시 애플리케이션 재배포
.skipdeploy	User	해당 파일이 존재하는 동안 애플리케이션 자동 배포 비활성
.deployed	JBoss AS	애플리케이션 배포 완료. 마커 제거 시 애플리케이션 배포 해제
.undeployed	JBoss AS	애플리케이션 배포 해제 완료. 마커 제거 시 애플리케이션 재배포
.failed	JBoss AS	애플리케이션 배포 실패
.isdeploying	JBoss AS	애플리케이션 배포 진행 중
.isundeploying	JBoss AS	애플리케이션 배포 해제 진행 중
.pending	JBoss AS	애플리케이션 배포가 어떤 문제로 지연 중인 상태(예를 들면 파일 복사 진행)

JBoss AS 도메인 애플리케이션 배포

JBoss 도메인에서 애플리케이션 배포는 스탠드얼론 영역처럼 한 번에 복사하고 붙여넣기 같은 작업을 할 수 없다. 사실 노메인으로 설치해보면 미리 정의된 deployments 폴더는 존재하지 않는다. 이유는 domain 모드에선 다른 서버 그룹에 서로 다른 프로필로 실행되는 그 하나에 여러 서버가 속해 있을 수 있기 때문이다. 그렇다면 여기서 서버 그룹 폴더로 사용하게 될 배포 폴더에 대한 질문을 해볼 수 있다. 이 질문에 대한 답변에는 AS 배포 스캐너에 대한 몇 가지 지식이 필요하다.

따라서 기본적으로 JBoss AS 도메인 배포는 다음과 같은 옵션들을 사용해서 실행할 수 있다.

- CLI Command Line interface를 사용
- 어드민 웹 인터페이스 Admin Web interface를 사용

CLI를 사용해서 AS 도메인에 배포

CLI를 실행해서 도메인 컨트롤러와 연결한다.

```
[disconnected /] connect
Connected to domain controller at localhost:9999
```

도메인 모드를 사용해서 애플리케이션을 배포할 때 배포가 연결된 서버를 그룹에 지정해야 한다. CLI는 두 가지 옵션 중 하나를 선택할 수 있다.

1. 전체 서버 그룹 배포
2. 단일 서버 그룹 배포

다음 절에서 위 두 가지 옵션들을 설명한다.

전체 서버 그룹 배포

이 옵션을 선택하면 애플리케이션이 사용 가능한 모든 서버 그룹에 배포된다. `--all-server-groups` 플래그가 이 목적을 위해 사용된다. 다음은 해당 예제다.

```
[domain@localhost:9999 /] deploy ../application.ear --all-server-groups
Successfully deployed application.ear
```

반면에 도메인에 속한 전체 서버 그룹에서 애플리케이션을 배포 해제하려면 `undeploy` 명령을 실행한다.

```
[domain@localhost:9999 /] undeploy application.ear --all-relevant-server-
groups
Successfully undeployed application.ear
```

눈치챘겠지만 `undeploy` 명령은 `--all-server-groups` 대신 `--all-relevant-server-groups`를 사용했다는 것을 알 수 있다. 이 부분이 다른 이유는 배포가 모든 서버 그룹에 되어 있는 것이 아닐 수 있기 때문에 이 옵션을 사용하게 되면 실제로 배포가 된 해당 서버 그룹들만 배포 해제가 된다.

비활성화로 애플리케이션을 배포하면 구동시 필요한 빈들(애플리케이션이 활성화될 때 실행될)을 실행하지 않고 로드할 수 있다. 예를 들면 데이터베이스나 어떤 다른 엔터프라이즈 정보 시스템들이 배포 전에 일시적으로 사용할 수 없는 경우에 유용할 수 있다.

단일 서버 그룹 배포

다른 옵션으로 지시한 서버 그룹에 애플리케이션을 선택적으로 배포할 수 있다.

```
[domain@localhost:9999 /] deploy application.ear --server-groups=main-
server-group
Successfully deployed application.ear
```

한 서버 그룹에 국한되지 않고 쉼표를 사용해서 여러 서버 그룹을 넣을 수 있다.

```
[domain@localhost:9999 /] deploy application.ear --server-groups=main-
server-group,other-server-group
Successfully deployed application.ear
```

 자동 완성 기능은 배포된 --server-groups의 목록들을 완성하는 데 도움을 준다.

이제 하나의 서버 그룹에서 애플리케이션을 배포 해제한다고 가정한다면 두 가지 결과가 있을 수 있다. 애플리케이션이 해당 서버 그룹에 그대로 잘 있다면 성공적으로 배포 취소가 될 것이다.

```
[domain@localhost:9999 /] undeploy as7project.war --server-groups=main-
server-group
Successfully undeployed as7project.war.
```

반대로, 애플리케이션이 다른 서버 그룹에 있다면 CLI는 다음과 같은 오류를 반환한다.

```
C:\WINDOWS\system32\cmd.exe
[domain@localhost:9999 /]
[domain@localhost:9999 /] deploy application.ear --all-server-groups
'application.ear' deployed successfully.
[domain@localhost:9999 /] undeploy application.ear --server-groups=main-server-g
roup
Undeploy failed: {"domain-failure-description" => {"Composite operation failed a
nd was rolled back. Steps that failed:" => {"Operation step-3" => "Cannot remove
 deployment application.ear from the domain as it is still used by server groups
 [other-server-group]"}}}
[domain@localhost:9999 /]
```

실제로 서버 그룹에서 애플리케이션을 제거하면 도메인 컨트롤러는 애플리케이션이 어떤 다른 서버 그룹에도 참조되지 않는 것을 확인하고 그렇지 않다면 이전 명령은 실패한다.

그리고 콘텐츠를 삭제하지 않고도 도메인 컨트롤러에 애플리케이션 배포 해제를 지시할 수 있다.

```
[domain@localhost:9999 /] undeploy application.ear --server-groups=main-
server-group --keep-content
Successfully undeployed application.ear.
```

지금까지 도메인 모드에 애플리케이션을 배포할 때 사용 가능한 옵션들을 많이 배웠다. 어드민 콘솔로 넘어가기 전에 CLI 배포 옵션을 살펴보자.

명령	옵션	결과
deploy	--all-server-groups	모든 서버 그룹에 애플리케이션 배포
deploy	--server-groups	하나 이상의 서버 그룹에 애플리케이션 배포
undeploy	--all-relevant-server-groups	모든 서버 그룹에서 애플리케이션 배포 해제와 삭제
undeploy	--server-groups	하나의 서버 그룹에서 애플리케이션 배포 해제. 다른 서버 그룹일 경우 실패
undeploy	--server-groups --keep-content	하나의 서버 그룹에서 삭제하지 않고 애플리케이션 배포 해제

어드민 콘솔을 사용해서 AS 도메인에 배포

어드민 콘솔을 사용한 애플리케이션 배포는 꽤 직관적이고 몇 가지 간단한 단계만 필요하다. 기본 주소 http://localhost:9990/console의 웹 애플리케이션 로그인으로 시작한다.

그다음 Runtime 탭(그림에 있는 번호 1)을 선택한다. 그러면 화면 왼쪽 패널에 Manage Deployments 옵션(번호 2)을 포함한 Deployments 메뉴가 보인다.

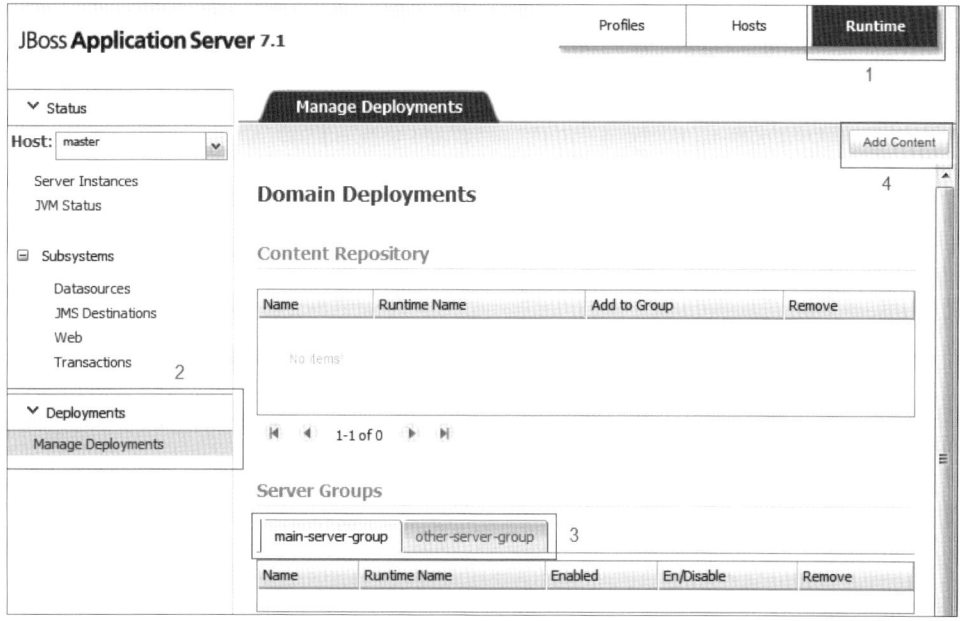

Server Groups라는 탭 메뉴(번호 3)를 사용해서 단일 서버 그룹에 배포된 애플리케이션을 확인할 수 있다.

Add Content 버튼(번호 4)을 사용해서 다음 대화상자로 애플리케이션을 업로드할 수 있다.

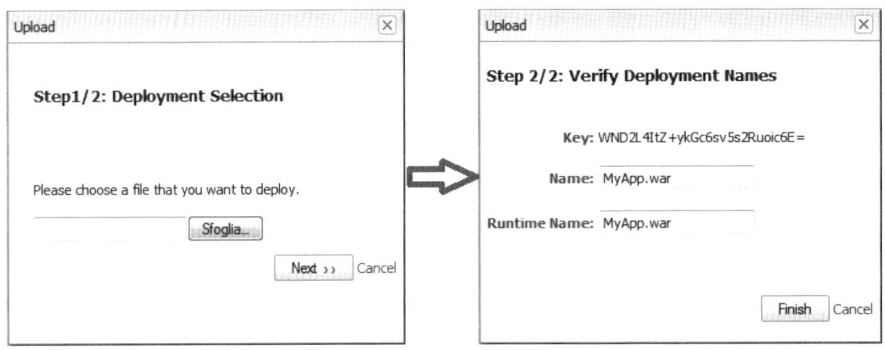

업로드 마법사를 완료하면 애플리케이션은 도메인 저장소에 업로드된다. 그리고 단일 서버 그룹에 배포 또는 배포 해제를 하려면 먼저 운영할 서버 그룹을 선택(1)하고 Add to Group 버튼(2)을 클릭한다.

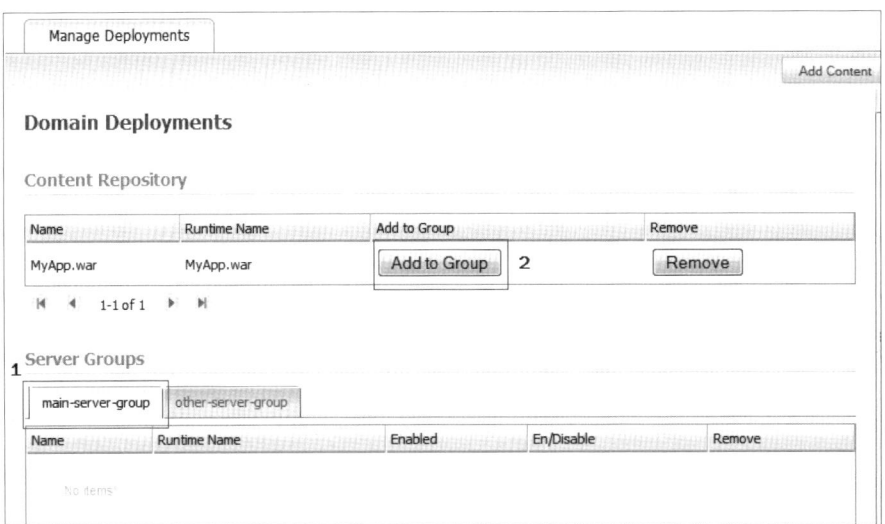

이 시점에 애플리케이션은 배포됐지만, 여전히 사용할 수 없다. 애플리케이션의 배포를 완료하려면 Enable 버튼을 선택해야 한다.

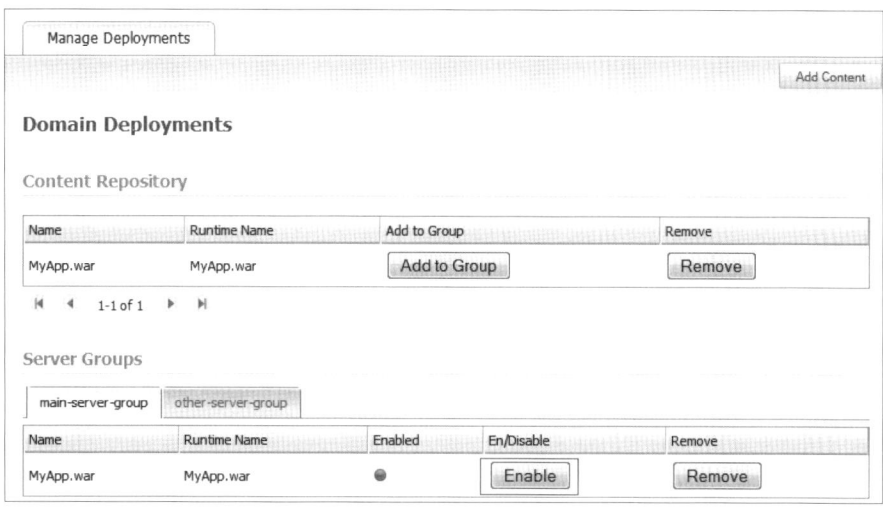

Server-Groups 영역에 있는 Remove 버튼은 선택된 서버 그룹에서 배포된 애플리케이션을 제거하는 데 반해 Content Repository에 있는 Romove 버튼은 실제로 업로드된 애플리케이션들과 연관된 임시 도메인 저장소에서 삭제한다.

JBoss AS 7 클래스로딩 설명

자바EE 스펙상 애플리케이션 서버는 원칙적으로 배포된 애플리케이션에 동일 라이브러리를 사용하는 다른 애플리케이션과 관계없이 어떤 버전이든 어떤 유틸리티 라이브러리든 라이브러리에 상관 없이 자유롭게 사용할 수 있어야 한다.

이건 또한 네임스페이스namespace 격리(자바EE 사양의 8.4부분)로 알려졌다. 하지만 다른 네임스페이스에서 클래스를 로딩하는 것은 쉽게 해결할 수 없는 몇 가지 문제를 일으킨다. 예를 들어, 동일한 라이브러리의 이전 버전이 애플리케이션 서버에 로드되었을 때 그 유틸리티의 최신 버전이 포함된 애플리케이션을 패키지했다면 무슨 일이 일어날까? 즉, 어떻게 애플리케이션 서버의 같은 인스턴스 안에서 동시에 두 가지 다른 버전의 동일한 유틸리티 라이브러리를 사용할 수 있을까?

JBoss AS 클래스로딩 전략은 몇 년 동안 눈에 띄는 변화가 있었다. 기본적으로 애플리케이션 서버 4.x 릴리스는 클래스 데이터가 참조 또는 단순 복사본을 공유할 수 있어서 실행 중인 애플리케이션 사이의 통신 오버헤드를 줄이기 위한 목표로 `UnifiedClassLoader`를 사용했다.

`UnifiedClassLoader`로 해결되지 않는 주요 현안 중 하나는 **클래스로딩 의존성**이다. 이건 한 애플리케이션(A)가 다른 애플리케이션(B)의 클래스를 사용하는 경우, 시스템은 B가 재배포되었을 때 A도 재배포되어야 한다는 걸 감지해야 하는데 그렇지 않으면 오래된 클래스를 참조하게 된다. 어떤 구성도 없이 이런 작업을 시도한 두 가지 사례가 실제로 있었는데 어느 시도도 성공하지 못하고 둘 다 제거했다. JBoss AS 5.0이 도입된 이후 새로운 클래스로더는 새로운 **가상 파일 시스템** VFS, Virtual File System을 기반으로 했다. VFS는 애플리케이션 서버 내에 파일 처리를 단순화하고 통합하도록 구현되어 있다. VFS 클래스로더라는 새로운 클래스로더는 VFS를 사용해 JAR와 클래스 파일의 정확한 위치를 찾아낸다. 이것이 JBoss AS 5.0에서 클래스를 로드하는 방법에 큰 변화를 나타냈다 하더라도, 작동 결과는 이전 버전의 JBoss AS와 거의 동일하다.

일반적인 문제의 원인은 컨테이너가 제공하는 배포 API 클래스에 있다. 여러 버전의 클래스 생성과 제대로 배포가 되지 않았을 때 발생할 수 있다.

AS 7의 클래스로딩은 이전 시도를 근본적으로 벗어났다. 클래스로딩은 현재 JBoss 모듈 프로젝트를 기반으로 하고 실제로 배포된 모든 애플리케이션은 **모듈**이다. 이러한 부분에 대해 조심스러운 독자들은 몇 가지 질문이 있을 것이다. 배포된 애플리케이션에 할당된 모듈의 이름은 뭘까? 그리고 또 AS가 어떻게 모듈 간의 의존성을 처리할까?

다음 절에서 각 질문의 답을 찾을 수 있다.

모듈 이름 알아내기

모듈 이름을 찾아내는 학문적인 행위를 하자는 것은 아니다. 실제로는 모듈 간의 의존성을 설정하기 위해서 대부분의 경우 애플리케이션에 할당된 모듈의 이름을 알아낼 필요가 있다. 따라서 최상위 아카이브(WAR, JAR, SAR)로 패키징된 애플리케이션은 다음과 같이 모듈 이름이 할당된다.

```
deployment.[archive name]
```

예를 들면 WebExample1.war라는 웹 애플리케이션은 다음과 같은 모듈 이름으로 배포된다.

```
deployment.WebExample1.war
```

반면에 내포된 모듈(EAR)을 포함하는 애플리케이션은 모든 단일 아카이브에 이 분류를 사용하여 모듈 이름을 할당한다.

```
deployment.[ear archive name].[sub deployment archive name]
```

따라서 같은 웹 애플리케이션에 EnterpriseApp.ear 아카이브가 포함된 경우 다음과 같은 이름으로 배포된다.

deployment.EnterpriseApp.ear.WebExample1.war

격리 수준 찾기

2장 애플리케이션 서버 설정에서 우리는 의도적으로 WEB-INF/lib 폴더에 log4j를 라이브러리에 추가하고 log4j API를 사용하는 애플리케이션을 배포했다. 애플리케이션이 차질없이 배포되었다는 것을 떠나 왜 우리는 애플리케이션 서버 모듈에 포함된 라이브러리를 추가해야 하는가? (우리 경우의 모듈 경로: modules\org\apache\log4j\main)

일반적인 규칙은 JBoss AS 7에 배포된 모든 애플리케이션 모듈은 다른 모듈로부터 격리되어 있다. 이것은 기본적으로 AS 모듈에 대한 가시성이 없고 모듈과 애플리케이션에 대한 가시성도 없다는 걸 의미한다.

애플리케이션 모듈을 사용한다는 것은 어찌 됐든 아주 쉽고 간단한 문장으로 요약될 수 있다. '필요한 모듈에 의존성을 추가하고 AS는 사용한다.' 애플리케이션 서버는 사용자가 신호를 보내면 자동으로 의존성을 추가한다.

- 코어 모듈 라이브러리(즉, Enterprise 클래스)는 암시적 의존성으로 정규화되어 있다. 따라서 배포자는 사용이 감지되면 애플리케이션에 자동으로 추가한다.
- 다른 모듈 라이브러리는 명시적으로 애플리케이션의 매니페스트 파일이나 정의된 jboss-deployment-structure.xml JBoss 배포 파일에 사용자의 선언이 필요하다.

암시적 의존성

일반적인 엔터프라이즈 애플리케이션에 사용되는 API에 대한 의존성을 언급하는 것은 지루하다. 그래서 예상했겠지만, 자동으로 애플리케이션 서버에 추가시킨다. 일부는 애플리케이션 서버가 해당 모듈의 전형적인 어떤 애노테이션이나 설정 파일을 감지했을 때 추가된다. 예를 들어 beans.xml 파일을 추가하면 자동으로 **결합** 의존성이 작동한다.

다음 마인드맵은 암시적으로 애플리케이션에 추가하는 모듈의 종합적인 모습을 보여준다.

이 이미지의 의미는 간단하다. 표시된 애플리케이션 핵심 모듈 중에 하나를 사용하는 경우 애플리케이션 서버가 자동으로 연결해준다. 그 후엔 어떤 의존성도 지정할 필요가 없다.

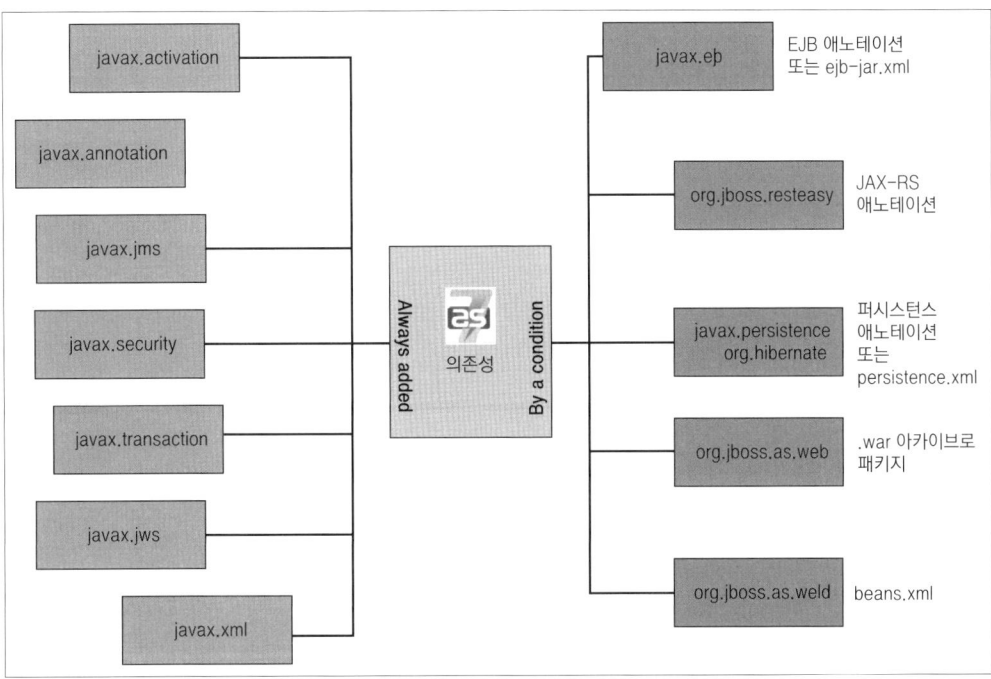

명시적 의존성

암시적 의존성이 아닌 모듈은 사용자가 신인해야 한다. 우리는 처음 예세에서 log4j 라이브러리를 암시적 의존성으로 언급하지 않았다. 그래서 애플리케이션과 log4j JAR를 패키지했다. 그러나 애플리케이션 서버 배포판의 번들로 제공되는 log4j 라이브러리를 사용하도록 배포자에 지시할 수 있다. 그렇게 하려면 간단하게 권장하는 방법은 Dependencies: [module]이 선언된 META-INF/MANIFEST.MF를 포함하는 것이다. 우리의 경우 log4j에 대한 애플리케이션 의존성은 그냥 다음 코드를 매니페스트 파일에 포함하기만 하면 된다.

```
Dependencies: org.apache.log4j
```

 모듈 이름이 라이브러리의 패키지 명과 항상 일치하는 건 아니다. 실제 모듈 이름은 module 요소의 name 속성으로 module.xml 파일에 지정된다.

사용자는 보통 아카이브를 업데이트할 필요 없이 이클립스(또는 다른 IDE)를 사용해서 매니페스트 파일을 업데이트할 수 있다.

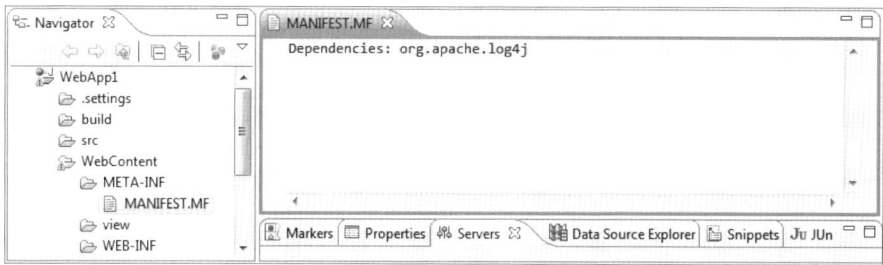

단일 의존성 추가뿐만 아니라 쉼표(,)로 구분해서 여러 의존성을 추가할 수 있다. 예로 log4j와 **아파치 벨로시티**Apache Velocity API의 의존성을 둘 다 추가하기 위해서는 다음과 같이 사용할 수 있다.

Dependencies: org.apache.log4j,org.apache.velocity

export 키워드를 추가해서 한 애플리케이션 모듈을 다른 애플리케이션에서 사용할 수 있도록 의존성을 익스포트 할 수 있다. 예를 들면, 이전 애플리케이션에서 다른 모듈의 의존성을 익스포트한다.

deployment.WebApp.war 모듈에 의존 표시가 된 애플리케이션 또한 의존성에 접근할 수 있다.

204

 export 파라미터는 ear에 포함된 모든 하위 배포에 대한 의존성을 익스포트하는 데 사용한다. 따라서 최상위 ear(또는 ear/lib 디렉토리의 JAR에 의한)에서 의존성을 익스포트하면 모든 하위 배포에서도 의존성이 유효하다.

META-INF/MANIFEST.MF 안에서 서버 배포자의 동작을 변경할 수 있는 추가 명령을 지정할 수 있다. 예를 들어, 옵션 속성은 배포시 모듈이 발견되지 않으면 배포가 실패되지 않도록 지정해서 추가할 수 있다.

마지막으로 services 키워드가 지정된 경우 배포자는 아카이브의 META-INF/services에 있는 서비스들을 로드하려 할 것이다.

 service API는 자바 SE 6에서 공개됐다. 서비스는 특정 애플리케이션 기능이나 특징에 접근할 수 있도록 제공하는 클래스와 프로그래밍 인터페이스들을 정의할 수 있다. 서비스 제공자 인터페이스(SPI, Service Provider Interface)는 서비스를 정의하는 abstract 클래스와 public 인터페이스의 집합체다.

서비스 제공자 API를 구현해서 서비스 제공자를 정의할 수 있다. 일반적으로 제공자를 보유한 JAR 파일을 생성하게 된다. 제공자를 등록하려면 JAR 파일의 META-INF/services 디렉토리에 제공자 설정 파일을 작성한다. META-INF/MANIFEST.MF에 services 속성을 추가할 때 실제로 META-INF/services 디렉토리에 포함된 서비스를 로드할 수 있다.

한 가지 훌륭한 SPI API를 소개한다. http://java.sun.com/developer/technicalArticles/javase/extensible에서 볼 수 있다.

전역 모듈 설정

이 옵션은 JBOSS_HOME/common/lib 폴더에 있는 일반적인 라이브러리를 로드하는 이전 AS 방식과 조금 유사하다.

standalone.xml/domain.xml 안에 `global-modules`이라는 섹션을 정의하면 다른 AS 모듈에 접근 가능한 모듈을 만들 수 있다. 예를 들어, log4j 의존성 선언 대신 다음 부분처럼 선택해서 할 수 있다.

```
<subsystem xmlns="urn:jboss:domain:ee:1.0">
    <global-modules>
        <module name="org.apache.log4j" />
    </global-modules>
</subsystem>
```

이 방법은 일반적으로 권장하지 않지만, 일체형 애플리케이션 서버에 아직 이점이 되는 부분이 있기 때문에 다시 제공됐다. 예를 들면 어떤 오래된 애플리케이션을 마이그레이션할 때 아카이브에 의존성을 간단히 지정할 수 없으므로 이 방법을 사용할 수 있다.

고급 배포 전략

지금까지 배운 것으로 여러 종류의 애플리케이션을 구성하기에 충분했다. 만약 EAR 아카이브 같은 여러 모듈과 의존성이 있는 복잡한 아카이브를 구성하는 경우 단일 파일에 클래스로딩 전략을 정의하는 것이 유용하다.

jboss-deployment-structure.xml 설정 파일이 그 일을 정확하게 할 수 있다. 우리가 이 파일을 사용할 때 여러 가지 장점이 있다.

- 하나의 파일에 모든 애플리케이션 모듈의 의존성을 정의할 수 있다.
- 전부 또는 일부를 포함하거나 제외함으로 더 세밀한 방식을 사용하여 모듈 클래스를 로드할 수 있다.
- 엔터프라이즈 아카이브에 패키지 애플리케이션에 대한 클래스로딩 격리 정책을 정의할 수 있다.

jboss-deployment-structure.xml 파일로 무엇을 할 수 있는지 몇 가지 구체적인 예제를 보자.

단일 모듈 의존성 설정

우리는 이미 아카이브의 매니페스트 파일에 Dependencies 속성을 사용해서 log4j 의존성을 활성화하는 방법을 배웠다. 이와 같은 효과를 jboss-deployment-structure.xml 파일을 사용해서 얻을 수 있다. 그러면 기본적으로 만들어지는 WebApp.war라는 웹 애플리케이션을 가지고 아카이브 구조를 살펴보자.

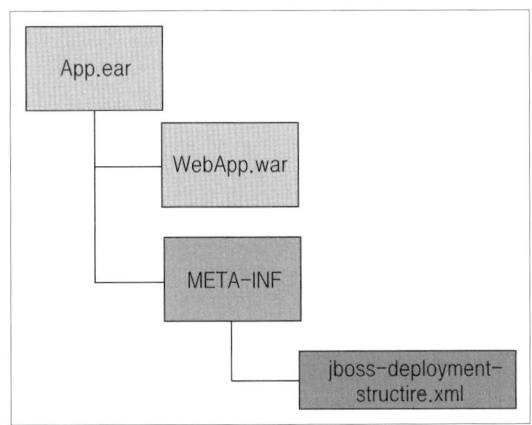

여기에 그 내용을 보자.

```
<jboss-deployment-structure>
    <sub-deployment name="WebApp.war">
        <dependencies>
            <module name="org.apache.log4j" />
        </dependencies>
    </sub-deployment>
</jboss-deployment-structure>
```

jboss-deployment-structure 파일은 EAR 전용이 아니다. 실제로 아카이브의 WEB-INF 폴더 내에 갖다 놓는 걸로 WebApp 애플리케이션에 포함해서 배포할 수 있다. 하지만 최상위 아카이브에만 적용된다. 따라서 jboss-deployment-structure.xml 파일이 EAR 아카이브 안에 패키지된 WAR의 WEB-INF 폴더 안에 있으면 jboss-deployment-structure.xml 파일은 무시된다.

해당 파일의 주요 부분은 의존성 요소를 안에 포함한 웹 애플리케이션을 참조하는 sub-deployment 요소다. 예상되는 결과는 애플리케이션 서버가 웹 애플리케이션이 바라볼 수 있도록 log4j API의 의존성을 주입하는 것이다.

서버의 자동 의존성 제거

이번 6장의 앞부분에서 몇 가지 조건이 충족될 때 자동으로 애플리케이션 서버가 일부 의존성을 작동시키는 방법을 보여줬다. 예를 들면, JSF 애플리케이션(faces-config.xml 파일을 포함한)을 배포하는 경우 다음 JSF 2.1 API 구현체가 자동으로 추가된다.

이것이 항상 원하는 옵션은 아닐 것이다. 다시 예를 들면, 또 다른 릴리스 구현체를 모듈로 제공할 수 있기 때문이다. 여기에 표시한 대로 쉽게 jboss-deployment-structure.xml의 exclusion 섹션을 사용해서 작업할 수 있다.

```
<jboss-deployment-structure>
    <deployment>
        <exclusions>
            <module name="javax.faces.api" />
            <module name="com.sun.jsf-impl" />
        </exclusions>
        <dependencies>
            <module name="javax.faces.api" slot="1.2"/>
            <module name="com.sun.jsf-impl" slot="1.2"/>
        </dependencies>
    </deployment>
</jboss-deployment-structure>
```

애플리케이션에서 사용되는 다른 JSF 1.2 구현체를 추가한 dependencies 섹션을 확인할 수 있다. 이 JSF 구현체는 slot 속성에 지정된 폴더 아래 javax.faces.api 모듈 경로로 해서 애플리케이션 배포판과 같이 제공된다. 우리의 경우엔 JBOSS_HOME/modules/javax/faces/api/1.2 폴더에 해당한다.

서브 배포 격리

웹 애플리케이션이 EJB 모듈과 JAR 파일로 된 유틸리티 클래스로 구성된 애플리케이션이라 가정하면 모든 서브 배포sub-deployments는 서로 바라볼 수 있도록 아카이브의 루트에 위치한다. 이 웹 애플리케이션 자체가 동일한 EJB 구현체가 일부 포함되어 있다면 편할 수 있다. 자바EE 6 사양에선 웹 애플리케이션이 WEB-INF/classes 또는 WEB-INF/lib 폴더 내에 EJB 클래스를 포함할 수 있기 때문에 당연히 가능하다.

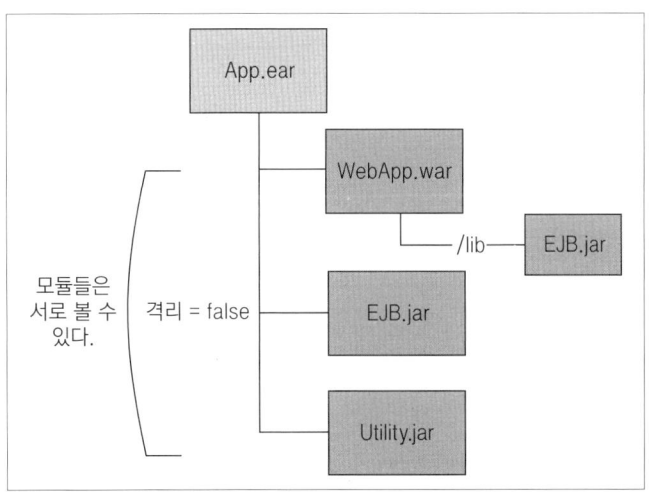

어떻게 클래스로더는 이런 충돌을 해결할 수 있을까? 애플리케이션 서버 클래스로더는 로드된 클래스 사이의 충돌을 방지하는 데 사용되는 우선 순위 목록을 가지고 있다.

- 최대 우선 순위는 자바EE API를 포함하여 컨테이너에 의해 자동으로 모듈에 주어진다. 모듈 폴더에 포함된 라이브러리가 이 범주에 포함된다.
- 그 다음 **의존성**(또는 jboss-deployment-structure.xml 파일 안에 있는)으로는 사용자가 패키지 아카이브의 MANIFEST.MF 안에 표시한 라이브러리다.
- 다음은 WEB-INF/lib나 WEB-INF/classes에 포함된 클래스같이 애플리케이션 자체에 포함된 라이브러리다.
- 마지막으로 동일한 EAR 아카이브(EAR 아카이브안의 lib 폴더)내에 포함된 라이브러리다.

그래서 이 예제에선 WEB-INF 폴더에 있는 EJB 라이브러리인 최상위 EJB.jar 구현체 배포는 '숨겨진다'. 이것이 해당 컨테이너가 원하는지는 여전히 우리가 결정할 수 있다.

```
<jboss-deployment-structure>
    <ear-subdeployments-isolated>false</ear-subdeployments-isolated>
    <sub-deployment name="WebApp.war">
      <dependencies>
        <module name="deployment.App.ear.EJB.jar" />
      </dependencies>
    </sub-deployment>
</jboss-deployment-structure>
```

예제 안에선 웹 애플리케이션 내에서 감싼 구현체를 아카이브의 루트에 놓고 오버라이드하는 EJB.jar 의존성을 추가했다.

파일 상단에 놓인 `ear-subdeployments-isolated` 요소를 확인할 수 있을 것이다. EAR 격리 수준을 설정하면, 서브 배포 모듈이 서로 바라볼 수 있는지 나타낼 수 있다.

이 속성의 기본값이 `false`면 서브 배포 모듈들이 서로 바라볼 수 있다는 것을 의미한다. 격리 설정을 `true`로 한다면 각 모듈은 다음에 다른 클래스로더에 의해 픽업될 것이다. 그래서 예제에선 웹 애플리케이션은 EJB.jar와 Utility.jar 라이브러리를 포함한 클래스를 찾을 수 없다.

만약 배포 격리를 유지하지만, 그것 중에 일부의 가시성을 허용하고 싶으면 두 가지를 선택할 수 있다.

- 별도의 모듈로 포착될 수 있도록 EAR/lib 폴더에 라이브러리를 이동시킨다.
- 호출하는 애플리케이션의 MANIFEST.MF 파일에 Class-Path 속성을 사용해서 의존성을 지정하거나 Dependencies 속성을 사용해서 의존성을 지정한다.

다음 그림에서 lib 폴더에 있는 공통 라이브러리를 배치해서 EJB 클래스의 의존성을 추가해 제대로 EAR 설정하는 방법을 보여준다.

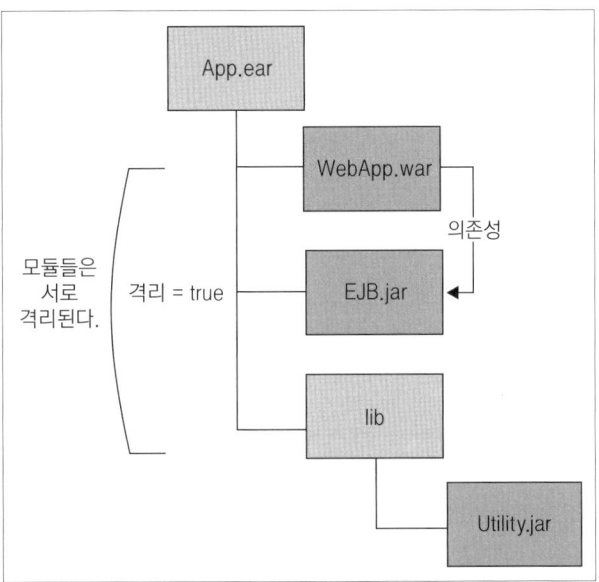

그리고 이건 jboss-deployment-structure.xml에 필요한 해당 설정이다.

```
<jboss-deployment-structure>

    <ear-subdeployments-isolated>true</ear-subdeployments-isolated>
    <sub-deployment name="WebApp.war">
        <dependencies>
            <module name="deployment.App.ear.EJB.jar" />
        </dependencies>
    </sub-deployment>
</jboss-deployment-structure>
```

자바EE 5 이후에는 일반적으로 EAR의 모든 모듈에서 사용하는 JAR 파일을 보유해서 사용하기 때문에 공유된 라이브러리 안에 패키지된 라이브러리 사용이 가능하다. 공유 라이브러리의 기본 명칭은 lib지만 META-INF/application.xml 파일의 library-directory 요소를 사용해서 언제든지 바꿀 수 있다. 예를 들어 공유 라이브러리들을 보유하는 폴더를 common이라고 친다면 다음과 같이 application.xml 파일에 추가할 수 있다.

```
<library-directory>common</library-directory>
```

추가하자면 공유 폴더에 컴포넌트 선언 애노테이션(예, EJB3)을 포함하지 않는 게 좋다. 이는 배포 과정에 의도하지 않는 잘못된 결과를 초래할 수 있다. 이러한 이유로 공유 라이브러리 폴더에 단순히 유틸리티 클래스로 넣어두길 강력하게 권장한다.

의존성 해결을 위한 클래스 경로 사용

지금까지 우리는 명확하게 JBoss가 제안하는 첫 번째 선택을 사용해서 모듈 간의 의존성을 해결했다. 그럼에도 불구하고 우리는 EAR 파일에 포함된 하나 이상의 라이브러리를 참조하는 자바의 이식성을 고려해야 한다.

그렇지 않으면 애플리케이션은 다른 라이브러리의 참조가 필요할 때 모듈의 MANIFEST.MF 파일 안에 `Class-Path` 속성을 사용해서 작업할 수 있다(격리 부분이 true인 배포 단위의 이전 예제로 돌아가서 생각해보자).

예를 들어, 웹 애플리케이션 내에 Utility.jar 애플리케이션의 참조가 필요하다면 단순히 다음과 같이 META-INF/MANIFEST.MF 파일에 추가하면 된다.

```
Manifest-Version: 1.0
Class-Path: Utility.jar
```

사실 JBoss `Dependencies` 속성으로 했던 것과 같은 방법으로 쉼표로 구분해서 하나 이상의 라이브러리를 `Class-Path`에 포함 시킬 수 있다.

Dependencies 속성과는 달리 Class-Path 속성은 의존성 라이브러리를 참조하는 실제 JAR 파일명(실제로는 모듈 명)을 가리킨다.

Class-Path 방식과 JBoss Dependencies 방식의 선택으로 애플리케이션 구성이 어떻게 되는지 관건일 수 있다. 앞서 설명한 것처럼 JBoss의 Dependencies를 사용하면 우린 풍부한 옵션들을 쓸 수 있고 특히 다른 배포에 Dependencies를 익스포트할 수 있다. 하나 더 좋은 기능은 애플리케이션 내에 패키지화되지 않은 모듈도 참조할 수 있는 기능이다. 예로, 우린 서버 배포판의 일부인 log4j API에 의존성을 추가하는 방법을 봤다.

반면에 Class-Path 방식의 주요 장점은 애플리케이션 이식성에 있다. 풀 포터블full-portable 솔루션은 본인의 판단하에 우선 순위에 따라서 매니페스트 파일의 Class-Path 속성으로 전환을 고려해봐야 한다.

요약

이번 장에서 우리는 애플리케이션 배포와 관련된 광범위한 내용을 살펴봤다. 애플리케이션은 스탠드얼론 서버와 도메인 서버 대상의 따라 배포 방식이 다르다.

우선, 스탠드얼론 서버에 관한 내용을 다뤘다.

- 애플리케이션은 자동 또는 수동으로 배포할 수 있다. 기본적으로 패키지된 아카이브들이 자동으로 배포된다. 이 의미는 애플리케이션 서버의 standalone/deployments 폴더에 아카이브를 두는 것으로 충분하기 때문이다. 수동으로 배포되는 애플리케이션(기본적으로 압축이 해제된 형태의 아카이브)은 활성화하기 위해 몇 가지 마커 파일이 필요하다.

도메인 서버에 관한 내용을 다뤘다.

- 애플리케이션 서버는 배포할 대상 서버 그룹을 스스로 결정할 수 없어서 배포를 위해서는 커맨드라인 인터페이스나 웹 어드민 인터페이스를 사용해 정보를 지정해야 한다.

도메인 서버 사용 시 큰 장점 중에 한 가지는 하나 또는 여러 개의 서버 그룹에 애플리케이션을 배포할 수 있고 심지어는 구동 중에 생성하고 장착할 수 있다.

6장의 다른 부분에서는 애플리케이션 서버에서 사용되는 **클래스로딩** 메커니즘을 다뤘다. 기본적으로 AS 7에서는 모든 애플리케이션은 그 자체가 애플리케이션 서버 배포판에 포함된 다른 모듈들과 분리된 모듈이다. 자바EE API 클래스를 나타내는 모듈은 암시적으로 기본 자바EE 애플리케이션을 배포하기 위해 특별한 설정이 필요하지 않도록 클래스 경로로 의존성을 추가한다.

애플리케이션 서버에 포함된 다른 모듈들을 참조하려면 간단히 Dependencies를 지정하거나 애플리케이션의 META-INF/MANIFEST.MF에 지정하면 된다. 엔터프라이즈 아카이브는 META-INF/MANIFEST.MF 파일 안에 Class-Path 속성 설정으로 다른 모듈에 대한 의존성을 지정할 수 있다.

하나의 파일에 모든 의존성을 유지할 필요가 있다면 기본 EAR 격리 수준과 필터 인/아웃 클래스 오버라이드 기능을 포함해 아카이브 안에 모든 의존성을 jboss-deployment-structure.xml에 정의해서 사용할 수 있다. 이건 애플리케이션 서버 배포의 일부분이다.

7장에서는 새로워진 커맨드라인 인터페이스와 웹 어드민 콘솔에서 애플리케이션 서버 관리를 자세히 살펴보고 다뤄본다.

7
애플리케이션 서버 관리

7장은 애플리케이션 서버 인스턴스 제어에 사용되는 관리 도구에 대해 설명한다. 완벽한 애플리케이션 서버로서 JBoss AS는 자바EE 6 스펙을 100% 구현한 것뿐 아니라 관리 기능 같은 제품의 완성도를 높이는 기능도 포함하고 있다.

JBoss AS 7은 몇 가지 관리 채널을 제공하며 그중 새로운 CLI에 포함된 특별한 기능은 일상적인 시스템 관리와 애플리케이션 서버 자원 모니터링을 간편하게 만든다.

관리도구 중 하나인 웹 어드민 콘솔은 뛰어난 애플리케이션 서버 서브시스템 화면을 제공하며 아주 간단한 방법으로 서버를 관리할 수 있는 환경을 제공한다.

7장에서는 다음 도구를 살펴본다.

- 커맨드라인 인터페이스 CLI
- 웹 어드민 콘솔

우선 차기 만능 관리툴이 될 거라 믿어 의심치 않는 CLI부터 시작해 보자.

커맨드라인 인터페이스

터미널과 콘솔은 초기 시스템 관리자와 기계 간의 통신 인터페이스 유형 중 하나다. 오랜 시간 쓰였기 때문에 대다수 시스템 관리자는 관리작업 수행을 위해 커맨드라인 인터페이스CLI 사용을 선호하는 편이다. 셸과 같은 로우레벨 인터페이스를 사용하여 얻는 가장 큰 장점은 반복적인 행동을 위해 종종 매크로나 일괄처리를 통해 작업을 실행할 수 있다는 점이다.

이 책 서두에서 소개했듯 CLI는 jboss-admin.bat로 JBOSS_HOME/bin 폴더에 있다(리눅스 사용자의 경우 같은 기능을 하는 jboss-admin.sh 사용).

셸 스크립트를 구동하여 연결이 끊긴 세션을 시작할 수 있다. 언제든지 connect [standalone/domain controller] 명령어를 통해 연결할 수 있고 기본적으로 서버 컨트롤러 로컬호스트 9999 포트로 연결된다.

```
You are disconnected at the moment. Type 'connect' to connect to the
server or 'help' for the list of supported commands.
[disconnected /] connect
Connected to standalone controller at localhost:9999
```

언제든지 standalone.xml/domain.xml 설정 파일에서 다음 줄을 찾아 네이티브 인터페이스로 기동 중인 디폴트 포트를 변경할 수 있다.

```
<management-interfaces>
    <native-interface security-realm="ManagementRealm">
        <socket-binding native="management-native"/>
    </native-interface>
    <http-interface security-realm="ManagementRealm">
        <socket-binding http="management-http"/>
    </http-interface>
</management-interfaces>
<socket-binding-group name="standard-sockets"default-interface="public">
. . . . . . . .
<socket-binding name="management-native" interface="management" port="9999"/>
<socket-binding name="management-http" interface="management" port="9990"/>
. . . . . . . .
</socket-binding-group>
```

이 코드에서 볼 수 있듯이 소켓 관리 별칭은 management-interfaces 섹션에 정의되고 이에 상응하는 포트는 socket-binding 섹션에 포함된다. 편리한 스위치 --connect는 자동으로 standalone/domain 컨트롤러 연결에 사용된다.

jboss-7.x.x.x/bin/jboss-admin.bat --connect

리눅스 머신의 경우는 다음과 같다.

jboss-7.x.x.x/bin/jboss-admin.sh --connect

CLI를 종료하기 위한 명령어는 quit이고 이 명령어는 메인 컨트롤러에 연결을 종료한다.

```
[standalone@localhost:9999 /] quit
Closed connection to localhost:9999
```

CLI 사용법

CLI의 가장 흥미로운 기능 중 하나는 Tab 키를 누르는 것만으로 리소스와 명령어의 정확한 철자를 찾는 데 도움을 주는 자동 완성 기능이다. 이 기능으로 특정 명령어에 필요한 파라미터를 찾을 때 별도의 참조 매뉴얼을 찾아볼 필요 없이 명령어를 바로 사용할 수 있다.

Jboss를 여행하는 동안 배우게 될 유용한 명령어를 안내할 것이다. 일단 성공적으로 연결한 다음 Tab 키를 누르면, 사용 가능한 명령어 및 리소스 목록을 표시하도록 확장된다. 다음은 Tab 키를 눌렀을 때의 출력이다.

앞의 그림에서 보다시피 약 25가지 유용한 명령어가 있다. 두 가지 큰 카테고리로 CLI를 사용하며 일어나는 모든 상호작용을 구분해 볼 수 있다.

1. **오퍼레이션**operation: 실행된 리소스 경로(주소)를 포함한다.
2. **커맨드**command: 리소스 경로를 포함하지 않으며 현재 리소스 경로에서 독립적으로 작업을 수행할 수 있다.

리소스 탐색과 오퍼레이션 실행

이미 언급했듯 오퍼레이션은 엄격하게 애플리케이션 서버 리소스 경로에 제한된다. 리소스의 트리 경로는 / 문자를 표시하고, 실제로 유닉스/리눅스 파일 시스템처럼 트리의 루트를 나타낸다.

AS 리소스에 대한 오퍼레이션 작업을 수행할 경우 명확하게 정의된 구문을 사용해야 한다.

```
[node-type=node-name (,node-type=node-name)*] : operation-name
  [(([parameter-name=parameter-value (,parameter-name=parameter-value)*] )]
```

처음 보면 어려운 문제로 보이지만 다음 예제를 통해 수수께끼를 풀 수 있다.

```
[standalone@localhost:9999 /] /subsystem=deployment-scanner/
  scanner=default:write-attribute(name=scan-interval,value=2500)
{"outcome" => "success"}
```

위에서 쓰인 CLI에 대해 탐색해보자. `deployment-scanner` 서브시스템sub-system 아래에 기본 스캐너 리소스가 있고 `Write-Attribute` 오퍼레이션을 사용하여 `scan-interval` 속성값을 2,500밀리초로 설정하는 것이다.

이 예제는 리소스resource, 속성attribute과 오퍼레이션operation의 차이점 또한 보여준다.

리소스는 경로 아래 위치하는 설정 요소다. 모든 요소는 리소스와 같이 분류되고 AS 7 인터페이스를 통해 관리된다. 예를 들면 `subsystem` 경로 아래 `deployment-scanner` 리소스가 위치하는 식이다. 이것의 하위 요소는 `default` 스캐너이다.

단일 자원이나 하위 리소스 위에서 속성scan-interval 값을 읽거나 쓰는 것과 같은 몇 몇 오퍼레이션을 사용할 수 있다.

마지막으로, 오퍼레이션의 경우 접두어로 :를 쓰고, 리소스는 /를 쓴다. 다음 스크린 샷이 기본적인 용어의 개념을 수정하는 데 도움이 될 것이다.

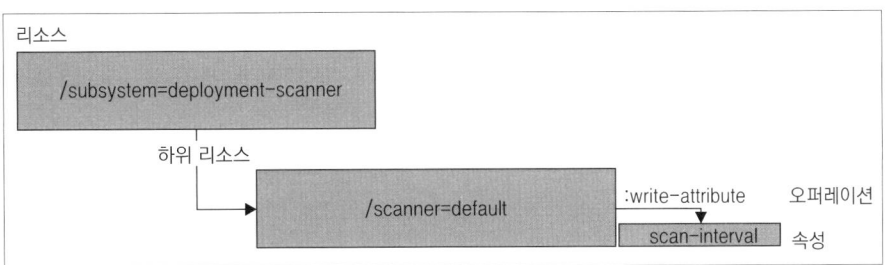

리소스 경로로 이동하려면 전체 트리 경로(이전 예)를 이용한 방법과 cd 명령어를 사용하여 cn(변경 노드) 경로를 이동 후 원하는 명령어를 사용하는 방법이 있다. 예를 들면 이전의 속성도 다음과 같이 다시 쓸 수 있다.

```
[standalone@localhost:9999 /] cd /subsystem=deployment-scanner/
scanner=default
```

```
[standalone@localhost:9999 scanner=default] :write-attribute(name=scan-
interval,value=2500)
{"outcome" => "success"}
```

 수정된 속성은 서버 재시작 후 살아남을까?
이전 JBoss의 JMX-console을 사용했다면 우리가 기대한 질문이다. JMX-console에서 MBean을 통해 영구적으로 서버의 상태를 변경하지 못했던 것이 사실이다. CLI를 사용하게 되면 모든 변경사항이 매번 서버 설정 파일에 저장된다. 따라서 이런 도구를 사용하는 경우 막중한 책임감을 가져야 한다. 더 큰 힘은 확실히 많은 책임을 요구하기 때문이다! 그렇지만, 언제든지 서버 설정의 스냅샷을 찍을 수 있다. 관련 설정의 경우 '설정 스냅샷 찍기' 절을 참고하자.

운영체제 셸과 마찬가지로 cd..를 실행해 리소스 포인터를 부모 리소스로 이동한다.

```
[standalone@localhost:9999 scanner=default] cd ..
[standalone@localhost:9999 subsystem=deployment-scanner]
```

언제든지 리소스 경로나 위치를 확인하고 싶을 때 유닉스 셸에서처럼 cd 명령어나 pwd 명령어로 위치 경로를 확인할 수 있다.

```
[standalone@localhost:9999 scanner=default] pwd
/subsystem=deployment-scanner/scanner=default
```

마지막으로 간편하게 탐색할 수 있는 AS의 조감도 트리, 리소스를 제공하며 이 절을 마친다.

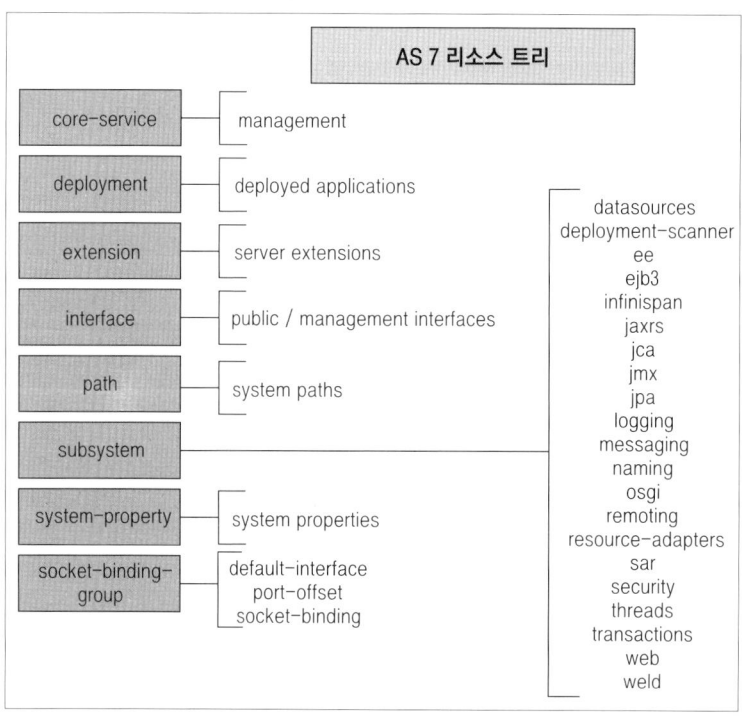

보다시피 리소스 트리는 8개의 하위 리소스를 포함하고, 애플리케이션 서버의 각기 한 가지 핵심적인 부분을 담당한다. 이 책의 부록에서 일상적인 시스템 관리에

사용되는 유용한 명령어 목록을 찾을 수 있다. 당신은 대부분 시간에 모든 애플리케이션 서버 코어 모듈이 포함된 sub-system 리소스를 알아볼 것이다. 관리 인터페이스(예를 들어, CLI 자체 등)를 다루는 core-service에 관해 자세히 배우길 원할지도 모르며, 혹은 배포된 아티팩트를 조작하는 데 사용하는 deployment 리소스나 애플리케이션 서버의 포트를 변경해야 할 때 필요한 socket-binding-group 리소스에 관한 내용도 더 자세히 배우고 싶을지도 모른다.

리소스에서 실행 가능한 오퍼레이션

리소스를 탐색하는 기초를 배웠으니 리소스에서 실행할 수 있는 명령어를 살펴보자. 오퍼레이션 구동 문자는 :이고 tab-completion 기능(Tab 키)을 사용하여 리스트를 얻을 수 있다. 다음은 오퍼레이션 목록이다.

명령어	의미
read-resource	모델 리소스 속성 값과 어떤 하위 리소스에 관한 기초나 전체 정보 중 하나를 읽음
read-resource-description	선택된 리소스에 대한 설명을 출력
read-operation-names	노드에서 사용 가능한 오퍼레이션 이름을 읽음
read-operation-description	사용 가능한 오퍼레이션에 대한 설명을 출력
read-children-names	선택한 리소스 아래의 모든 하위 이름을 가져옴
read-children-resources	주어진 유형 리소스의 모든 하위 정보를 읽음
read-children-types	선택된 리소스 아래에 있는 하위 목록을 제공
read-attribute	선택된 자원의 속성값을 가져옴
write-attribute	선택한 자원의 속성을 씀

read-resource에 대해 부연 설명을 하자면, 사실 어떤 별도의 인수를 지정하지 않아도 리소스 속성과 직계 하위 노드에 대한 정보를 제공한다.

예를 들어 리소스 sub-system 데이터소스를 스캐닝하면 기본 데이터소스 이름인 ExampleDS를 포함한다.

```
[standalone@localhost:9999 /] /subsystem=datasources:read-resource()
{
    "outcome" => "success",
    "result" => {
        "xa-data-source" => undefined,
        "data-source" => {"java:jboss/datasources/ExampleDS" => undefined},
        "jdbc-driver" => {"h2" => undefined}
    }
}
```

여러 가지 요소에 대한 undefined 속성을 발견할 수 있다. 사실 read-resource 명령어에서 제한된 하위 리소스 이름 목록 정보를 제공한다. 만약 모든 하위 리소스에 관한 정보를 얻길 원한다면 명령어 수행 시 해당 속성(recursive=true) 파라미터를 추가해야 한다.

```
[standalone@localhost:9999 /] /subsystem=datasources:read-
resource(recursive=true)
{
    "outcome" => "success",
    "result" => {
        "xa-data-source" => undefined,
        "data-source" => {"java:jboss/datasources/ExampleDS" => {
            "background-validation" => undefined,
            "background-validation-millis" => undefined,
            "blocking-timeout-wait-millis" => undefined,
            "connection-properties" => undefined,
            "connection-url" => "jdbc:h2:mem:test;DB_CLOSE_DELAY=-1",
            "driver-name" => "h2",
            "enabled" => true,
            }
        },
        "jdbc-driver" => {"h2" => {
            "driver-module-name" => "com.h2database.h2",
            "driver-name" => "h2",
            "driver-xa-datasource-class-name" => "org.h2.jdbcx.JdbcDataSource"
        }
    }
}
```

보다시피, `recursive=true` 파라미터를 추가하면 CLI는 항상 설정 파라미터 목록을 포함하며, 데이터소스 하위 요소처럼 저장된다. 시간을 단축하려고 일부러 처음 몇 개의 데이터소스 파라미터만 포함시켰다.

덧붙여 일부 리소스는 런타임 속성을 수집하여 통계를 생성할 수 있다. `include-runtime=true` 파라미터를 사용하는 경우를 제외하곤 기본적으로 런타임 속성은 보이지 않는다. 예를 들면, 웹 `sub-system`은 일반적으로 `http` 커넥터 통계에 대한 몇 가지 런타임 속성을 수집한다.

```
[standalone@localhost:9999 connector=http] :read-resource(include-runtime=true)
{
    "outcome" => "success",
    "result" => {
        "bytesReceived" => "0",
        "bytesSent" => "0",
        "enable-lookups" => false,
        "enabled" => true,
        "errorCount" => "0",
        "max-post-size" => 2097152,
        "max-save-post-size" => 4096,
        "maxTime" => "0",
        "processingTime" => "0",
        "protocol" => "HTTP/1.1",
        "redirect-port" => 8443,
        "requestCount" => "0",
        "scheme" => "http",
        "secure" => false,
        "socket-binding" => "http",
        "ssl" => undefined,
        "virtual-server" => undefined
    }
}
```

리소스에 관해 좀 더 배우길 원한다면 자체적으로 짧은 설명과 리소스 런타임 속성을 항상 포함하고 있는 `read-resource-description`을 사용할 수 있다. 출력이 상당수 중복되므로 다음 출력 결과 부분에선 헤드 섹션(윗부분)만을 포함한다.

```
[standalone@localhost:9999 connector=http] :read-resource-description
{
    "outcome" => "success",
    "result" => {
        "head-comment-allowed" => true,
        "tail-comment-allowed" => true,
        "type" => OBJECT,
        "description" => "A web connector.",
        "attributes" => {
            "name" => {
            "type" => STRING,
            "description" => "A unique name for the connector.",
            "required" => true,
            "nillable" => false,
            "access-type" => "read-only",
            "storage" => "configuration"
            }
        }
    }
}
```

read-operation-names와 read-operation-description은 특정 리소스에서 사용 가능한 오퍼레이션 목록과 그에 대한 설명을 제공한다. 이전 테이블에 추가된 정보와 중복되므로 설명을 생략한다.

다음으로 read-children 오퍼레이션은 하위 노드에 대한 정보를 수집한다. read-children-types는 하위 리소스에 관한 정보를 제공하고 단순한 ls 명령어와 매우 유사하다. 예를 들어, root 리소스에서 다음과 같은 코드가 생성된다.

```
[standalone@localhost:9999 /] :read-children-types()
{
    "outcome" => "success",
    "result" => [
        "extension",
        "core-service",
        "path",
        "subsystem",
        "system-property",
        "deployment",
```

```
        "interface",
        "socket-binding-group"
    ]
}
```

`read-children-names` 명령어는 하위 노드에 관련된 특정한 타입 정보를 리턴하는데, cd '리소스'를 실행한 후 ls 명령어를 사용하는 것과 유사하다. 예를 들어 우리가 AS에 배포 리소스 목록을 알고 싶다고 가정하면 다음과 같다.

```
[standalone@localhost:9999 /] :read-children-names(child-type=deployment)
{
    "outcome" => "success",
    "result" => [
        "Enterprise.ear",
        "EJB.jar",
        "Utility.jar"
    ]
}
```

마지막으로 `read-children-resources` 명령어는 인수가 제공될 필요가 있는 하위 노드에 대한 정보를 반환한다. 이 명령어는 각 하위 리소스에서 `read-resource` 오퍼레이션을 실행하는 것과 같다. 이전 예제에서 Enterprise.ear 배포 리소스를 실행했을 때 sub-deployment 정보를 제공한다.

```
[standalone@localhost:9999 deployment=Enterprise.ear] :read-children-
  resources(child-type=subdeployment)
{
    "outcome" => "success",
    "result" => {
        "WebApp.war" => {
            "subdeployment" => undefined,
            "subsystem" => {"web" => undefined}
        },
        "Utility.jar" => {
            "subdeployment" => undefined,
            "subsystem" => undefined
        }
    }
}
```

선택적으로 런타임 속성을 가지는 include-runtime=true 인수를 포함할 수 있으며 recursive=true가 재귀적으로 모든 하위 자원에 대한 정보를 제공한다.

CLI의 명령어 실행

이미 언급했듯 CLI는 AS 트리 경로를 찾아가는 것을 제한하지 않으며, 리소스를 수정하고 생성하며 어디서나 실행할 수 있는 일련의 행위를 포함한다.

예를 들어, version 명령어는 애플리케이션 서버와 JBoss AS가 구동되는 환경에 대한 몇 가지 기초적인 정보를 얻기 위해 사용할 수 있다.

```
[standalone@localhost:9999 /] version
JBoss Admin Command-line Interface
JBOSS_HOME: C:\jboss-as-7.1.0.Alpha1
JAVA_HOME: C:\Program Files\Java\jdk1.6.0_24
java.version: 1.6.0_24
java.vm.vendor: Sun Microsystems Inc.
java.vm.version: 19.1-b02
os.name: Windows 7
os.version: 6.1
```

대부분의 경우 데이터소스나 JMS 목적지와 같은 몇 리소스를 빠르게 만들 때 명령어를 사용한다.

이것을 달성하는 방법을 다음 절에서 살펴보자.

JMS 목적지 추가

add-jms-queue 명령어를 사용하여 JMS 큐를 추가하고 이때 반드시 큐의 이름(--name parameter)을 입력해야 한다.

 보다시피 오퍼레이션과 명령어의 중요한 차이점 하나는 파라미터를 전달하는 데 사용하는 형식이다. 오퍼레이션은 파라미터를 전달할 때 브래킷(예, recursive=true)을 사용하고 명령어는 전달 방법으로 유닉스 셸을 차용한 --parameter 포맷을 사용한다.

다음은 명령어 요약이다.

```
add-jms-queue [--profile=profile_name] --name=queue_name
  [--entries=entry(,entry)*] [--selector=selector_name]
  [--durable=(true|false)]
```

유일한 필수 요소는 queue 이름을 지정 name이다. 선택적으로 항목 entries 요소는 쉼표 구분자 comma-separated로 큐 아래 제한된 JNDI 네임 리스트를 포함한다. 존재하지 않는 경우 이름은 JNDI 이름으로 사용된다. 다음의 selector 파라미터는 필터 메시지 큐 selector를 지정하기 위해 추가할 수 있다. durable 파라미터는 큐가 영속적 durable인지 아닌지 명시한다(기본값 true). 마지막 주의사항으로 선택적인 profile 요소는 도메인 설정으로 만들어진 queue를 사용하고자 할 때 쓰인다.

다음 명령어는 새로운 JMS 큐 이름인 queue1과 JNDI 아래 제한된 queues/queue1 네임 스페이스를 만든다.

```
add-jms-queue --name=queue1 --entries=queues/queue1
```

JMS 항목을 추가하기 위한 해당 명령어는 add-JMS-topic이며 구문은 다음과 같다.

```
add-jms-topic [--profile=profile_name] --name=topic_name
  [--entries=entry(,entry)*]
```

파라미터의 수가 적은 것을 제외하면 같은 주제에 대한 설명을 반복하지 않겠다. 사실 selector 및 durable 파라미터는 다음에 포함되지 않는다.

```
add-jms-topic --name=topic1 --entries=topics/topic1
```

데이터소스 생성과 수정

CLI는 데이터소스를 만드는 데 유용한 data-source 명령어를 제공한다. 이 명령어의 구문은 조금 중복되기 때문에 CLI 스크립트로 저장하고 필요에 따라 적용하는 것이 매우 유용할 수 있다.

다음은 명령어 요약이다.

```
data-source [--profile=<profile_name>] add/remove --jndi-name=<jndi_
name> --driver-name=<driver_name> --pool-name=<pool_name> --connection-
url=<connection_url>
```

profile_name을 제외하고 표시된 다른 모든 파라미터는 필수이다. 즉, 데이터소스를 추가하거나 삭제할 때 지정해야만 한다. 상태를 나타내는 파라미터 관해서라면 적어도 데이터소스를 위한 JNDI 네임jndi-name, 드라이버 네임driver-name, 커넥션 풀 네임pool-name과 커넥션 URLconnection-url이 필요하다.

MySQL의 데이터소스를 만드는 구체적인 예를 살펴 보자. 또한 선택적 파라미터를 추가함으로써 standalone.xml 파일에서와 마찬가지로 데이터소스를 사용자 정의할 수 있다.

첫 번째 필요한 것은 JDBC 호환 드라이버로 JAR 아카이브로 배포 제공된다. 스탠드얼론 모드를 사용한다면 단지 deployments 폴더에 JDBC JAR 파일을 복사한다.

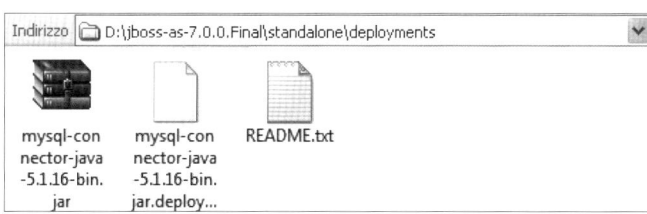

 JBoss의 JCA팀이 제안한 모듈방식으로 JDBC 드라이버 설치를 선택할 수도 있다. 이 절차는 이 책의 3장 '엔터프라이즈 서비스 설정'에 나와 있다. 예제의 목적상 단순히 드라이버로 배포하여 설치 절차를 신속하게 끝마친다.

이제 드라이버가 제대로 데이터소스 서브시스템에 설치되어 있는지 확인하자. 데이터소스의 서브시스템에서 installed-drivers-list 명령어 작업을 수행할 수 있다.

```
[standalone@localhost:9999 /] /subsystem=datasources:installed-drivers-list
{
    "outcome" => "success",
    "result" => [
        {
        "driver-name" => "h2",
        "deployment-name" => undefined,
        "driver-module-name" => "com.h2database.h2",
```

```
            "module-slot" => "main",
            "driver-datasource-class-name" => "",
            "driver-xa-datasource-class-name" =>
            "org.h2.jdbcx.JdbcDataSource",
            "driver-class-name" => "org.h2.Driver",
            "driver-major-version" => 1,
            "driver-minor-version" => 2,
            "jdbc-compliant" => true
        },
        {
            "driver-name" => "mysql-connector-java-5.1.16-bin.jar",
            "deployment-name" => "mysql-connector-java-5.1.16-bin.jar",
            "driver-module-name" => undefined,
            "module-slot" => undefined,
            "driver-datasource-class-name" => undefined,
            "driver-xa-datasource-class-name" => undefined,
            "driver-class-name" => "com.mysql.jdbc.Driver",
            "driver-major-version" => 5,
            "driver-minor-version" => 1,
            "jdbc-compliant" => false
        }
    ]
}
```

보다시피 기본 H2 드라이버와 MySQL 드라이버 두 개의 드라이버가 설치되어 있다.

새로운 데이터소스를 만들 때 사용하는 MySQLJDBC 드라이버가 준비돼있다.

```
[standalone@localhost:9999 /] data-source add --jndi-name=java:/MySqlDS
  --pool-name=MySQLPool --connection-url=jdbc:mysql://localhost:3306/MyDB
  --driver-name=mysql-connector-java-5.1.16-bin.jar --user-name=myuser
  --password=password --max-pool-size=30
```

이 예제에서 MySQL은 연결 사용자 풀 최대 크기가 30으로 제한된 데이터소스를 만들었다.

모든 데이터소스 파라미터 이름을 기억할 필요는 없다. 단지 Tab 키로 파라미터 이름을 자동완성해 사용한다.

`data-source` 명령어는 설정된 데이터소스를 삭제할 경우에도 사용할 수 있다. `remove` 파라미터와 `datasource`의 `jndi-name`을 전달하여 완료할 수 있다.

[standalone@localhost:9999 /] data-source remove --jndi-name=java:/MySqlDS

 데이터소스의 시스템 리소스에서 실행되는 작업을 사용할 뿐 아니라 데이터소스를 추가하거나 제거할 수 있다. 이 책의 부록에 가장 유용한 CLI 명령어를 기록해 두었다.

XA데이터소스 생성과 수정

릴리스 7.1.0 베타 버전 이후 연결에 XA 데이터소스 클래스를 사용하려면 데이터소스의 리소스 경로를 변경해야 한다.

다음처럼 처음 데이터소스를 만들 때 최소한의 정보를 요구한다.

/subsystem=datasources/xa-data-source="MySqlDSXA":add(jndi-name="java:/MySqlDSXA", driver-name="com.mysql", pool-name="mysqlPool")

곧이어 단일 프로퍼티 같은 데이터소스 정보를 추가할 수 있다.

/subsystem=datasources/xa-data-source=MySqlDSXA/xa-datasource-properties=ServerName:add(value=localhost)

/subsystem=datasources/xa-data-source=MySqlDSXA/xa-datasource-properties=PortNumber:add(value=3306)

이제 데이터소스를 활성화시킬 수 있다.

/subsystem=datasources/xa-data-source=MySqlDSXA:enable

좀 더 긴 절차의 데이터소스를 만들 경우 초기 프로퍼티나 각 단일 프로퍼티를 알고자 할 때 <tab> 키를 사용할 수 있음을 기억하자.

CLI에서 도움받기

CLI 명령어 구문이 조금 부담스러워 보여도 절망하지 말자! CLI는 탭 완성 기능 외 유닉스 셸처럼 각 명령어 매뉴얼 페이지 또한 가지고 있다.

help 명령어를 실행하면 CLI 인터페이스에서 포괄적인 빠른 시작 가이드를 알려 준다. 또한 명령어에서 인수처럼 전달될 때 유용한 명령어 요약 설명과 해당 인수 를 제공한다.

```
[standalone@localhost:9999 /] cd --help
Synopsis:   cn [node_path]
            cd [node_path]

Description: changes the current node path to the argument.

Arguments:
    node_path - the new value for the current node path following the
format [node-type [=node-name (,node-type[=node-name])*]].

The following navigation signs are supported in the node-path:
    /     - the root node (e.g. `cd /' or `cd /some=thing');
    ..    - parent node (e.g. `cd ..');
    .type - node type of the current node (e.g. `cd .type').
```

배치 CLI 스크립트 실행

batch 모드는 다수의 CLI 명령어 실행을 단위별로 할 수 있다. 일반적인 트랜잭션 은 명령어나 오퍼레이션 중 하나가 실패하게 되면 롤백된다. 물론 실행이 에러 없 이 종료된다면 변경 내용은 커밋된다.

모든 명령어가 배치의 한 부분이 될 순 없다. 예를 들어 cd, pwd, help 등의 탐색 명령어는 서버 설정 변경을 반영하지 않기 때문에 제외된다.

batch 명령으로 배치 처리의 시작을 표시할 수 있다. 프롬프트가 현재 # 기호로 표시되어 있기 때문에 batch 모드임을 알 수 있다. 배치 순서의 끝을 표시하기 위 해서는 run-batch 명령어를 사용해야 한다.

완료되면 실행된 배치는 삭제되고 CLI는 batch 모드를 종료한다. 다음은 그 예이다.

```
[standalone@localhost:9999 /] batch
[standalone@localhost:9999 /#] add-jms-queue --name=queue1--
entries=queues/queue1
[standalone@localhost:9999 /#] deploy MDBApplication.jar
[standalone@localhost:9999 /#] run-batch
```

배치 처리를 실행하기 전에 언제든지 batch의 list-batch 명령어를 실행하여 목록을 얻을 수 있다.

```
[standalone@localhost:9999 /] list-batch
#1 add-jms-queue --name=queue1 --entries=queues/queue1
#2 deploy MDBApplication.jar
```

 배치 스크립트는 스크립트의 한 부분으로 파일시스템에 저장되고 필요할 때 빠르고 유용하게 사용할 수 있다. 애플리케이션 서버 JBOSS_HOME/bin/scripts 폴더에 두 개의 배치 파일 예제가 제공되며 보안 관리 인터페이스에 사용된다. 보안에 관해서 이 책 8장 '클러스터링'에서 더 논의할 것이다.

고급 배치 명령어

스크립트 배치는 단지 시작과 실행 명령어 목록을 실행할 경우 더 복잡해질 수 있다. 사실 batch 모드에 있을 때 Tab 완성키를 누르면 유용한 몇 가지 추가 명령어를 볼 수 있다. 가장 유용한 기능 중 하나는 명령어의 배치를 일시 중지하는 데 사용하는 holdback-batch 명령어이다.

```
[standalone@localhost:9999 /# ] holdback-batch
```

다음처럼 명령어 배치를 계속하려면 batch 명령어를 다시 실행한다.

```
[standalone@localhost:9999 /] batch
```

스크립트에서 여러 저장 지점을 가질 수 있도록 고유한 이름을 할당하여 배치를 저장할 수 있다.

[standalone@localhost:9999 /#] holdback-batch step1

나중에 중지holdback 이름을 지정하여 실행을 계속할 수 있다.

[standalone@localhost:9999 /] batch step1

-l 파라미터를 사용하여 실행한 경우 batch 명령어를 열었던 배치 파일 목록을 제공한다.

[standalone@localhost:9999 /] batch -l
step1

다음 표에 batch 모드에서 실행되는 유용한 모든 명령어 목록이 포함된다.

명령어	설명
batch	명령어 배치를 구동한다. 배치를 중지 했을 때 배치를 다시 활성화한다.
list-batch	배치에 추가된 명령어를 나열한다.
run-batch	현재 활성화된 배치 명령어와 종료 배치 모드를 실행한다.
holdback-batch	배치를 실행하지 않고 현재 활성화된 배치와 종료된 배치 모드를 저장한다. 배치는 나중에 배치 명령어를 호출하여 다시 활성화할 수 있다.
clear-batch	현재 사용 중인 배치에서 기존의 모든 커맨드라인을 제거한다. 명령어가 실행된 후 CLI는 배치 모드를 유지한다.
discard-batch	현재 활성화된 배치를 삭제한다. 배치에 추가된 모든 명령어가 제거되며, 배치가 삭제되고 CLI는 배치 모드를 종료한다.
edit-batch-line	새로운 하나의 지정된 행 번호로, 현재 사용 중인 배치에서 기존의 커맨드라인을 대체한다.
remove-batch-line	현재 활성화된 배치에서 라인 번호 인수로 지정된 기존 커맨드라인을 제거한다.
move-batch-line	현재 위치에서 지정된 새 위치로 라인을 이동한다.

파일을 이용한 스크립트 실행

지금까지 CLI 명령어 중 대화형 세션 부분을 살펴봤다. 이제 비 대화형non-interactive 방식의 단지 셸 스크립트와 같은 파일을 추가해 명령어를 실행하는 방법에 대해 알아보자.

다음과 같이 re-deploy 명령어를 실행하는 데 사용하는 샘플 test.cli 파일을 만들었다고 가정해 보자.

connect
deploy Utility.jar --force

이후 윈도우 사용자는 CLI에 --file 파라미터를 사용해 실행한다.

jboss-admin.bat --file=test.cli

유닉스도 이와 같은 명령어를 사용한다.

./jboss-admin.sh --file=test.cli

 유의 사항으로 관리 인터페이스에서 인증이 필요할 경우 jboss-admin.bat/jboss-admin.sh에서 --user와 --password 인수를 사용하여 통과할 수 있다.

비 대화형 방식으로 명령어를 실행할 수 있는 또 다른 방법은 CLI에서 --commands 파라미터를 통해 쉼표로 구분된 명령어 목록을 포함하는 것이다.

예를 들어 다음과 같은 방법으로 이전 스크립트를 실행할 수 있다(윈도우의 경우).

```
jboss-admin.bat --commands="connect,deploy Utility.jar --force"
Connected to standalone controller at localhost:9999
'Utility.jar' re-deployed successfully.
Closed connection to localhost:9999
```

유닉스 사용자의 경우는 다음과 같다.

./jboss-admin.sh --commands="connect,deploy Utility.jar --force"

비 대화형 출력 리다이렉션

비 대화형 방식으로 CLI를 실행하면 결괏값이 화면에 출력되는데 원치 않으면 파일에 출력을 리다이렉션할 수 있다. 셸 명령어처럼 출력 리다이렉션 > 연산자를 사용한다.

```
jboss-admin.bat --file=test.cli > out.log # Windows
./jboss-admin.sh --file=test.cli > out.log # Linux
```

설정의 스냅샷 찍기

모든 사람이 실수를 하지만 그중 대부분은 예방할 수 있다. 대규모 설정 변경이 일어날 때마다 변경된 작업을 복사하는 것이 좋다. CLI를 사용하는 장점 중 하나는 history 폴더에 저장되는 설정 스냅샷을 생성하는 기능이다. AS의 설정디렉토리 밑에 history 폴더가 위치한다. 스탠드얼론 서버의 history 폴더 이름은 standalone_xml_history이며 구동 시 다음 파일이 포함된다.

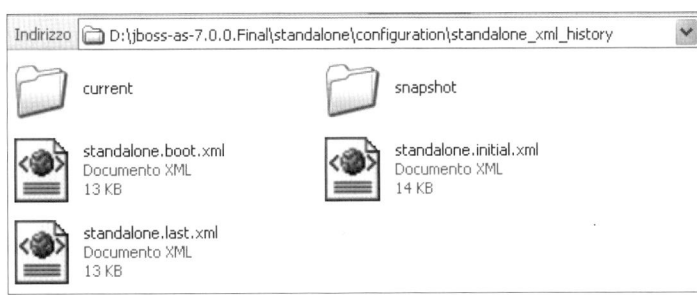

도메인 설정의 경우를 살펴보면 도메인 설정 파일과 호스트 설정 파일을 위한 두 개의 백업 디렉토리를 제공한다. 이 폴더는 각자 domain_xml_history와 host_xml_history 이름을 갖는다.

너무 장황하게 보이지 않게 스탠드얼론 서버를 사용해 스냅샷 메커니즘 대해 설명하겠다. 사실상 도메인 서버도 같은 규칙이 적용되기 때문에 스냅샷이 AS의 양쪽 domain.xml와 host.xml 파일에 찍힌다는 것을 명심해야 한다.

이제 히스토리 파일에 대해 살펴보자. standalone.initial.xml은 설정 파일로 원본이 포함되어 있다. 이 파일은 AS에서 덮어쓸 수 없다.

 초기 설정으로 히스토리 설정을 복원해야 할 경우 애플리케이션 서버를 삭제하지 말자! standalone_xml_history/standalone.initial.xml 파일과 standalone.xml 파일의 위치만 변경하면 된다.

standalone.boot.xml 파일은 서버의 마지막으로 성공적으로 구동된 AS 설정이 포함되어 있다. 이 파일은 성공적으로 서버를 시작할 때마다 덮어 쓴다.

 현재 세션의 모든 변경 사항을 취소하려면 간단히 standalone_xml_history/standalone.boot.xml과 standalone.xml 파일을 바꾼다.

마지막으로, standalone.last.xml 파일에 애플리케이션 서버에 커밋된 마지막 성공 설정이 포함돼있다.

애플리케이션 서버가 자동으로 저장하는 것

애플리케이션 서버를 다시 시작할 때마다, 성공한 부팅 설정 복사본이 YYYYMMDD-HHMMMSstandalone.xml 형식의 타임스탬프를 사용해 snapshot 폴더에 저장된다. 다음은 2011년 8월 (8일) 12:11 애플리케이션 서버에 찍힌 스냅샷이다.

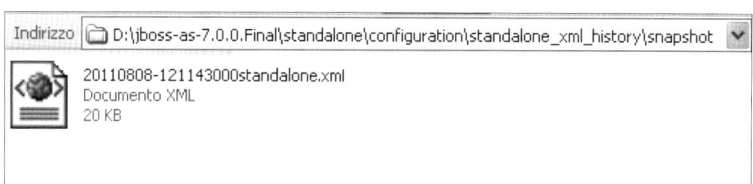

반면 current 폴더는 현재 세션에서 변경된 내용을 저장하기 위한 임시 폴더로 사용된다. 애플리케이션 서버의 설정 모델의 각 변화는 지정된 standalone.v[n].xml 파일 이름으로 생성된다. 여기서 n은 적용된 변경 번호(초기 설정 초기 변화를 위해 standalone.v2.xml 등을 위해 standalone.v1.xml)이다. 애플리케이션 서버를 다시 시작하면 이러한 파일은 타임스탬프 폴더에서 상위 폴더 standalone_xml_history로 이동된다. 다음 스크린 샷에서 볼 수 있듯 재시작 하는 동안 마지막 세션은 20110808-122628937 폴더 안으로 이동해 변경된다.

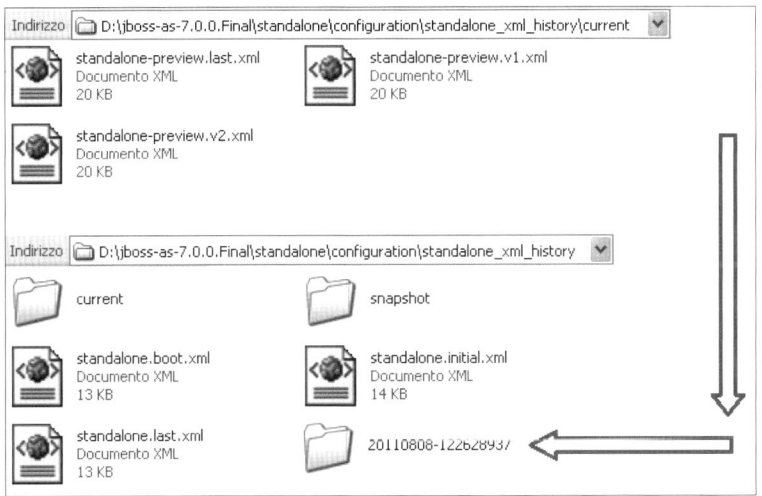

 timestamped 폴더는 30일마다 애플리케이션 서버에 의해 순환된다. 애플리케이션 서버 설정 코어 뷰를 저장해야 하는 경우는 AS 모델의 스냅샷을 해야 한다. 다음 절에서 어떻게 하는지 알아보자.

스냅샷 찍기

이전 경고에서 제안한 대로 스냅샷이 필요로 할 때 스냅샷을 찍을 수 있다. 사용자에 의해 생성된 스냅샷은 snapshot 폴더(성공한 서버 시작 스냅샷과 함께)에 직접 저장되어 있다. 설정 스냅샷을 찍기 위해서 `take-snapshot` 명령어를 실행하는 것으로 CLI는 설정을 백업한다.

```
[standalone@localhost:9999 /] :take-snapshot
{
    "outcome" => "success",
    "result" => {"name" => "C:\\jboss-as-
        7.0.0.Final\\standalone\\configuration\\standalone_xml_history\\
        snapshot\\20110726-223444446standalone.xml"
    }
}
```

`list-snapshots`를 통해 사용 중인 유용한 스냅샷 리스트를 체크할 수 있다.

```
[standalone@localhost:9999 /] :list-snapshots
{
    "outcome" => "success",
    "result" => {
        "directory" => "C:\\jboss-as-
        7.0.0.Final\\standalone\\configuration\\standalone_xml_history\\
        snapshot",
        "names" => [
        "20110725-064943007standalone.xml",
        "20110725-222015995standalone.xml",
        "20110726-212857046standalone.xml",
        "20110726-223444446standalone.xml"
        ]
    }
}
```

언제든지 `delete-snapshot` 명령어를 사용하여 스냅샷 이름의 파라미터로 특정 스냅샷을 삭제할 수 있다. 만든 스냅샷을 삭제해야 한다면 다음과 같다.

```
[standalone@localhost:9999 /] :delete-snapshot(name="20110726-
223444446standalone.xml")
{"outcome" => "success"}
```

CLI의 히스토리

CLI 세션에서 실행되는 모든 명령어는 많은 유닉스 시스템의 셸 명령어처럼 히스토리 속에서 저장되어 있다. CLI 명령어는 메모리에 보관되며 jboss-cli-history 이름의 파일에 파일 시스템에 저장되고 사용자의 홈 디렉토리에 배치된다. 최대 마지막으로 실행한 500개의 명령어(기본 히스토리 크기)가 히스토리에 기록된다.

CLI 히스토리를 보고 싶다면 간단하게 history 명령어를 실행한다.

`[standalone@localhost:9999 /] history`

또한, 리눅스의 배시셸bash shell을 사용하는 것처럼 명령어나 오퍼레이션의 기록을 앞뒤로 탐색하기 위해 화살표 키를 사용할 수 있다.

history 명령어는 일시적으로 활성화/비활성화 및 기록을 삭제하는 데 사용할 수 있는 세 가지 선택 인수를 지원한다. 다음 표는 결과만을 보여준다.

인수	효과
disable	히스토리 확장(그러나 이전에 기록된 기록이 삭제되지 않음)을 비활성화한다.
enable	히스토리 확장(역사 전개가 해제되기 전에 마지막으로 기록된 명령어에서 시작)을 다시 활성화한다.
clear	메모리의 기록을 지운다(파일을 지우지 않음).

새로운 웹 어드민 콘솔

역사적으로 JBoss AS는 항상 어떤 관리 작업과 운영 업무를 수행하기 위해 웹 기반 애플리케이션을 제공해 왔다. 4.x 이전 버전에서 MBean의 값을 표시하거나 읽고 쓰려면 애플리케이션 서버의 백본인 jmx-console을 사용했다. jmx-console을 시작하기 위해 어느 정도 경험이 필요로 하지만 확실히 유용한 도구였다. 이외에도 애플리케이션에 포함된 정보는 여러 MBean에 걸쳐 단편화되었다. 예를 들면 데이터소스의 정보는 4개의 Mbean에 포함되어 있어 리소스를 관리하는 것이 복잡했다.

5.x 및 6.x 버전에서는 씸 기반Seam-Based 웹 애플리케이션으로 구축된 관리 콘솔을 사용하는 것을 제안했다. 새로운 관리 콘솔은 깔끔하고 간편한 애플리케이션이었지만, 꽤 많은 양의 메모리를 소비하고 부팅 시간 등으로 인해 비난을 받았고 JBoss5의 성능 튜닝 시 해결책으로 지적됐다.

이미 이전 장에서 살펴본 AS 7 웹 콘솔은 관리 도메인 혹은 스탠드얼론 서버를 설정하는 HTTP 관리 API를 사용하여 구글 웹 툴킷(GWT, Google Web Toolkit)을 탑재한 완전히 새로운 웹 애플리케이션이다.

많은 GWT 애플리케이션은 JSON 인코딩된 프로토콜과 관리 도메인 또는 독립 실행형 서버에 대해 관리 작업을 설명하고 실행하는데 RPC 스타일의 API 유형을 사용한다. GWT 검사에 대한 자세한 내용은 웹사이트에서 확인할 수 있다. http://code.google.com/intl/it-IT/webtoolkit/

어드민 콘솔 접속

이번 시간엔 북마크를 업데이트 한다. JBoss AS 7은 기본적으로 관리 콘솔을 제공하는 포트로 8080을 사용하지 않는다. standalone.xml/domain.xml 설정처럼, http://localhost:9990/console으로 액세스할 수 있다.

```
<socket-binding name="management-http" interface="management" port="9990"/>
```

일단 계정으로 로그인하게 되면 메인 애플리케이션 창 내에 스탠드얼론모드일 경우 두 가지 주요 탭을 포함하고 있다. 첫 번째 Profile은 다음 스크린 샷에 그림과 같이 애플리케이션 서버 설정을 모델링 하는 데 사용할 수 있다.

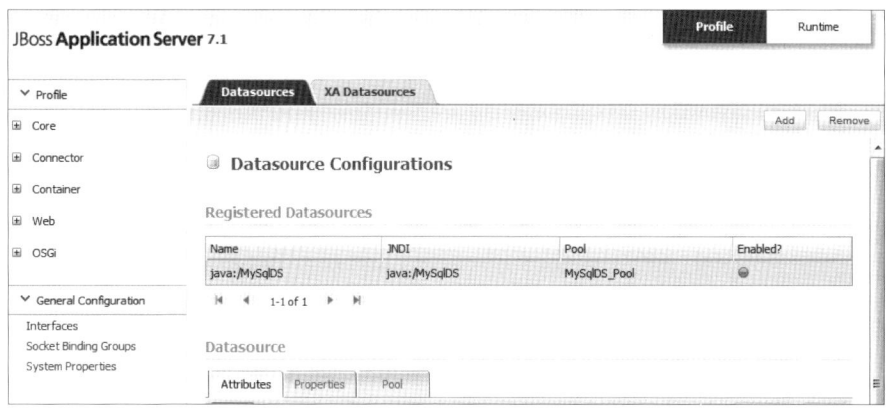

두 번째 Runtime 탭의 경우 6장에서 배운 것처럼 배포를 관리하는 데 사용할 수 있다. 다음 절에선 웹 관리 콘솔을 사용하여 서버 프로파일을 쉽게 설정할 수 있는 방법에 대해 알아본다.

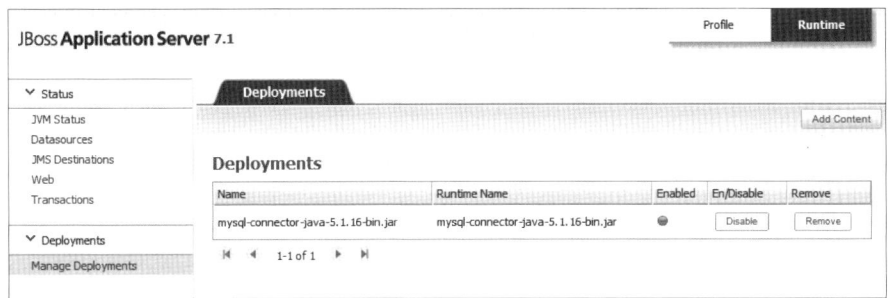

서버 프로파일 설정

서버 프로파일 설정은 웹 애플리케이션의 왼쪽에 있다.

스탠드얼론 모드에서 실행할 때 profile 레이블 아래에 배치할 수 있다. 도메인 모드를 실행하는 경우에는 profile 탭을 탐색하고 profile 콤보 상자에서 하나를 선택해야 한다.

프로필 레이블 확장은 웹 인터페이스를 통해 설정할 수 있는 서브시스템 세트를 볼 수 있다.

이 책의 2장 애플리케이션 서버 설정 및 3장 엔터프라이즈 서버 설정을 주 설정 파일을 사용하여 리소스를 설정하는 방법을 보여주었다. 다음은 **윈도우**, **아이콘**, **메뉴**, **포인터**(WIMP)의 인터페이스를 선호하는 시스템 관리자를 위한 섹션이다. 웹 콘솔을 사용한 리소스의 설정은 꽤 직관적이며 다음의 유용한 주제에 대해 알아본다.

- 데이터소스 설정
- JMS리소스 설정
- 소켓 바인딩 그룹 설정

데이터소스 설정

Datasource의 링크를 클릭하면 메인 패널에서 Datasource Configurations 패널로 전환된다. 이 패널은 데이터소스와 XA데이터소스를 설정하기 위한 두 개의 상단 탭이 있다. 첫 번째 탭에 포함되어 있는 것을 살펴보자.

패널의 중앙에 설정된 데이터소스 목록을 찾을 수 있다. 이 작업을 시작하기 위한 Add 버튼은 화면 오른쪽에 있고 클릭하여 새로운 데이터소스를 만들 수 있다.

같은 곳에 remove 버튼으로 정의된 데이터소스 제거할 수 있다. 다음으로 GUI의 하단부에서 Edit > Disable > Test a Datasource 메뉴를 선택할 수 있다.

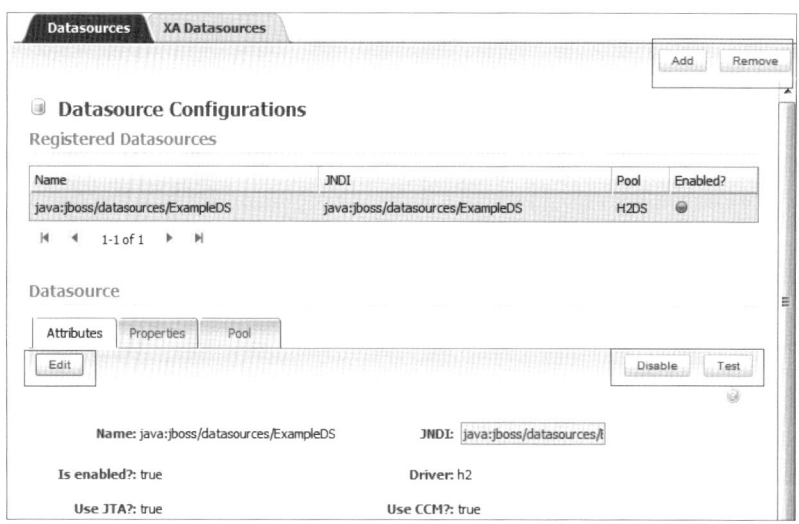

기존 데이터소스를 편집하거나 삭제하는 것은 버튼 클릭으로 간단히 실행할 수 있는 작업이다. 선택한 데이터소스의 활성화와 비활성화 같은 일을 할 수 있다. 여기선 몇 가지 간단한 단계를 수행하여 Profile 설정에 새 데이터소스를 추가하는 방법을 알아본다.

일단 New Datasource 버튼을 클릭하면 세 단계에 걸쳐 마법사는 데이터 원본 만들기를 안내한다. 예제 생성을 위해 샘플 MySQL 데이터소스를 설정하자. 첫 번째 필요한 정보는 데이터소스 이름과 JNDI 바인딩이다. 확인란에 Enabled 하면 데이터소스 활성화(기본값)로 만들어 준다.

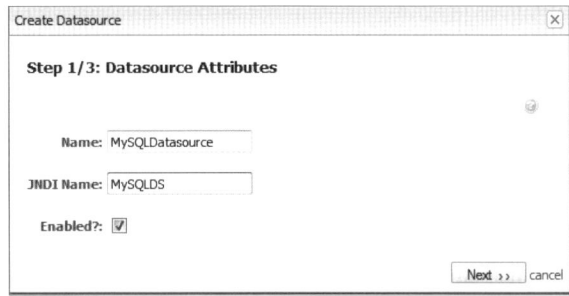

다음 단계에서 데이터소스를 위한 알맞은 JDBC 드라이버를 선택한다. AS에 성공적으로 설치된 이용 가능한 JDBC 드라이버 리스트를 제공한다.

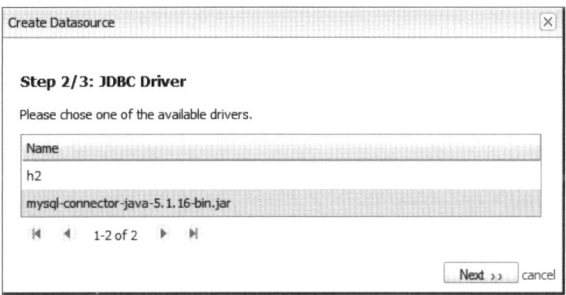

MySQL JDBC 드라이버를 선택하고 다음 (마지막) 단계에서 Username과 Password 증명과 함께 데이터소스의 JDBC URL을 입력해야 한다.

Done을 클릭하면 마법사를 완료하고 새로운 데이터소스가 애플리케이션에서 활성화되어있는 가용 메인 패널로 재지정된다.

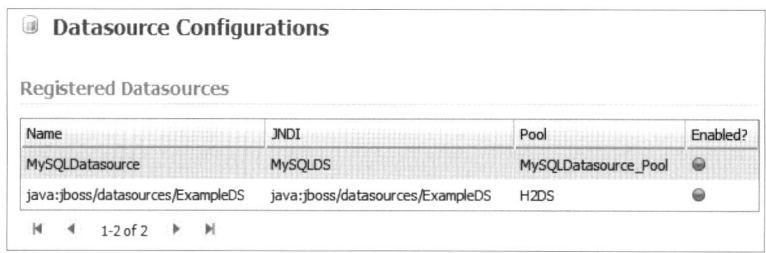

새로운 XA 데이터소스 만들기

커맨드라인 인터페이스 섹션에 본 것처럼 XA 데이터소스는 같은 방법으로 JDBC URL XA 속성으로 입력해야 한다. 따라서 데이터소스 JNDI 네이밍과 드라이버의 선택은 non-XA 데이터소스의 경우와 같다. 다음 스크린 샷에서는 XA 데이터소스 작성을 완료하는 데 필요한 마지막 두 단계를 보여준다.

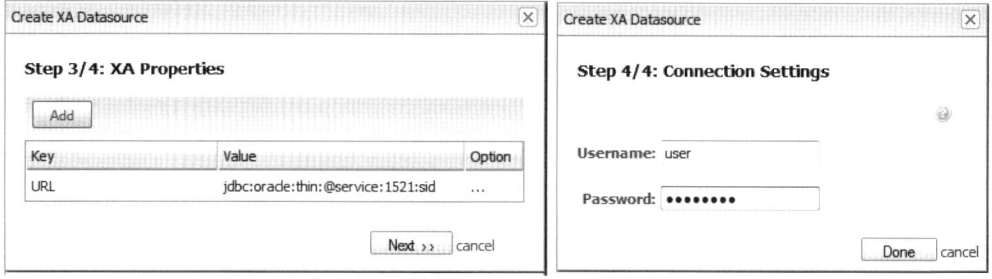

JMS 목적지 설정

웹 콘솔을 사용해 새 Queue 및 Topics를 만들면 더 쉽다. Profile 메뉴에서 Messaging provider 옵션(1)을 선택한다. 메인 패널에는 Messaging canvas로 전환된다. 거기에서 JMS Destinations 탭(2)에서 생성하려는 리소스(Queue 또는 Topic)(3)을 선택한다. 그후 Add 버튼(4)을 통해 새롭게 생성된다.

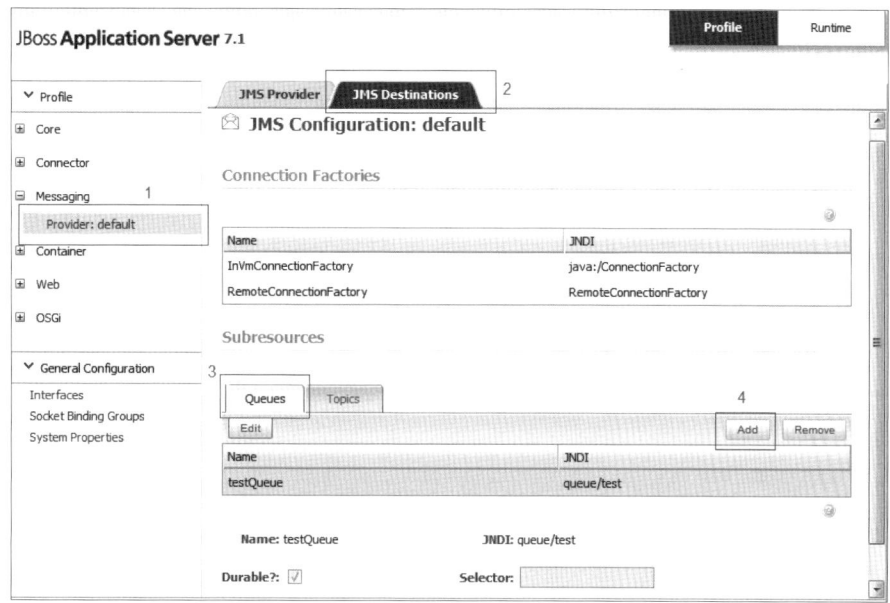

예를 들어, 새 Queue를 만들 필요가 있다면 할 일은 다음과 같다. 다음 간단한 대화 상자를 통해 완료할 수 있다.

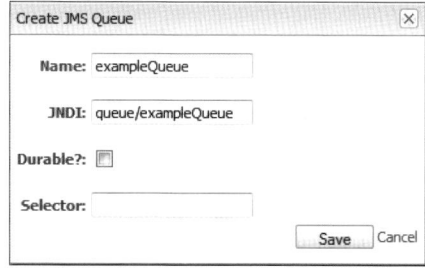

save 할 때 새 JMS 리소스는 JMS 서브시스템 패널(그럴 뿐만 아니라 메인 설정 파일에 유지)에 등록된다.

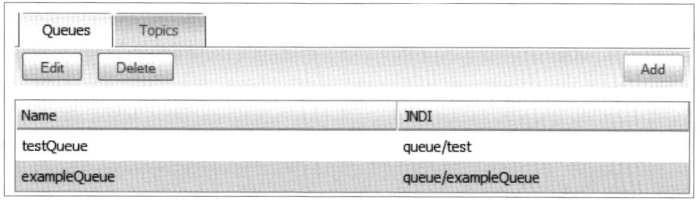

소켓 바인딩 그룹 설정

다른 애플리케이션이나 다른 Jboss AS의 인스턴스와 포트 충돌을 해결하기 위해 애플리케이션 서버의 소켓 바인딩을 변경할 경우 사용된다. **도메인** 모드에서 실행할 때 4장 JBoss 웹 서버 설정에서 확인한 것처럼 서버 오프셋offset 포트를 지정하는 것이 도메인 서버에 설정할 수 있는 최고의 방법이었다.

그러나 스탠드얼론 모드에서 기동 중이며 그저 한두 개 포트를 변경하고자 할 때는 웹 콘솔을 통해 쉽게 바꿀 수 있다.

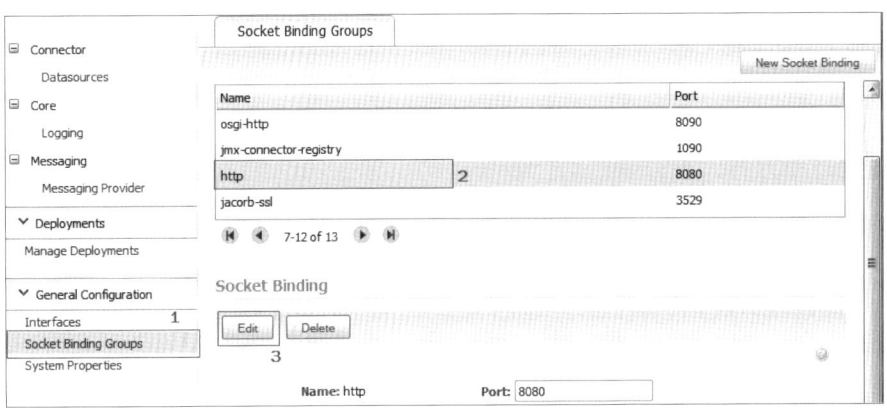

socket Binding groups(1)을 선택하고, 변경하고자 하는 소켓 바인딩을 선택한다. 예를 들면 (2) HTTP 서버 포트를 선택하고 다음으로 (3) Edit 버튼을 클릭하여 새 포트 값을 입력한다.

완료되면 Edit버튼 대신 추가된 save 버튼을 클릭한다.

 서버 재시작이 필요할 경우는 언제일까?
소켓 바인딩 그룹을 변경하면 서버의 포트를 변경하는 즉시 효과를 볼순 없다. 사실 간단하게 애플리케이션 서버를 재시작하거나 커맨드라인 인터페이스를 이용하여 :reload 명령어를 실행하는 방법으로 업데이트 된 설정을 AS에 다시 로드할 수 있다.

커맨드라인 인터페이스 혹은 웹콘솔?

명백하게 이것은 핵심을 벗어난 질문이다. 이 물음은 리눅스와 윈도우 중 더 좋은 운영 체제를 묻는 질문과 같다. 두 관리 인터페이스는 강력한 도구이고 때에 따라 하나는 또 다른 선택보다 더 나은 선택일지 모른다.

예를 들면 CLI는 비교적 짧은 시간에 애플리케이션 서버에 런타임 통계와 애플리케이션 서버의 모든 리소스를 다루는 등의 엄청난 추가를 제공한다. 더 많은 추가 기능은 애플리케이션 서버 다음 릴리스에서 제공될 예정이다.

또 다른 도구인 웹 콘솔은 리소스를 관리하기 위해 간단하고도 세련된 방법을 제공하고 쉽게 익힐 수 있다. 특히 3장, '엔터프라이즈 서비스 설정'에서 서버 시작과 서버 그룹 및 호스트를 중지하는 등의 기본 도메인 기능을 관리하는 데 요긴하게 사용할 수 있다.

다음 표에서 각 도구의 우수성에 대해 살펴보자.

도구	장점
커맨드라인 인터페이스(CLI)	전문가 시스템 관리자를 위한 귀중한 도구 통계와 같은 서버 속성을 상세하게 확인 매크로 및 배치 등의 작업을 수행
웹 콘솔	유용한 도구로서 가장 기본적인 관리 작업을 수행 최상위 도메인의 리소스 관리

요약

이 장에서는 AS 배포판의 일부인 도구와 애플리케이션 서버를 관리하는 방법을 배웠다.

많은 시스템 관리자들의 혜택이 될 수 있는 새로운 **커맨드라인 인터페이스**CLI, Command Line Interface를 알게 됐다. CLI는 AS 리소스 트리를 탐색할 수 있고 커맨드를 실행하여 읽기/수정 또는 속성을 볼 수 있다.

CLI의 장점 중 하나는 쉬운 탭 완성 기능 덕분에 복잡한 관리 업무를 구축할 수 있다는 것이다. CLI는 전형적인 트랜잭션 시스템의 **all-or-nothing** 방식[1]에서 실행할 수 있도록 배치 커맨드를 사용할 수 있다.

다른 관리 도구 웹 인터페이스는 직관적이고 간단한 인터페이스를 사용하여 서버 설정을 조작할 수 있다. 많은 전문 지식을 필요로하지 않는 이상적인 도구로 기본적인 관리 작업을 수행해야 하는 시스템 관리자를 위한 것이다.

이 시점에서 다음 8장에서 다룰 애플리케이션 서버의 클러스터링을 제공하기 위해 논의하는 복잡한 주제를 이해하려면 필수 성분인 애플리케이션 확장성과 고가용성에 대한 충분한 전문 지식을 가지고 있어야 한다.

---

1 all or nothing 방식: 일반적으로 트랜잭션 시스템에서 사용되는 방식으로 전부 되거나 혹은 되지 않거나 하는 방식 – 옮긴이

8
클러스터링

8장에서는 애플리케이션의 **확장성** 및 **고가용성**을 위해 필요한 컴포넌트와 AS 7 클러스터링 기능에 대해 알아본다.

사실, 클러스터링을 위해 필요한 것이 하나 더 있는데 여러 AS 인스턴스로 트랙픽 부하를 분산하는 **로드밸런싱**load balancing 기능이다. 하지만 로드밸런싱은 일반적으로 애플리케이션 서버의 앞에 웹 서버를 설정해서 사용하는 모든 엔터프라이즈 애플리케이션의 공통적인 부분이므로 로드밸런싱에 관한 것은 9장에서 다루기로 하고, 8장에서는 다음 주제에 관해 알아본다.

- 스탠드얼론 서버 혹은 도메인 서버 설정을 사용해서 클러스터를 설치하는 데 이용할 수 있는 모든 옵션을 살펴본다.
- 클러스터 빌딩 블록cluster-biuilding block를 설정하는 효과적인 방법을 알아본다.
    - **제이그룹스**JGroups 서브시스템은 노드들 사이의 통신을 위해서 사용한다.
    - **인피니스팬**Infinispan 서브시스템은 고급 데이터 그리드Data Grid 플랫폼을 사용해서 클러스터의 일관성을 처리한다.
    - **메시징**Messaging 서브시스템은 클러스터링 가능한 구현체인 호넷큐HornetQ 를 사용한다.

JBoss 클러스터링 설치

참을성 없는 독자를 위해 AS 7 클러스터 구동 방법에 대해 바로 알아보자.

JBoss 이전 버전은 공통의 default 설정과 사실상 분리된 all 서버 설정 안에 패키징된 클러스터링 라이브러리들이 있었다.

다시 말하면 AS 7에서는 설정 파일과 라이브러리들이 함께 번들된 서버 설정이 더는 존재하지 않는다. 서버 프로파일profile을 생성하기 위해 새로운 XML 설정 파일을 만드는 게 전부다.

스탠드얼론 서버는 하나의 프로파일만 가질 수 있기 때문에, AS 7은 모든 클러스터링 서브시스템들이 포함된 분리된 설정 파일인 standalone-ha.xml이 들어있다.

반면에, 도메인 서버는 여러 개의 프로파일을 domain.xml 설정파일에 저장할 수 있어서 이 파일을 클러스터링 도메인과 비클러스터링 도메인 서버 둘 다를 위해 사용할 수 있다.

하지만, 클러스터링과 도메인은 서로 방해하지 않는 분리된 개념이다. 클러스터링의 목표는 확장성, 로드밸런싱 그리고 고가용성을 제공하는 것이고, 도메인은 중앙집중화된 도메인 설정을 공유하고, 하나의 유닛으로 관리할 수 있는 논리적인 서버 그룹이다.

따라서, 스탠드얼론 서버와 도메인 서버의 클러스터를 구성하고 시작하는 각기 다른 방법을 설명하겠다.

스탠드얼론 서버 클러스터링 설치

스탠드얼론 서버 클러스터링은 일반적으로 개발/테스트 환경을 위해 선택한다. 그렇다고 해서 운영환경에 사용하지 못한다는 건 아니지만, 도메인 서버에 있는 클러스터 노드들을 관리하기 위한 몇 가지 도구를 준비해야 한다.

스탠드얼론 서버를 위해 가능한 클러스터링 설정은 두 개의 주요 시나리오로 나눌 수 있다.

- 다른 장비에서 운영되는 AS 노드 클러스터
- 같은 장비에서 운영되는 AS 노드 클러스터

각 클러스터 시나리오를 알아보자.

다른 장비에서 운영되는 AS 노드 클러스터

각 서버 애플리케이션이 분리된 장비에 설치되어 있다면, **수평적으로 확장된** horizontal-scaled 클러스터를 계획한다는 것이다. 설정 면에서 이것은 최소의 노력만을 요구하는데, 단일 스탠드얼론 서버에 각 장비의 IP 주소를 서버에 바인딩하고 클러스터에 따르는 설정을 사용하는 서버를 기동 시키는 것이 전부이다.

다음 그림과 같이 간단한 두 개의 노드로 예제를 만들어 보자.

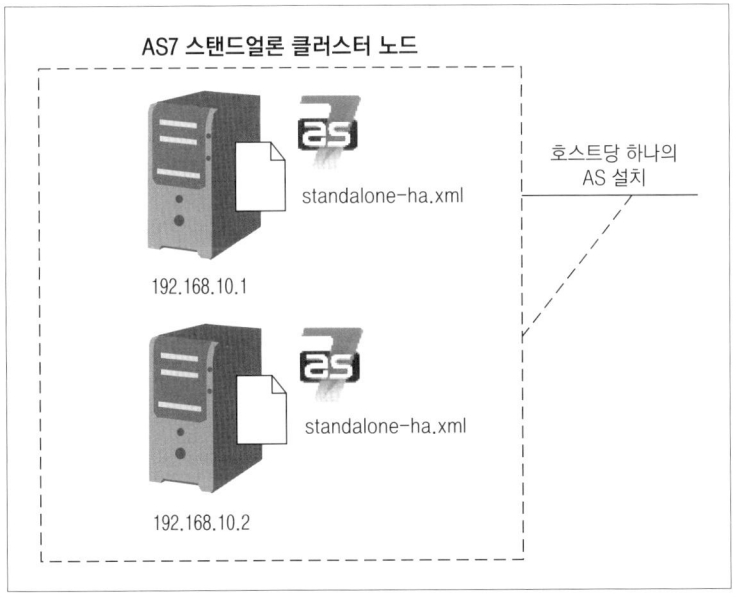

각 AS 7의 standalone-ha.xml 파일을 열고 interfaces 부분으로 간다. interface 요소 내에 스탠드얼론 서버의 IP 주소를 추가한다. 첫 번째 장비에는 IP 주소 192.168.10.1로 바인딩을 한다.

```
<interfaces>
    <interface name="management">
        <inet-address value="192.168.10.1"/>
    </interface>
    <interface name="public">
        <inet-address value="192.168.10.1"/>
    </interface>
</interfaces>
```

두 번째 장비에는 IP 주소 192.168.10.2로 바인딩을 한다.

```
<interfaces>
    <interface name="management">
        <inet-address value="192.168.10.2"/>
    </interface>
    <interface name="public">
        <inet-address value="192.168.10.2"/>
    </interface>
</interfaces>
```

설정을 변경하는 것은 이것이 유일하다. 다음과 같이 클러스터를 시작하기 위해서 스탠드얼론 서버는 standalone-ha.xml 설정파일을 사용한다는 것을 명시해야 한다.

standalone.bat --server-config=standalone-ha.xml

버전 7.0.2부터 서버 바인딩 주소를 제공하기 위해 -b 옵션을 부활시켰다. 게다가, management-interface 주소를 명시하기 위해 -bmanagement 옵션을 사용할 수 있다. 그래서 이전 설정에서 첫 번째 서버에는 설정을 다음과 같이 할 수 있다.

standalone.bat --server-config=standalone-ha.xml -b 192.168.10.1 -bmanagement 192.168.10.1

그리고 두 번째 서버에는 다음과 같이 할 수 있다.

standalone.bat --server-config=standalone-ha.xml -b 192.168.10.2 -bmanagement 192.168.10.2

순식간에 서버들이 기동은 하지만 콘솔에 클러스터링 노드들에 대한 자세한 정보는 찾지 못한다. 왜 그럴까? AS 7과 이전 버전들과의 가장 분명한 차이점 중 하나는 클러스터링 서비스가 요구가 있을 때면 언제든지 시작하고 더 필요하지 않으면 정지한다는 것이다. 따라서 클러스터링 가능한 애플리케이션 없이 시작하면 어떤 서비스 혹은 채널도 초기화하지 않는다.

그러므로 설치를 입증하기 위한 클러스터링이 가능한 베어본 애플리케이션[1] Example.war를 배포한다. 웹 애플리케이션을 클러스터링하기 위해서 web.xml 디스크립터에 distributable 태그를 다음과 같이 추가한다.

```
<web-app>
    <distributable/>
</web-app>
```

두 대의 장비에 애플리케이션을 배포하면, 클러스터링 서비스가 시작되고 각 장비는 클러스터 멤버를 찾는다는 것을 알 수 있다.

---

1 베어본 애플리케이션: 특정 기능을 테스트하기 위한 중요 요소만을 담고 있는 애플리케이션 – 옮긴이

팜 배포(Farm deployment)

JBoss AS 7은 더는 팜 배포 개념을 사용하지 않는다. 팜 배포는 클러스터에 애플리케이션을 로드(혹은 언로드)할 수 있는 중앙 저장소를 의미한다. 애플리케이션을 도메인 서버에 배포하려고 하면, 애플리케이션을 배포할 서버 그룹을 선택할 수 있다. 따라서 팜 배포 폴더는 전혀 필요하지 않다.

스탠드얼론 노드에 애플리케이션을 배포하려고 하면, 가장 좋은 전략은 애플리케이션을 모든 서버 노드에 배포하는 CLI 스크립트를 만드는 것이다. 예를 들면 deploy.cli을 만들자.

```
connect 192.168.10.1
deploy Example.war
connect 192.168.10.2
deploy Example.war
```

이제 jboss-cli.bat 셸을 사용해서 실행할 수 있다. (원격 management interface에 접속하기 위해서 --username과 --password를 사용한다)

```
jboss-cli.bat --user=username --password=password
--file=deploy.cli
```

같은 장비들에서 서버 클러스터링

스탠드얼론 설정의 두 번째는 서버 노드가 (모두 혹은 몇몇이) 동일 장비에 있을 경우이다. 이 시나리오는 일반적으로 시스템에 더 많은 하드웨어를 추가함으로써 아키텍처를 **스케일업**scale-up할 때 적용한다.

같은 장비에 서버 노드들을 설정하면 분명히 파일시스템에 AS 7이 중복된다. 그래서 서버 사이에 포트 충돌을 피하려고 다음과 같이 두 가지 중 하나를 선택해야 한다.

- 같은 장비에 다중 IP 주소를 정의한다.
- 각 서버를 위한 포트 오프셋을 정의한다.

다중 IP 주소를 사용하는 같은 장비 클러스터링 설치

이는 **멀티호밍**multihoming으로 알려졌고, 작동하기 위해서는 약간의 OS 작업이 필요하다. 분명히 각 운영시스템은 그것을 작동하기 위해서 다르게 접근하고, 또한 버전에 따라 다를 수도 있다. 멀티호밍을 구성하기 위해 가능한 모든 방법을 설명하는 것은 이 책의 범위를 벗어나므로 단 두 가지 일반적인 시나리오를 보여주겠다.

리눅스를 사용하는 경우, 각각의 IP 주소를 활성화하기 위해 `ifconfig` 커맨드를 실행한다.

```
# ifconfig eth0 192.168.10.1 up
# ifconfig eth1 192.168.10.2 up
```

윈도우를 사용하는 경우, 네트워크 구성 패널에서 이더넷 카드의 TCP-IP 속성으로 이동해서 Advanced 버튼을 클릭하고 클러스터 일부가 될 모든 주소를 추가한다.

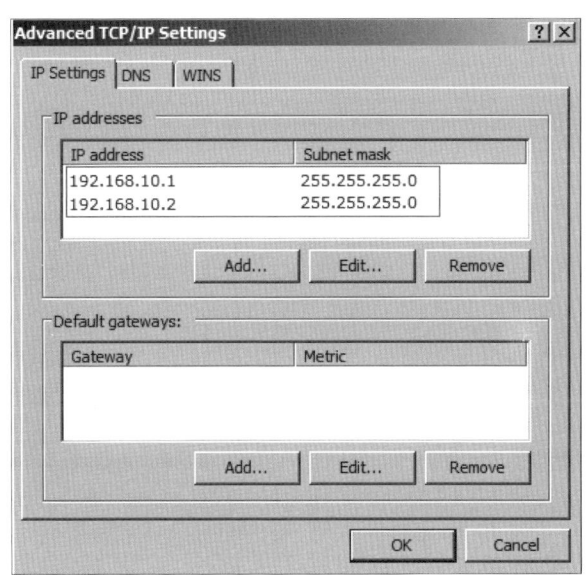

일단 네트워크 인터페이스를 올바르게 구성했다면, standalone-ha.xml 파일을 업데이트하면 된다. 다중 호스트 클러스터에서 설명한 것과 같은 단계를 수행한다(각 서버 배포를 위해 인터페이스 섹션에 가서 중첩된 interface 요소에 스탠드얼론 서버의 IP 주소를 넣는다).

결국, 첫 번째 서버 배포는 IP 주소 192.168.10.1에 그리고 두 번째는 192.168.10.2에 바인딩 된다(대안으로, 7장에서 설명한 -b와 -bmanagement를 사용한다). 다음 그림에서는 이 시나리오를 보여준다.

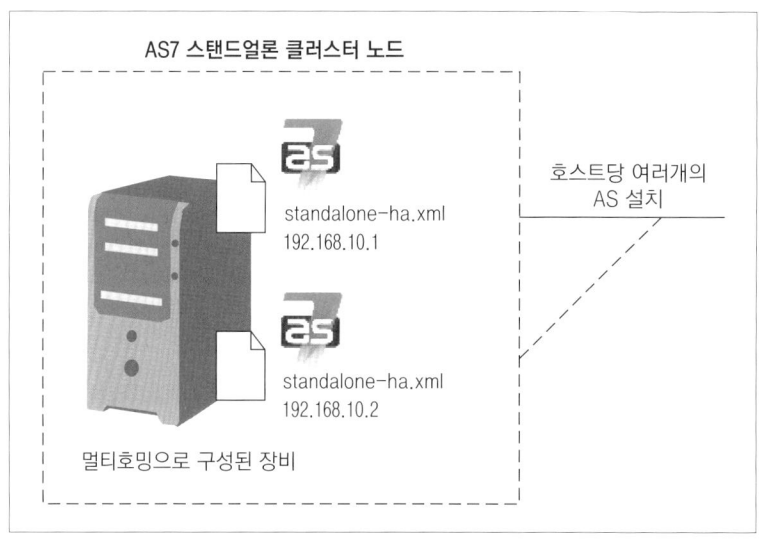

같은 장비에 포트 오프셋을 사용해서 클러스터링 설치

멀티호밍을 설정하는 것이 항상 가능하지는 않다, 왜냐하면 어느 정도의 관리자 경험이 필요할 수도 있고 장비에 대한 권한이 부족할 수도 있기 때문이다. 둘 중에 어느 경우에서도 각 클러스터 멤버에 대해 포트 오프셋을 정의함으로써 클러스터링을 설정할 수 있다.

각 서버에 대해 포트 오프셋을 정의함으로써 전체 기본 서버 바인딩 인터페이스는 고정된 크기로 이동한다. 따라서 같은 IP 주소와 같은 포트를 가지는 두 개의 서버는 없다.

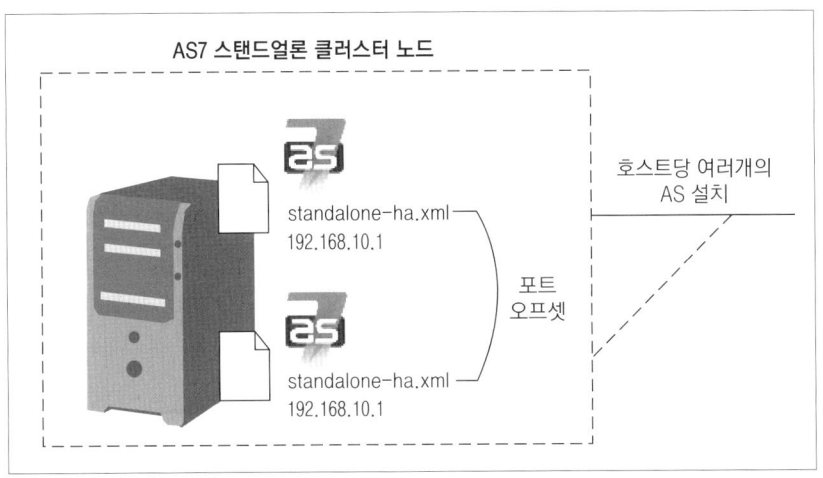

이 구성을 사용하는 경우, 같은 서버 네트워크 주소를 같은 IP 주소에 바인딩할 수 있다. 그래서 모든 서버 배포를 위해, 다음과 같이 standalone-ha.xml 파일을 설정한다.

```
<interfaces>
    <interface name="management">
        <inet-address value="192.168.10.1"/>
    </interface>
    <interface name="public">
        <inet-address value="192.168.10.1"/>
    </interface>
</interfaces>
```

그리고 나서, 첫 번째 서버는 기본 소켓 바인딩 포트를 사용한다.

```
<!--server 1 UNCHANGED -->

<socket-binding-group name="standard-sockets" default- interface="public">
.....
</socket-binding-group>
```

반면에 두 번째는 150의 `port-offset` 요소를 명시한다.

```xml
<!--server 2 -->

<socket-binding-group name="standard-sockets" default- interface="public"
port-offset="150">
......
</socket-binding-group>
```

또한, 포트 충돌을 방지하기 위해, 관리 인터페이스를 위해 다른 포트를 선택해야 한다. 다시, 첫 번째 서버를 위한 기본값을 남겨둔다.

```xml
<!--server 1 UNCHANGED -->

<socket-binding-group name="standard-sockets" default- interface="public" >
    ......
    <socket-binding name="management-native" interface="management"
      port="9999"/>
    <socket-binding name="management-http" interface="management"
      port="9990"/>
    ......
</socket-binding-group>
```

두 번째 서버 배포에는 다른 포트를 준다.

```xml
<!--server 2 -->

<socket-binding-group name="standard-sockets" default- interface="public"
port-offset="150">
    ......
    <socket-binding name="management-native" interface="management"
      port="19999"/>
    <socket-binding name="management-http" interface="management"
      port="19990"/>
    ......
</socket-binding-group>
```

클러스터 설정이 완료됐다. 다음과 같이 설정 파일을 인수로 넣고 각 서버 배포를 시작해서 확인한다.

```
standalone.bat --server-config=standalone-ha.xml
```

도메인 서버 클러스터링 설치

도메인 서버를 설정할 때, 클러스터링 서브시스템이 이미 주 설정 파일인 domain.xml의 일부임을 알 것이다.

사실, AS7 도메인은 애플리케이션 서버에서 사용하는 다른 프로파일로 클러스터링을 다룬다. domain.xml 파일을 열면 두 개의 프로파일로 된 애플리케이션 서버가 있다.

- 비클러스터링 환경을 위해서 사용되는 default 프로파일
- 클러스터링 환경을 위한 ha 프로파일

따라서, 도메인에서 클러스터링을 사용하기 위해, 처음에 ha 프로파일을 가리키는 서버 그룹을 설정해야 한다.

두 개의 서버그룹을 사용하는 예제 설정을 만들어 보자.

```
<server-groups>
    <server-group name="main-server-group" profile="ha">
        <jvm name="default">
            <heap size="64m" max-size="512m"/>
        </jvm>
        <socket-binding-group ref="ha-sockets"/>
    </server-group>

    <server-group name="other-server-group" profile="ha">
        <jvm name="default">
            <heap size="64m" max-size="512m"/>
        </jvm>
        <socket-binding-group ref="ha-sockets"/>
    </server-group>
</server-groups>
```

socket-binding-group 요소에서 강조되었듯이 클러스터를 위해 사용되는 모든 소켓 바인딩은 ha-socket 그룹을 참조한다.

```
<socket-binding-group name="ha-sockets" default-interface="public">
    <socket-binding name="http" port="8080"/>
    <socket-binding name="https" port="8443"/>
    <socket-binding name="jgroups-diagnostics" port="0" multicast-
```

```
                address="224.0.75.75" multicast-port="7500"/>
        <socket-binding name="jgroups-mping" port="0" multicast-
                address="230.0.0.4" multicast-port="45700"/>
        <socket-binding name="jgroups-tcp" port="7600"/>
        <socket-binding name="jgroups-tcp-fd" port="57600"/>
        <socket-binding name="jgroups-udp" port="55200" multicast-
                address="230.0.0.4" multicast-port="45688"/>
        <socket-binding name="jgroups-udp-fd" port="54200"/>
        <socket-binding name="jmx-connector-registry" port="1090"/>
        <socket-binding name="jmx-connector-server" port="1091"/>
        <socket-binding name="jndi" port="1099"/>
        <socket-binding name="modcluster" port="0" multicast-
                address="224.0.1.105" multicast-port="23364"/>
        <socket-binding name="osgi-http" port="8090"/>
        <socket-binding name="remoting" port="4447"/>
        <socket-binding name="txn-recovery-environment" port="4712"/>
        <socket-binding name="txn-status-manager" port="4713"/>
</socket-binding-group>
```

마지막 노력은 도메인(혹은 클러스터)의 일부인 서버를 정의하는 것이다. 작업을 쉽게 하기 위해, 배포판에 있는 것과 같은 도메인 서버 리스트를 재사용한다.

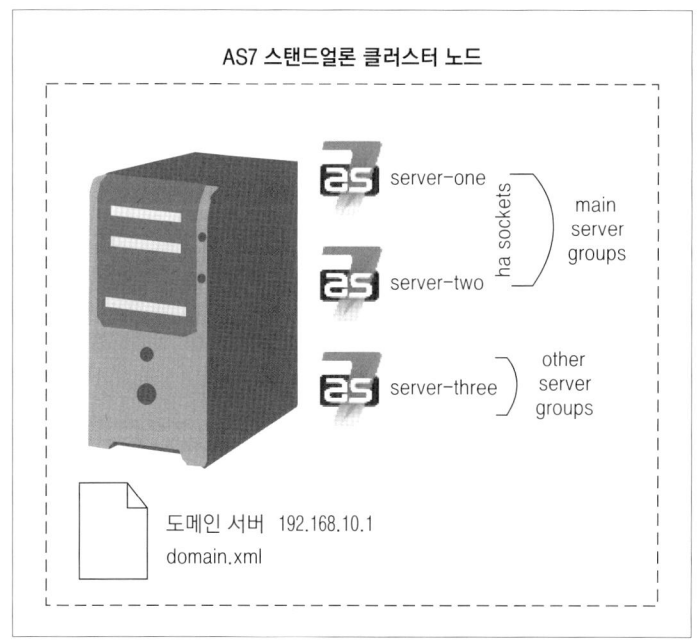

각 서버에 대해, host.xml 파일 내에 아래의 ha-sockets의 소켓 바인딩 그룹을 참조한다.

```xml
<servers>
    <server name="server-one" group="main-server-group">
        <socket-binding-group ref="ha-sockets" port-offset="150"/>
        <jvm name="default"/>
    </server>

    <server name="server-two" group="main-server-group" auto-start="true">
        <socket-binding-group ref="ha-sockets" port-offset="250"/>
        <jvm name="default"/>
    </server>

    <server name="server-three" group="other-server-group" auto-start="false">
        <socket-binding-group ref="standard-sockets" port-offset="350"/>
        <jvm name="default"/>
    </server>
</servers>
```

클러스터링된 도메인은 실행 준비가 되었다. 표준 배치 스크립트(domain.bat / domain.sh)를 사용하여 서버의 도메인을 실행하면 서버 그룹은 이제 ha 프로파일을 가리키고 두 개의 노드 클러스터를 만든다.

클러스터링 트러블슈팅

클러스터 통신은 UDP와 클러스터 주변에 멀티캐스트 정보를 사용하여 기본적으로 수행된다. 일반적으로 다음과 같은 이유 중에 하나로 문제가 발생하는 경우가 대부분이다.

- 노드가 방화벽 뒤에 있다. 노드가 서로 다른 장비에 있는 경우 다음 방화벽이 멀티캐스트를 차단할 수 있다. 각 노드에 대해 방화벽을 비활성화하거나 적절한 규칙을 추가하여 테스트할 수 있다.
- 홈 네트워크를 사용하거나 게이트웨이 뒤에 있다. 일반적으로, 홈 네트워크는 인터넷 서비스 공급자에게 어떤 트래픽을 전달하는데, 그 트래픽은 ISP에

의해 삭제되거나, 손실된다. 이 문제를 해결하려면, 로컬 네트워크에서 멀티캐스트 트래픽을 다시 리다이렉션하는 방화벽/게이트웨이에 라우트를 추가한다.

사실 제이그룹스는 멀티캐스트 통신을 테스트하는 데 사용할 수 있는 두 개의 테스트 프로그램 McastReceiverTest와 McastSenderTest를 함께 제공한다. 다음 예제와 같이 McastReceiverTest를 시작한다.

`java -classpath jgroups-3.0.0.Final.jar org.jgroups.tests.McastReceiverTest -mcast_addr 224.10.10.10 -port 5555`

그러고 나서, McastSenderTest를 시작한다.

`java -classpath jgroups-3.0.0.Final.jar org.jgroups.tests.McastSenderTest -mcast_addr 224.10.10.10 -port 5555`

 jgroups-3.0.0.Final.jar는 서버 배포판의 경로 JBOSS_HOME/modules/org/jgroups/main에 있을 수 있다.

멀티캐스트가 제대로 동작하는 경우, McastSenderTest 창에 입력할 수 있어야 하고 다음 그림과 같이 McastReceiverTest에서 출력을 볼 수 있어야한다.

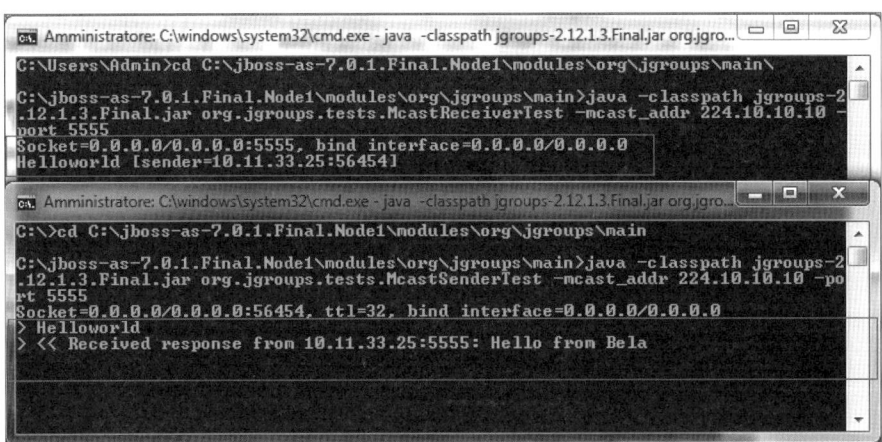

마지막으로 기본 멀티캐스트 주소나 포트에 문제가 발생하는 경우 `jgroups-udp` 소켓 바인딩을 언제든지 변경할 수 있다.

```
<socket-binding name="jgroups-udp" port="55200" multicast-
address="${jboss.default.multicast.address:230.0.0.4}" multicast-
port="45688"/>
```

 이전 서버 버전에서 업그레이드하는 경우, 이 커맨드는 5/6 AS 옵션에 해당한다 : run.sh -c all -u 225.11.11.11 -m 45688

JBoss 클러스터링 설정

JBoss AS는 클러스터링을 지원한다. 클러스터링을 다루는 올인원all-in-one 라이브러리가 있는 게 아니라 오히려 다른 종류의 측면을 포함하는 라이브러리 세트가 있다.

아래 그림은 JBoss AS 7에 적용된 기본 클러스터링 아키텍처를 보여준다.

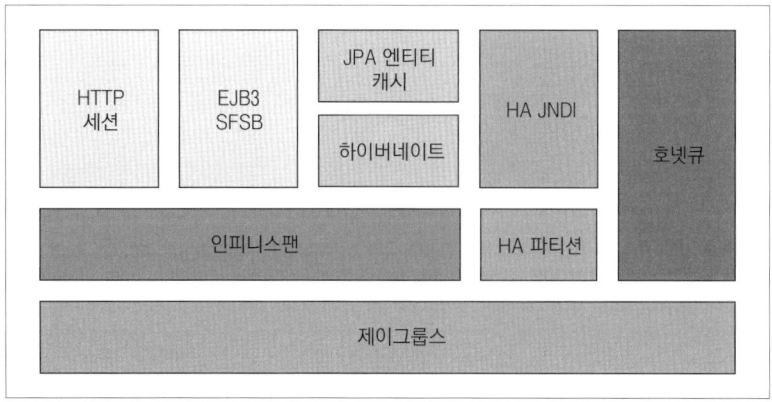

JBoss 클러스터링의 기본은 멀티캐스트 전송을 이용해서 클러스터 멤버들 간에 통신하기 위한 **제이그룹스** 라이브러리이다.

멀티캐스트는 데이터를 해당 멀티캐스트 그룹에 가입한 호스트 그룹에 동시에 전송하는 프로토콜이다. 멀티캐스트는 특정 주파수에 맞춰져 있는 라디오나 텔레비전 스트리밍으로 생각할 수 있다.

다음 빌딩 블록은 **인피니스팬**으로서 복제 및 트랜잭션 JSR-107 호환 캐시의 도움으로 클러스터들 간에 애플리케이션의 일관성을 처리한다.

제이그룹스 서브시스템 설정

제이그룹스 API는 신뢰할 수 있는 통신 프로토콜을 사용하는 클러스터 내의 노드들 간에 통신을 처리한다. 프로세스가 그룹에 참여 하고 모든 멤버나 하나의 멤버에게 메시지를 보내고 그룹 내의 멤버들에게서 메시지를 받을 수 있다. 시스템은 모든 그룹의 멤버를 추적하고, 새로운 멤버가 추가되거나 있던 멤버가 없어지면 그룹 내의 멤버들에게 알린다.

그룹의 멤버 프로세스는 같은 **근거리 통신망**LAN, Local Area Network 내의 같은 호스트에 있거나 **광역 통신망**WAN, Wide Area Network에 있을 수 있다. 멤버는 차례로 멀티 그룹의 한 부분일 수 있다.

다음 그림은 제이그룹스의 아키텍처를 자세히 설명한다.

제이그룹스 프로세스는 기본적으로 세 부분, 즉 **채널**, **빌딩블록**, **프로토콜 스택**으로 구성되어 있다.

채널은 신뢰할 수 있는 그룹 통신 애플리케이션을 만들기 위해 애플리케이션 프로그래머가 사용하는 간단한 소켓 인터페이스다.

빌딩블록은 높은 수준의 인터페이스가 필요할 때마다 채널 대신 사용할 수 있는 채널 상위 계층의 추상화 인터페이스다.

프로토콜 스택은 메시지가 교차하는 데 필요한 계층 프로토콜 목록이 있다. 레이어는 반드시 전송 프로토콜에 해당하지는 않다. 예를 들면, 레이어는 메시지를 조각화 하거나 조립하는 것을 다룰 수도 있다. 중요한 것은 메시지가 전송되면 스택에 안으로 들어가고 반대로 받을 때는 거꾸로 오는 것을 이해하는 것이다.

예를 들면, 위 그림에서 PING 프로토콜이 처음으로 실행되고 그러고 나서 MERGE2, FD_SOCK 마지막으로 FD 프로토콜이 실행된다. 반대로 메시지를 받을 때는, FD 프로토콜을 처음으로 만나고 FD_SOCK에서 PING까지 차례로 만난다.

말했듯이, 제이그룹스 API는 이미 JBoss AS 이전 버전에서 사용했는데, 거기에서 개발자들은 특화된 설정 파일셋에 제이그룹스 채널을 정의하는 데 사용했다. JBoss AS 7에서 제이그룹스 설정은 주설정 파일인 standalone.xml/domain. xmlhttp://standalone.xml/domain.xml에 내장되어 있고 더 정확하게는 제이그룹스 서브시스템에 있다.

거기서 유효한 전송 소켓 리스트를 찾을 수 있다. 아래에 노드간 통신에 사용되는 기본 UDP 스택이 있다.

```
<subsystem xmlns="urn:jboss:domain:jgroups:1.0" default-stack="udp">
    <stack name="udp">
        <transport type="UDP" socket-binding="jgroups-udp" diagnostics-
          socket-binding="jgroups-diagnostics"/>
        <protocol type="PING"/>
        <protocol type="MERGE2"/>
        <protocol type="FD_SOCK" socket-binding="jgroups-udp-fd"/>
        <protocol type="FD"/>
        <protocol type="VERIFY_SUSPECT"/>
        <protocol type="BARRIER"/>
        <protocol type="pbcast.NAKACK"/>
        <protocol type="UNICAST"/>
        <protocol type="pbcast.STABLE"/>
        <protocol type="VIEW_SYNC"/>
        <protocol type="pbcast.GMS"/>
        <protocol type="UFC"/>
```

```
            <protocol type="MFC"/>
            <protocol type="FRAG2"/>
            <protocol type="pbcast.STREAMING_STATE_TRANSFER"/>
            <protocol type="pbcast.FLUSH"/>
        </stack>
        <stack name="tcp">
            ....
        </stack>
</subsystem>
```

UDP는 제이그룹스의 기본 프로토콜이고 메시지를 주고받기 위해서 멀티캐스트(혹은, 만약 유효하지 않으면 다중 유니캐스트 메시지)를 사용한다.

멀티캐스트 UDP 소켓은 여러 클라이언트로부터 데이터그램을 주고받을 수 있다. 멀티캐스트의 흥미롭고 유용한 특징은 클라이언트가 호스트의 정확한 IP 주소를 모르더라도, 단일 패킷으로 다중의 서버와 접촉할 수 있다는 것이다.

 AS 7 마이그레이션 노트

AS 5/6 버전에서는, 커맨드라인 프로퍼티 -Djboss.default.jgroups.stack=tcp에 프로토콜 스택 사이를 스위칭하는 데 사용했다.

AS 7을 사용하는 이유는 훨씬 쉽기 때문이다. default-static 속성을 변경하는 것이 전부이다. 예를 들면, 아래와 같이 거의 변경 없이 TCP 프로토콜을 변경할 수 있다.

```
<subsystem xmlns="urn:jboss:domain:jgroups:1.0" default-
    stack="tcp">
```

TCP 스택은 IP 멀티캐스팅이 네트워크에서 사용될 수 없을 경우(예를 들면, disabled 됐을 경우) 혹은 WAN(생각할 수 있지만, 원격 지리적 사이트를 가로질러서 데이터를 공유하는 것은 성능 관점에서는 끔찍한 옵션이다)을 통해서 네트워크를 생성하기를 원할 때다.

제이그룹스 프로토콜의 모든 단일 프로토콜들에 대한 자세한 설명은 이 장의 범위를 벗어난다. 다음 표와 같이 간단한 설명만 하겠으니, 제이그룹스에 대한 자세한 사항은 제이그룹스 홈페이지(http://jgroups.org/manual/html/index.html)를 참조하길 바란다.

Category	Usage	Protocols
Transport	네트워크를 통해서 메시지를 주고받는 것을 책임진다.	IDP, TCP, TUNNEL
Discovery	클러스터에서 활성화된 노드를 찾아서 코디네이터가 무슨 노드인지 결정하는 데 사용된다.	PING, MPING, TCPPING, TCPGOSSIP
Failure Detection	노드의 장애를 찾기 위해 클러스터 노드를 조사하는 데 사용한다.	FD, FD_SIMPLE, FD_PING, FD_ICMP, FD_SOCK, VERIFY_SUSPECT
Reliable Delivery	메시지가 실제로 전송이 되고 목적지 노드까지 순서(FIFO)대로 전송이 되게 한다.	CAUSAL, NAKACK, pbcast.NAKACK, SMACK, UNICAST, PBCAST
Group Membership	노드가 조인, 삭제 그리고 장애시에 클러스터에 알리는 데 사용된다.	pbcast.GMS, MERGE, MERGE2, VIEW_SYNC
Flow Control	노드 간에 데이터 전송률을 데이터 수신율에 적용하는 데 사용된다.	FC
Fragmentation	특정 사이즈 보다 큰 메시지를 조각내고, 수신측에서는 다시 합친다.	FRAG2
State transfer	새로 조인된 노드와 존재하는 노드로부터 애플리케이션 상태(바이트 배열로 직렬화된)를 동기화한다.	pbcast.STATE_TRANSFER, pbcast.STREAMING_STATE_TRANSFER
Distributed garbage collection	이 프로토콜은 각 노드에서 메모리로부터 모든 노드에 의해 보이는 것을 주기적으로 삭제한다.	pbcast.STABLE

프로토콜 스택 커스터마이징

최하위 레벨에서 통신 설정을 커스터마이징한다면, 제이그룹스가 사용하는 기본 프로퍼티 혹은 단일 프로퍼티를 오버라이딩할 수 있다. 예를 들면, 다음 설정은 제이그룹스 UDP 스택이 사용하는 기본 송수신 버퍼를 변경하기 위해 사용할 수 있다.

```xml
<subsystem xmlns="urn:jboss:domain:jgroups:1.0" default-stack="udp">
    <stack name="udp">
        <transport type="UDP" socket-binding="jgroups-udp" diagnostics-
          socket-binding="jgroups-diagnostics">
            <property name="ucast_recv_buf_size">50000000</property>
            <property name="ucast_send_buf_size">1280000</property>
            <property name="mcast_recv_buf_size">50000000</property>
            <property name="mcast_send_buf_size">1280000</property>
        </transport>
        .......
    </stack>
</subsystem>
```

UDP를 기본으로 하는 제이그룹스 채널의 송수신 버퍼를 변경하기 위해서, 제이그룹스가 UDP 데이터그램(datagram)의 손실을 줄임으로써 메시지를 재전송할 필요성을 제한하는 게 중요하다.

하지만, OS가 제공하는 실제 버퍼 크기는 OS 레벨 최댓값에 의해 제한된다. 따라서 경험으로 제이그룹스의 통신 설정을 최대한 이용하기 위해서 항상 OS를 설정해야 한다.

만약 통신 레벨이나 프로토콜 레벨에서 사용할 수 있는 모든 유효한 프로퍼티를 한번 보고 싶다면, 서버의 JBOSS_HOME/docs/schema 폴더에서 유효한 제이그룹스 XSD 파일을 찾아봐라.

인피니스팬 서브시스템 설정

클러스터의 필수 중에 하나는 멤버들 간의 데이터 동기화다. 그래서 한 노드가 장애가 발생할 경우, **고가용성**으로 알려졌듯이 애플리케이션과 그 세션은 클러스터의 다른 멤버에서 유지할 수 있다. JBoss AS 6과 같이 AS 7은 클러스터링 기능을 위해서 뒤에서 분산 캐시 솔루션인 인피니스팬을 사용한다. 인피니스팬 API는 이전 JBoss 캐시 라이브러리를 대체해서 (네이티브 구현을 사용하는) 스탠드얼론 데이터 그리드 플랫폼data-grid platform으로 사용할 수 있거나, 혹은 애플리케이션 서버에 내장할 수 있다.

후자에 관심이 있으므로, 주 설정파일인 standalone-ha.xml/domain.xmlhttp://standalone-ha.xml/domain.xml 파일에 있는 설정정보를 간단하게 살펴보자.

아래는 인피니스팬 설정의 백본이다.

```xml
<subsystem xmlns="urn:jboss:domain:infinispan:1.1" default-cache-container="cluster">
   <cache-container name="cluster" default-cache="default">
       <alias>ha-partition</alias>
       <replicated-cache mode="SYNC" name="default" batching="true">
           <locking isolation="REPEATABLE_READ"/>
       </replicated-cache>
   </cache-container>

   <cache-container name="web" default-cache="repl">
       ....
   </cache-container>

   <cache-container name="sfsb" default-cache="repl">
       ....
   </cache-container>

   <cache-container name="hibernate" default-cache="local-query">
       ....
   </cache-container>
</subsystem>
```

스탠드얼론 인피니스팬 설정과 중요한 차이점 중에 하나는 AS 7 인피니스팬 서브시스템은 다중 cache-container 요소를 노출하는데, 반면에 네이티브 인피니스팬 설정 파일은 단일 cache-container를 위한 캐시 설정이 있다.

각 cache-container 요소는 차례로, 하나 혹은 여러 개의 캐시 정책이 있는데, 그것은 궁극적으로 어떻게 캐시 컨테이너cache container에 대해 데이터를 동기화하는지에 대해 정의한다. 캐시 컨테이너는 아래와 같은 캐싱 정책을 사용한다.

- 로컬Local: 클러스터가 만들어지는 것과 관계 없이, 값들은 로컬 노드에만 저장된다. 이 모드에서, 인피니스팬은 일반적으로 로컬 캐시로 운영된다.

- **복제**Replication: 이 정책을 사용하면, 모든 값은 모든 노드에 복제된다. 이 모드에서, 인피니스팬은 일반적으로 임시 데이터 저장소로 운영되고 증가한 힙heap공간을 제공하지 않는다.
- **분산**Distribution: 값들은 노드의 하위 집합에 분산된다. 이 모드에서, 인피니스팬은 일반적으로 증가한 힙 공간을 제공하는 데이터 그리드로 운영된다.
- **무효화**Invalidation: 값들은 캐시 저장소(데이터베이스 같은)에 저장되고, 모든 노드로부터 무효화된다. 한 노드가 값이 필요할 때, 캐시 저장소에서 값을 로딩한다. 이 모드에서, 인피니스팬은 분산 캐시로 운영되는데, 데이터 베이스와 같은 고전적인 데이터 저장소에 의해 뒷받침된다.

다음 절에서, 세션 캐시(웹 캐시와 SFSB 캐시)와 하이버네이트 캐시와 같은, 클러스터 애플리케이션을 설정하는 데 필요한 캐시 설정을 한번 살펴보자.

세션 캐시 컨테이너 설정

자바 엔터프라이즈 플랫폼은 역사적으로 세션 데이터를 저장하기 위한 두 개의 경쟁적인 솔루션이 있는데, HTTP 세션과 Stateful 세션 빈이다. 이 두 메커니즘은 개념적으로 다른데, 구현된 방식, 클러스터를 가로질러 세션 동기화를 위한 것만큼은 상당히 유사하다. 이러한 이유로, 둘사이의 유사한 점은 별도의 절에서 살펴보자.

여기 웹 캐시와 SFSB 캐시를 위한 `cache-container` 설정이 있다.

```
<cache-container name="web" default-cache="repl">
    <alias>standard-session-cache</alias>

    <replicated-cache mode="ASYNC" name="repl" batching="true">
        <locking isolation="REPEATABLE_READ"/>
        <file-store/>
    </replicated-cache>

    <distributed-cache mode="ASYNC" name="dist" batching="true">
        <locking isolation="REPEATABLE_READ"/>
        <file-store/>
    </distributed-cache>
```

```
</cache-container>

<cache-container name="sfsb" default-cache="repl">
    <alias>sfsb-cache</alias>
    <alias>jboss.cache:service=EJB3SFSBClusteredCache
    </alias>

    <replicated-cache mode="ASYNC" name="repl" batching="true">
        <locking isolation="REPEATABLE_READ"/>
        <eviction strategy="LRU" max-entries="10000"/>
        <file-store/>
    </replicated-cache>

</cache-container>
```

볼 수 있듯이, 웹 캐시 컨테이너 설정은 하나 혹은 그 이상의 캐싱 정책들이 있다. `replicated-cache`와 `distributed-cache`인데 기본은 `replicated-cache`이다. 다음 절에서, 두 캐시 모드 사이에 이미 아는 것들과 차이점들을 자세하게 살펴보자. 이제, 클러스터링 모드를 변경하고 싶으면, `default-cache` 속성을 캐시 모드에 적용하는 것이 전부라는 것을 명심하라.

걱정하듯이 멤버들 간의 데이터 동기화는 동기 메시지(SYNC) 혹은 비동기 메시지(ASYNC)를 사용해서 수행할 수 있다.

동기 메시지는 각 노드가 모든 클러스터 멤버로부터 메시지 확인을 기다리는 건데, 효율성은 최소다. 하지만 동기 모드는 클러스터의 모든 노드가 높은 일관성을 요구하는 캐시 데이터에 접근할 때 필요하다.

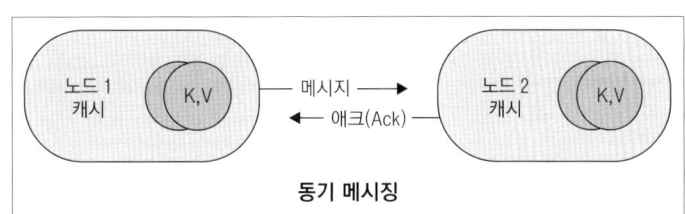

동기 메시징

비동기 메시지는 일관성보다는 오히려 속도를 강화하고 스티키 세션 sticky session 활성화와 함께 HTTP 세션 복제 같은 경우에 특히 유리하다. 이 시나리오에서,

세션은 항상 같은 클러스터 노드에 접근하고 데이터 접근이 실패할 경우에만 다른 노드에 접근한다.

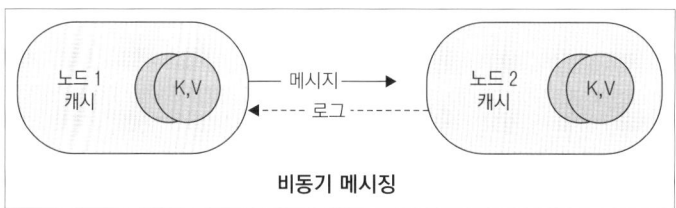

비동기 메시징

각 캐시 정의 내의 `locking-isolation` 요소를 알아야 하는데 그것은 데이터베이스의 격리 레벨과 의미론적으로 동일하다. 인피니스팬은 단지 READ_COMMITTED 혹은 REPEATABLE_READ 격리 레벨만 지원한다.

 REPEATABLE_READ는 인피니스팬이 사용하는 기본 격리 레벨이다. 이 격리락을 사용하면, 트랜잭션은 모든 읽은 데이터에 대해 읽기락을 얻고, 팬텀 읽기가 잠재적으로 발생한다.

READ_COMMITTED는 READ_COMMITTED를 통해 중요한 성능 이득을 제공한다. 그러나 쿼리로 조회되는 데이터 레코드는 다른 트랜잭션에 의한 수정을 막지 못한다.

두 개의 캐시에 포함된 또 다른 요소는 캐시된 데이터를 저장하는 경로를 설정하는 `file-store`이다. 기본 데이터는 캐시 컨테이너명으로된 디렉토리 하위의 jboss.server.data.dir 디렉토리에 쓴다. 예를 들면, 여기에 스탠드얼론 웹 캐시 컨테이너에 대한 기본 `file-store` 경로가 있다.

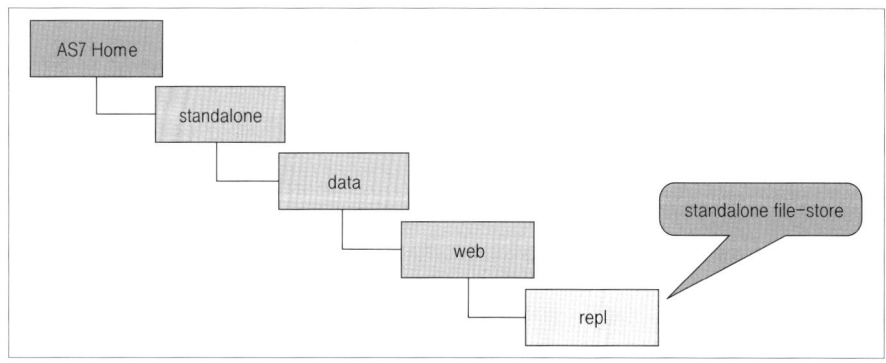

하지만 file-store 경로는 relative-to와 path 요소를 사용해서 변경할 수 있다. path 요소에 대해서는 2장에서 봤다.

<file-store relative-to="..." path="..."/>

일부분의 설정을 포함하는 요소들에 대해 명확하게 이해함으로써, 전체적인 그림을 놓치지 않고 복제 캐시와 분산 캐시 사이의 차이점에 대해 알기를 원한다.

복제와 분산 선택

복제replication를 사용할 때, 인피니스팬 캐시는 클러스터 그리드의 모든 노드에 모든 값을 저장한다. 이런 캐시 인스턴스에 추가된 값은 클러스터 내의 모든 다른 캐시 인스턴스에 복제되고, 다른 인스턴스에서 조회할 수 있다.

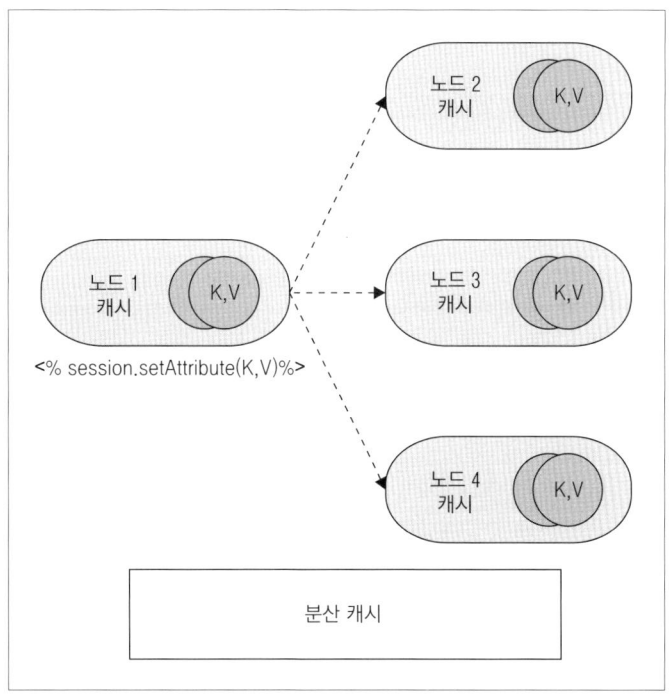

복제의 확장성은 클러스터 크기와 평균 데이터 크기의 기능이기 때문에 많은 노드와 많은 데이터 세트가 있으면 확장성의 한계에 부딪힌다.

 DATA_SIZE * NUMBER_OF_HOSTS가 각 호스트에 가용 메모리보다 작으면, 복제는 가능한 선택이다.

반면에, **분산**distributed 캐시를 사용하면, 인피니스팬은 그리드 내 노드들의 하위 집합에 모든 클러스터 값을 저장한다. 따라서 클러스터에 서버를 추가할수록 선형적으로 확장할 수 있다.

분산은 컨시스턴트 캐시 알고리즘consistent hash algorithm을 이용해서 클러스터 내의 값이 어디에 저장되는지 결정한다. 해싱 알고리즘은 복사의 수로 구성이 되는데, 각 캐시 값은 클러스터 와이드cluster-wide하게 유지되어야 한다. 복사의 수는 성능과 데이터의 내구성 사이의 상반관계trade-off를 나타낸다. 운영할 복사가 많을수록, 성능은 점점 더 나빠질 뿐만 아니라 서버 중단 때문에 데이터를 잃는 위험이 점점 커진다.

 owners 매개변수(기본값 2)를 사용해서 각 캐시 엔트리에 대한 클러스터 와이드 복제 수를 정의할 수 있다.

```
<distributed-cache owners="3" mode="ASYNC" name="dist"
batching="true">
....
</distributed-cache>
```

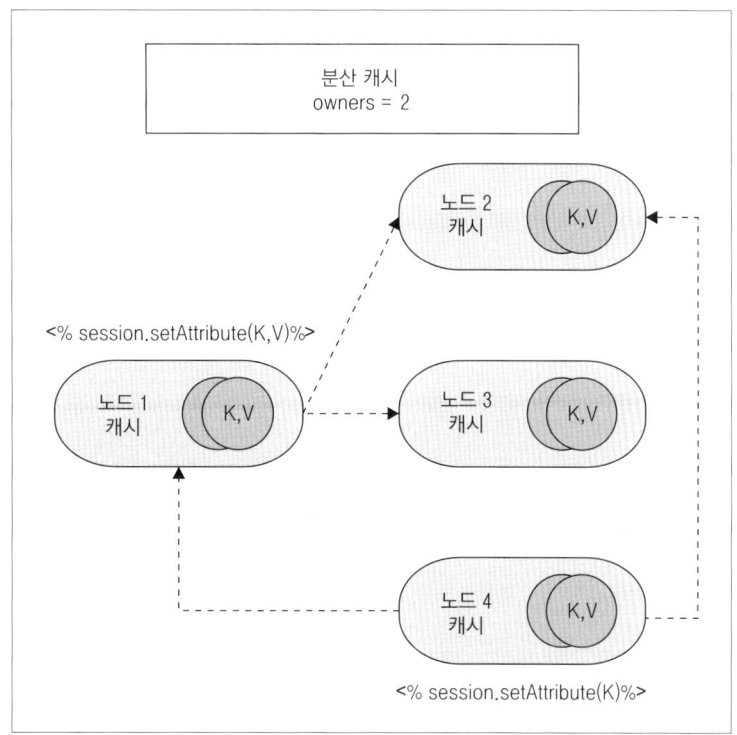

복제와 분산 사이의 선택은 클러스터 크기에 상당히 의존적이다. 예를 들면, 복제는 클러스터를 가로질러서 상태를 공유하는 빠르고 쉬운 방법을 제공한다. 하지만 작은 클러스터(10개의 서버 이하)에서 잘 동작한다. 그 이유는 클러스터 크기가 증가함에 따라 발생하는 복제할 메시지 수 때문이다.

분산 캐시에서, 복제 수는 중복과 결함 허용을 제공하기 위해 유지되지만, 일반적으로 클러스터의 노드 수보다 훨씬 작아서 분산 캐시는 복제 캐시보다 확장성이 훨씬 뛰어나다.

> **인피니스팬은 친구 복제(buddy replication)를 사용하는가?**
>
> 친구 복제는 JBoss AS의 이전 버전에서 웹 애플리케이션을 확장하는 데 가장 효과적인 솔루션이었다. 친구 복제는 클러스터의 모든 노드에 걸쳐서 데이터를 복제하는 대신에, 고정된 백업 노드 수를 선택해서 이 백업들에만 데이터를 복제하는 주요 이점을 지닌다.
>
> 한 가지 주의점이 있지만, 꽤 유용한 것은 친구 복제는 특히 HTTP 세션 복제를 위해 설계되었다. 이것은 실제 성능 효과를 달성하기 위해서 차례로 HTTP 세션 복제에서 스티키 세션으로 알려진 세션 친화력이 요구된다.
>
> 친구 복제는 JBoss AS 7에서는 버려졌다고 생각할 수도 있다. 인피니스팬의 분산 모드는 친구 복제를 기능적으로 대체한 것이다.
>
> 캐시 데이터를 잡고 있기 위해 owners의 고정된 숫자를 사용함으로써, 거의 선형적인 확장 솔루션을 제공하는 반면, 세션 친화력은 필요하지 않다. 그래서, HTTP 세션보다 사용 사례가 더 광범위하게 적용될 수 있다.

하이버네이트 캐시 설정

하이버네이트 캐시 컨테이너는 설정의 주요한 요소다. 왜냐하면, 모든 애플리케이션의 백엔드인 데이터 계층을 처리하기 때문이다. 아마 알고 있듯이, JBoss는 기본 JPA 공급자로 하이버네이트를 사용한다, 그래서 8장에서 기술된 개념은 하이버네이트 애플리케이션(JBoss AS에서 동작하도록 설정된)과 JPA 기반 애플리케이션 둘 다에 적용할 수 있다.

하이버네이트 캐시는 개념적으로 세션 기반 캐시와 다르다. 왜냐하면, 가정 자체가 다르기 때문이다. 데이터(데이터베이스 파일)를 위한 영구저장소를 가지기 때문에 복제 혹은 분산 고가용성을 달성하기 위해 클러스터를 가로지르는 엔티티의 복사가 불필요하다. 데이터가 변경됐을 경우에만 노드에 알려서, 무효화시킬 필요가 있다.

캐시가 복제보다 오히려 **무효화**invalidation를 위해 설정되었다면, 캐시에서 데이터가 변할 때마다, 클러스터 내의 다른 캐시는 메시지를 받아서 데이터가 현재 오래된 값stale이라는 정보를 알리고 메모리로부터 삭제되어야만 한다.

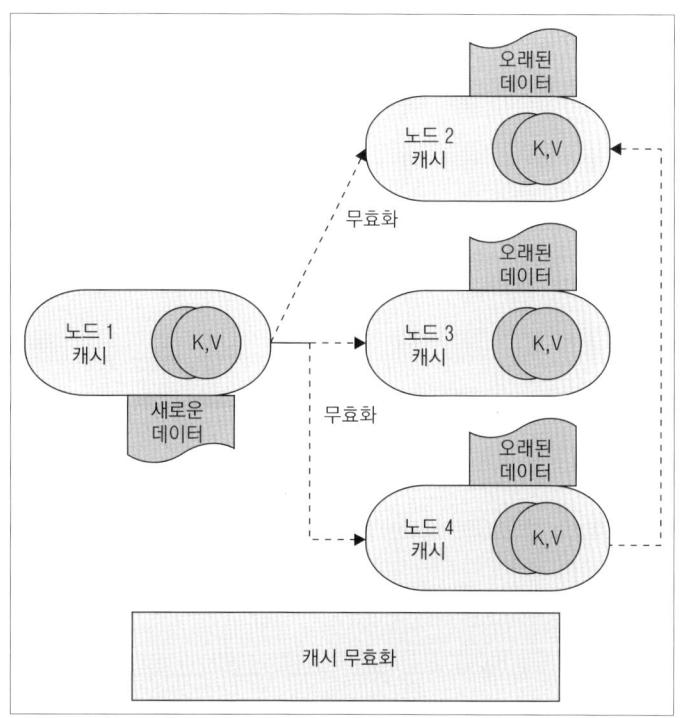

이것의 장점은 두 가지인데, 업데이트된 데이터를 복제하는 것에 비해서 무효화 메시지가 매우 적고 클러스터에 다른 캐시가 레이지lazy 방법으로 수정된 데이터를 찾는 경우 네트워크 트래픽이 최소화된다.

이제 어떻게 메커니즘이 동작하는지 연습해보자. 새로운 엔티티 혹은 컬렉션이 데이터베이스로부터 읽힐 때마다 인프라 클러스터infra-cluster트래픽을 감소시키기 위해서 **로컬** 캐싱을 한다.

```
<cache-container name="hibernate" default-cache="local-query">
    <local-cache name="local-query">
        <eviction strategy="LRU" max-entries="10000"/>
        <expiration max-idle="100000"/>
    </local-cache>
</cache-container>
```

`local-query` 캐시는 LRU 벡터에서 10000엔트리까지 저장하기 위해 설정한다. 각 엔트리는 100초 동안 아이들Idle 된다면 자동으로 캐시에서 삭제된다.

일단 캐시 엔트리가 업데이트되면, 캐시는 클러스터 내의 다른 멤버들에게 메시지를 보내서 엔티티가 변했다는 사실을 알린다. 여기에, invalidation-cache는 동작$_{play}$ 상태가 된다.

```
<invalidation-cache mode="SYNC" name="entity">
    <eviction strategy="LRU" max-entries="10000"/>
    <expiration max-idle="100000"/>
</invalidation-cache>
```

기본으로 무효화는 local-query 캐싱과 같은 eviction과 expiration 설정을 사용한다. 그것은 엔트리의 최댓값은 10,000이고 만료 때까지 대기 시간은 100초이다.

무효화는 동기$_{SYNC}$ 혹은 비동기$_{ASYNC}$로 할 수 있다. 그리고 복제의 경우에는 동기 무효화는 클러스터의 모든 캐시가 무효화 메시지를 받을 때 까지 블로킹하고, 비동기 무효화는 fire-and-forget 모드로 작동하는 동안에 오래된$_{stale}$ 데이터를 삭제하는데, 거기서 무효화 메시지는 브로드캐스팅을 하지만 블록킹을 하지 않고, 응답을 기다린다.

기본으로, 엔티티와 컬렉션은 캐시 격리 레벨로 READ_COMMITTED를 사용하도록 설정되어 있다. 하지만 애플리케이션이 하이버네이트 세션에서 엔티티를 추출해서 삭제하고 같은 트랜잭션에서 반복해서 다시 읽기를 기대한다면 REPEATABLE_READ를 설정하는 게 상식이다. REPEATABLE_READ를 사용할 필요가 있다면, entity-repeatable 캐시를 사용하기 위해 간단히 엔티티나 컬렉션을 설정할 수 있다.

```
<invalidation-cache mode="SYNC" name="entity">
    .......
    <locking isolation="REPEATABLE_READ"/>
</invalidation-cache>
```

인피니스팬 서브시스템에 포함된 코드의 마지막 부분은 timestamp 캐시와 관련이 있다. timestamp 캐시는 각 테이블을 위한 마지막 업데이트 타임스탬프를 추적한다(그 타임스탬프는 테이블이 수정될 때 업데이트된다).

이 캐시는 데이터베이스에 대해 만든 쿼리의 결과 집합을 저장하는 데 사용되는 쿼리 캐시와 연결되어 있다. '엔티티 클러스터링'이라는 절에서 쿼리 캐시에 대해 좀 더 살펴보자. 하지만 짧게 말하면 만약에 쿼리 캐시가 가능상태라면, 쿼리가 실행될 때마다, 쿼리 캐시는 쿼리가 실행되기 전에 체크된다. 테이블의 마지막 업데이트 타임스탬프가 캐시된 쿼리 결과 값의 시간보다 크면, 엔트리는 삭제되고 룩업lookup이 실패한다.

```
<replicated-cache mode="ASYNC" name="timestamps">
    <eviction strategy="NONE"/>
</replicated-cache>
```

기본으로, 타임스탬프 캐시는 클러스터링 모드로 비동기 복제로 설정되어 있다. 로컬 혹은 유효하지 않은 클러스터 모드에서는 용인되지 않는다, 왜냐하면 모든 클러스터 노드는 모든 타임스탬프를 저장해야만 하기 때문이다. 결과적으로 eviction/expiration은 타임스탬프 캐시에는 둘 다 허락되지 않는다.

하이버네이트 캐시를 위한 복제 사용

로컬 캐시와 무효화를 사용하는 대신에, 다른 클러스터 노드에 걸쳐서 엔티티를 복제하기를 바랄 경우가 있다. 이것은 다음 조건들을 충족할 때 참일 수 있다.

- 실행된 쿼리가 상당히 비싸다.
- 쿼리가 다른 클러스터 노드에서 반복되는 경향이 있다.
- 쿼리가 캐시로부터 무효화될 것 같지 않다.(하이버네이트는 쿼리의 WHERE 조건절에 포함된 엔티티 클래스들 중의 하나의 어떤 인스턴스가 변경될 때마다 캐시에서 쿼리 결과 값을 무효화 시켜야 한다.)

복제 캐시에 스위칭을 위해서, 아래와 같이 default-cache 속성값을 설정해야 한다.

```
<cache-container name="hibernate" default-cache="replicated-cache">
    ....
</cache-container>
```

고급 인피니스팬 설정

캐시 설정은 클러스터링 애플리케이션과 작동하는 데 필요하다. 하지만, 인피니스팬은 캐시를 더욱 커스터마이징할 수 있는 좋은 옵션들이 있다. 이 절에서는 스레드 설정과 기본 전송 설정을 커스터마이징하는 것을 살펴보자.

인피니스팬 스레드 설정

제이그룹스 전송을 위해서, 스레드 풀 서브시스템으로 이동해서 인피니스팬 스레드 설정을 외부화할 수 있다. 다음 스레드 풀은 `cache-container` 기본에 설정될 수 있다.

Thread pool	Description
transport	네트워크를 가로질러 데이터를 전송하는 스레드들의 스레드 풀의 크기를 준다.
listener-executor	캐시 이벤트가 발생할 때 등록하고 통지하는 데 사용되는 스레드 풀의 크기를 준다.
replication-queue-executor	캐시 데이터를 복제하는 데 사용되는 스케줄링된 복제 실행기의 크기를 준다.
eviction-executor	태스크들을 정리하는 eviction을 정기적으로 실행하는 데 사용되는 스케줄링된 실행기 서비스의 크기를 준다.

스레드 풀의 커스터마이징은 어떤 경우에는 이점을 가진다. 예를 들면, 캐시 복제 알고리즘을 적용하려고 한다면, 데이터를 복제하는 데 사용되는 스레드 수를 선택하는 것은 가치가 있을 수 있다. 다음 예제에서, 데이터를 복제하는 데 5개의 스레드와 다른 노드들에 데이터를 전송하는 데 25개의 스레드까지 정의함으로써 웹의 `cache-container`의 스레드 풀을 외부화한다.

```
<subsystem xmlns="urn:jboss:domain:infinispan:1.0" default-cache-
  container="cluster">

    <cache-container name="web" default-cache="repl" listener-
      executor="infinispan-listener"
                    eviction-executor="infinispan-eviction"
```

```
                    replication-queue-executor="infinispan-repl-queue">
        <transport executor="infinispan-transport"/>
    </cache-container>
</subsystem>
......
<subsystem xmlns="urn:jboss:domain:threads:1.0">
    <thread-factory name="infinispan-factory" priority="1"/>
    <bounded-queue-thread-pool name="infinispan-transport"/>
        <core-threads count="1"/>
        <queue-length count="100000"/>
        <max-threads count="25"/>
        <thread-factory name="infinispan-factory"/>
    </bounded-queue-thread-pool>
    <bounded-queue-thread-pool name="infinispan-listener"/>
        <core-threads count="1"/>
        <queue-length count="100000"/>
        <max-threads count="1"/>
        <thread-factory name="infinispan-factory"/>
    </bounded-queue-thread-pool>
    <scheduled-thread-pool name="infinispan-eviction"/>
        <max-threads count="1"/>
        <thread-factory name="infinispan-factory"/>
    </scheduled-thread-pool>
    <scheduled-thread-pool name="infinispan-repl-queue"/>
        <max-threads count="5"/>
        <thread-factory name="infinispan-factory"/>
    </scheduled-thread-pool>
</subsystem>
```

인피니스팬 전송 설정

인피니스팬 서브시스템은 제이그룹스 서브시스템을 사용해서 캐시데이터의 네트워크 전송을 위한 기초를 제공한다. 기본으로, 캐시 컨테이너는 `default-stack`을 사용하는데, 제이그룹스 서브시스템 안에 정의된다.

```
<subsystem xmlns="urn:jboss:domain:jgroups:1.0" default-stack="udp">
</subsystem>
```

하지만 예를 들면, 웹 캐시 컨테이너를 위한 통신으로서 TCP를 사용하고 싶다면 각 캐시 컨테이너를 위한 다른 통신을 선택할 수 있다.

```
<cache-container name="web" default-cache="repl">
    <transport stack="tcp"/>
</cache-container>
```

기본 UDP 통신은 일반적으로 큰 클러스터 혹은 너무 많은 소켓을 여는 것을 최소화하는 것으로써 복제나 무효화를 사용한다면 적절하다.

TCP 스택은 더 작은 클러스터를 위해서 잘 동작한다. 특히, 분산을 사용한다면 더욱 그렇다. TCP가 점대점 프로토콜로서 더욱 효율적인 것처럼 말이다.

메시징 서브시스템 클러스터링

JMS 제공자로 **호넷큐**HornetQ를 사용하는 메시징 서브시스템에 대해 논의하는 클러스터링 절로 마무리 짓는다.

호넷큐 클러스터는 호넷큐 서버 그룹이 메시지 프로세스 부하를 공유하기 위해서 함께 그룹핑하게 한다. 클러스터에서 각 활성화된 노드는 자기 자신의 메시지를 관리하고 그 커넥션들을 처리하는 활성화된 호넷큐 서버다.

클러스터링을 활성화하기 위해서, 서버 설정파일에 간단한 몇 가지 개선이 필요하다. 우선, JMS 서버가 클러스터 되도록 설정되어 있어야만 한다. 그래서 메시징 도메인의 제일 위에 clustered 요소를 true(기본값은 false)로 설정해야만 한다.

```
<subsystem xmlns="urn:jboss:domain:messaging:1.1">
    <hornetq-server>
        <clustered>true</clustered>
        .....
    </hornetq-server>
</subsystem>
```

다음으로, 클러스터 커넥션을 설정해야만 한다. 사실, 클러스터는 다른 서버 노드에 클러스터 커넥션을 선언하는 각 노드에 의해서 생성된다. 뒤에서, 노드가 다른 노드에 클러스터 연결을 할 때, 그것과 다른 노드들 사이에 내부적으로 코어 브리지 커넥션을 생성한다. 일단 연결이 되면, 메시지가 클러스터의 노드들 사이에 흐르게 하고 로드밸런싱을 하게 하는 데 사용될 수 있다.

`<hornetq-server>` 정의 내에서 메시징 설정에 추가될 수 있는 일반적인 커넥션 설정을 보자.

```
<cluster-connections>
    <cluster-connection name="mycluster">
        <address>jms</address>
        <connector-ref>netty</connector-ref>
        <retry-interval>500</retry-interval>
        <use-duplicate-detection>true</use-duplicate-detection>
        <forward-when-no-consumers>false</forward-when-no-consumers>
        <max-hops>1</max-hops>
    </cluster-connection>
</cluster-connections>
```

이전 설정에서, 몇 가지에 대해 기본값을 사용할 수도 있었지만, 명시적으로 여러 파라미터를 지정해왔다. 또한, 가능한 매개변수들(서버의 JBOSS_HOME/docs/schema 폴더에 있다.)의 모든 리스트를 위해서 jboss-as-messaging_1_1.xsd를 참고할 수도 있다.

`cluster-connection` 인스턴스의 `name` 속성은 설정할 클러스터 커넥션 이름을 명확하게 정의한다(메시징 서브시스템에서 설정된 제로zero 혹은 그 이상의 클러스터 커넥션을 설정할 수 있다).

`address` 요소는 필수 매개변수이고 어떻게 메시지가 클러스터에서 분산이 되는지를 결정한다. 예를 들면, 클러스터 커넥션은 jms로 시작하는 주소에 보내진 메시지를 로드밸런싱한다. 이 클러스터 커넥션은 효과적으로 모든 JMS 큐와 토픽 서브스크립션subscription에 적용된다. 왜냐하면, 그들은 하위 문자열 jms로 시작되는 코어 큐에 매핑하기 때문이다.

`connector-ref` 요소는 메시징 서브시스템의 커넥터 섹션에 정의되어 있는 커넥터를 참조한다. 이 경우에, 네티netty 커넥터(유효한 커넥터들에 대한 더 많은 정보는 3장, '엔터

프라이즈 서비스 설정' 참조)를 사용한다.

`retry-interval`은 메시지 재시도 사이의 밀리초 단위로 간격을 결정한다. 사실은, 클러스터 커넥션이 생성되고 타겟노드가 시작되지 않았거나 혹은 리부팅되고 있다면, 그때 다른 노드로부터 그 클러스터 커넥션은 `retry-interval` 시간을 사용해서 커넥션을 재시도한다.

다음은, `use-duplicate-detection`은 활성화될 때, 타겟노드에서 받는 것에 대해 필터링 하고 무시할 중복 메시지를 찾는다.

`forward-when-no-consumers` 요소는 true로 설정될 때, 비록 클러스터의 몇몇 노드에 컨슈머(consumer)가 없어도, 들어오는 각 메시지가 라운드 로빈round robin으로 분산되게 한다.

 connection-factory 요소 내에서 커넥션 로드밸런싱 정책을 명시할 수 있다. out-of-the-box 정책은 라운드로빈(round-robin)(org.hornetq.api.core.client.loadbalance.RoundRobinConnectionLoadBalancingPolicy) 그리고 랜덤(org.hornetq.api.core.client.loadbalance.RandomConnectionLoadBalancingPolicy)이다.

여기에 커넥션 팩토리를 위한 랜덤 정책을 사용하는 예제가 있다.

```
<connection-factory name="InVmConnectionFactory">
...
<connection-load-balancing-policy-class- name>org.hornetq.api.
core.client.loadbalance.RandomConnectionLoadBalancingPolicy</
connection-load-balancing-policy-class-name>
</connection-factory>
```

마지막으로, 선택 항목인 `max-hop`은 1(기본값)로 세팅되어 있는데 메시지는 이 서버에 직접 연결되어 있는 다른 호넷큐 서버에 단지 로드밸런싱을 한다는 사실을 의미한다(사실 호넷큐는 체인에서 중재자로서 다른 호넷큐 서버들과 간접적으로 그것에 연결될 수 있는 노드에 메시지를 로드밸런싱하도록 설정할 수도 있다).

메시징 인증서 설정

클러스터를 시작할 때, 서버의 콘솔(혹은 로그 메시지)에서 다음과 같은 경고를 볼 수도 있다.

```
09:29:07,573 WARNING [org.hornetq.core.server.impl.HornetQServerImpl]
(MSC service thread 1-1) Security risk! It has been detected that
the cluster admin user and password have not been changed from the
installation default. Please see the HornetQ user guide, cluster chapter,
for instructions on how to do this.
```

사실, 클러스터 커넥션을 생성하기 위해서 클러스터의 노드들 사이에서 커넥션을 생성할 때, 호넷큐는 클러스터 user와 클러스터 password를 사용한다. 이값들은 기본값에서 변경되야만 하거나 혹은 원격 클라이언트는 기본값을 사용하는 서버에 연결할 수 있을것이다. 그 값들을 기본값에서 변경하지 않는다면, 호넷큐는 이것을 감지해서 시작할 때마다 경고 메시지를 출력한다.

```
<cluster-user>user</cluster-user>
<cluster-password>password</cluster-password>
```

요약

8장에서 클러스터링을 둘러싼 많은 주제에 대해서 논의함으로써 여러분들의 끈기를 테스트했다. 비록 포함된 정보의 양이 상당히 많을지라도, 다음과 같이 요약해 볼 수 있다.

JBoss AS 7 클러스터는 스탠드얼론 노드로 구성되거나 도메인 서버의 일부로서 구성 될 수 있다.

- 스탠드얼론 클러스터는 standalone-ha.xml 설정파일을 분리해서 clustering 서브시스템을 정의 해야만 한다. 그래서, 스탠드얼론 노드 클러스터를 시작하기 위해서, standalone-ha.xml 파일로 교체해야만 한다.

- 도메인 서버는 그것과 관련된 다중의 프로파일을 가질 수가 있다. 따라서 클러스터링은 ha로 명명된 하나의 프로파일에 포함된다. 도메인 서버의 클러스터를 시작하기 위해서, ha 프로파일로 교체해야 한다.

클러스터 노드들 사이에 통신은 **제이그룹스** API를 통해서 이루어지는데, 그것은 기본으로 UDP 멀티캐스트 메시지를 사용해서 클러스터의 생명주기 이벤트를 다룬다.

클러스터 애플리케이션의 다른 빌딩 블록은 고급 그리드와 캐싱플랫폼인 **인피니스팬**이 요구된다.

클러스터에서 데이터의 일관성을 보호해야 하는 엔터프라이즈 애플리케이션의 모든 키 요소는 인피니스팬 서브시스템의 일부인 단일 캐시 컨테이너를 설정할 수 있다.

- SFSB의 `cache-container`는 클러스터 노드들에 걸쳐서 무상태 세션 빈 데이터를 복제하도록 설정할 수 있다.
- 웹 `cache-container`는 또한 클러스터 노드들에 걸쳐서 HTTP 세션 데이터를 복제하도록 설정할 수 있다.
- **하이버네이트**의 `cache-container`는 로컬 엔티티를 다루기 위한 `local-query` 전략을 정의함으로써 더욱 복잡한 접근을 사용한다. 그리고 나서 데이터가 변경돼서 다른 클러스터 노드가 알아야만 할 때 캐시 무효화 `invalidation-cache` 메커니즘을 사용한다.

마지막으로 `clustered` 요소를 `true`로 세팅함으로써 쉽게 클러스터링할 수 있게 하는 메시징 서브시스템을 알아봤다. 이런 식으로 해서, 메시지들은 JMS 서버들에 걸쳐서 투명하게 로드밸런싱된다. 메시지들이 클러스터에 걸쳐서 어떻게 분산되는지 결정할 `cluster-connection` 섹션을 정의함으로써 클러스터 커넥션을 잘 튜닝할 수 있다.

9
웹 애플리케이션 로드밸런싱

8장에서 미리 지정된 수의 클라이언트들에게 영향을 받지 않고 서비스를 가능하게 하는 클러스터 애플리케이션의 첫 번째 중요한 장점을 살펴봤다. 이는 고가용성High Availability으로도 알려져 있다.

9장에서는 여러 서버를 같은 서비스에 참가하게 하고 같은 일을 시키는 클러스터링의 두 번째 주요 특징을 살펴본다. 즉 가용서버에 요청을 로드밸런싱하는 방법이다.

역사적으로 Jboss AS는 로드밸런싱 라이브러리들을 사촌인 톰캣으로부터 상속받아왔고 톰캣은 그 자체로 애플리케이션 서버 모듈들의 한 부분이다. 이 모듈인 mod_jk는 새로운 애플리케이션 서버에서 여전히 사용할 수 있다.

하지만 새로운 특화된 도구들을 AS 7에서 이용할 수 있다. 특히 AS 7 모듈 프로젝트의 한 부분인 mod_cluster 프로젝트는 다른 로드밸런싱 솔루션들에 비할 바가 없는 수준의 지능과 세분화를 제공한다.

우선, 처음에는 웹 애플리케이션 앞단에 있는 웹 서버를 사용하는 장점을 소개하고 난 후 다음과 같은 주제를 알아볼 것이다.

- `mod_jk`와 `mod_proxy`를 사용해 JBoss AS 7에 연결
- `mod_cluster` API를 사용해 JBoss AS 7에 연결

JBoss AS 7과 아파치 웹 서버 사용

실제 프로젝트에서는 일반적으로 애플리케이션 서버의 앞 문front door으로서 아파치 웹 서버를 찾는다. 그런 아키텍처의 장점들은 다음과 같다.

- **속도**: 아파치는 JBoss 웹 서버보다 정적인 컨텐츠를 서비스하는 데 일반적으로 빠르다.
- **보안**: 민감한 데이터를 가지고 있는 애플리케이션 서버는 보호구역에 두고 보안관점에서 아파치 웹 서버에 대해서만 걱정하면 된다. 기본적으로 아파치는 영리한 프록시 서버가 된다.
- **로드밸런싱과 클러스터링**: 앞단에 아파치를 사용함으로써 다중의 JBoss 웹 서버 인스턴스들에 트래픽을 처리할 수 있다. JBoss AS 중 하나에서 장애가 나면 클러스터의 다른 노드에 투명하게 통신을 유지한다.

아파치와 JBoss AS의 연결은 몇몇 라이브러리들의 도움으로 가능하다. 과거에는 대부분의 프로젝트에 톰캣의 `mod_jk` 라이브러리 혹은 아파치의 `mod_proxy` 라이브러리를 적용했다. `mod_jk` 혹은 `mod_proxy`의 설치는 초기 AS 릴리스들과 거의 다르지 않기 때문에 참조용 퀵설치 가이드만 넣겠다.

하지만 웹 서버의 고성능 동적 클러스터를 설치할 계획이라면 더욱 최신인 9장의 두 번째 부분인 `mod_cluster` API로 마이그레이션하기를 권한다.

mod_jk 설정

mod_jk는 아파치 웹 서버와 JBoss AS를 연결할 때 가장 많이 사용하는 솔루션이다. 모든 요청은 처음에 아파치 웹 서버로 들어온다. 아파치 웹 서버는 이미지 혹은 HTML 페이지들을 위한 요청과 같은 정적 자원들을 위한 요청을 수용하고 처리한다. 그리고 JSP 혹은 서블릿 컴포넌트들을 위한 요청들은 mod_jk의 도움으로 JBoss 웹 서버 인스턴스로 보낸다. AJP 프로토콜을 사용해서 이러한 리다이렉션을 수행한다.

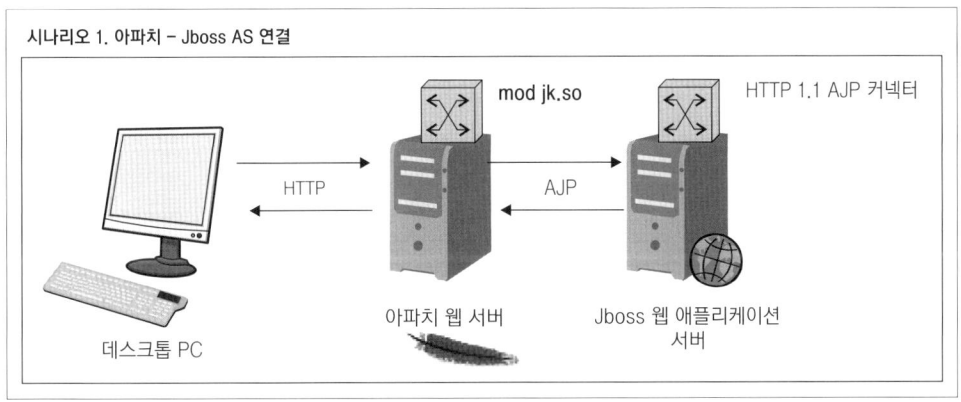

mod_jk 설치를 위해서 우선 http://tomcat.apache.org/download-connectors.cgi에서 아파치 웹 서버 설치를 위해 적절한 톰캣 커넥터를 다운로드한다.

그리고 나서 아파치 설정파일(APACHE_HOME/conf/httpd.conf)을 수정하고 설정파일의 끝에 다음 한 줄을 추가한다.

```
Include conf/mod-jk.conf
```

다음은 mod_jk 설정정보를 가지고 있는 APACHE_HOME/conf/mod-jk.conf 파일을 생성한다.

```
# Load mod_jk module
# Specify the filename of the mod_jk lib
LoadModule jk_module modules/mod_jk.so

# Where to find workers.properties
```

```
JkWorkersFile conf/workers.properties

# Where to put jk logs
JkLogFile logs/mod_jk.log

# Set the jk log level [debug/error/info]
JkLogLevel info

# Mount your applications
# Send everything for context /myapp to worker1 (ajp13)
JkMount  /myapp/* loadbalancer
JkShmFile logs/jk.shm
```

다음 두 가지 세팅이 가장 중요하다.

- LoadModule 지시자는 방금 다운로드한 mod_jk 라이브러리를 참조해야 한다. modules 경로를 라이브러리들이 저장된 다른 경로로 변경한다.

- JkMount 지시자는 URL들을 mod_jk 모듈로(그리고 차례로 웹 컨테이너에) 전달돼야 한다고 아파치에게 알려준다. 위 설정파일에서는 URL 경로 /myapp/*를 가지는 모든 요청은 mod_jk 커넥터로 보낸다. 이런 식으로 아파치에 서버 정적server-static 컨텐츠 설정을 직접 할 수 있고 자바 애플리케이션을 위한 mod_jk를 사용할 수 있다. 모든 웹 애플리케이션에서 mod_jk를 사용하고자 한다면 /*를 사용해서 모든 URL을 전달할 수 있다.

다음으로 필요한 것은 mod_jk workers 파일인 conf/workers.properties을 설정하는 것이다.

이 파일은 각기 다른 웹 서버들이 있는 위치를 나타내고 어떻게 그 서버들로 로드 밸런싱 해야 하는지를 표시한다. 단일노드를 위한 설정 파일은 다음과 같다.

```
# Define worker list using ajp13
worker.list=loadbalancer,status
# Set properties for worker1 (ajp13)
worker.worker1.type=ajp13
worker.worker1.host=192.168.0.1
worker.worker1.port=8009
```

```
# Set properties for worker2 (ajp13)
worker.worker2.type=ajp13
worker.worker2.host=192.168.0.2
worker.worker2.port=8009

worker.loadbalancer.balance_workers=worker1,worker2
worker.loadbalancer.sticky_session=1
```

이 workers.properties 파일에서 각 노드는 worker.XXX 명명규칙naming convention을 사용해서 정의할 수 있는데, 여기서 XXX는 각 웹 서버 컨테이너들을 위해 선택한 임의의 이름을 나타낸다. 각 worker를 위해서 호스트명(혹은 IP 주소)와 웹 서버에서 구동하는 AJP13 커넥터의 포트를 명시해야 한다.

JBoss 쪽에서는 AJP 커넥터를 추가해야 하는데 기본적으로 추가되어 있지 않다.

```
<subsystem xmlns="urn:jboss:domain:web:1.1">
    <connector name="http" protocol="HTTP/1.1" socket-binding="http"
      scheme="http"/>
    <connector name="AJP" protocol="AJP/1.3" socket-binding="ajp"
      scheme="http"/>

    <virtual-server name="localhost">
        <alias name="example.com"/>
    </virtual-server>
</subsystem>
```

그러고 나서 socket-binding-group에서 AJP 커넥터용 포트를 선택해야 한다. 예제에서는 포트 8009로 설정했다.

```
<socket-binding-group name="standard-sockets" default-interface="default">
    <socket-binding name="http" port="8080"/>

    <socket-binding name="ajp" port="8009"/>
    ....
</socket-binding-group>
```

mod_proxy 설정

아파치 1.3 이후로 mod_proxy라고 하는 선택적 모듈을 지원하는데 프록시 서버의 임무를 수행하기 위해 아파치에 설정한다. 이건 mod_jk와 같이 웹 커넥터를 설정할 필요없이 톰캣 이나 JBoss와 같은 특정 웹 애플리케이션을 위한 요청을 전달하는 데 사용된다.

그래서 mod_proxy는 단지 아파치 httpd.conf 파일에 다음과 같은 지시자를 넣으면 된다.

```
LoadModule proxy_module modules/mod_proxy.so
```

그리고서 JBoss AS에 전달하기를 원하는 각 웹 애플리케이션을 위한 다음과 같은 두 개의 지시자를 httpd.conf 파일에 추가한다. 예를 들면, 컨텍스트 경로 /myapp에 애플리케이션을 포워딩한다.

```
ProxyPass          /myapp  http://localhost:8080/myapp
ProxyPassReverse   /myapp  http://localhost:8080/myapp
```

위설정은 아파치가 URL http://localhost/myapp/*는 포트 8080으로 리스닝하고 있는 JBoss HTTP 커넥터로 전달한다는 것을 말한다.

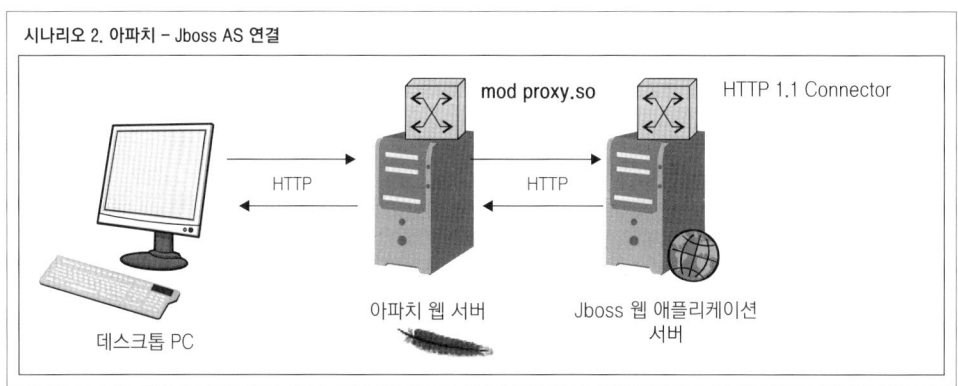

위 그림에서 보듯이 아파치 mod_proxy는 TCP기반이고 HTTP를 사용한다. 그래서 JBoss 설정에 다른 걸 추가할 필요가 없다. JBoss의 앞단에 아파치에 설정하는 가장 간단한 방법이지만 성능은 가장 떨어진다.

아파치 2.2에서 mod_proxy_ajp라고 하는 또 다른 모듈을 지원하는데 mod_proxy 와 거의 같은 방법으로 사용된다. 하지만 아파치 요청을 JBoss AS로 프록시 하는데 AJP 프로토콜을 사용한다. 이것을 사용하기 위해서 아파치 설정에 다음과 같은 지시자를 추가하면 된다.

```
LoadModule proxy_ajp_module modules/mod_proxy_ajp.so
```

그러고 나서 프록시 패스Proxy Pass를 JBoss AS에서 가능하도록 다음과 같이 지시자를 설정한다.

```
ProxyPass / ajp://localhost:8009/
ProxyPassReverse / ajp://localhost:8009/
```

위 설정에서는 간단하게 모든 트래픽("/")을 로컬호스트의 포트 8009로 리스닝하고 있는 웹 서버로 리다이렉트한다.

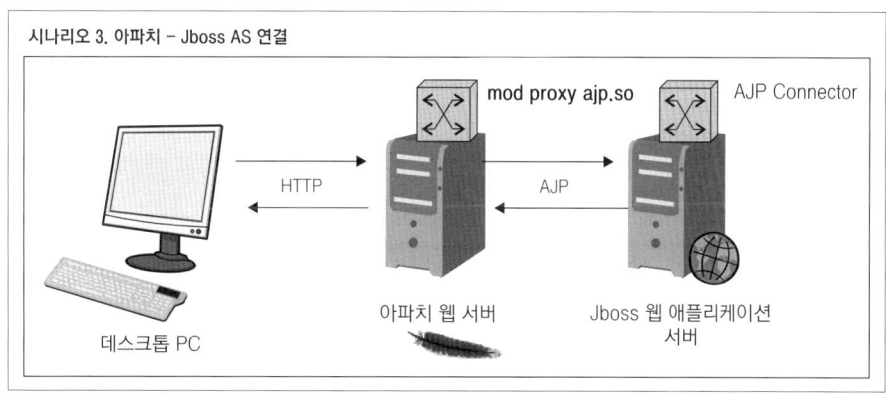

mod_proxy_ajp는 전용 포트에서 구동되기 때문에 JBoss 쪽에 AJP를 활성화시켜야 한다.

```
<subsystem xmlns="urn:jboss:domain:web:1.1">
    <connector name="http" protocol="HTTP/1.1" socket-binding="http"
      scheme="http"/>

    <connector name="AJP" protocol="AJP/1.3" socket-binding="ajp"
      scheme="http"/>
```

```
    <virtual-server name="localhost">
        <alias name="example.com"/>
    </virtual-server>
</subsystem>
.....
<socket-binding-group name="standard-sockets" default-interface="default">
        <socket-binding name="http" port="8080"/>

        <socket-binding name="ajp" port="8009"/>
....
</socket-binding-group>
```

mod_cluster로 로드밸런싱

mod_cluster는 HTTP 기반 로드밸런서이고 mod_jk와 같이 요청을 애플리케이션 서버 인스턴스들에 전달하는데 사용될 수 있다. mod_jk와 mod_proxy 대신에 mod_cluster를 사용하는 장점은 아래 세 가지 핵심으로 요약된다.

1. 동적인 클러스터링 설정
2. 서버 쪽에 접속 가능한 로드 메트릭metrics
3. 애플리케이션 상태의 생명주기 통지

각 핵심을 더 자세히 살펴보자. 방금 배웠듯이 mod_jk와 같은 표준 로드밸런서를 사용할 때 로드를 분산하기 위해 사용되는 노드들의 정적 리스트를 제공해야 한다. 이것은 매우 제한적인 요인이고 특히 노드들을 추가 혹은 삭제함으로써 설정 수정본을 전달해야 하거나 간단히 단일 노드로 사용되는 릴리스를 수정한다면 더욱 제한적이다. 이것 외에 일반적으로 클러스터를 설정하는 것은 지루하고 에러를 내기 쉽다. 특히, 클러스터의 노드 수가 많을 때 더욱 그렇다.

실제는 httpd에 있는 mod_cluster 라이브러리들이 멀티캐스트 그룹에 UDP 메시지를 보낸다.

`mod_cluster`를 사용하면 클러스터에 노드들을 동적으로 추가하거나 삭제할 수 있다. 왜냐하면, 클러스터의 노드들은 광고advertise 메커니즘을 통해서 서로 찾는다.

실제로, httpd에 있는 `mod_cluster` 라이브러리가 AS7 노드들에 의해 발행된 멀티캐스트 그룹에 UDP 메시지를 보낸다. 이것은 AS7 노드들이 애플리케이션 생명주기 통지를 받은 httpd 프록시들을 자동으로 찾게 해준다.

다음 그림은 개념을 더욱 자세히 설명해준다.

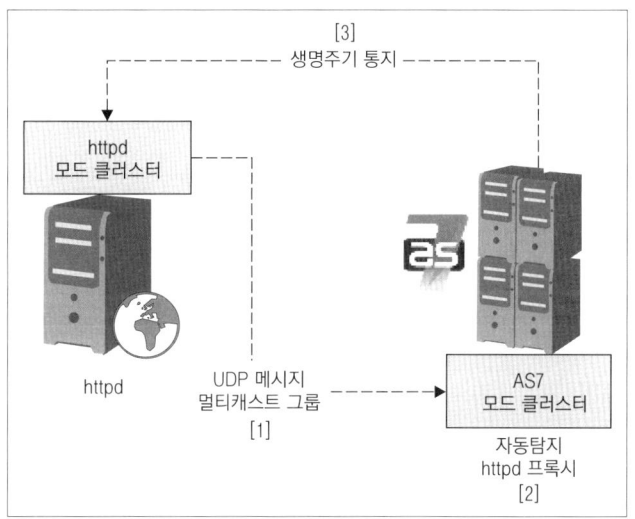

 특히 클라우드 환경에서 유용한데, 클라우드 환경은 언제든지 호스트들이 추가 혹은 삭제될 수 있고 mod_jk와 같은 전통적인 도구로는 간단히 관리되지 않는 환경이다.

`mod_cluster`의 또 다른 중요한 특징은 로드 메트릭이 있는 것인데, 그것은 적절한 로드 요인을 가진 교체 가능한 정책들을 사용하는 서버 쪽에서 결정된다.

로드 메트릭은 환경이 변할 때 httpd 쪽으로 보내진다. 그 결과 `mod_cluster`는 메트릭이 정적으로 프록시들에 고정된 전통적인 httpd 기반 로드밸런서들보다 더욱더 강력한 아키텍처를 제공한다.

마지막으로 하나 더 mod_jk를 뛰어 넘은 mod_cluster가 제공하는 또 하나의 장점은 우리가 방금 보았듯이 httpd 쪽과 애플리케이션 서버 쪽 사이에 동기화되는 배포해제나 재배포와 같은 생명주기 이벤트를 가로챌 수 있다.

mod_cluster 설치

mod_cluster는 AS 7 코어 모듈로서 구현되며 분산의 일부분이고 httpd 쪽에 아파치 웹 서버에 설치되는 한 세트의 라이브러리다.

JBoss AS 7 쪽에 클러스터 설정 파일의 일부로서 모드 클러스터mod cluster 1.1.3 모듈이 이미 번들링되어 있는 것을 알 수 있다.

```
<subsystem xmlns="urn:jboss:domain:modcluster:1.0">
    <mod-cluster-config advertise-socket="modcluster"/>
</subsystem>
```

이것은 단지 베어본bare-bone 선언인데, advertise-socket 요소를 통해 socket-binding을 참조한다.

```
<socket-binding name="modcluster" port="0" multicast-address="224.0.1.105" multicast-port="23364"/>
```

9장의 다음 절에서, 모듈 설정을 커스터마이징하는 방법을 알아볼 것이다. 당분간 좋은 소식은 애플리케이션 서버를 시작하는데 어떤 것도 설치할 필요가 없다는 것이다.

아파치 웹 서버 쪽에, mod_cluster와 상호작용하기 위해 사용되는 코어 라이브러리들을 설치해야 한다. 이것은 매우 간단한 절차다. 브라우저의 mod_cluster 릴리스 페이지에서 적절한 다운로드를 가리킨다. 모드 클러스터 1.1.3을 위한 다운로드 페이지는 http://www.jboss.org/mod_cluster/downloads/1-1-3이다.

이 페이지에서 빌트인built-in httpd 서버와 그 모듈들을 포함하는 플랫폼용 라이브러리를 다운로드한다. 예를 들어 윈도우 32비트 장비에 아파치 웹 서버를 실행하려고 한다면 다음과 같은 라이브러리를 다운로드한다.

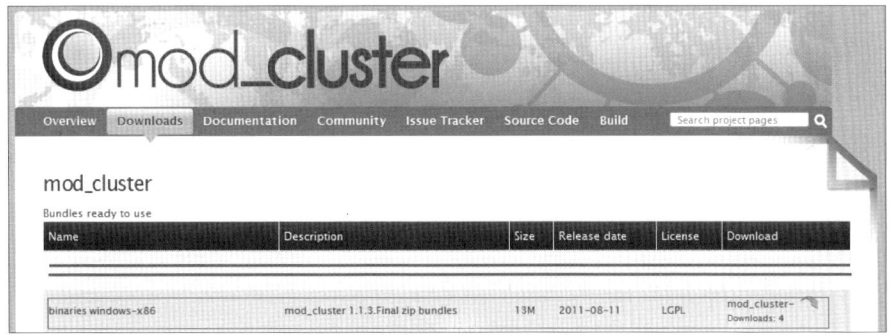

일단 라이브러리를 다운로드한 후 아카이브를 예로 들면 C:\modcluster 폴더에 푼다. 그러고 나서, 파일을 풀어놓은 폴더로 들어간다. 알 수 있듯이, 모드 클러스터 라이브러리는 모든 필수 라이브러리와 함께 번들링된 아파치 웹 서버로 구성된다.

 하지만, 번들된 아파치 웹 서버 설정은 서버 루트, 바인딩 포트, 로드된 모듈들 그리고 디렉토리 설정들과 같은 모든 웹 서버 키 요소에서 정의해야 한다. 개인적으로 아파치 웹 서버 2.2를 훨씬 더 빨리 설치하는 방법은 mod_cluster 번들에서 모듈들을 꺼내기만 하면 된다.

그러고 나서, 아파치 웹 서버를 사용하든지 번들된 것을 사용하든지, 아래 라이브러리들을 httpd.conf 파일에 로드해야 한다.

다음은 mod_cluster가 동작하는 데 필요한 모듈 리스트다.

```
LoadModule proxy_module modules/mod_proxy.so
LoadModule proxy_ajp_module modules/mod_proxy_ajp.so
LoadModule slotmem_module modules/mod_slotmem.so
LoadModule manager_module modules/mod_manager.so
LoadModule proxy_cluster_module modules/mod_proxy_cluster.so
LoadModule advertise_module modules/mod_advertise.so
```

이 라이브러리들은 번들된 아파치 배포판에 있다(여기 예제에서는 C:\mod_cluster\httpd-2.2\modules). 다음 그림에서 보는 것과 같이 모든 이전 모듈들을 아파치 배포판에 복사해야 한다.

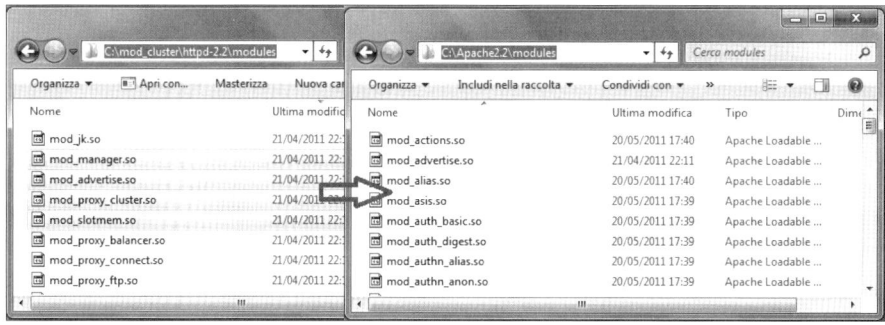

이 각 모듈은 로드밸런싱의 중요한 측면을 나타내는데, mod_proxy와 mod_proxy_ajp는 코어 모듈이고 요청들을 AJP 프로토콜 혹은 HTTP/HTTPS를 사용해서 클러스터 노드들로 전달한다. 다음으로, mod_manager는 AS 7으로부터 정보를 읽고, mod_slotmen과 결합한 공유메모리의 정보를 변경하는 모듈이다.

mod_proxy_cluster는 mod_proxy를 위한 밸런서를 포함하는 모듈이다.

마지막으로, mod_advertise는 httpd를 멀티캐스트 패킷을 통해서 광고advertise 하게 하는 추가적인 모듈인데, 그 IP와 포트port에서 mod_cluster가 리스닝한다.

추가로 필요한 다음 설정은 코어 로드밸런싱 설정이다.

```
Listen 192.168.10.1:8888
<VirtualHost 192.168.10.1:8888>

    <Location>
        Order deny,allow
        Deny from all
        Allow from 192.168.10.
    </Location>

    KeepAliveTimeout 60
    MaxKeepAliveRequests 0

    ManagerBalancerName mycluster
    ServerAdvertise On

</VirtualHost>
```

기본적으로, IP 192.168.10.1은 아파치 웹 서버가 요청을 위해 리스닝하고 있는 IP 주소로 8888 포트는 JBoss AS와 통신하기를 원하는 포트로 변경해야 한다.

현 설정에서는, 아파치 버추얼 호스트는 서브네트워크 192.168.10에서 들어오는 요청들을 허락한다.

`KeepAliveTimeout` 지시자는 60초 내에는 동일 커넥션을 재사용하게 한다. `MaxKeepAliveRequests`를 0으로 세팅했기 때문에 커넥션당 요청 수는 무제한적 이다. `ManagerBalancerName`은 클러스터(기본 mycluster)를 위한 밸런서명을 제공한다.

가장 중요한 것은 `ServerAdvertise` 지시자인데, On으로 세팅하면 광고 메커니 즘을 사용해서 JBoss AS에 클러스터 정보를 보낸다.

광고(advertise) 메커니즘

광고를 위해 사용되는 기본 멀티캐스트 IP 주소와 포트는 224.0.1.105:23364이다. 이 값들은 socket-binding name에 정의된 AS 7 바인딩과 매칭이 된다.

```
<socket-binding name="modcluster" port="0" multicast-
address="224.0.1.105" multicast-port="23364"/>
```

이 값들을 변경하면 httpd 쪽의 AdvertiseGroup 지시자를 다음과 같이 일치시켜야 한다.

```
AdvertiseGroup 224.0.1.105:23364
```

또한, AdvertiseFrequency 지시자로 멀티캐스팅 advertising 메시지들 사이에 경과시간을 조절할 수 있다. 기본값은 10초이다.

```
AdvertiseFrequency 5
```

이제 아파치 웹 서버와 단일 애플리케이션 서버 노드들을 재시작하라.

httpd 쪽에 클러스터 모드가 제대로 설정됐다면, 다음과 같이 각각의 JBoss AS 노 드는 mod_cluster로부터 UDP 멀티캐스트 메시지들을 받기 시작할 것이다.

CLI로 mod_cluster 관리

클러스터로부터 런타임 정보를 가져오고 관리하기 위해 사용되는 몇 가지 옵션들이 있다. 첫 번째 옵션은 커맨드라인command-line 관리 인터페이스 인데, mod_cluster 서브시스템에서 사용할 수 있는 명령집합을 실행하는 데 사용된다.

첫 번째로 배워야 하는 명령은 list-proxies인데, 단지 연결된 프록시들의 호스트명(그리고 포트)을 반환한다.

```
[standalone@localhost:9999 subsystem=modcluster] :list-proxies
{
    "outcome" => "success",
    "result" => [
        "CP11-010:8888",
        "CP12-010:8888"
    ]
}
```

클러스터 멤버들의 빠른 조사를 위해서는 유용할 수 있지만, 상세한 정보를 얻기 위해서는 실제로 INFO 메시지를 httpd 서버에 보내는 read-proxies-info 명령을 사용한다.

```
[standalone@localhost:9999 subsystem=modcluster] :read-proxies-info
{
    "outcome" => "success",
    "result" => [
        "CP11-010:8888",
        "Node: [1],Name: de6973fe-b63d-31dc-a806-04ec16870cfa,Balancer:
        mycluster,LBGroup: ,Host: 192.168.10.1,Port: 8080,Type:
        http,Flushpackets: Off,Flushwait:
        10,Ping: 10,Smax: 65,Ttl: 60,Elected: 0,Read: 0,Transfered:
          0,Connected:
        0,Load
        :1
        Vhost: [1:1:1], Alias: default-host
        Vhost: [1:1:2], Alias: localhost
        Vhost: [1:1:3], Alias: example.com
        Context: [1:1:1], Context: /, Status: ENABLED ",
        "CP12-010:8888",
        "Node: [1],Name: re5673ge-c83d-25dv-y104-02rt16456cfa,Balancer:
        mycluster,LBGroup: ,Host: 192.168.10.2,Port: 8080,Type:
        http,Flushpackets: Off,Flushwait:
        10,Ping: 10,Smax: 65,Ttl: 60,Elected: 0,Read: 0,Transfered:
          0,Connected:
        0,Load
        :1
        Vhost: [1:1:1], Alias: default-host
        Vhost: [1:1:2], Alias: localhost
        Vhost: [1:1:3], Alias: example.com
        Context: [1:1:1], Context: /, Status: ENABLED "
    ]
}
```

 mod_cluster 서브시스템은 또한 read-proxies-configuration 명령을 제공하는데, 클러스터에 대한 좀 더 자세한 정보들을 제공한다. 간결성을 위해서 결과 값의 출력은 생략하겠다.

클러스터의 한 부분인 프록시 리스트 또한 CLI로 변경할 수 있다.

예를 들면, 모드 클러스터의 httpd 설정으로 잡히지captured 않은 프록시를 추가하기 위해서 add-proxy 명령을 사용할 수 있다.

```
[standalone@localhost:9999 subsystem=modcluster] :add-proxy(host= CP15-022, port=9999)
{"outcome" => "success"}
```

동시에, 반대로 remove-proxy 명령을 사용해서 리스트에서 프록시를 삭제할 수 있다.

```
[standalone@localhost:9999 subsystem=modcluster] :remove-proxy(host=CP15-022, port=9999)
{"outcome" => "success"}
```

CLI로 웹 컨텍스트 관리

CLI를 사용해서 웹 컨텍스트를 관리할 수 있다. 예를 들면, enable-context 명령은 아파치에게 특별한 웹 컨텍스트 요청을 받을 수 있게 한다.

```
[standalone@localhost:9999 subsystem=modcluster] :enable-context(context=/myapp, virtualhost=default-host)
{"outcome" => "success"}
```

반대로 disable-context 명령은 아파치가 새로운 요청을 보내지 못하게 하는 데 사용한다.

```
[standalone@localhost:9999 subsystem=modcluster] :disable-context(context=/myapp, virtualhost=default-host)
{"outcome" => "success"}
```

오히려, 만약 아파치가 웹 컨텍스트로부터 요청을 보내지 못하게 하기를 원한다면, stop-context 명령을 사용한다.

```
[standalone@localhost:9999 subsystem=modcluster] :stop-context(context=/myapp, virtualhost=default-host, waittime=50)
{"outcome" => "success"}
```

네이티브 관리 기능들 추가

만약에 CLI를 사용할 수 없거나 원하지 않는다면, 아파치 웹 서버를 설정해서 브라우저를 통해 네이티브 관리 기능들을 사용할 수 있다.

그렇게 하려면 `mod_cluster_manager` 애플리케이션 컨텍스트를 추가하면 된다.

```
<Location /mod_cluster_manager>
    SetHandler mod_cluster-manager
    Order deny,allow
    Deny from all
    Allow from 192.168.10
</Location>
```

다음과 같이 `mod_cluster_manager` 웹 컨텍스트를 작성함으로써, `mod_cluster` 관리 애플리케이션을 테스트할 수 있다.

> http://192.168.10.1:8888/mod_cluster_manager

예제에서 `mod_cluster` 매니저는 멀티캐스트 공표announcement를 통해서 찾은 모든 JBoss AS 7 노드들에 대한 정보를 보여준다.

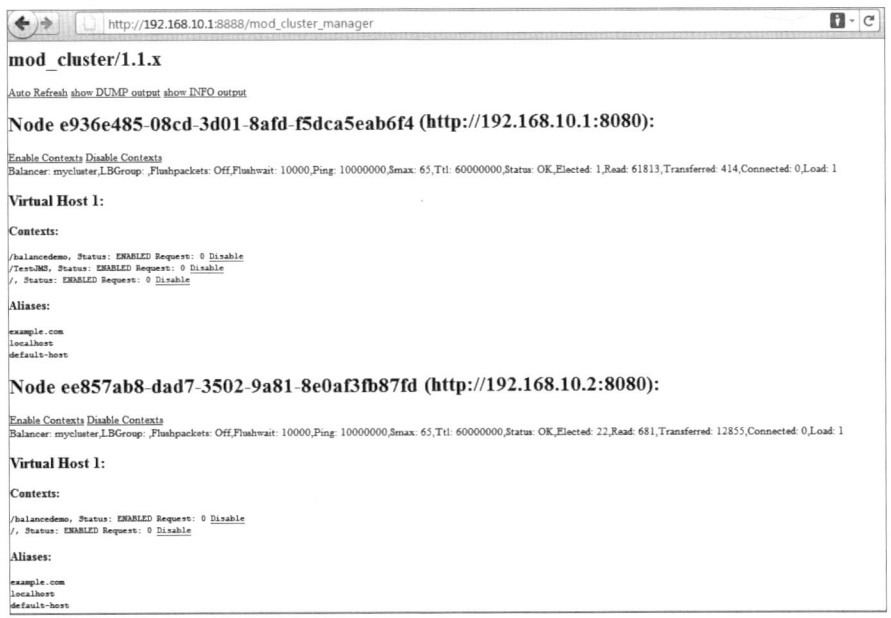

알 수 있듯이, mod_cluster 매니저 페이지에서 많은 유용한 정보를 얻을 수 있는데 예를 들면, 현재 활성화된 호스트 수(예제에서는 두 개 노드)와 사용할 수 있는 웹 컨텍스트이다. 기본적으로 모든 웹 컨텍스트들은 자동으로 마운트된다(mod_jk와 같이 명시적인 마운트는 필요하지 않다). 그러나 언제든지 웹 컨텍스트 옆에 있는 Disable/Enable 링크를 클릭함으로써 그들을 제외하거나 포함할 수 있다.

설정파일을 이용해서 웹 컨텍스트 관리

완벽을 기하기 위해 애플리케이션 서버 설정을 사용해서 웹 컨텍스트를 관리하는데 사용되는 한 가지 옵션을 더 추가할 것이다. 기본적으로 모든 웹 컨텍스트들은 활성화되어 있지만, excluded-contexts 지시자를 사용해서 주 설정파일에서 웹 컨텍스트를 제외할 수 있다.

```
<subsystem xmlns="urn:jboss:domain:modcluster:1.0">
    <mod-cluster-config excluded-contexts="ROOT, webapp1"/>
</subsystem>
```

mod_cluster 트러블 슈팅

mod_cluster의 설치는 동작하기 위해 httpd 쪽에 몇 가지 단계가 있다. 하지만 더 진행할 수 없는 경우에 어드민 콘솔에서 자세한 정보를 보게 해서 실마리를 찾을 수 있다.

```
AllowDisplay On
```

위의 지시자 설정을 하면, 다음과 같이 httpd에 로드된 단일 모듈들에 대한 정보를 얻을 수 있다.

```
mod_cluster/1.1.x

start of "httpd.conf" configuration
mod_proxy_cluster.c: OK
mod_sharedmem.c: OK
Protocol supported: http AJP
mod_advertise.c: OK
Server: CP11-010
Server: CP11-010  VirtualHost: 192.168.0.1:8888 Advertising on Group 224.0.1.105 Port 23364 for (null)://(null):0 every 10 seconds
end of "httpd.conf" configuration
```

위 페이지에서 OK를 표시하는 어떤 모듈을 찾아야만 한다면, 적어도 조사하는 데 필요한 정보를 알 수 있다.

오류가 일어날 수 있는 원인 중 하나는 방화벽을 칠 가능성이 있는 메시지를 광고advertise하는 것이다. 광고 메시지는 UDP 포트 23364와 멀티캐스트 주소 224.0.1.105를 사용하는 것을 기억해라. 광고가 문제인지 확인하기 위해서, httpd 쪽에 다음과 같이 세팅함으로써 끌 수 있다.

```
ServerAdvertise Off
```

다음 지시자는 `proxy-list` 요소로 애플리케이션 서버 쪽에 일치되어야 하는데, 그 요소는 AS와 최초로 통신할 httpd 서버 리스트를 정의한다.

```
<mod-cluster-config proxy-list="192.168.10.1:8888">
    ....
</mod-cluster-config>
```

마지막으로, httpd 로그 디렉토리의 error.log를 체크하고 에러가 있는지 확인하는 것을 잊지 마라. 예를 들면, 윈도우 장비에서 발견될 수 있는 일반적인 에러소스는 아파치의 동적공유객체DOS, Dynamic Shared Objects에 의해 발생한다.

```
[Tue Aug 23 10:29:24 2011] [warn] p roxy: No protocol handler was valid
for the URL /balancedemo. If you are using a DSO version of mod_proxy,
make sure the proxy submodules are included in the configuration using
LoadModule.
```

이런 종류의 에러는 프로토콜을 위해 사용되는 프록시 모듈을 추가해서 로딩함으로써 해결할 수 있는데, 이 경우에는 `proxy_http_module`이다.

```
LoadModule proxy_http_module ./modules/mod_proxy_http.so
```

mod_cluster 테스트

모드 클러스터 설치가 확인되고 완료되었다면 이제 간단한 웹 애플리케이션으로 테스트할 수 있다. 샘플 애플리케이션 balancer.war 패키지는 간단하게 index.jsp 페이지를 가지고 있는데, 그것은 콘솔에 메시지 덤프를 보여준다.

```
<%
Integer counter = (Integer) session.getAttribute("counter");
if (counter == null) {
    session.setAttribute("counter", new Integer(1));
} else {
    session.setAttribute("counter", new Integer(counter + 1));
}
System.out.println("Counter" + session.getAttribute("counter"));
out.println("Counter " + session.getAttribute("counter"));
%>
```

이제 브라우저를 열어서 설정된 다음의 httpd 프록시 주소를 넣어라.

http://192.168.10.1:8888/balancer

알 수 있듯이, 모드 클러스터는 **스티키 세션**sticky session 정책을 따르는데, 일단 세션이 한 서버에서 시작되면 다음 요청은 동일 노드로 보내진다.

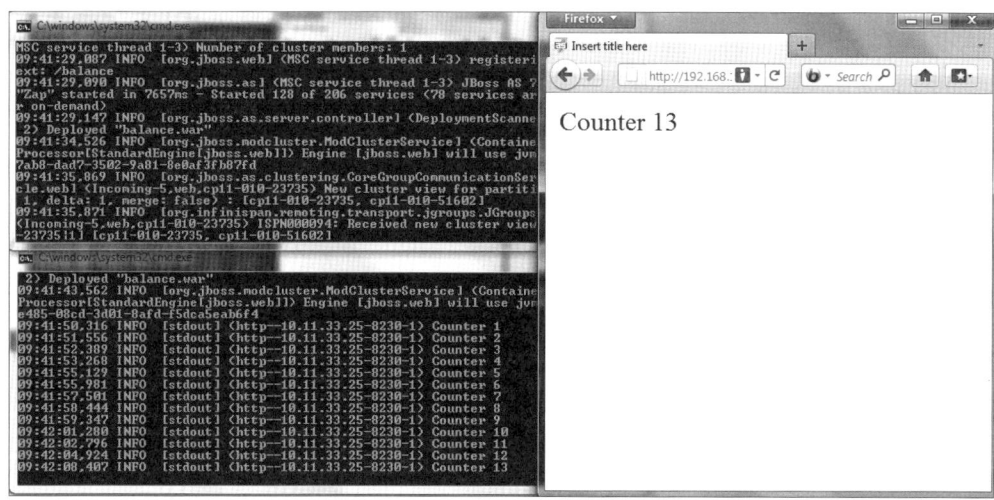

노드 간 로드밸런싱

mod_cluster가 몇몇 다른 클라이언트들 사이에 로드를 어떻게 분산하는지 확인하기 위해서 하나 더 테스트해볼 것이다. 테스트를 위해서 적은 양의 요청을 줄 수 있는 소프트웨어가 필요하다. 여기서 사용할 JMeter는 자바 데스크톱 애플리케이션으로서 성능을 측정하고 기능 테스트 및 로드를 위해서 설계되었다. JMeter는 http://jmeter.apache.org/download_jmeter.cgi에서 다운로드할 수 있다.

간단히, JMeter 테스트 계획은 하나 혹은 여러 스레드 그룹, 로직 컨트롤러, 리스너, 타이머, 어서션assertion 그리고 요소 설정들로 구성되어 있다.

예제를 위해서 다음과 같은 요소를 생성할 것이다.

- 100개의 순차적인 요청을 실행시키기 위해서 설정된 Thread Group
- 웹 애플리케이션 엔드포인트에 대한 정보를 가지고 있는 HTTP Request 요소

덧붙여, 분석하기 위해 테이블/그래프에 테스트 계획 결과를 수집하는 리스너 요소를 추가해야 한다.

이제 탑 메뉴에 있는 **Run > Start**를 클릭하면 JMeter 테스트가 실행된다.

요청들이 두 개의 서버로 나뉘는 것을 데모한다. 실제로, HTTP 리퀘스트 요소는 기본적으로 요청에서 끝나는 단일 세션으로서 모든 요청을 처리한다.

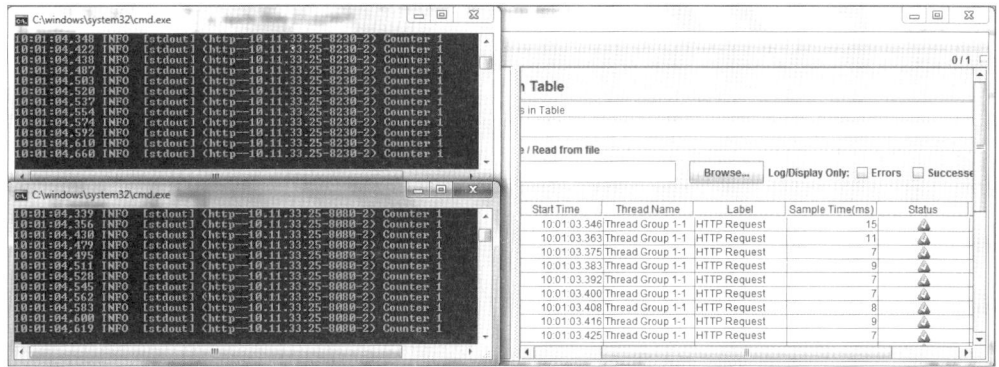

로드 메트릭 사용

mod_cluster 빌트인 설정은 고정된 로드 요인을 사용하는 요청들을 분배한다. 기본 설정에 해당하는 코드는 다음과 같다.

```
<subsystem xmlns="urn:jboss:domain:modcluster:1.0">
    <mod-cluster-config>
        <simple-load-provider load="1"/>
    </mod-cluster-config>
</subsystem>
```

하지만, 동적인 속성들을 사용해서 로드밸런싱을 커스터마이징 할 수 있는데, 그것은 dynamic-load-provider 요소에 들어갈 수 있는 메트릭 집합이다. 예를 들면 다음과 같다.

```
<subsystem xmlns="urn:jboss:domain:modcluster:1.0">
    <mod-cluster-config advertise-socket="mod_cluster">
        <dynamic-load-provider history="10" decay="2">
            <load-metric type="cpu" weight="2" capacity="1"/>
            <load-metric type="sessions" weight="1" capacity="512"/>
        </dynamic-load-provider>
    </mod-cluster-config>
</subsystem>
```

로드밸런싱을 컴퓨팅computing 할 때 가장 중요한 요인은 weight와 capacity 프로퍼티이다. weight(기본값 1)는 다른 메트릭들에 대해 메트릭의 영향을 나타낸다.

이 예제에서, CPU 메트릭은 로드 요인 메트릭 1을 가진 세션에 비해 2배의 영향을 가질것이다.

반면에, capacity는 로드 메트릭에 대해 세밀하게 컨트롤이 가능하다. 각 메트릭에 다른 capacity를 설정함으로써, 메트릭의 가중치를 보전하는 동안 다른 노드 대신에 선호하는 하나의 노드를 사용할 수 있다.

지원되는 로드 메트릭은 다음 목록과 같다.

메트릭	메트릭을 컴퓨팅하는 데 사용되는 인수
cpu	CPU 부하
mem	시스템 메모리 사용량
heap	최대 힙 크기에 대한 퍼센트로서 힙 메모리 사용량
sessions	웹 세션 수
requests	초당 요청 수
send-traffic	나가는 요청 트래픽량
receive-traffic	들어오는 POST 트래픽량
busyness	요청들을 서비스하는 데 바쁜 스레드 그룹으로부터 연결 스레드들의 퍼센트
connection-pool	사용 중인 JCA 커넥션풀로부터 커넥션의 퍼센트

위 메트릭들은 CLI를 사용해서도 설정할 수 있다. 예를 들면, 프록시에 의해 사용되는 힙의 용량에 기초하는 메트릭을 추가한다고 생각하자. 필요한 코드는 다음과 같다.

```
[standalone@192.168.10.1:9999 /] /subsystem=modcluster:add-metric(type=heap)
{"outcome" => "success"}
[standalone@192.168.10.1:9999 /] /subsystem=modcluster:read-resource(name=mod-cluster-config)
{
    "outcome" => "success",
    "result" => {
```

```
            "advertise-socket" => "modcluster",
            "dynamic-load-provider" => {
                "history" => 9,
                "decay" => 2,
                "load-metric" => [{
                    "address" => "[(\"subsystem\" => \"modcluster\")]",
                    "operation" => "add-metric",
                    "type" => "heap"
                }]
            }
        }
    }
}
```

언제든지, 메트릭은 `remove-metric` 명령을 사용해서 삭제할 수 있다.

```
[standalone@192.168.10.1:9999 /] /subsystem=modcluster:remove-metric(type=heap)
{"outcome" => "success"}
```

클러스터에서 다이나믹 메트릭 설정 예제

아래 예제에 두 노드로 구성된 아주 간단한 클러스터가 있다. 각 노드는 같은 JVM을 가지고, 각각은 같은 장비에서 작동한다.

하지만, 첫 번째 노드에 메모리 집약적인 작업을 시뮬레이션할 것이다. 왜냐하면, 서버 간 힙 메모리 사용량을 다르게 하기 위함이다.

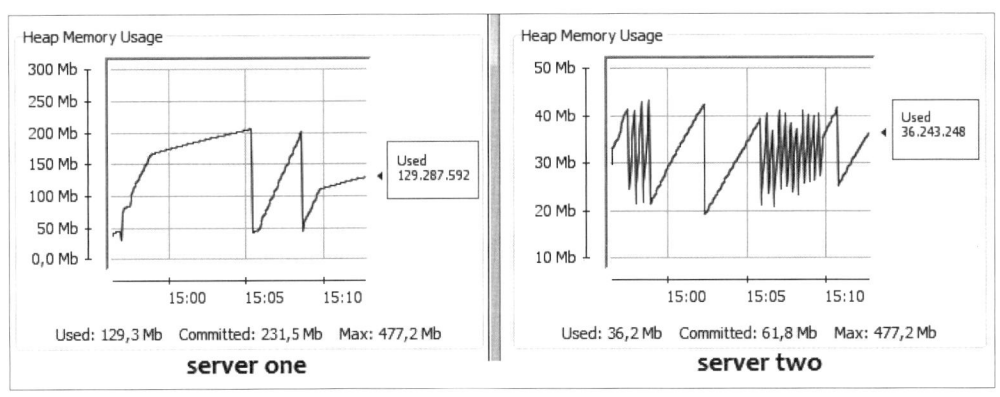

이것은 HTTP 세션에 임시로 데이터를 잡고 있는 메모리에 다른 영향을 줄 수도 있는 엔터프라이즈 애플리케이션에서 매우 일반적인 시나리오다.

그런 경우 요청을 분배하는 라운드로빈 방식으로 접근하는 것은 결국에는 클러스터의 어떤 노드에 메모리 부족Out-of-Memory 시나리오를 초래할 수 있다. 하지만 다음과 같이 간단한 로드 메트릭의 설정으로 이러한 영향을 경감시킬 수 있다.

```
<subsystem xmlns="urn:jboss:domain:modcluster:1.0">
    <mod-cluster-config advertise-socket="mod_cluster">
        <dynamic-load-provider history="10" decay="2">
            <load-metric type="heap" weight="2"/>
            <load-metric type="mem" weight="1"/>
            <load-metric type="cpu" weight="1"/>
        </dynamic-load-provider>
    </mod-cluster-config>
</subsystem>
```

두 노드에 위의 설정을 사용할 때, 힙 메모리 사용량은 다른 메트릭(OS 메모리와 CPU 속도)의 두 배의 영향을 준다. 이 설정의 변경 결과는 두 번째 서버가 첫 번째 서버에 있는 45% 이상 요청 중 55%를 수집한다는 것이다.

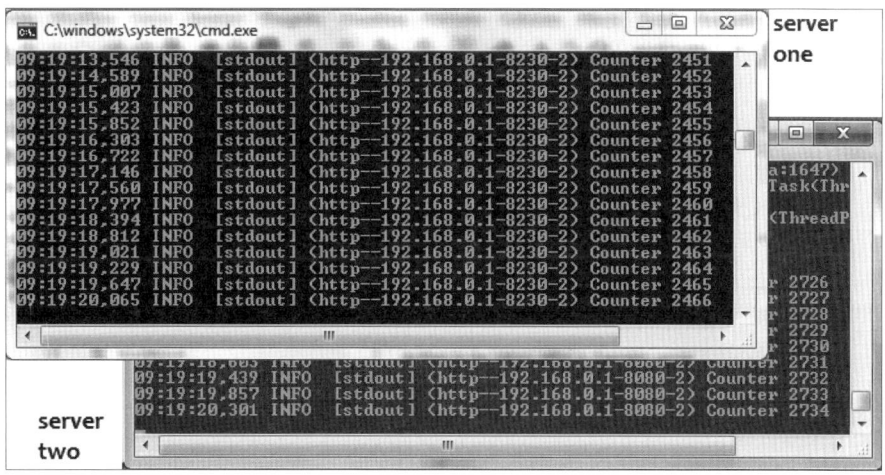

적절한 용량을 설정함으로써, 노드 가중치에 더 좋은 수준을 달성할 수 있다. 예를 들면, 첫 번째 서버에는 더 높은 capacity를 설정한다.

`<load-metric type="heap" weight="2" capacity="512"/>`

그리고 두 번째 서버에는 낮은 capacity를 설정한다.

`<load-metric type="heap" weight="2" capacity="1"/>`

그러면 테스트의 결과는 다른데, 두 번째 서버는 첫 번째보다 더 많은 응답을 전달함으로써 가중치에 균형을 맞춘다.

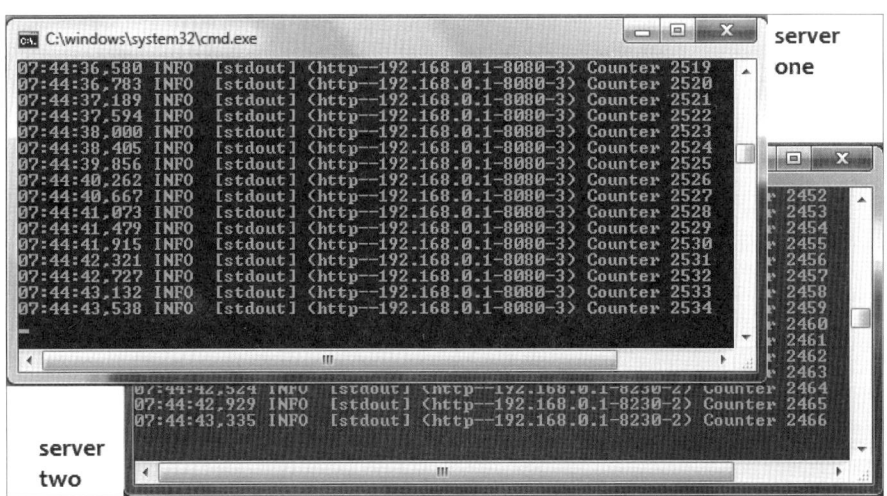

 각 매트릭의 capacity 기본값을 512로 바꾸면, 0<= (load / capacity) >= 1이 되어야 한다.

애플리케이션에서 클러스터링 설정

이 책을 쓰는 시점에서 웹 애플리케이션과 퍼시스턴스 API가 클러스터링을 위해 준비가 됐지만, 몇몇 컴포넌트(주로 EJB3 세션 빈)들은 여전히 클러스터링 기능들이 빠져있다.

하지만, JBoss 개발팀의 도움으로 애플리케이션에 클러스터링을 설정하는 데 필요한 모든 정보를 제공할 수 있었다. 이러한 정보는 변경될 수 있기 때문에 AS7.1 문서를 체크하라.

https://docs.jboss.org/author/display/AS71/Documentation

이제 다음과 같은 세 가지를 알아보고, 클러스터링 시스템의 여행을 끝내겠다.

- 세션 빈 클러스터링
- 엔티티 클러스터링
- 웹 애플리케이션 클러스터링

세션 빈 클러스터링

3장 엔터프라이즈 서비스 설정에서 **무상태 세션 빈**SLSB과 **상태 세션 빈**SFSB의 차이점을 재구성했다.

SLSB는 호출 간에 상태를 유지할 수 없다. 그래서, SLSB를 클러스터링하는 주요 장점은 다수의 서버 사이에 로드를 밸런싱하기 위함이다. 그러므로 클러스터링 정책이 매우 간단하여 @org.jboss.ejb3.annotation.Clustered 애노테이션만 추가하면 된다.

```
@Stateless
@Clustered
public class ClusteredBean {
    public void doSomething() {
        // 로직 코딩
    }
}
```

SLSB를 좀 더 다루기를 원한다면, EJB 사이에 로드를 분배하는 데 사용되는 로드 밸런싱 알고리즘을 선택할 수 있다.

로드밸런싱 정책	설명
Round robin	로드밸런싱 기본정책이다. 스마트 프록시가 JBoss 서버 인스턴스 리스트를 정해진 순서대로 한다.
RandomRobin	이 정책하에, 각 요청은 스마트 프록시에 의해 클러스터에서 랜덤 노드들에 보낸다.
FirstAvailable	랜덤하게 선택하는 걸 의미하지만, 그 다음 호출은 노드가 장애가 발생할 때까지는 그 노드에 고정된다.
FirstAvailableIdenticalAllProxies	랜덤 노드를 선택하는 것이 모든 동적인 프록시들에 의해서 공유된다는 것만 제외하고는 FirstAvailable과 같다.

마치고 나면, 아래 예제에서와 같이 로드밸런싱 정책을 적용해 볼 수 있다.

`@Clustered(loadBalancePolicy="FirstAvailable")`

SFSB 클러스터링은 무상태 세션 빈과 크게 다르지 않다. 최소로 필요한 것은 클래스 레벨에 `@Clustered` 애노테이션을 넣는 것이다.

```
@Stateful
@Clustered
public class ClusteredBean {
    public void doSomething() {
        // 로직 코딩
    }
}
```

기본적으로, SLFB는 `sfsb`라고 하는 `cache-container`를 사용하는데, 그것은 모든 노드에 걸쳐서 세션을 복제한다. 세션이 운영 중에 애플리케이션 서버가 장애가 발생한다면, EJB 프록시는 그것을 알아차리고 세션 데이터가 복제된 다른 노드를 선택한다. 하지만 `org.jboss.ejb3.annotation.CacheConfig` 애노테이션으로 SFSB에 의해 사용되는 커스텀 캐시 컨테이너를 참조할 수 있다.

```
@Stateful
@CacheConfig(name="custom-sfsb")
@Clustered
public class ClusteredBean {
    ....
}
```

이것은 분산 캐시를 사용하는 데 들어맞는 cache-container이다.

```
<cache-container name="custom-sfsb" default-cache="dist-cache">
    <alias>dist-sfsb-cache</alias>

    <distributed-cache owners="3" mode="ASYNC"
                        name="dist" batching="true">
        <locking isolation="REPEATABLE_READ"/>
        <file-store/>
    </distributed-cache>
</cache-container>
```

엔티티 클러스터링

엔티티는 세션 빈과 같이 리모트 서비스를 제공하지 않는다. 따라서 로드밸런싱 로직 혹은 세션 복제와 관련이 없다. 하지만 엔티티가 데이터베이스에 두 번 갔다 오지 못하게 하도록 캐시를 사용할 수 있다. JBoss AS 7 EJB 3.0 퍼시스턴스 레이어 JPA 구현은 하이버네이트 프레임워크에 기본을 두고 있다. 그래서 이 프레임워크 처럼 복잡한 캐시 메커니즘을 가지는데, **세션**Session 레벨과 **세션팩토리** SessionFactory 레벨 둘 다에서 구현된다.

후자의 메커니즘은 **2차 캐싱**으로 불린다. JPA/하이버네이트 2차 캐시의 목적은 데이터베이스에서 조회된 컬렉션 혹은 엔티티들을 저장하거나 최근 쿼리 결과를 유지하는 것이다.

 2차 캐시의 주요한 특징은 세션들을 가로질러서 사용될 수 있다는 것이다. 이것은 오직 (명명된 이름처럼) 세션 스코프를 가진 세션 캐시와 구별 짓는다.

엔터프라이즈 애플리케이션을 위한 2차 캐시를 가능하게 하기 위해서는 몇몇 프로퍼티들이 설정되어야 한다. 만약에 2차 캐시에 접근하기 위해 JPA를 사용한다면, persistence.xml 설정 파일에 추가해야 하는 것은 다음과 같다.

```xml
<shared-cache-mode>ENABLE_SELECTIVE</shared-cache-mode>
<properties>

    <property name="hibernate.cache.use_second_level_cache" value="true"/>
    <property name="hibernate.cache.use_minimal_puts" value="true"/>
</properties>
```

첫 번째 요소인 shared-cache-mode는 JPA 2.0 방식으로 엔티티와 엔티티 관련 퍼시스턴스 유닛의 상태를 캐싱할 것인지를 명시한다. shared-cache-mode 요소는 다음 표에서 보는 것과 같이 네 개의 값이 있다.

공유 캐시 모드	설명
ALL	모든 엔티티 및 엔티티 관련 상태와 데이터를 캐싱한다.
NONE	퍼시스턴스 유닛을 위해 캐시를 비활성화 한다.
ENABLE_SELECTIVE	@Cacheable 애노테이션이 엔티티 클래스에 명시되어 있으면 캐싱한다.
DISABLE_SELECTIVE	캐시를 활성화하고 @Cacheable(false)가 명시된 것을 제외한 모든 엔티티를 캐싱한다.

hibernate.cache.use_minimal_puts 프로퍼티는 2차 캐시에 대해 약간의 추가적인 읽기 비용으로 캐시에 쓰기량을 줄임으로써 최적화 작업을 수행한다.

게다가, 애플리케이션에서 하이버네이트 쿼리 캐시를 사용할 계획이라면 구분된 다음 프로퍼티로 활성화시켜야 한다.

```xml
<property name="hibernate.cache.use_query_cache" value="true"/>
```

완성을 기하기 위해 네이티브 하이버네이트 애플리케이션용 캐시 제공자로서 인피니스팬을 사용하기 위해 다음과 같은 설정을 추가한다. 이것은 hibernate.cfg.xml에 추가해야 하는 프로퍼티 리스트이다.

```xml
<property name="hibernate.cache.region.factory_class"
    value="org.hibernate.cache.infinispan.JndiInfinispanRegionFactory"/>
<property name="hibernate.cache.infinispan.cachemanager"
        value="java:jboss/infinispan/hibernate"/>
```

```
<property name="hibernate.transaction.manager_lookup_class"
          value="org.hibernate.transaction.JBossTransactionManagerLookup"/>
<property name="hibernate.cache.use_second_level_cache" value="true"/>
<property name="hibernate.cache.use_minimal_puts" value="true"/>
```

위에서 볼 수 있듯이 설정이 다소 장황하다. 왜냐하면, 캐시 제공자로서 인피니스팬을 사용한다고 하이버네이트에게 알려줘야 하기 때문이다. 이것은 `hibernate.transaction.factory_class` 프로퍼티를 사용해서 알맞은 하이버네이트 트랜잭션 팩토리를 설정해야 한다.

다음으로 `hibernate.cache.infinispan.cachemanager` 프로퍼티는 인피니스팬이 사용하는 캐시 매니저CacheManager를 노출한다. 기본적으로, 인피니스팬은 java:jboss/infinispan/hibernate 키로 공유 캐시 매니저를 JNDI에 바인딩한다.

이것은 캐싱된 객체들에 대해 2차 캐시를 다룰 책임이 있다.

마지막으로, `hibernate.cache.region.factory_class` 프로퍼티는 인피니스팬 2차 캐싱을 결합한다고 하이버네이트에게 알리는데, 인피니스팬 캐시의 인스턴스들을 위한 소스로서 JNDI에 있는 이전 인피니스팬 캐시 매니저를 사용한다.

엔티티 캐싱

만약 shared-cache-mode를 ALL로 설정하지 않는다면, 하이버네이트는 자동으로 엔티티를 캐싱하지 않을 것이다. 어떤 엔티티 혹은 쿼리가 캐싱될 필요가 있는지 선택해야 한다. 이것은 분명히 무분별한 캐싱이 성능에 악영향을 줄 수 있기 때문에 가장 안전한 옵션이다. 아래 예제는 애노테이션을 사용하는 JPA 엔티티를 위해 어떻게 하는지를 보여준다.

```
import javax.persistence.*;
import org.hibernate.annotations.Cache;
import org.hibernate.annotations.CacheConcurrencyStrategy;

@Entity
@Cacheable
```

```
@Cache(usage = CacheConcurrencyStrategy.TRANSACTIONAL, region="properties")
public class Property {

    @Id
    @Column(name="key")
    private String key;

    @Column(name="value")
    private String value;

    // Getter와 setters는 생략한다
}
```

@javax.persistence.Cacheable는 하이버네이트 공유 캐시가 엔티티 클래스의 인스턴스를 위해 사용되어야 하는지를 나타내고 shared-cache-mode가 selective 모드 중의 하나일 때로 설정될 때만 적용 가능하다.

@org.hibernate.annotations.Cache 애노테이션은 @Cacheable와 같은 목적을 달성하기 위해서 사용된, 더 오래된 애노테이션이며, 하이버네이트가 사용해야 하는 캐시 컨텐츠에 동시 접근을 제어하는 전략을 정의하는데 여전히 사용될 수 있다.

CacheConcurrencyStrategy.TRANSACTIONAL은 인피니스팬의 완전한 트랜잭션 JTA 환경을 위한 지원을 제공한다.

애플리케이션 데이터가 절대 수정되지 않고 읽기만 가능하게 하려면, CacheConcurrencyStrategy.READ_ONLY를 적용해서, (프로그램으로 수행하지 않는 한) 캐시에서 데이터를 삭제하지 않게 한다.

@Cache(usage=CacheConcurrencyStrategy.READ_ONLY)

결국, 정의될 수 있는 다른 속성은 엔티티들이 있는 캐싱 지역이다. 엔티티 클래스를 위한 캐싱 지역을 명시하지 않는다면, 이 클래스들의 모든 인스턴스는 _default 지역에 캐싱 된다. 캐싱 영역의 세세한 관리를 원한다면 캐싱 지역을 정의하면 유용할 수 있다.

쿼리 캐시

쿼리 캐시는 쿼리에서 데이터를 캐싱하는데 사용되는데, 같은 쿼리가 다시 발생하면 데이터베이스를 조회하지 않고 캐싱된 값을 반환한다.

 쿼리 캐시는 결과 셋 안에 있는 실제 엔티티들의 상태를 캐싱하지 않는다. 즉 오직 식별자 값과 밸류 타입의 결과만 캐싱한다.

다음 예제에서, listUsers로 명명된 결과 셋은 @NamedQuery 안쪽에 @QueryHint 애노테이션을 사용함으로써 캐싱하도록 설정한다.

```
@NamedQueries(
{
@NamedQuery(
    name = "listUsers",
    query = "FROM User c WHERE c.name = :name",
    hints = { @QueryHint(name = "org.hibernate.cacheable", value = "true")
}
)
})
public class User {

    @Id
    @Column(name="key")
    private String key;

    @Column(name="name")
    private String name;

    .....
}
```

쿼리 캐시는 주의해서 사용하라. 무분별하게 사용한다면 애플리케이션에 나쁜 영향을 끼칠 수 있기 때문이다. 무엇보다 먼저, 쿼리 캐시는 쿼리(쿼리 캐시 맵에 키로 저장되는)가 수백 개의 캐릭터로 구성된다면, 많은 메모리가 필요할 것이다.

또 하나 중요한 이유는 쿼리 캐시의 결과는 근본이 되는 데이터베이스가 변경이 있을 때마다 지속해서 무효화시켜야 한다는 것이다. 엔티티가 지속해서 변한다면 쿼리 캐시의 적중률(hit ratio)이 매우 낮아지게 된다.

웹 애플리케이션 클러스터링

웹 애플리케이션을 클러스터링하는 것은 개발자에게 최소의 노력만 요구한다. 방금 논의했듯이, 웹 애플리케이션에서 클러스터링으로 변경하는 데 필요한 것은 web.xml 디스크립터에 다음과 같은 지시자를 추가하는 것이 전부이다.

```
<web-app>
    <distributable/>
</web-app>
```

기본적으로, 클러스터링된 웹 애플리케이션은 인피니스팬 설정에 있는 웹 캐시를 사용한다. 커스터마이징할 수 있는 하나는 배포 단위당 특화된 캐시를 세팅하는 것이다. 이것은 jboss-web.xml에 `cache-name`이 있는 `replication-config` 지시자를 추가함으로써 가능하다.

```
<jboss-web>
    <replication-config>
        <cache-name>web.dist</cache-name>
    </replication-config>
</jboss-web>
```

위 설정은 아래 메인 설정파일에 정의된 캐시를 반드시 참조해야 한다.

```
<cache-container name="web" default-cache="repl">
    <alias>standard-session-cache</alias>
```

```
        <distributed-cache mode="ASYNC" name="web.dist" batching="true">
            <locking isolation="REPEATABLE_READ"/>
            <file-store/>
        </distributed-cache>
</cache-container>
```

요약

이 장에서는 한 세트의 노드들에 걸쳐서 애플리케이션의 부하를 분산시키는 데 사용되는 도구를 살펴봤고, 또한 로드밸런싱을 알아봤다.

로드밸런싱은 분산 애플리케이션의 전용기능이 아니다. 왜냐하면, 일반적으로 클러스터 노드들의 앞 문front door으로 사용하지만, 다중의 AS 위에서 운영되는 어떤 종류의 애플리케이션에도 적용할 수 있다.

9장 전반부에서는, AS7에 있는 mod_jk와 mod_proxy 라이브러리를 사용하는 방법을 살펴봤다. 두 개의 접근 방법 모두 새 애플리케이션 서버에서 여전히 실행 가능하다.

- mod_jk는 httpd 쪽과 AS 쪽 둘 다에 설정이 필요하지만, mod_jk를 사용한다면 더 좋은 수준을 달성할 수 있다.
- mod_proxy는 더욱 즉각적인 솔루션인데, httpd 쪽에 엔드 포인트를 간단하게 설정하면 된다.

9장 후반부에서는, mod_cluster를 사용해서 애플리케이션들 사이에 로드밸런싱에 접근하는 걸 살펴봤다.

전통적인 밸런서들에 비해서 mod_cluster를 사용하는 주요한 장점은 워커 노드들의 정적인 설정을 사용하지 않고, 멀티캐스팅 기반의 광고 메커니즘을 이용해서 동적으로 애플리케이션 서버들과 애플리케이션들을 등록할 수 있다.

이것은 특히 일반적인 노드 리스트에 의존하지 않고 노드들을 동적으로 추가하거나 삭제할 수 있어야 하는 클라우드 환경에 유용하다.

모드 클러스터 없이는, 각 업그레이드 설정 시에 노드들을 정지 혹은 시작해야 한다.

마지막으로, 모드 클러스터의 또 다른 장점은 동적인 메트릭스 세트를 사용할 수 있다는 것인데, 그것은 서버 노드들 사이에서 로드를 정의하기 위해서 서버 쪽에서 계산된다. 특히, 더 높은 메모리 세트, 커넥션, 스레드 혹은 어떤 다른 사용자 정의 메트릭을 가진 서버들에게 이점을 줄 수 있다.

10
JBoss AS 7 보안

보안은 모든 엔터프라이즈 애플리케이션의 중요한 요소다. 관리자는 애플리케이션 접근 권한을 제한하고 운영자를 통제할 수 있어야 한다.

자바 엔터프라이즈 에디션(자바EE)은 엔터프라이즈 자바 빈EJB과 웹 컴포넌트를 위한 간단한 역할 기반role-based 보안 모델을 정의한다. JBoss의 보안 구현은 자바 애플리케이션에 대한 인증, 권한 부여, 감사 및 매핑 기능을 제공하는 피켓박스 PicketBox 프레임워크(이전 JBoss security라고도 함)에 의해 수행된다.

많은 보안 사항 중 개발자와 관리자 다수가 관심을 가질 만한 몇 가지 주제에 대해 알아보며 그 외 많은 보안사항은 서적을 통해 스스로 확인할 수 있으므로 여기서 다루지 않는다. 다음 주제에 대해 좀 더 자세히 알아본다.

- 자바 보안 API의 간단한 소개
- JBoss AS 7 보안 서브시스템의 기초
- 로그인 모듈 및 엔터프라이즈 설정 요소와 통합의 정의(예를 들어, 웹 애플리케이션 EJB)
- AS 7 관리 인터페이스 보호 방법
- 웹 애플리케이션 SSLSecure Sockets Layer을 통한 암호화 사용 방법

자바 보안 API에 접근

자바EE 보안 서비스는 사용자 인증과 애플리케이션 기능 및 관련 데이터에 대한 접근을 승인하기 위해 강력하고 쉬운 보안 설정 메커니즘을 제공한다. 먼저 보안 관련 주제를 쉽게 이해하기 위해 몇 가지 기본 개념을 살펴본다.

인증Authentication은 EJB, 서블릿과 관계없이 현재 실행되는 애플리케이션에 의한 검증 과정이다. 인증은 일반적으로 웹 애플리케이션이나 스탠드얼론 애플리케이션에 포함된 로그인 양식에 의해 이루어진다.

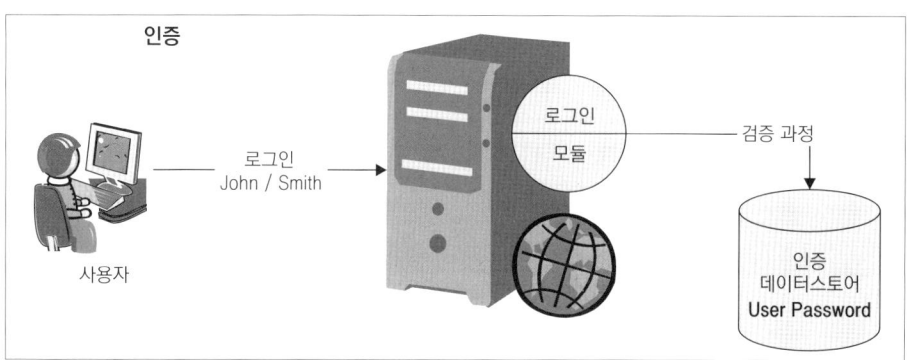

권한부여Authorization는 사용자가 시스템 리소스에 대한 접근 권한을 가졌는지 확인하는 과정이다. 따라서 권한부여는 인증을 가졌다는 전제가 있어야 하는데 사용자가 누군지 모를 때 모든 접근권한을 부여한다는 것은 불가능한 일일지도 모른다.

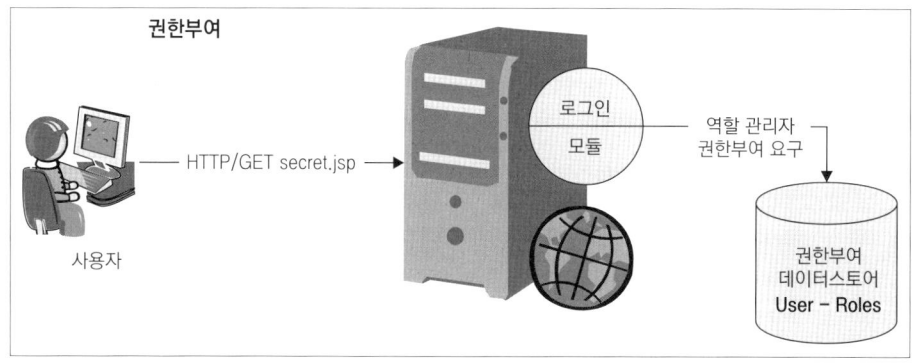

자바EE 설정 요소의 컨테이너는 애플리케이션 보안을 제공할 책임이 있다. 컨테이너는 기본적으로 두 가지 유형의 보안을 제공한다.

선언과 **프로그램**에 관한 것을 살펴보자.

- **선언적 보안**은 배포 디스크립터와 애노테이션annotation, 혹은 어느 한쪽에 의해 애플리케이션 컴포넌트 보안 요구 사항을 표현한다. 왜냐하면, 배포 디스크립터 정보는 외부 파일에 포함되어 있기 때문에 소스 코드를 바꾸지 않고도 변경할 수 있기 때문이다.

  예를 들면 엔터프라이즈 자바 빈즈 컴포넌트의 경우 EJB JAR 파일의 META-INF 폴더에 ejb-jar.xml이라는 배포 디스크립터를 사용한다.

  웹 컴포넌트의 경우 WEB-INF 디렉토리에 저장되는 web.xml 애플리케이션 배포 디스크립터를 사용한다.

  > 자바EE 5에서는 애노테이션으로도 선언적 보안을 적용할 수 있다. 애노테이션은 클래스 파일 내에서 지정되고, 애플리케이션이 배포될 때 내부 애플리케이션 서버에 의해 이 정보를 변환한다.
  >
  > 애노테이션을 사용하면 소스코드를 외부 도구로 생성할 수 있기 때문에 정형코드를 작성할 필요가 없어진다. 프로그래머가 만든 도구가 코드를 생성해야 하는가 하는 의문은 선언적 프로그래밍 스타일로 이어진다. 소스 변경에 의한 최신 상태로 소스를 유지해야 하는 관리적인 요소 또한 배제된다.

- **프로그램 보안**은 애플리케이션에 내장되며 보안 결정을 만들 때 사용된다. 선언적 보안만을 사용해서 보안 요건을 충족하지 못할 경우 애플리케이션 보안 모델을 사용할 수 있다. 자바EE의 보안 API는 다음 호출을 사용하여 현재 사용자가 특정 역할에 대한 액세스 권한을 가졌는지 아닌지를 테스트한다.

  - isUserInRole() JSP와 서블릿을 위한 방식(javax.servlet.http.HttpServletRequest)

  - isCallerInRole() EJB를 위한 방식(javax.ejb.SessionContext)

덧붙여 사용자의 신원에 대한 액세스를 제공하는 다른 API 호출 등이 있다.
- getUserPrincipal() JSP와 서블릿을 위한 방식(javax.servlet.http.HttpServletRequest)
- getCallerPrincipal() EJB를 위한 방식(javax.ejb.SessionContext)

이러한 API를 사용하여 임의의 복잡한 승인 모델을 개발할 수 있다.

 애노테이션 보안은 선언과 프로그램 보안의 개념을 모두 포함한다.

비즈니스 설정 요소에 보안 기능을 내장하는 것보다 자바EE 선언적 보안모델이 나을 수 있다. 선언적 보안 모델은 표준 XML 설명자로 보안 역할 및 권한을 기술하는 것을 의미한다. 보안 설정 요소가 특정 비즈니스 논리의 측면보다 설정 요소를 전개하는 데 더 많은 기능을 하는 경향이 있기 때문에 선언적 보안 모델은 비즈니스 레벨의 코드에서 보안을 분리한다.

선언적 보안 모델의 기본 구현은, **자바 인증·승인 서비스**JAAS, Java Authentication and Authorization Service 로그인 모듈과 주체를 기반으로 한다. 보안 프록시 계층이 EJB 비즈니스 개체에 의존하지 않는 방법으로 EJB를 추가하려면 선언적 모델을 사용하여 설명할 수 없는 사용자 지정 보안을 가능하게 한다.

보안 프록시 계층은 사용자 보안을 허용하지만, EJB에서 선언적 보안으로 독립적인 EJB 비즈니스 개체를 더하는 방식을 표현할 수 없다.

JBoss는 피켓박스 프레임워크를 허용하며, 자바 인증과 권한 부여 서비스를 구축하고 애플리케이션에서 실행 중인 모든 자바EE 기술을 보호한다.

JBoss AS 7 보안 서브시스템

JBoss 보안은 애플리케이션 서버의 확장으로 스탠드얼론 서버나 도메인 서버 모두 기본적으로 포함된다.

```
<extension module="org.jboss.as.security"/>
```

다음은 서버 설정 파일에 포함된 기본 보안 서브시스템이다.

```
<security-domains>
    <security-domain name="other" cache-type="default">
        <authentication>
            <login-module code="UsersRoles" flag="required"/>
        </authentication>
    </security-domain>
    <security-domain name="jboss-web-policy">
        <authorization>
            <policy-module code="Delegating"
        </authorization>
    </security-domain>
    <security-domain name="jboss-ejb-policy">
        <authorization>
            <policy-module code="Delegating"
        </authorization>
    </security-domain>
</security-domains>
```

보다시피 설정이 기본값에 크게 의존적이며 특히 시큐리티 관리 영역 같은 높은 레벨의 구조를 위한 것치곤 너무 짧다.

> 보안 도메인은 명시적으로 권한 부여 정책을 규정하지 않는다. 보안 도메인에 권한 부여 모듈이 정의되지 않은 경우 기본적으로 jboss-web-policy와 jboss-ejb-policy 권한 부여가 사용된다. 이러면 권한 부여 정책이 위임되려면 다른 모듈에 단순히 위임 권한 〈module-option〉을 선언하면 된다. 이에 대한 자세한 내용은 다음 링크를 참조하기 바란다. http://tinyurl.com/7upybe8

예를 들어 자신의 보안 관리 옵션을 정의하면, 구현과 기본 인증/권한 부여 관리자를 오버라이드할 수 있다. 대부분 인터페이스를 오버라이드하지 않을 가능성이 높기 때문에 JBoss 보안의 핵심 요소인 security-domain 요소에 집중할 것이다.

보안 도메인은 외국인을 위한 세관으로 상상해 볼 수 있다. 요청이 JBoss AS의 경계를 지나가기 전에 보안 도메인은 필요한 모든 인증 및 권한 부여 검사를 수행하고 궁극적으로 발신자가 이동하거나 그렇지 못할 경우 발신자에게 알리게 된다.

보안 도메인은 일반적으로 서버가 기동 되거나 실행 중인 서버에서 설정되고 이후에 JNDI 트리 하위 키 java:/jaas/에 바인딩 된다. 보안 도메인 내에서 그저 단순한 로그인 모듈 변경만으로 인증 공급자를 변경할 수 있도록 로그인 권한 부여 모듈을 설정할 수 있다.

다음 표는 사용 가능한 모든 로그인 모듈에 대한 간단한 설명이다.

로그인 모듈	설명
Client	AS가 클라이언트 역할을 할 때 발신자 ID 및 자격 증명을 설정하도록 설계됐다. 실제 서버 인증에 사용되는 보안 도메인의 일부로 사용해서는 안 된다.
Database	데이터베이스에서 로그인 모듈을 읽어 사용자/역할 정보를 제공한다.
Certificate	X509Certificates 기반으로 사용자를 인증하도록 설계되어 있다.
CertificateRoles	특성 파일에서 역할 매핑 기능을 추가하는 인증서 로그인 모듈을 확장한다.
DatabaseCertificate	데이터베이스 테이블에서 역할 매핑 기능을 추가하는 인증서 로그인을 확장한다.
DatabaseUsers	인증 및 역할 매핑을 지원하는 JDBC 기반 로그인 모듈이다.
Identity	단순히 연결 모듈에 대해 인증하는 제목이 모듈 옵션에서 지정한 보안 주체다.
Ldap	LDAP 서버에서 로그인 모듈을 읽어 사용자/역할 정보를 제공한다.
LdapExtended	인증을 바인딩하는 사용자뿐만 아니라 관련된 역할 모두를 찾기 위해 검색을 사용하여 다른 LDAP 로그인 모듈 구현한 것이다.
RoleMapping	하나 또는 그 이상의 선언적 역할에 인증 프로세스의 최종 결과이며 역할을 매핑하는 데 사용된다.
Simple	빠르게 테스트 목적으로 보안을 설정하는 데 사용된다.
Kerberos	인증을 위한 메커니즘으로 썬 사의 커버로스(Kerberos)를 로그인 모듈을 이용하는 데 사용된다.
SPNEGOUsers	인증을 처리하는 SPNEGOAuthenticator와 함께 작동한다.
AdvancedLdap	LdapExtLoginModule의 리팩토링이며 로그인 단계 (ormap 역할을 찾거나 인증) 작업 중 하나를 개별적으로 수행할 수 있게 분리할 수 있다.

(이어짐)

로그인 모듈	설명
AdvancedADLdap	AdvancedLdapLoginModule의 확장으로 인증된 사용자의 기본 그룹을 조회할 수 있다.
UserRoles	역할(roles.properties) 매핑에 두 개의 자바 속성 형식의 텍스트 암호에 사용자 이름 파일(users.properties)과 사용자 이름을 참조하는 간단한 속성 맵 기반(Map-based) 로그인 모듈이다.

다음은 로그인 모듈을 활성화 시키기 위한 두 단계 절차다.

1. 먼저 standalone.xml/domain.xml의 설정 파일에서 로그인 모듈을 정의해야 한다.
2. 그런 다음 인증 및 권한 부여를 실행하는 로그인 모듈을 사용하도록 애플리케이션에 지시해야 한다.

애플리케이션 서버의 이전 버전에서 로그인 모듈은 별도의 파일 login-config.xml에 설정했다. 새 애플리케이션 서버에 이전 로그인 모듈을 이식하는 것은 그렇게 복잡하진 않으며 로그인 모듈의 형식은 새 애플리케이션 서버와 거의 유사하다.

이후 각 절에서 위에서 언급한 선언적 보안과 프로그램적 보안에 대해 좀 더 알아본다. 우선 몇 가지 일반적으로 사용되는 로그인 모듈을 정의하고, 그후에 서블릿, EJB, 웹 서비스와 같은 자바EE 설정 요소에 적용하는 방법에 대해 살펴보자.

UserRoles 로그인 모듈

UserRoles은 애플리케이션에서 테스트 목적으로 구현할 수 있는 단순한 보안 도메인이다. 다음 두 개의 파일을 기반으로 한다.

- users.properties: 사용자 이름 및 암호 목록을 저장
- roles.properties: 사용자와 역할 매핑을 포함

다음은 애플리케이션 서버의 설정 디렉토리에 보안 파일을 저장하는 샘플 UserRoles 설정이다.

```
<security-domain name="basic" cache-type="default">
    <authentication>
        <login-module code="UsersRoles" flag="required">
            <module-option name="usersProperties" value="${jboss.server.
                config.dir}/users.properties"/>
            <module-option name="rolesProperties" value="${jboss.server.
                config.dir}/roles.properties"/>
        </login-module>
    </authentication>
</security-domain>
```

보안 도메인을 실행하려면 일부 자격 증명을 사용하여 지정된 경로(기본 스탠드얼론의 경우 JBOSS_HOME /standalone/configuration)에 2개의 파일을 추가해야 한다. 예를 들어 user.properties는 다음과 같이 추가한다.

```
admin=admin
```

그리고 roles.properties 파일은 다음과 같이 추가한다.

```
admin=Manager
```

이 admin/admin 자격 증명을 사용해 인증하는 사용자에게 Manager 역할을 할당했다는 것을 의미한다.

데이터베이스 로그인 모듈

데이터베이스 보안 도메인은 이전 예제에서 보인 것과 같은 로직을 따른다. 다만 데이터베이스에 자격 증명을 저장한다. 이 예제를 실행하기 위해 앞서 3장, '엔터프라이즈 서비스 설정'에서 만든 데이터소스 MySqlDS을 참고한다.

```
<security-domain name="mysqldomain" cache-type="default">
    <authentication>
        <login-module code="Database" flag="required">
            <module-option name="dsJndiName" value="java:/MySqlDS"/>
            <module-option name="principalsQuery" value="select passwd
                from USERS where login=?"/>
```

```
            <module-option name="rolesQuery" value="select role, 'Roles'
               from USER_ROLES where login=?"/>
        </login-module>
    </authentication>
</security-domain>
```

이 설정 작업을 진행하기 전에 먼저 필요한 테이블을 만들고 거기에 몇 가지 샘플 데이터를 삽입insert 해야 한다.

```
CREATE TABLE USERS(login VARCHAR(64) PRIMARY KEY, passwd VARCHAR(64))
CREATE TABLE USER_ROLES(login VARCHAR(64), role VARCHAR(32))

INSERT into USERS values('admin', 'admin')
INSERT into USER_ROLES values('admin', 'Manager')
```

insert 문을 확인해 보면 admin 사용자는 Manager 역할에 다시 매핑된다. 이 설정의 한 가지 주의 사항은 데이터베이스에 일반 텍스트 암호를 사용하는 것이고 그래서 이 모듈을 운영하기 전 로그인 모듈에 추가적 보안을 덧붙이는 것을 고려해야 한다.

다음 절에서 위 작업을 수행하는 방법에 대해 살펴보자.

패스워드 암호화

일반 텍스트 문자열 암호를 데이터베이스에 저장하는 것은 좋은 방법이 아니다. (사실 데이터베이스보다 일반 파일 시스템이 더 많은 잠재적 보안 취약점을 가지고 있다.) 예를 들어 어떤 DBA가 테이블 중 하나가 애플리케이션 암호와 같은 중요한 정보를 보관하고 있다는 사실을 잊고 해당 테이블에 대한 공용 동의어를 추가했다고 생각해보자! 항상 잠재적 공격자 중 누군가가 다음과 같은 쿼리를 수행할 수 있음을 염두에 둬야 한다.

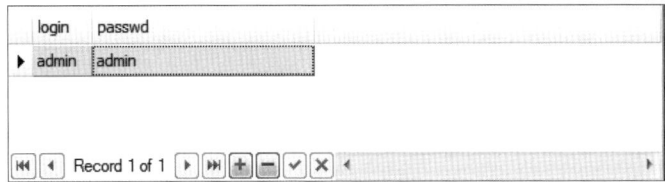

다행스럽게도 애플리케이션 암호는 비교적 간단하게 확보할 수 있다. 로그인 모듈에 몇가지 옵션을 추가하는 것으로 저장된 암호를 **메시지 다이제스트** 알고리즘을 사용하여 암호화할 수 있다. 예를 들어 `mysqlLogin` 모듈에서 다음과 같은 강조 표시된 옵션을 추가해야 한다.

```
<login-module code="Database" flag="required">
    <module-option name="dsJndiName" value="java:/MySqlDS"/>
    <module-option name="principalsQuery" value="select passwd from USERS
      where login=?"/>
    <module-option name="rolesQuery" value="select role, 'Roles' from
      USER_ROLES where login=?"/>
    <module-option name="hashAlgorithm" value="MD5"/>
    <module-option name="hashEncoding" value="BASE64"/>
    <module-option name="hashStorePassword" value="true"/>
</login-module>
```

위 코드에서 암호를 MD5 해시 알고리즘으로 해시 되도록 지정했다. 이 알고리즘 대신 예를 들면 SHA 같은 JCA 공급자가 허용된 다른 알고리즘을 사용할 수 있다.

완전을 기하기 위해 다음 `java.security.MessageDigest`와 `org.jboss.security.Base64Util` 클래스를 사용해 데이터베이스에 삽입할 base-64 해시 암호를 만드는 작은 애플리케이션을 포함했다.

```
public class Hash {

    public static void main(String[] args) {
        String password = args[0];
        MessageDigest md = null;
        try {
            md = MessageDigest.getInstance("MD5");
        } catch (Exception e) {
            e.printStackTrace();
        }
        byte[] passwordBytes = password.getBytes();
        byte[] hash = md.digest(passwordBytes);
        String passwordHash = org.jboss.security.Base64Utils.tob64(hash);
        System.out.println("password hash: " + passwordHash);
    }
}
```

admin 같은 인수와 함께 메인 프로그램을 실행하면 해시 X8oyfUbUbfqE9IWvAW1/3을 생성한다. 이 해시로 데이터베이스 안의 admin 사용자 암호를 업데이트할 것이다.

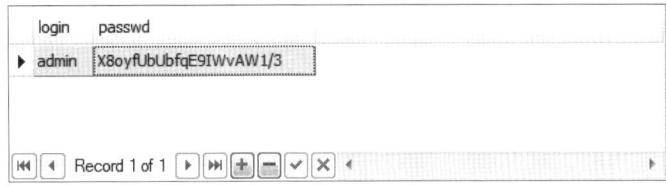

LDAP 로그인 모듈

경량 디렉토리 액세스 프로토콜LDAP, Lightweight Directory Access Protocol은 애플리케이션에 디렉토리 서비스를 제공하기 위한 사실상의 표준이다. LDAP 서버는 다음과 같은 경우 중앙 디렉토리 정보를 제공한다.

- 사용자 자격 증명(로그인 및 암호)
- 사용자 디렉토리 정보(예: 이름 및 전자 메일 주소 등)
- 웹 디렉토리

LDAP의 동작은 널리 알려진 것처럼 **엔트리**라는 데이터 구조를 중심으로 발생한다. 엔트리는 **속성**이라고 명명된 설정 요소 컴포넌트의 집합을 가진다. 즉 해당 엔트리에 대한 데이터를 보유한다. 데이터베이스 용어로 보면 데이터베이스 레코드와 같은 의미를 가진다. LDAP 각 엔트리는 한 개 이상의 객체 클래스들로 설정된다. 모든 객체 클래스들은 이름, 값 쌍에 저장된 속성을 가진다.

엔트리는 식별 이름(dn)이나 상대적 식별 이름(rdn)을 지정하여 LDAP에 배치된다. dn은 전체 LDAP 트리 경로지만 rdn은 트리의 특정 엔트리에 대한 고유 식별자이다.

LDAP 디렉토리에 저장된 모든 엔트리는 특별한 **식별 이름**DN, Distinguished Name을 갖는다. LDAP 엔트리의 DN은 **상대 식별 이름**RDN, Relative Distinguished Name과 레코

드가 있는 LDAP 디렉토리 **위치**로 설정된다. RDN은 디렉토리 엔트리의 속성이며 전체 DN이 아니고 RDN은 두 개 이상의 속성값 쌍으로 설정된다.[1]

조직의 구체적인 예를 보자.

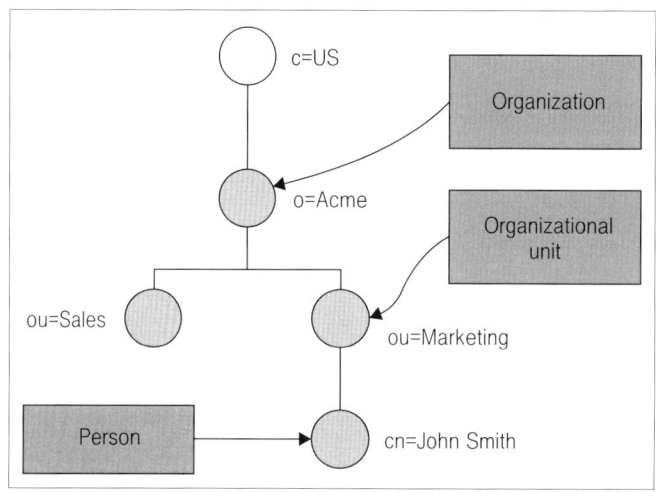

이전 다이어그램에서 "cn=John Smith"는 RDN일 수 있다(CN "common name"을 의미). 속성 이름은 cn이고 값은 존 스미스다. 존 스미스의 DN은 다음과 같다. CN = John Smith, OU = Marketing, O = Acme, C = US(ou는 조직 설정 단위organization unit에 대한 약자, o는 조직의 약자, c는 국가의 약자)

---

1 LDAP은 정적인 정보들을 저장하는데 주로 사용된다. "한 번 쓰고 여러 번 읽기"라는 말이 LDAP의 사용법을 설명하기에 가장 적절한 표현이다. LDAP은 검색용으로 최적화된 디렉토리로 형식으로 만들어진다. 트리 구조는 조직적인 구조를 개념화 하는 데 유용하기 때문이다.
LDAP 트리의 각 엔트리는 한 개 이상의 객체 클래스들로 설정된다. 모든 객체 클래스들은 이름 값 쌍에 저장된 속성을 갖는다. LDAP 속성 이름 값 쌍은 userid=piano 형태다.
LDAP 스키마는,
- LDAP 트리의 엔트리에 사용되는 객체 클래스와 이름들을 지정한다.
- 각 속성에서 지원되는 속성 이름과 연산 유형을 지정한다.

LDAP 트리의 구조는 스키마에 기반한다.
엔트리는 식별 이름(dn)이나 상대적 식별 이름(rdn)을 지정하여 LDAP에 배치된다. dn은 전체 LDAP 트리 경로인 반면 rdn은 트리의 특정 엔트리에 대한 고유 식별자이다.
dn과 rdn의 차이를 쉽게 이해하는 한 가지 방법은 방향과 주소의 차이를 생각해 보는 것이다. dn은 공항에서 호텔로 가는 방향에 해당한다. rdn은 그 호텔의 주소다. 주소가 다 그렇듯이 rdn은 유일해야 한다. 주소가 유일하지 않다면 호텔을 찾기가 힘들지 않겠는가? – 옮긴이

Jboss AS에 LDAP 연결

말하자면, 여러 LDAP 로그인 모듈에 의해 Jboss AS와 LDAP에 연결될 수 있다. 첫째로 해야 할 일은 구동 중인 LDAP 서버의 인스턴스를 확보하는 것이다. 오늘날 사용 가능한 LDAP 서버(상용 및 오픈소스 모두)는 무수히 많다. 어쩌면 이미 LDAP 서버를 설정해 사용할지 모른다. 이런 경우 단 한 가지 샘플 데이터는 적절하지 않다. 우수한 **아파치 디렉토리 서비스**Apache Directory Service를 참고하는 것을 권장한다 (http://directory.apache.org/). 복잡한 디렉토리 인프라 구축만이 아니라 LDAP을 처음 접한 경우에도 해당 솔루션을 제공한다.

설치가 완료되면, 신속하게 디렉토리 인프라를 구축하는 **아파치 디렉토리 스튜디오**(위 링크와 같은 링크로 접속) 사용을 권장한다. 디렉토리를 생성하는 가장 간단한 방법은 처음부터 새로 **LDAP의 데이터 교환 형식**LDIF, LDAP'S Data Interchange Format 파일을 이용하는 것이다. 이 파일에서 LDAP 엔진에 의해 로드될 모든 엔트리를 언급한다.

 아파치 스튜디오에 LDIF 파일을 가져 오기 위한 빠른 바로가기 파일 메뉴가 있다.

File > Import > LDIF into LDAP

다음은 우리가 사용할 기본 LDIF 파일이다.

```
dn: dc=example,dc=com
objectclass: top
objectclass: dcObject
objectclass: organization
dc: example
o: MCC

dn: ou=People,dc=example,dc=com
objectclass: top
objectclass: organizationalUnit
ou: People

dn: uid=admin,ou=People,dc=example,dc=com
```

```
objectclass: top
objectclass: uidObject
objectclass: person
uid: admin
cn: Manager
sn: Manager
userPassword: secret

dn: ou=Roles,dc=example,dc=com
objectclass: top
objectclass: organizationalUnit
ou: Roles

dn: cn=Manager,ou=Roles,dc=example,dc=com
objectClass: top
objectClass: groupOfNames
cn: Manager
description: the JBossAS7 group
member: uid=admin,ou=People,dc=example,dc=com
```

LDAP 서버에 정보를 가져온 후에는 다음과 같은 작은 디렉토리로 끝날 것이다.

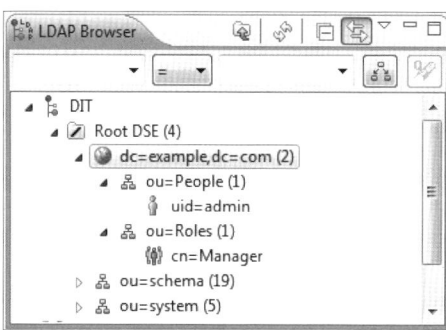

이 디렉토리에는 앞 절에서 설명한 것과 마찬가지로 Manager 권한과 admin으로 등록된 한 명의 사용자만 존재한다.

이제 JBoss AS7에 대한 LDAP 연결을 설정한다. 목표를 위해 사용자에 바인딩 된 인증과 관련 역할 양쪽 모두의 위치에 대한 검색을 사용하는 `LdapExtended` 로그인 모듈 구현체를 사용한다. 역할 쿼리는 계층적 역할 구조를 탐색하기 위해 재귀적으로 식별 이름(DN)을 따른다.

```xml
<login-module code="LdapExtended" flag="required">

    <module-option name="java.naming.factory.initial" value="com.sun.
       jndi.ldap.LdapCtxFactory"/>
    <module-option name="java.naming.provider.url" value="ldap://
       localhost:10389"/>
    <module-option name="java.naming.security.
       authentication"value="simple"/>
    <module-option name="bindDN" value="uid=admin,ou=system"/>
    <module-option name="bindCredential" value="secret"/>
    <module-option name="baseCtxDN" value="ou=People,dc=example,dc=com"/>
    <module-option name="baseFilter" value="(uid={0})"/>
    <module-option name="rolesCtxDN" value="ou=Roles,dc=example,dc=com"/>
    <module-option name="roleFilter" value="(member={1})"/>
    <module-option name="roleAttributeID" value="cn"/>
    <module-option name="searchScope" value="ONELEVEL_SCOPE"/>
    <module-option name="allowEmptyPasswords" value="true"/>
</login-module>
```

다음은 모듈 등록 정보의 간략한 설명이다.

- `bindDN`: 이 경우 "`uid=admin,ou=system`"에서 사용자 및 역할 쿼리에 대한 LDAP 서버에 대해 바인드하는 데 사용되는 DN이다.

- `baseCtxDN`: 사용자 검색을 시작하는 컨텍스트의 고정 DN이다. 이 예제에서는 "`ou=People,dc=example,dc=com`"이다.

- `baseFilter`: 인증된 사용자의 컨텍스트를 찾는 데 사용되는 검색 필터다. 로그인 모듈에서 입력해 얻은 username/userDN이 어디서나 "`{0}`"식 필터로 대체되는 것을 볼 수 있다.

- `rolesCtxDN`: 사용자 역할에 대한 검색 컨텍스트의 고정 DN이다. 식별 이름은 아니며 실제 역할은 사용자 역할이 포함된 객체가 있는 곳에 대한 DN이다.

- `roleFilter`: 인증된 사용자와 연관된 역할을 찾는 데 사용하는 검색 필터다. 예를 들면 입력 사용자 이름과 일치하는 검색 필터 "`(member={0})`"의 대안은 인증된 사용자 DN과 일치하는 "`(member={1})`"이다.

- roleAttributeID: 사용자 역할role을 포함하는 속성의 이름이다.
- searchScope: 문자열 중 하나로 검색 범위를 설정한다. ONELEVEL_SCOPE 명명된 역할 문맥상에서 직접 검색한다.
- allowEmptyPasswords: 암호를 지정하지 않았을 때(length==0) LDAP 서버에 전달하기 위한 플래그이다.

웹 애플리케이션 보안

지금까지 일반적으로 사용되는 몇 가지 로그인 모듈에 대해 배웠다. 이 로그인 모듈은 모든 자바EE 애플리케이션에서 사용할 수 있다. 다음 절에서 구체적인 예를 살펴보겠다. 우선, 기본 웹 인증을 제공하기 위해 웹 애플리케이션에 로그인 모듈을 적용하는 방법에 대해 알아본다.

기본 액세스 인증은 브라우저를 통해 요청을 만들 때 사용자 이름과 암호를 제공하는 가장 간단한 방법이다. 사용자의 자격 증명이 포함된 인코딩 문자열을 보내는 방식으로 작동한다. Base64로 인코딩된 문자열은 수신기로 전송돼 디코딩되며, 그 결괏값인 사용자이름과 암호 문자열은 콜론으로 구분된다.

처음으로 웹 인증을 설정하기 위해 웹 애플리케이션 설정 파일(web.xml)에 security-constraint를 정의해야 한다.

```
<web-app>
    ....
    <security-constraint>
        <web-resource-collection>
            <web-resource-name>HtmlAuth</web-resource-name>
            <description>application security constraints
            </description>
            <url-pattern>/*</url-pattern>
            <http-method>GET</http-method>
            <http-method>POST</http-method>
        </web-resource-collection>
```

```xml
            <auth-constraint>
                <role-name>Manager</role-name>
            </auth-constraint>
        </security-constraint>
        <login-config>
            <auth-method>BASIC</auth-method>
            <realm-name>AS 7 sample Realm</realm-name>
        </login-config>

        <security-role>
            <role-name>Manager</role-name>
        </security-role>
</web-app>
```

이전 설정은 역할 Manager를 사용하여 인증된 사용자에 대한 액세스를 제한하고 웹의 JSP/서블릿에 대한 보안 제약 조건을 추가한다.

 데이터베이스 로그인 모듈을 사용하면 다음 역할 Manager는 admin/admin 자격 증명을 사용해 인증된 사용자에게 부여된다.

다음 설정은 JBoss 웹 배포 디스크립터(WEB-INF/jboss-web.xml)를 조정해야 한다.

사용자를 인증하는 데 사용하는 **보안 도메인** 선언이 필요하다.

```xml
<jboss-web>
    <security-domain>java:/jaas/mysqldomain</security-domain>
</jboss-web>
```

security-domain 요소에 주의해야 한다. 도메인 이름에 java:/jaas/ 접두어는 필수적이고 이 이름은 반드시 보안 도메인의 name 속성에 입력한 것과 같아야 한다. 다음 다이어그램은 데이터베이스 로그인 모듈에 적용되는 전체 설정 순서를 다시 시작한다.

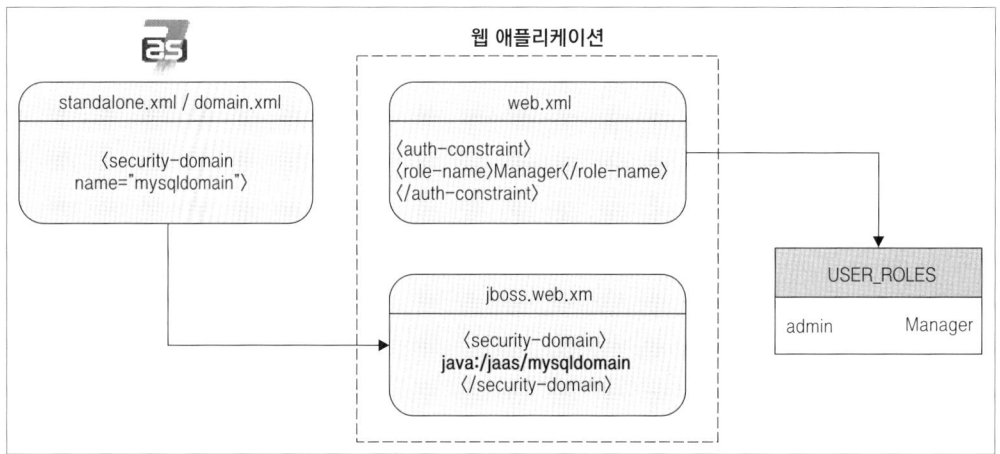

애플리케이션을 배포한 후에 이 작업의 결과는 사용자 인증을 요청, 팝업을 차단해야 한다.

admin/admin을 입력해 로그인하면 Manager 역할을 사용하여 애플리케이션에 대한 접근 권한을 부여한다.

EJB 보안

웹 로그인 양식을 이용한 애플리케이션 보안은 엔터프라이즈 애플리케이션에서 가장 자주 이용되는 방식이다. 그렇지만 HTTP 프로토콜이 애플리케이션에 접근할 수 있는 유일한 선택은 아니다. 예를 들어, EJB와는 RMI-IIOP 프로토콜을 사용하여 원격 클라이언트로부터 접근할 수 있다. 이런 경우 일반적인 애플리케이션 비즈니스 계층에 포함된 EJB 설정 요소에 대한 접근을 제한하여 보안 정책을 수정해야 한다.

어떻게 EJB 수준에서 보안이 벌어집니까?
모든 EJB 메소드가 호출되기 전에 인증을 수행해야 한다. 한편 권한 부여는 각 EJB 메소드 호출의 시작 부분에서 발생한다.

자바EE 5에 많은 부분 개선되어 도입된 애노테이션을 사용해 기본적인 보안 검사를 수행할 수 있다.

다음은 사용 가능한 애노테이션 다섯 가지다.

- `@org.jboss.ejb3.annotation.SecurityDomain`: 특정 클래스와 연관된 **보안 도메인**을 지정한다.

- `@javax.annotation.security.RolesAllowed`: EJB 메소드를 접근할 수 있는 역할 목록을 지정한다.

- `@javax.annotation.security.RunAs`: 메소드 호출 중 EJB를 동적으로 역할 분배한다. 예를 들어 특정 메소드에 접근할 수 있는 임시 권한을 허용할 경우 사용된다.

- `@javax.annotation.security.PermitAll`: 애노테이션이 지정된 경우 모든 역할은 특정 빈Bean 메소드에 접근할 수 있다. 이 애노테이션의 목적은 정확히 역할은 EJB에 액세스 모르는 상황에서 몇 가지 방법에 대한 보안 접근을 확대하는 것이다(어떤 모듈은 타사에서 개발됐고 일부 잘 식별되지 않은 역할을 사용해 EJB에 접근할 수 있어야 한다고 상상해 보자).

- @javax.annotation.security.DenyAll: 이 애노테이션을 지정한 경우 모든 역할에 대한 접근을 거부한다. @PermitAll과 같은 고려 사항이다.

다음 예제에서 권한 부여된 Manager를 제외하고 SecureEJB라는 이름의 EJB에 대한 액세스를 금지한다.

```
import org.jboss.ejb3.annotation.SecurityDomain;
import javax.annotation.security.RolesAllowed;

@Stateless
```
@SecurityDomain("mysqlLogin")
@RolesAllowed({"Manager"})
```
    public class SecureEJB {
    ......
}
```

 조심! 서버의 클래스 경로에서 사용할 수 있는 하나 이상의 SecurityDomain에 애노테이션이 있다. 그림과 같이 org.jboss.ejb3.annotation.SecurityDomain를 포함해야 한다. 한편으로 @RolesAllowed 애노테이션은 javax.annotation.security.RolesAllowed 가져오기를 해야 한다.

애노테이션도 메소드 수준에서 적용할 수 있다. 예를 들어 다음과 같이 새로운 사용자 삽입을 위해 SuperUser라는 특별한 역할이 필요한 경우 다음의 메소드를 사용한다.

@RolesAllowed({"SuperUser"})
```
    public void createUser(String country,String name){
        User customer=new User();
        customer.setCountry(country);
        customer.setName(name);
        em.persist(customer);
    }
```

웹 서비스 보안

웹 서비스 권한은 기본적으로 POJO 기반의 웹 서비스나 EJB 기반 웹 서비스를 처리하는 때에 따라 두 가지 방법으로 수행할 수 있다.

POJO 웹 서비스의 보안 변경은 앞서 소개한 서블릿 혹은 JSP와 같으며, web.xml 내의 security-constraint와 jboss-web.xml에 정의된 로그인 모듈로 이루어진다.

웹 클라이언트로 웹 서비스에 액세스한다면 위 작업만으로 인증 절차가 이뤄진다. 스탠드얼론형 클라이언트를 사용하는 경우 다음 코드 조각과 같은 JAX-WS 팩토리에 자격 증명을 지정하는 절차가 필요하다.

```java
JaxWsProxyFactoryBean factory=new JaxWsProxyFactoryBean();

factory.getInInterceptors().add(new LoggingInInterceptor());
factory.getOutInterceptors().add(new LoggingOutInterceptor());

factory.setServiceClass(POJOWebService.class);
factory.setAddress("http://localhost:8080/pojoService");
factory.setUsername("admin");
factory.setPassword("admin");
POJOWebService client=(POJOWebService)factory.create();

client.doSomething();
```

EJB 기반 웹 서비스는 어떨까? 설정이 약간 다르므로 보안 도메인은 웹 디스크립터에 지정되어 있지 않으며, 애노테이션을 반드시 제공해야 한다.

```java
@Stateless
@WebService(targetNamespace = "http://www.packtpub.com/", serviceName
    = "SecureEJBService")
@WebContext(authMethod = "BASIC", secureWSDLAccess = false)
@SecurityDomain(value = "mysqldomain")
public class SecureEJB {
    ....
}
```

보다시피 `@WebContext` 애노테이션은 기본적으로 BASIC 인증 및 제한 WSDL 액세스 POJO 기반 웹 서비스의 동일한 설정 옵션을 반영한다.

EJB를 보호하는 방법을 설명하기 위해 애노테이션을 도입했기 때문에 `@SecurityDomain`에 대해 알아야 한다. 보다시피 `mysqldomain`이 보안 도메인을 직접 참조하는 것을 제외하고는 jboss-web.xml 파일에 포함된 정보를 대체한 것이다.

이전의 보안 설정의 경우에, META-INF/ejb-jar.xml 및 META-INF/jboss-ejb3.xml 파일을 통해 지정할 수 있고 XML 배치 서술자 사용을 선호한다.

AS 7 관리 인터페이스 보안

시스템 관리자의 가장 중요한 작업 중 하나는 서버 관리 인터페이스에 대한 접근을 금지하는 것이다. 보안 정책이 없다면 모든 사용자가 애플리케이션 서버에 접근하고 해당 속성을 수정할 수 있을 것이다.

애플리케이션 서버의 릴리스 7.1.0 베타부터 보안 애플리케이션 서버에 무단으로 원격 액세스를 방지하기 위해 AS 관리 인터페이스에서 기본적으로 활성화되어 있다.

다른 한편으로 애플리케이션 서버의 로컬 클라이언트에선 여전히 모든 인증없이 관리 인터페이스에 액세스할 수 있다.

`security-realm`은 관리 인터페이스에 보안을 전환하는 데 사용하며 이 속성은 `security-realms` 섹션에서 정의한다.

```xml
<management>
    <security-realms>
        <security-realm name="ManagementRealm">
            <authentication>
                <properties path="mgmt-users.properties" relative-
                    to="jboss.server.config.dir"/>
            </authentication>
        </security-realm>
    </security-realms>
    <management-interfaces>
        <native-interface security-realm="ManagementRealm">
            <socket-binding native="management-native"/>
        </native-interface>
        <http-interface security-realm="ManagementRealm">
            <socket-binding http="management-http"/>
        </http-interface>
    </management-interfaces>
</management>
```

기본 설정으로 속성은 mgmt-users.properties에 저장되고 서버 configuration 디렉토리에서 찾을 수 있다.

> 사용자는 언제든지 등록 정보 파일에 추가할 수 있으며, 서버 시작 후에도 업데이트가 자동으로 감지한다.

기본적으로 이 관리 영역의 예상되는 항목의 형태는 다음과 같다.

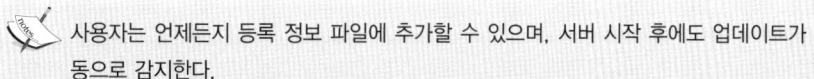

영역의 이름과 암호는 각 사용자 진수로 인코딩된 해시와 관련됐다는 것을 의미한다.

속성 파일에 새 사용자를 추가하려면 add-user.sh(리눅스)라는 이름의 AS 7.1 설치 또는 add-user.bat(윈도우)의 bin 폴더에 포함된 유틸리티 스크립트를 사용할 수 있다. 다음 스크린 샷처럼 add-user 셸을 사용해 3단계 정보를 입력하여 새로운 사용자를 구성한다.

- `Realm`: 이 관리 인터페이스를 보호하는 데 사용되는 영역의 이름이다. 그냥 **Enter** 키를 누르면 사용자가 `ManagementRealm`라는 기본 영역에 추가된다.
- `Username`: 추가하고자 하는 사용자 이름(문자 숫자식 이어야 함)이다.
- `Password`: 사용자 이름과 달라야 하는 암호 필드이다.

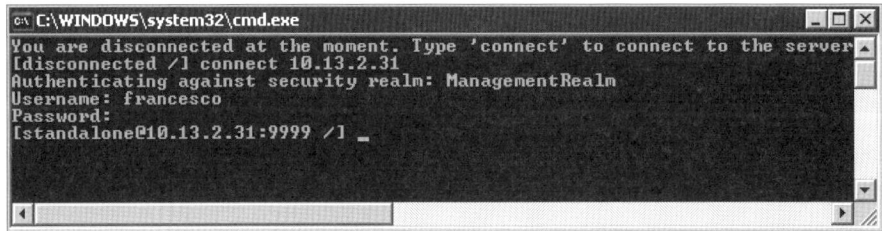

다음처럼 기본 영역에 사용자 francesco를 생성한 것은 결과적으로 스탠드얼론 및 도메인 설정의 mgmt-users.properties에 추가된다.

`francesco=5b9b0917f340b6a9842651867b3deb6f`

이제 이 사용자를 사용하여 원격 AS7 관리 인터페이스에 연결할 수 있다.

완벽한 마무리를 위해 서버에서 사용자의 배치를 추가할 때 알맞은 비 대화형 셸을 사용한 사용자 추가 방법을 알아본다. 이 방법은 `add-user` 스크립트에 사용자 이름과 암호, 선택적 영역 이름을 전달해 작동한다.

`add-user.bat myuser mypassword realm1`

전송계층 보안

지금까지 배운 단순한 개념만으로 중대한 애플리케이션을 만든다면 모든 보안 위협으로부터의 방어를 보장하지 않는다. 예를 들어 EJB나 서블릿을 통한 신용카드 정보 전송을 위해 지금 게이트웨이 설계가 필요할 경우 권한 부여와 인증 스택만을 사용한다는 것은 충분하지 않다.

허가 받지 않은 개인 또는 시스템에 의해 치명적 정보의 폭로를 예방하기 위해 정보 **암호화**를 제공하는 프로토콜을 사용한다. 암호화는 허가받지 않은 사람들이 이해할 수 없는 형태로 데이터를 변환하는 것이다. 반대로 **복호화**는 원래의 형태로 암호화된 데이터를 다시 이해할 수 있는 형태로 변환하는 프로세스다.

SSL과 TLS 프로토콜은 통신을 보호하는 데 사용한다. **TLS**는 이전의 **SSL**을 대체하는 것으로 간주되고 있다.

 두 프로토콜의 경우 아주 사소한 기술적 차이가 있다. 요약하면 TLS는 강력한 암호화 알고리즘을 사용하며 다른 포트에서 작동할 수 있는 능력을 갖추고 있다. 10장의 나머지 부분에서 두 프로토콜을 위해 SSL을 참조한다.

정보를 암호화하기 위한 기본적인 두 가지 방법이 있는데, **대칭 암호화**(또는 비밀 키 암호화라고 함)와 **비대칭 암호화**(또는 공개 키 암호화라고도 함)다.

대칭 암호화는 가장 잘 알려졌으며 오래된 기술이다. 비밀 키 기반으로 메시지 텍스트를 내용을 응용된 특정 방식으로 변경한다. 보낸 사람과 받는 사람 양쪽 모두 비밀키를 알고 있는 한, 키를 사용하여 모든 메시지를 암/복호화할 수 있다. 일반적으로 이 암호화 알고리즘은 빠른 작업과 한 번에 메시지 블록을 암호화하는 데 적합하다.

대칭 알고리즘의 중요한 문제 중 하나는 사용자에게 키를 분배하는 (안전 관리 조직의 요구 사항) 방법에 있다. 키는 인가되지 않은 노출과 잠재적 남용에 취약성이 남아 있으며, 관리적 측면에 더 많은 오버헤드를 발생시킨다.

이러한 이유로 중요한 엔터프라이즈 시스템의 경우 관리가 수월한 비대칭 암호화 알고리즘에 의존하며 궁극적으로도 더욱 안전하다.

비대칭 암호화 또는 **공개 키 암호화**로 알려졌고 암호화에 사용되는 키가 메시지를 복호화하는 데 사용되는 키와 다르다는 개념을 기반으로 한다. 실제로 각 사용자는 키 쌍을 보유하며 **공개 키**는 다른 사람에게 배포하고 **개인 키**는 비밀리에 보관한다. 각 메시지는 수신자의 공개키로 암호화되며 단지 그/그녀의 개인키(받는 사람)에 의해서만 복호화할 수 있다.

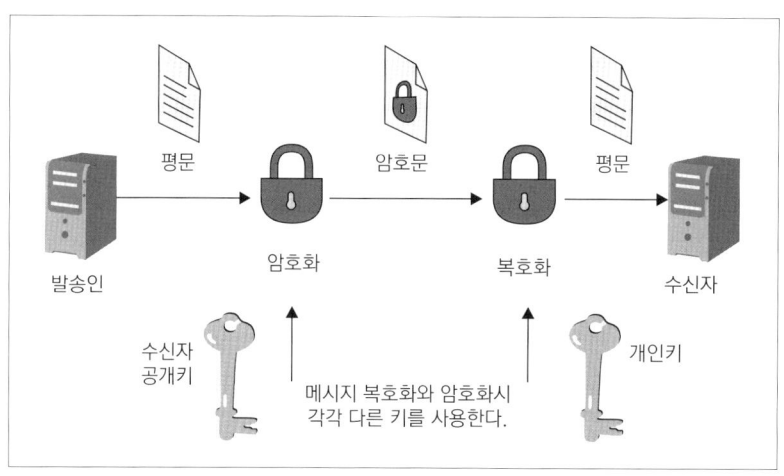

비대칭 암호화를 사용하면 메시지가 타사에 의해 공개될 수 없음은 분명하나, 여전히 하나의 취약점을 가진다.

비즈니스 파트너와 함께 몇 가지 유용한 정보를 교환한다고 가정할 때 전화 또는 전자 메일로 그/그녀의 공개 키를 요청한다. 공격자는 전자 메일을 가로채거나 단순히 대화에 귀를 기울여 빠르게 그/그녀의 공개키를 사용하여 가짜 전자 메일을 보낸다. 이제 데이터 전송이 확보되더라도 잘못된 사람에게 연결돼 버린다!

이러한 문제를 해결하기 위해 공개키가 개인에게 속해 있는지 확인할 수 있는 문서가 필요하다. 이 문서를 **디지털 인증서** 또는 공개키 인증서라고 부른다. 디지털 인증서는 인증서 소유자(사용자 또는 시스템 이름이 될 수 있음)와 소유자의 공개키 이름이 포함된 데이터 형식의 블록으로 설정될 뿐만 아니라 인증을 위한 **인증 기관**CA의 디지털 서명도 포함하고 있다. 인증기관은 문서의 공개키와 관련된 보낸 사람의 이름을 증명한다.

일반적으로 공개키 인증서는 **웹 사이트와 안전하게 상호작용**을 위해 사용된다. 사이트를 접속할 때 공인 인증서를 브라우저에 제공하고, 실제로 웹 사이트의 소유자에 의해 개설된 사이트인지 웹 브라우저는 미리 정의된 CA 세트로 전송해 확인하게 된다. 요약해보면 https://www.abc.com에 브라우저를 연결하면 브라우저에 인증서 경고가 나타나지 않는다. 즉 사이트 또는 귀하의 브라우저가 해킹되지 않는 한 안전하게 사이트를 담당하고 있는 기업과 상호작용할 수 있다고 확신한다. 그러나 이것은 또 다른 이야기다.

> **단순 인증 및 클라이언트 인증**
>
> 앞의 예에서 간단한 인증(서버 인증이라고도 함)을 묘사했다. 이 시나리오에서 ID를 증명하는 것은 서버만의 역할이었다.
>
> 그러나 SSL의 상호인증(클라이언트 또는 양방향 인증이라고도 함)인 경우 서버는 네트워크를 통해 SSL 핸드셰이크 중 클라이언트 인증서를 요청할 수 있다.
>
> 클라이언트 인증은 CA에서 X.509 형식의 클라이언트 인증서가 필요하다. X.509 형식은 SSL 인증서에 대한 업계 표준 형식이다. 디지털 인증서를 생성하기 위해 사용할 수 있는 도구를 모색할 것이며 CA가 서명한 인증서를 얻는 방법에 대해 알아볼 것이다.

JBoss AS의 보안 소켓 계층 사용

JBoss AS는 **자바 보안 소켓 확장**JSSE, Java Secure Socket Extension을 사용하며 J2SE에 포함된 SSL/TLS 통신 기능을 가진 번들이다.

엔터프라이즈 애플리케이션은 두 개의 서로 다른 위치인 **HTTP 레벨**과 **RMI 레벨**에서 보호할 수 있다. HTTP 통신은 standalone.xml/domain.xml 파일에서 웹 서브시스템에 의해 처리된다. 반면에 RMI 전송을 보호하는 것은 항상 애플리케이션의 강력한 요구 사항이다. 사실 대부분 운영 환경에서 JBoss AS는 방화벽 뒤에 배치된다.

다음 그림에서 볼 수 있듯 EJB를 신뢰할 수 없는 네트워크에 직접 노출되지 않는다는 것을 의미하며 이는 일반적으로 DMZ에 배치된 웹 서버를 통해 연결된다.

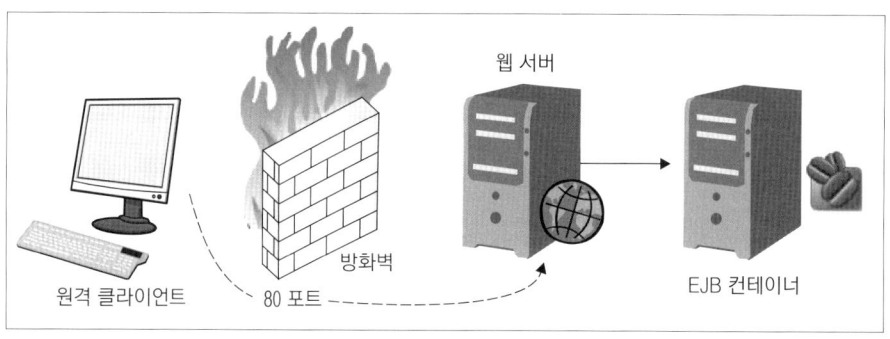

JBoss AS와 SSL로 시작하기 위해서 우선 SSL 서버 소켓이 사용하는 X509 인증서의 형태로 공개 키/개인 키 쌍을 생성하는 도구가 필요하다. 이것은 다음 절에서 다룬다.

인증서 관리 도구

디지털 인증서를 설정하는 데 사용할 수 있는 도구는 keytool이며 키와 인증서 관리 유틸리티를 자바 SE와 함께 제공한다.

그것은 자기 인증에 사용하거나(사용자가 다른 사용자나 서비스에 자신을 인증하는 경우) 또는 데이터 무결성 및 인증 서비스에 대한 자신의 공개/개인 키 쌍 및 연관된 인증서를 관리할 수 있게 디지털 서명을 사용한다. 또한, 사용자가 통신 피어의 공개키를 인증서 양식으로 캐시할 수 있다.

keytool은 keystore로 불리는 파일에 키와 인증서를 저장하며 인증서 저장소는 클라이언트 나 서버를 식별하기 위해 사용된다. 일반적으로 keystore는 하나의 클라이언트 혹은 서버의 ID를 포함하며 암호를 사용하여 보호된다.

keystore 생성 예를 살펴보자.

```
keytool -genkey -keystore jboss.keystore -storepass mypassword -keypass
mypassword -keyalg RSA -validity 180 -alias as7book -dname "cn=Francesco
Marchioni,o=PackPub,c=GB"
```

이 명령어는 작업 디렉토리에 jboss.keystore라는 이름의 키 스토어를 생성하고 mypassword 암호를 지정한다. 생성된 공개/개인 키 쌍의 엔티티 식별자로 일반이름 Francesco Marchioni, 조직 PacktPub, 두 글자 국가코드 GB를 가진다.

이 작업을 통해 공개 키와 식별 이름 정보를 포함한 **인증서를 자체 서명**self-signed certificate(RSA 서명 알고리즘을 사용)할 수 있다. 이 인증서는 180일 동안 유효하고 keystore에 포함된 비밀키는 별칭 as7book를 참조한다.

> 자체 서명된 인증서는 CA에 의해 확인되지 않아서 고전적 중간자(man-in-the-middle) 공격에 취약한 인증서이다. 자체 서명된 인증서는 자체 사용하거나 진짜 인증서가 도착하길 기다리는 동안 테스트 시에 적합하다.

자체 서명된 인증서를 사용한 HTTP 통신 보안

이제 Jboss 웹 채널을 확보하기 위해 keystore 파일을 사용하는 방법에 대해 살펴보자. 서버 설정 파일(standalone.xml/domain.xml)을 열고 웹 서브시스템을 확인한다.

이제 SSL 요소를 추가하여 인증서 데이터로 keystoreFile과 keyStorePass 정보를 포함해 연결 정보를 업데이트한다.

```
<subsystem xmlns="urn:jboss:domain:web:1.0" default-virtual-
server="default-host">
    <connector name="http" protocol="HTTP/1.1" socket-binding="https"
      scheme="https" secure="true">
        <ssl key-alias="as7book" password="mypassword" certificate-key-
          file="jboss.keystore" cipher-suite="ALL" protocol="TLS"/>
        . . . .
    </connector>
</subsystem>
```

변경 사항을 활성화하기 위해 Jboss AS를 다시 시작해야 한다. 콘솔 맨 아랫부분에서 다음 로그를 표시하며 포트 8443에서 실행되는 새 HTTPS 채널에 대해 알려준다.

```
INFO [org.apache.coyote.http11.Http11Protocol] (MSC service thread 1-4)
Starting Coyote HTTP/1.1 on http--127.0.0.1-8443
```

다음은 어떠한 웹 애플리케이션이든 보안채널로 접근하려고 할 때 인터넷 익스플로러 브라우저에 표시되는 화면이다(예를 들면 SecuredApp을 https://localhost:8443/SecuredApp 경로로 배포한 경우).

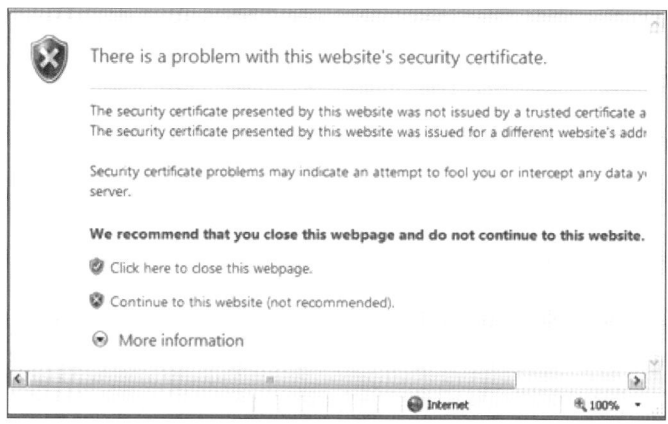

어떻게 된 걸까? 일단 웹 서버와 보안 연결이 설정됐고, 서버 인증서는 브라우저로 전송됐다. 인증서가 인정된 CA에 의해 서명되지 않았기 때문에 브라우저 보안 샌드박스sandbox는 잠재적인 보안 위협에 대해 사용자에게 경고한다.

이건 사내 테스트이기 때문에 안전하게 Continue to this website웹 사이트 계속 탐색을 선택하여 진행할 수 있다. 이것이 자체 서명된 인증서로 보안 소켓 계층을 활성화하는 방법이다.

CA가 서명한 인증서로 HTTP 통신 보안

서명된 인증서를 가지려고 CA에 **인증서 서명 요청**CSR, certificate-signing request을 발행하면 서버에 설치될 수 있는 서명된 인증서를 반환한다. 이건 조직에 비용이 발생한다는 것을 의미한다. 가격의 경우 CA 인증기관과 요청하는 암호화 강도 및 기타 요인에 따라 달라질 것이다.

따라서 처음에는 새로 만든 저장소와의 `keyEntry`를 사용하여 **CSR**을 생성한다.

```
keytool -certreq -keystore jboss.keystore -alias as7book -storepass
mypassword -keypass mypassword -keyalg RSA -file certreq.csr
```

certreq.csr 이름의 형식을 갖는 새 인증서 요청을 생성한다.

```
-----BEGIN NEW CERTIFICATE REQUEST-----
....
-----END NEW CERTIFICATE REQUEST-----
```

이전 인증서는 CA로 전송해야 한다. 예를 들어 **베리사인**(http://www.verisign.com/)을 CA로 선택했다고 가정해 본다.

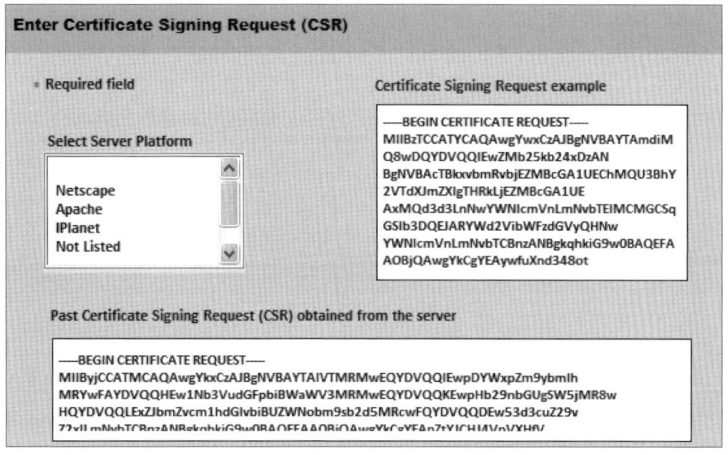

등록 단계의 끝에 CA는 서명을 반환하고 인증서는 키체인 속에서 가져올 필요가 있다. signed_ca.txt라는 이름의 파일에 CA 인증서를 저장한다고 가정해보자.

```
keytool -import -keystore jboss.keystore -alias testkey1 -storepass mypassword -keypass mypassword -file signed_ca.txt
```

여기서 -import 옵션은 인증서를 추가하거나 -keystore 파라미터를 기준으로 규정된 신뢰할 수 있는 인증서 목록에 인증서 체인과 -alias로 확인하는 데 사용된다. 파라미터 -storepass는 암호를 지정하며 키 스토어의 무결성을 보호하는 데 사용된다. -keypass 옵션을 주지 않는다면 개인 키 암호는 키 저장소 암호와 다르고 패스워드의 입력이 요구된다. 이제 웹 브라우저는 CA에 의해 서명되는 대로 새 인증서를 인식하고 인증서의 유효성을 검사할 수 없다는 불평을 하지 않을 것이다.

요약

보안의 기본 개념인 인증 및 권한 부여의 차이에 대한 논의로 10장을 시작했다.

인증이 사용자의 신원을 확인할 때 사용된다면 사용자가 리소스에 접근할 권한을 갖는지 확인할 때 권한 부여가 사용된다.

JBoss는 자바 인증 및 권한 부여 서비스JAAS, Java Authentication and Authorization Servic 위에 피켓박스 프레임워크를 얹어 사용하여 애플리케이션에서 실행 중인 모든 자바EE기술을 확보하고 있다. 보안 서브시스템의 핵심 섹션은 보안 도메인 요소에 포함되며 모든 필수 권한 부여 및 인증 검사를 수행한다.

다음으로 사용자 자격 증명 및 관련 역할을 저장하는 데 사용되는 로그인 모듈에 대해 자세히 살펴봤다. 각 로그인 모듈은 프로그램이나 선언적 방식으로 엔터프라이즈 애플리케이션에서 사용된다. 프로그램 보안이 세분된 보안 모델을 제공할 수 있지만, 비즈니스 계층 및 보안 정책 사이를 깨끗이 분리할 수 있는 선언적 보안을 사용하는 것을 권장한다.

그 후 새 커맨드라인 인터페이스 보안 영역을 추가하여 관리 인터페이스를 확보하는 방법을 알아봤다.

마지막으로 보안 소켓 계층 및 keytool 자바 유틸리티에 의해 생성된 인증서를 사용하여 통신 채널을 암호화하는 방법에 대해 10장 마지막 부분에서 알아봤다.

11장에서는 엔터프라이즈 애플리케이션을 클라우드 환경 JBoss7 서버에 배포하는 방법과 설정법에 대해 배우며 이 책의 모든 과정을 마무리 짓는다.

11 클라우드에도 매력적인 JBoss AS 7

이 책은 애플리케이션 서버와 관련된 프로젝트들이 큰 변화를 겪는 동안 쓰였다. 2011년도에 가장 눈부신 변화 중 하나는 몇 가지 단계로 클라우드에 간단히 자바 EE 6 호환 애플리케이션을 제공하는 오픈시프트OpenShift 프로젝트의 등장이다. 이 새롭고 흥미로운 프로젝트를 이용해서 엔터프라이즈 애플리케이션을 전 세계에 홍보하는 방법을 여러분에게 보여주려 한다.

클라우드 컴퓨팅은 비교적 새로운 개념이라 최소한의 배경을 소개하고 다음의 세 가지 주요 부분 중 오픈시프트 온라인 프로젝트에 대해 설명한다.

- 오픈시프트 온라인 서비스는 클라우드 애플리케이션을 활용하는 목적으로 시작하는 퍼블릭 클라우드 서비스다.
- 오픈시프트 엔터프라이즈 서비스는 기업용 프라이빗 클라우드 서비스다.

- 오픈시프트 오리진 서비스는 커뮤니티 드리븐 오픈소스 PaaS_{Platform as a Service layer}로 직접 로컬에 구축할 수 있도록 제공하는 서비스다.[1]

클라우드 컴퓨팅이란?

클라우드 컴퓨팅은 뭘까? 우리는 사방에서 이 말을 듣지만 정말 무엇을 의미할까? 우리는 알게 모르게 클라우드를 사용하고 있다. 지메일_{Gmail}, 핫메일_{Hotmail} 또는 기타 인기있는 메일 서비스를 이용한다면 당신은 이미 클라우드를 사용하고 있는 것이다. 간단히 말하면 클라우드 컴퓨팅은 구름과 유사하게 모든 요소 사이의 관계를 웹으로 나타내 제공하는 공동의 컴퓨팅 리소스와 서비스의 집합이다.

그러나 클라이언트 컴퓨팅은 컴퓨터 업계에서 전혀 새로운 것은 아니다. 10년에서 20년 동안 IT에서 근무했던 분들은 클라이언트 서버_{client-server} 애플리케이션의 첫 번째 유형이 메인 프레임과 터미널 애플리케이션이었다는 것을 기억하고 있다. 그 당시, 스토리지와 CPU는 매우 고가여서 메인 프레임은 두 가지 유형의 리소스를 관리하였고 씬 클라이언트_{thin-client} 터미널에 제공했다.

일반 기업 데스크톱에 대용량 스토리지 및 저가 CPU가 가져온 PC 혁명의 도래와 함께, 파일 서버는 문서 공유 및 아카이빙을 할 수 있어 인기를 얻었다. 이름에 걸맞게, 파일서버가 기업 내 클라이언트에 스토리지 리소스를 제공한 반면, 생산적인 작업을 수행하는 데 필요한 CPU는 PC 클라이언트의 범위를 벗어나지 못했다.

1990년대 초반, 신생 인터넷은 충분한 컴퓨터를 보유하게 되었고, 학자들은 하나의 기관이 구축 감당할 수 있는 것보다 훨씬 큰 스토리지를 공유할 수 있도록 만들고, 컴퓨팅 능력을 갖출 수 있도록 시스템을 연결하는 방법에 대해 고민하기 시작했다. 이때가 그리드 컴퓨팅의 아이디어가 형태를 갖추게 된 시작이었다.

---

1 오픈시프트는 온라인(online), 엔터프라이즈(enterprise), 오리진(origin)의 총 3가지를 서비스하고 있다. 기존의 오픈시프트 익스프레스는 오픈시프트 온라인(OpenShift Online) 서비스로 변경되었으며, 오픈시프트 플렉스 서비스는 중단되었다. 11장에서는 오픈시프트 온라인(OpenShift Online) 서비스에 관해서만 다룰 것이다. - 옮긴이

클라우드 컴퓨팅 vs 그리드 컴퓨팅

일반적으로, 그리드와 클라우드의 용어는 유사한 부분으로 인해 동일시되어 가고 있는 듯 싶다. 그러나 업계에서는 종종 혼란스럽고 체계가 잡히지 않아 이해하지 못하지만 둘 사이에는 중요한 차이점이 있다.

그리드 컴퓨팅은 수천 개의 컴퓨터를 하나의 큰 시스템 이미지의 프로그램으로 분할하고 양산할 수 있는 소프트웨어가 필요하다. 따라서 사용자의 사용 유형에 따라 클라우드가 되지 않을 수 있다. 그리드에 대한 하나의 문제는 노드에 있는 소프트웨어의 한 부분에 문제가 발생하면 다른 노드에 있는 소프트웨어의 다른 부분에도 문제가 발생할 수 있다는 것이다. 이것은 해당 구성 요소가 다른 노드에서 페일오버failover 구성 요소가 있는 경우 경감되지만, 구성 요소가 하나 이상의 그리드 컴퓨팅 작업을 수행하는 다른 소프트웨어에 의존하는 경우 문제는 여전히 발생할 수 있다.

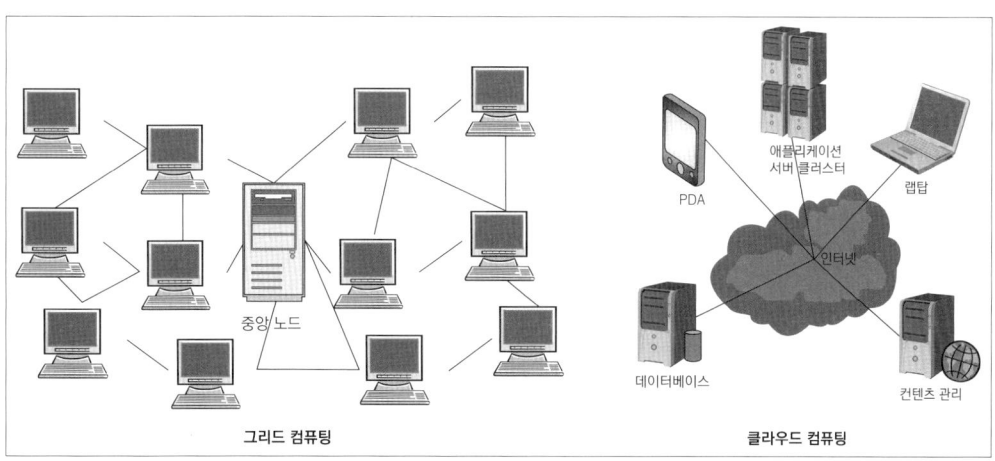

클라우드 컴퓨팅은 그리드 컴퓨팅에서 진화되었고 온디맨드 리소스 프로비저닝 on-demand resource provisioning을 제공한다. 클라우드 컴퓨팅은 기업이 새로운 인프라에 투자하거나, 새로운 직원을 훈련시키거나 소프트웨어 라이선스를 구입할 필요 없이 순식간에 엄청난 용량까지 확장 할 수 있다. 사용자가 시스템 관리자나 시스템 통합자의 경우 서버와 애플리케이션을 업그레이드하고 설치하고 가상화하는 클라우드를 유지 운영하는 방법에 대해 걱정하겠지만, 사용자가 고객인 경우는 시스템에서 구동되는 방법을 걱정할 필요가 없다.

> **그리드와 클라우드 : 유사점 및 차이점**
>
> 클라우드 컴퓨팅과 그리드 컴퓨팅은, 몇 가지 유사성이 있으며, 그들은 항상 상호 배타적이지는 않다. 사실, 둘 다 기존의 리소스를 극대화하여 컴퓨팅을 절약하는 데 사용된다.
>
> 그러나 두 개의 차이점은 각 해당 환경에서 작업이 이루어지는 방식에 있다. 계산 그리드에서 하나의 큰 작업은 여러 개의 작은 부분으로 나뉘어 여러 컴퓨터에서 실행된다. 이는 클라우드가 아닌 그리드의 기본특성이다.
>
> 클라우드 컴퓨팅은 사용자가 기본 아키텍처에 대한 투자 없이 다양한 서비스를 도와줄 수 있게 하기 위한 것이다. 클라우드 서비스는 유효 사용자 요구에 따라 인터넷(개별 구성 요소 또는 전체 플랫폼)을 통해 소프트웨어의 제공, 인프라스트럭처 및 스토리지 서비스를 제공한다.

클라우드 컴퓨팅의 장점

클라우드 컴퓨팅의 기초를 통해 클라우드 컴퓨팅으로 전환을 시작할 때 얻을 수 있는 이점을 고려해야 한다.

- **온디맨드 서비스 프로비저닝**: 셀프서비스 프로비저닝을 사용해, 고객은 긴 과정을 거치지 않고, 쉽게 클라우드 서비스를 받을 수 있다. 고객은 단순히 컴퓨팅, 스토리지, 소프트웨어, 프로세스 또는 서비스 제공자의 다른 리소스들을 요청한다.
- **탄력성**: 클라우드 컴퓨팅의 특정한 특성(탄력성)은 고객이 더 이상 트래픽을 예측할 필요없이, 적극적으로 그리고 자발적으로 자신의 사이트를 홍보할 수 있다는 것을 의미하고 트래픽 피크 엔지니어링은 더이상 필요 없게 되었다.
- **원가 절감**: 사실, 기업들은 자본 지출을 최소화하면서 IT의 기능을 높이기 위해 노력하고 있다. IT 수요 리소스의 적당한 양을 구입함으로써 조직은 불필요한 장비 구입을 피할 수 있다.

- **애플리케이션 프로그래밍 인터페이스**API: 소프트웨어 접근성은 사용자 인터페이스가 인간과 컴퓨터 사이의 상호작용을 용이하게 하는 같은 방법으로 클라우드 소프트웨어와 상호작용하는 시스템을 가능케 한다. 클라우드 컴퓨팅 시스템은 일반적으로 REST 기반 API를 사용한다.

이러한 장점과 함께, 클라우드 컴퓨팅의 몇 가지 단점이나 잠재적인 위험에 대해 고려해야 한다.

가장 큰 위협은 '물리적, 논리적 및 인력 통제'를 우회하는 아웃소싱 서비스 IT 업체가 사내 프로그램을 통제하기 때문에 기업 외부에서 처리하기 민감한 데이터가 리스크 수준으로 제공된다는 것이다. 또한, 클라우드를 사용하는 경우, 당신은 아마 당신의 데이터가 호스팅되는 위치를 정확하게 알 수 없다. 사실 어느 국가에 저장되어 있는지 알 수가 없어 잠재적으로 지역 관할 문제로 이어질 수 있다.

가트너 그룹(http://www.gartner.com)에서 알 수 있듯이, 항상 특정 권한 관리자의 채용 및 감독에 관한 정보를 제공자에게 요청해야 한다. 이 외에도, 클라우드 제공자는 경험이 풍부한 전문가에 의해 테스트되고, 설계된 암호화 체계를 증거로 제공해야 한다. 그것은 제공자가 고객을 대신하여 지역의 개인정보보호 요구사항을 준수하는 계약상의 약속이라고 이해해야 한다.

클라우드 컴퓨팅의 형태

클라우드 리소스의 또 다른 분류는 클라우드가 호스팅 되는 위치를 기준으로 할 수 있다.

- **퍼블릭 클라우드**public cloud: IT 리소스를 서비스로 제공하고 여러 조직 간에 공유, 외부 서비스 공급자가 관리
- **프라이빗 클라우드**private cloud: 하나의 조직에 전용 IT 리소스를 제공하고 필요에 따라 제공
- **하이브리드 클라우드**hybrid cloud: 필요에 따라 클라우드를 통해 용량을 확장할 수 있도록 단독으로 관리되는 프라이빗과 퍼블릭 클라우드의 혼합

침입 탐지 시스템(IDS)

여러 클라우드 컴퓨팅 종류 사이의 결정은 전문가와 일반적으로 몇 가지 주요 요인에 따른 토론의 문제이다. 예를 들어, 보안에 관한 한 지금까지와 같은 퍼블릭 클라우드는 매우 안전한 환경을 제공하고 있지만, 프라이빗 클라우드도 최고 표준에 부합하는 보안 수준을 제공한다. 또한, 침입 탐지 시스템IDS 및 전용 방화벽과 같은 보안 서비스를 추가할 수도 있다.

프라이빗 클라우드는 여분의 용량을 가지고 데이터센터를 잘 운영하는 대규모 조직을 위한 올바른 선택이 될 수 있다. 해당 데이터 센터를 클라우드로 변환하는 새로운 소프트웨어를 추가한다 할지라도 퍼블릭 클라우드를 사용하는 것은 더 비싸다.

반면에, 확장에 관한 한, 프라이빗 클라우드 중 부정적인 점은 성능이 클라우드 클러스터에 있는 장비 수에 제한되어 있어 컴퓨팅 성능을 최대치로 끌어올리려면, 다른 물리적 서버를 추가해야 한다. 이 외에도, 퍼블릭 클라우드는 일반적으로 사용하는 컴퓨팅 리소스를 시간 단위로 사용료를 먼저 지급하는 pay-as-you-go 모델을 보유하고 있다. 이 유틸리티 가격은 여러분이 정기적으로 개발 서버를 회전시키고 다운시켜야 한다면 사용할 수 있는 경제적인 방법이다.

따라서 당연히, 퍼블릭 클라우드 구축의 대부분은 일반적으로 큰 조직과 고객의 보안 및 규정 준수 요구 사항이 문제가 되지 않는 웹 서버 또는 개발 시스템에 사용된다.

퍼블릭 클라우드와 반대로 프라이빗 클라우드는 전용 고성능 하드웨어가 필요로 하는 큰 조직의 보안 및 규정 준수 요구 사항을 충족하기 때문에 일반적으로 중견 기업과 대기업이 선호한다.

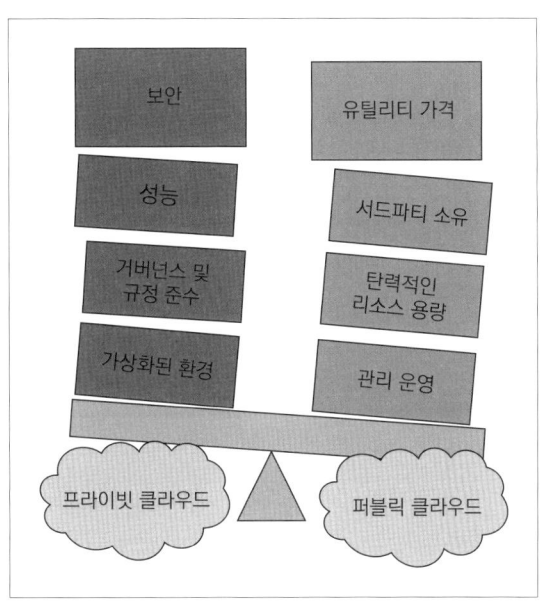

클라우드 컴퓨팅의 종류

클라우드 컴퓨팅은 크게는 클라우드 서비스 모델Cloud Service Models 또는 SPI 서비스 모델SPI Service Model로 알려진 클라우드 스택의 세 층으로 분류될 수 있다.

서비스로서의 인프라스트럭처 IaaS, Infrastructure as a Service: 클라우드 스택의 기본 계층이다. 다른 두 레이어가 실행되기 위한 토대 역할을 하며, 컴퓨터 하드웨어 (서버, 네트워크 기술, 스토리지 및 데이터 센터 공간)를 포함하는 서비스다. 또한, 리소스를 관리하는 운영 체제 및 가상화 기술을 포함할 수 있다. IaaS는 하드웨어의 인수가 쉽고 저렴하고 빠르다.

 아마존 EC2는 IaaS의 좋은 예이다. 아마존 EC2 (Elastic Compute Cloud)에서 애플리케이션은 가상 컴퓨터 (또는 인스턴스라고도 함)에서 실행되며, 가상컴퓨터를 선택한다는 것은 애플리케이션에 대한 최적의 CPU 설정 및 메모리 및 스토리지 구성을 선택할 수 있다는 것을 의미한다.

서비스로서의 플랫폼 PaaS, Platform as a Service은 개발자를 위한 개발 플랫폼을 제공한다. 최종 사용자는 코드를 작성하고, PaaS 제공자는 코드를 업로드하고 웹에 게시한다.

PaaS를 사용하면, 개발자는 프로젝트 환경 준비하기 위한 돈을 투자할 필요가 없다. PaaS 제공자는 웹 플랫폼을 제공하며, 대부분의 경우에 소프트웨어를 다운로드할 필요가 없이 브라우저를 사용하여 플랫폼을 이용할 수 있다. 단순성과 비용 효율성의 조합은 중소형 기업 또는 개인 개발자가 자신의 클라우드 SaaS를 시작할 수 있게 한다.

페이스북은 서드파티(third party)가 최종 사용자가 사용할 새 애플리케이션을 작성할 수 있게 해주는 소셜 애플리케이션 플랫폼이다. 또 다른 예는 오픈시프트 제공자는 개발자가 JBoss AS 7에 서버 사이드 애플리케이션을 업로드할 수 있도록 JBoss AS 오픈시프트 제공자를 제공해 준다.

클라우드 컴퓨팅의 최종 세그먼트는 오히려 직접 구매보다 서비스 제공 업체에서 소프트웨어를 임대의 개념을 기반으로 하는 **서비스로서의 소프트웨어**SaaS, Software as a Service와 같은 소프트웨어다. 소프트웨어는 웹 또는 인트라넷을 통해 사용할 수 있는 기능을 만들기 위해 중앙 네트워크 서버에서 호스팅 된다. 이른바 '온디맨드 소프트웨어' 때문에 현재의 높은 융통성, 좋은 서비스, 향상된 확장성 및 적은 유지 보수의 클라우드 컴퓨팅의 가장 인기 있는 유형이다. 야후 메일, 구글 문서 및 CRM 애플리케이션은 SaaS의 사례다.

서비스 플랫폼 및 소프트웨어 등을 모두 정의할 수 있는 서비스가 가능한지 궁금 수 있다. 대답은 '예, 물론입니다! 예를 들어, 페이스북을 언급하자면 페이스북은 다양한 서비스를 제공하는 플랫폼과 최종 사용자에 의해 개발된 비즈니스 애플리케이션(페이스북 API) 두 가지로 정의할 수 있다.

JBoss 클라우드 인프스트럭처

몇 년 전만 해도 스프링소스와 같은 경쟁자는 이미 견고한 클라우드 인프스트럭처가 있었지만, JBoss AS는 여전히 클라우드 플랫폼에서 누락되었다.

애플리케이션 서버가 통합 클라우느 조직에서 누락되었지만, 이것이 클라우드에 관심이 없다는 의미는 아니다. JBoss world 2010 labs에 가봤다면, 클라우드에 대한 논의가 많았음을 알 것이다. 프런트 엔드 기기, 백엔드 장비, 관리 장비 집합으로 구성된 CirrAS(http://www.jboss.org/stormgrind/projects/cirras)는 BoxGrinder 프로젝트(http://boxgrinder.org/)를 사용하여 만들어졌다. 불행히도, 프로젝트는 2011년 8월에 더는 성장하지 않았고 JBoss 클라우드 애플리케이션의 포트폴리오는 여전히 미미했다.

당시 레드햇은 클라우드를 실행하는 JBoss AS 7 서버로 배포 및 자바EE 애플리케이션을 관리하기 위한 오픈시프트 플랫폼의 가용성을 발표했다.

오픈시프트는 가장 풍부하고 가장 까다로운 애플리케이션을 PaaS의 기능으로 확장, CDI 애플리케이션 실행과 자바EE 6에 대한 지원을 계획한 최초의 PaaS다. 오폰시프트는 빠르게 클라우드에서 자바 애플리케이션을 배포하기 위한 세 종류의 서비스를 제공한다.

- **온라인**은 신규 및 기존 자바EE, 루비, PHP, 클라우드에 있는 파이썬 애플리케이션을 몇 분 만에 배포하는 무료 클라우드 기반의 플랫폼이다.
- **엔터프라이즈** 서비스는 기업용 프라이빗 클라우드 서비스로 유료 서비스다.
- **오리진** 서비스는 커뮤니티 주도 오픈소스 Paas로 직접 로컬에 구축할 수 있도록 제공하는 무료 서비스다.

 오픈시프트는 리눅스(C로 작성, 또는 여러 바이너리 구성 요소를 사용하는)로 작성되고, 리눅스를 기반으로 빌드된 클라우드에 애플리케이션을 배포할 수 있는 Power 플랫폼을 제공한다.

오픈시프트 온라인 시작

오픈시프트 온라인은 클라우드에서 애플리케이션을 작성, 배포 및 관리할 수 있으며, 디스크 공간, CPU 리소스, 메모리, 네트워크 연결 및 아파치 또는 JBoss 서버를 제공한다. 작성하는 애플리케이션 유형에 따라, 그 유형에 대한 템플릿 파일 시스템 레이아웃에 접근할 수 있다(예를 들어, php, WSGI, Rack/Rails). 오픈시프트 온라인은 제한된 DNS를 생성한다. 오픈시프트 온라인을 시작하는 데 필요한 첫 번째는 https://openshift.redhat.com/app/account/new에서 계정을 생성하는 것이다 (매우 간단한 등록 절차로 통해 만들 수 있다).

등록한 후 이메일 인증을 한다. 그리고 리눅스 배포판에 클라우드에서 애플리케이션을 배포 및 관리하는 데 필요한 클라이언트 도구를 설치한다.

 설치 절차를 에뮬레이트 하는 시그윈(cgywin) 도구를 사용할 수 있다. 그러나 설치시간이 많이 걸리는 openssh, 루비, Git와 같은 도구 세트를 설치해야 하기에 추천하지 않는다.

오픈시프트 클라이언트 툴 설치[2]

여러분에게 **페도라 14**(또는 이상) 또는 **레드햇 엔터프라이즈 6**(또는 그 이상) 중 하나를 사용하는 것을 추천한다.

우선 유효성을 검사하는 데 필요한 RPM 파일 및 키의 기본 URL이 포함된 openshift.repo 파일이 필요하다. 해당 파일은 https://openshift.redhat.com/app/repo/openshift.repo에서 얻을 수 있다.

이제 파일을 sudo 또는 루트 접근 권한을 사용하여 /etc/yum.repos.d/ 파일시스템 폴더에 복사한다.[3]

```
$ sudo mv openshift.repo /etc/yum.repos.d/
```

그런 다음 클라이언트 툴을 설치한다.

```
$ sudo yum install rhc
```

 Sudo 명령은 슈퍼 사용자로 명령을 실행할 수 있는 안전한 방법이다. sudo를 사용하려면, sudoers 목록에 사용자를 추가해야 한다.

```
visudo
```

그런 다음 편집기에서 다음 코드 한 줄(아래 user는 실제 유저명으로 대체)을 추가한다.

```
user ALL=(ALL) ALL
```

---

2 먼저 jdk와 maven과 git을 설치하고, 다음과 같이 adduser 명령어로 francesco 계정을 생성하자. $ adduser francesco
– 옮긴이

3 francesco 홈 디렉토리에서 wget https://openshift.redhat.com/app/repo/openshift.repo를 실행하면 openshift.repo 파일을 다운로드할 수 있다. – 옮긴이

오픈시프트 온라인 도메인 생성

애플리케이션을 작성하기 전에, 도메인을 생성해야 한다. 오픈시프트 온라인은 형식이 엄격하지 않은 도메인(기간이 없음)을 사용하고, 도메인 이름은 애플리케이션 프로그램 이름의 일부를 형성한다. 애플리케이션 프로그램 이름의 형식은 applicationName-domainName.rhcloud.com이다.

각각의 유저명은 단지 하나의 도메인만 지원하지만, 해당 도메인에서 여러 애플리케이션을 만들 수 있다. 여러 도메인을 필요로 하는 경우에는, 다른 이름을 이용하여 다른 계정을 생성해야 한다.

우선 다음과 같이 rhc setup 명령어를 실행한다. 여기서 도메인namespace 설정은 나중에 하기로 하고 그냥 넘어가자.

```
[francesco@localhost ~] rhc setup
OpenShift Client Tools (RHC) Setup Wizard

This wizard will help you upload your SSH keys, set your application
namespace, and check that other programs like Git are properly installed.

Login to openshift.redhat.com: fmarchioni@fmailbox.com
Password: ******

OpenShift can create and store a token on disk which allows to you to
access the server without using your password.  The key is stored in your
home directory and should be kept secret.  You can delete the key at any
time by running 'rhc logout'.
Generate a token now? (yes|no) yes
Generating an authorization token for this client ... lasts about 24
hours

Saving configuration to /home/francesco/.openshift/express.conf ... done

No SSH keys were found. We will generate a pair of keys for you.

    Created: /home/francesco/.ssh/id_rsa.pub

Your public SSH key must be uploaded to the OpenShift server to access
code.  Upload now? (yes|no) yes
```

```
Since you do not have any keys associated with your OpenShift account,
your new key will be uploaded as the 'default' key.

Uploading key 'default' ... done

Checking for git ... found git version 1.7.1

Checking common problems .. done

Checking your namespace ... none

Your namespace is unique to your account and is the suffix of the public
URLs we assign to your applications. You may configure your namespace
here or leave it blank and use 'rhc create-domain' to create a namespace
later. You will not be able to create applications without first
creating a namespace.

Please enter a namespace (letters and numbers only) |<none>|:

You may create a namespace later through 'rhc create-domain'

Checking for applications ... none

Run 'rhc create-app' to create your first application.
  Do-It-Yourself 0.1                         rhc create-app <app name> diy-0.1
  JBoss Application Server 7                 rhc create-app <app name> jbossas-7
  JBoss Enterprise Application Platform 6.1.0 rhc create-app <app name> jbosseap-6
  Jenkins Server                             rhc create-app <app name> jenkins-1
  Node.js 0.6                                rhc create-app <app name> nodejs-0.6
  PHP 5.3                                    rhc create-app <app name> php-5.3
  Perl 5.10                                  rhc create-app <app name> perl-5.10
  Python 2.6                                 rhc create-app <app name> python-2.6
```

```
  Python 2.7                              rhc create-app <app name>
python-2.7
  Python 3.3                              rhc create-app <app name>
python-3.3
  Ruby 1.8                                rhc create-app <app name>
ruby-1.8
  Ruby 1.9                                rhc create-app <app name>
ruby-1.9
  Tomcat 6 (JBoss EWS 1.0)                rhc create-app <app name>
jbossews-1.0
  Tomcat 7 (JBoss EWS 2.0)                rhc create-app <app name>
jbossews-2.0
  Zend Server 5.6                         rhc create-app <app name>
zend-5.6

  You are using 0 of 3 total gears
  The following gear sizes are available to you: small

Your client tools are now configured.
```

처음 이 명령을 실행하면, SSH 핸드셰이크handshake(둘 이상의 장치가 서로 보조를 맞추어서 처리하는 것)가 클라이언트 도구 및 오픈시프트 온라인 사이에서 발생한다. 그러면, SSH 키는 오픈시프트 온라인과 통신할 때 사용된다(다음과 같이 유저 홈에 저장되어 있다).

```
[francesco@localhost ~]$ ls -al .ssh
합계 16
drwx------. 2 francesco francesco 4096 2013-09-02 16:00 .
drwx------. 6 francesco francesco 4096 2013-09-02 16:00 ..
-rw-------. 1 francesco francesco 1679 2013-09-02 16:00 id_rsa
-rw-rw-r--. 1 francesco francesco  394 2013-09-02 16:00 id_rsa.pub
```

새로운 도메인을 생성하기 위해서 rhc create-domain 명령어를 실행하면 된다. 예를 들어 fmarchioni@fmailbox.com 유저의 as7sample 도메인을 생성하려면, 다음과 같이 작성한다.[4]

```
$ rhc create-domain -n as7sample -l fmarchioni@fmailbox.com -p password
```

---

4 fmarchioni@fmailbox.com 대신 각자 만든 계정의 사용하고, password 대신 계정의 패스워드를 입력한다. – 옮긴이

이 명령어에서 -n 옵션은 생성하고자 하는 도메인의 이름을 나타낸다. -l 옵션은 오픈시프트 온라인 계정에 등록한 이메일 주소이고, -p 옵션은 계정의 패스워드이다.[5]

 최근에는 JBoss Tools IDE와 UI를 통해서도 도메인과 애플리케이션을 생성할 수 있도록 허용되었으며, 다음 페이지에서 해당 정보를 얻을 수 있다. http://tinyurl.com/6tzx3rd

 만약 다른 호스트에서 애플리케이션을 개발해야 하는 경우에는?

이전에 설명한 바와 같이, 컴퓨터와 오픈시프트 온라인 사이의 통신은 보안 키를 사용하는 SSH를 통해 발생한다.

따라서 다른 컴퓨터에서 도메인을 사용하기 위해서는 SSH 키를 복사해야 하고, 여러 컴퓨터에서 오픈시프트 온라인을 사용하려면, SSH 설정 파일을 해당 컴퓨터로 복사해야 한다.

또한 $HOME/.openshift/express.conf에 위치한 온라인 설정 파일도 복사해야 한다.

오픈시프트 온라인 애플리케이션 생성

등록된 도메인을 가지고, 애플리케이션을 생성할 것이다. 오픈시프트는 다른 서버 애플리케이션을 제공하며, 자바, PHP, 펄, 파이썬, 루비를 사용할 수 있다. 정말로 중요한 것은 당신이 자바EE 6 웹 프로파일을 사용하여 JBoss AS 7.0 플랫폼에 애플리케이션을 배포하는 것이다.

사실, 오픈시프트 온라인 JBoss 카트리지에 사용되는 JBoss AS 7 서버의 설정은 JBoss 7.0.2 최종릴리스(이 책 원서 인쇄 직전에는 7.1.0 알파로 업그레이드되었다.)를 간단히 수정하는 정도이다. 오픈시프트 온라인 릴리스는 메모리의 양 및 애플리케이션 서버에서 발생할 수 있는 프로세스의 개수에 몇 가지 제한 사항이 있다. 개념적 관점에서 보면, 애플리케이션은 하나 이상의 서버 측 구성 요소에 대한 컨테이너로 볼 수 있다. 애플리케이션을 만드는 데 사용되는 명령은 여러 옵션을 허용하는 `rhc app-create`이다. 옵션의 전체 목록을 보려면 다음과 같이 실행한다.

---

5 as7sample 도메인을 누가 사용하고 있을 경우 다른 임의의 도메인을 사용한다.rhc setup 명령어로 ssh 키가 정상적으로 업로드 되었다면, rhc create-domain 실행 시 계정을 입력하지 않아도 자동으로 로그인이 되어 도메인이 생성된다.그리고 정확히 얘기하면 as7sample은 도메인을 구성하는 namespace 이름이다. – 옮긴이

```
$ rhc app-create --help
```

계정을 사용하여 example이라는 애플리케이션을 만들려면 다음과 같이 실행한다.

```
$ rhc app-create -a example jbossas-7 -r /home/francesco/example -l
fmarchioni@fmailbox.com -p password
Application Options
-------------------
  Namespace:  as7sample
  Cartridges: jbossas-7
  Gear Size:  default
  Scaling:    no

Creating application 'example' ... Artifact: ./ROOT.war is still deploying
done

  Artifacts deployed: ./ROOT.war

Waiting for your DNS name to be available ... done

Initialized empty Git repository in /home/francesco/example/.git/
Warning: Permanently added the RSA host key for IP address '54.221.8.69'
to the list of known hosts.

Your application 'example' is now available.

  URL:        http://example-as7sample.rhcloud.com/
  SSH to:     52243f705004464e6500013c@example-as7sample.rhcloud.com
  Git remote: ssh://52243f705004464e6500013c@example-as7sample.rhcloud.
com/~/git/example.git/
  Cloned to:  /home/francesco/example

Run 'rhc show-app example' for more details about your app.
```

여기에서, 애플리케이션 이름에 -a 옵션은 애플리케이션 이름, -l 플래그는 사용자 로그인 이름, -p는 암호, jbossas-7은 애플리케이션 유형(JBoss AS 7.0 애플리케이션)이다. -r 옵션은 오픈시프트가 애플리케이션의 데이터와 관련된 모두를 저장할 로컬 파일 시스템의 폴더로 사용된다. 해당 데이터의 일부는 깃Git 버전 관리 시스템의 로컬 복사본이 된다. 다음 절에서 로컬 저장소에 세부 사항을 좀 더 살펴볼 것이다.

여러분의 도메인은 게시된 http://example-as7sample.rhcloud.com/URL을 지정하여 검증할 수 있는 애플리케이션의 네임 스페이스를 포함한다.

애플리케이션 네임 스페이스의 아티팩트artifacts를 배포하기 위해 깃 로컬 저장소를 사용한다.

 GIT은 높은 속도와 효율성으로 소규모에서 매우 큰 프로젝트에 이르기까지 모든 것을 처리하기 위해 설계된 무료 및 오픈소스 분산 버전 관리 시스템이다. http://git-scm.com에서 확인할 수 있다.

애플리케이션의 example 폴더는 다음과 같다.

```
example
|
|--- deployments
|
|--- pom.xml
|
|--- src
|
|--- .openshift
|
|--- .git
```

여러분도 알 수 있듯이, deployments 폴더는 해당 JBOSS_HOME/standalone/deployments 디렉토리와 동일한 작업을 수행한다. 해당폴더에 배치되는 애플리케이션은 오픈시프트 저장소에 업로드된다. 그래서 애플리케이션을 만들고 해당 폴더에 배포해야 한다. 첫 번째 예를 들어, 텍스트 파일을 PDF로 렌더링하는 간단한 클라우드 서비스를 배포할 것이다.

이 애플리케이션은 iText 라이브러리를 사용하여 요청을 PDF로 생성하는 서블릿으로 구성된다.

/home/francesco/example/src/main/java 경로에 sample 폴더를 만들고, 아래의 자바 소스를 가지고, TexttoPdf.java라는 이름의 자바소스를 생성하자.

```java
package sample;

import java.io.IOException;

import javax.servlet.*;
import javax.servlet.annotation.WebServlet;
import javax.servlet.http.*;

import com.itextpdf.text.*;
import com.itextpdf.text.pdf.PdfWriter;

@WebServlet("/TexttoPdf")
public class TexttoPdf extends HttpServlet {
 private static final long serialVersionUID = 1L;

 public void init(ServletConfig config) throws ServletException{
      super.init(config);
 }

 public void doGet(HttpServletRequest request,
         HttpServletResponse response) throws ServletException, IOException{
      doPost(request, response);
 }

 public void doPost(HttpServletRequest request,
         HttpServletResponse response) throws ServletException, IOException{
      String text = request.getParameter("text");
      response.setContentType("application/pdf");
      Document document = new Document();
      try{
        PdfWriter.getInstance(document,
        response.getOutputStream());
        document.open();
        document.add(new Paragraph(text));
        document.close();
      }catch(DocumentException e){
       e.printStackTrace();
      }
   }
}
```

애플리케이션은 텍스트를 분석하기 위해 텍스트를 전달하는 HTML/JSP 페이지가 필요하다.

/home/francesco/example/src/main/webapp 경로에 다음 소스를 가지고 index.html이라는 이름의 파일을 생성하자.

```
<form action="TexttoPdf" method="post">

    <textarea cols="80" rows="5" name="text">
        This text will be converted in PDF.
    </textarea>

    <input type="submit" value="Convert to PDF">
</form>
```

그럼, 메이븐을 통해 패키지하여 보자. 우선 /home/francesco/example/pom.xml 파일을 열어 아래와 같이 itextpdf 라이브러리를 추가하자.

```
<dependency>
        <groupId>com.itextpdf</groupId>
        <artifactId>itextpdf</artifactId>
        <version>5.4.2</version>
</dependency>
```

/home/francesco/example 폴더로 이동하여 메이븐 명령어로 war 파일을 생성하자.

```
$ mvn package
```

다음으로, createpdf.war이라는 이름으로 애플리케이션을 패키지하고 클라우드로 업로드할 것이다. 이를 위해, 다음과 같이 cp 명령을 사용하여 메이븐으로 생성된 example-1.0.war 파일을 deployments 폴더로 createpdf.war이라는 파일명을 지어 복사하자.

```
$ cp  /home/francesco/example/target/example-1.0.war /home/francesco/example/deployments/createpdf.war
```

 AS 7 배포 규칙과 같은 기준에 따라, 압축이 풀린 애플리케이션을 실제 배포하기 위해서는 마커 파일이 필요하다. 마커 파일은 로컬 저장소의 deployments 폴더에 위치하며, AS 7 서버 인스턴스로 업로드 된다.

다음과 같이 git add와 git commit 명령어로 깃Git 저장소에 애플리케이션을 추가하고 커밋해야 한다.

```
$ git add /home/francesco/example/deployments/createpdf.war
$ git commit -m "First application on the cloud" /home/francesco/example/
deployments/createpdf.war
[master a95006c] First application on the cloud
 Committer: francesco <francesco@localhost.localdomain>
Your name and email address were configured automatically based
on your username and hostname. Please check that they are accurate.
You can suppress this message by setting them explicitly:

    git config --global user.name "Your Name"
    git config --global user.email you@example.com

If the identity used for this commit is wrong, you can fix it with:

    git commit --amend --author='Your Name <you@example.com>'

 1 files changed, 0 insertions(+), 0 deletions(-)
 create mode 100644 deployments/createpdf.war
```

실제로, git add 명령으로 깃에 createpdf.war의 스냅샷을 전달한다. 영구적으로 git commit으로 저장소 인덱스의 내용을 저장할 수 있다.

애플리케이션은 원격에 있는 깃 저장소로 이동되었다. 마지막으로 다음의 git push 명령어로 실제 JBoss AS 7에 애플리케이션을 배포한다.

git push

마지막으로, 다음 URL과 같이 오픈시프트 애플리케이션 이름과 도메인을 사용하여 애플리케이션에 접근할 수 있다. http://example-as7sample.rhcloud.com/createpdf

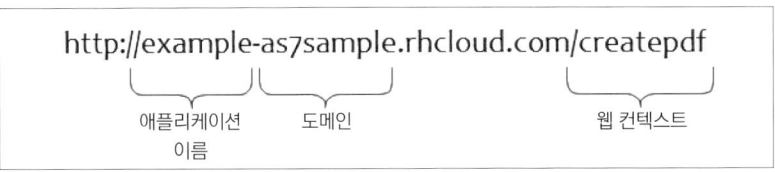

애플리케이션을 실행하면 다음과 같은 PDF 파일을 생성한다. 첫 번째 클라우드 애플리케이션!

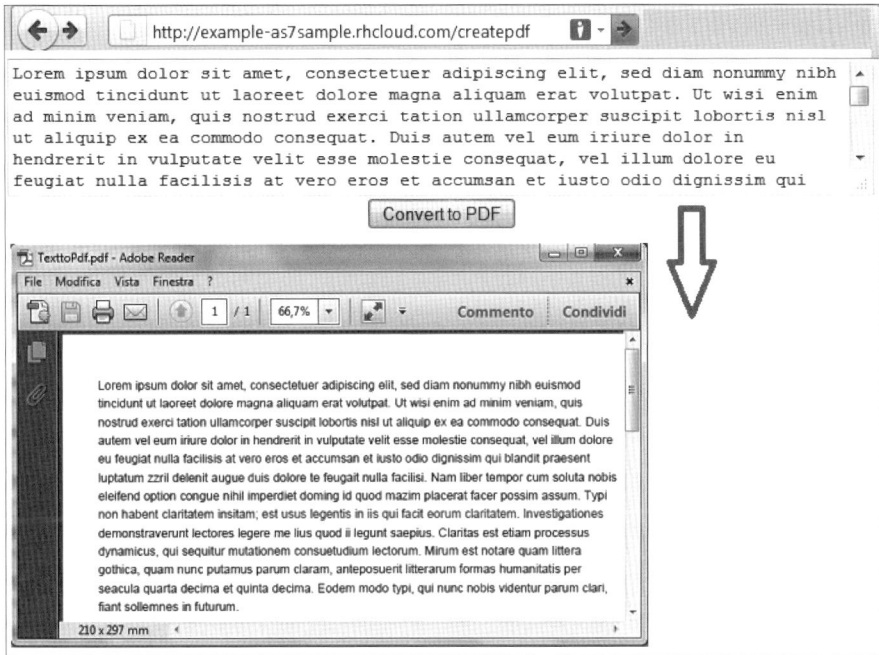

다음 절에서 첫 번째 애플리케이션을 완료하고, 오픈시프트 온라인 애플리케이션을 관리하는 방법과 몇 가지 고급 기능을 소개한다.

서버에 무슨 일이 일어나는지 보기

여러분은 애플리케이션을 배포하거나 실행할 때 서버 측에서 무슨 일이 일어나고 있는지 알고 싶을 것이다. 애플리케이션서버 컨트롤의 가장 기본적인 형태는 어떤 오류가 발생하거나 애플리케이션이 배포될 때 정보를 생성하는 콘솔이다.

rhc tail을 사용하며 애플리케이션 서버 로그를 추적하는 것은 매우 간단하다. 예를 들어, 셸을 사용해 example 애플리케이션을 감시할 수 있다.

```
$ rhc tail -a example
==> jbossas/logs/server.log <==
```

```
2013/09/02 04:10:50,729 INFO  [org.jboss.as.connector.services.ResourceAd
apterActivatorService$ResourceAdapterActivator] (MSC service thread 1-1)
IJ020002: Deployed: file://RaActivatorhornetq-ra
2013/09/02 04:10:50,755 INFO  [org.jboss.as.deployment.connector] (MSC
service thread 1-2) JBAS010401: Bound JCA ConnectionFactory [java:/JmsXA]
2013/09/02 04:10:51,635 INFO  [org.jboss.as.server.deployment] (MSC
service thread 1-3) JBAS015876: Starting deployment of "createpdf.war"
2013/09/02 04:10:51,633 INFO  [org.jboss.as.server.deployment] (MSC
service thread 1-1) JBAS015876: Starting deployment of "ROOT.war"
2013/09/02 04:11:03,256 INFO  [org.jboss.web] (MSC service thread 1-2)
JBAS018210: Registering web context:
2013/09/02 04:11:03,318 INFO  [org.jboss.web] (MSC service thread 1-1)
JBAS018210: Registering web context: /createpdf
2013/09/02 04:11:03,524 INFO  [org.jboss.as] (MSC service thread 1-4)
JBAS015951: Admin console listening on http://127.13.26.129:9990
2013/09/02 04:11:03,637 INFO  [org.jboss.as] (MSC service thread 1-4)
JBAS015874: JBoss AS 7.1.1.Final "Brontes" started in 112079ms - Started
258 of 379 services (118 services are passive or on-demand)
2013/09/02 04:11:05,340 INFO  [org.jboss.as.server] (DeploymentScanner-
threads - 2) JBAS018559: Deployed "ROOT.war"
2013/09/02 04:11:05,346 INFO  [org.jboss.as.server] (DeploymentScanner-
threads - 2) JBAS018559: Deployed "createpdf.war"

==> jbossas/logs/boot.log <==
    user.name = 52243f705004464e6500013c
    user.timezone = America/New_York
04:09:19,949 DEBUG [org.jboss.as.config] VM Arguments: -D[Standalone]
-XX:+TieredCompilation -Xmx256m -XX:MaxPermSize=102m -XX:+AggressiveOpts
-Dorg.apache.tomcat.util.LOW_MEMORY=true -DOPENSHIFT_APP_
UUID=52243f705004464e6500013c -Dorg.jboss.resolver.warning=true
-Djava.net.preferIPv4Stack=true -Dfile.encoding=UTF-8 -Djava.net.
preferIPv4Stack=true -Djboss.node.name=example-as7sample.rhcloud.
com -Djgroups.bind_addr=127.13.26.129 -Dorg.apache.coyote.http11.
Http11Protocol.COMPRESSION=on -Dorg.jboss.boot.log.file=/var/lib/openshi
ft/52243f705004464e6500013c/jbossas/standalone/log/boot.log -Dlogging.
configuration=file:/var/lib/openshift/52243f705004464e6500013c/jbossas/
standalone/configuration/logging.properties
04:09:40,962 WARN  [org.jboss.as.server] JBAS015883: No security realm
defined for native management service; all access will be unrestricted.
04:09:40,990 INFO  [org.xnio] XNIO Version 3.0.3.GA
```

```
04:09:41,831 INFO  [org.jboss.as.server] JBAS015888: Creating http
management service using socket-binding (management-http)
04:09:41,843 WARN  [org.jboss.as.server] JBAS015884: No security realm
defined for http management service; all access will be unrestricted.
04:09:42,284 INFO  [org.xnio.nio] XNIO NIO Implementation Version 3.0.3.GA
04:09:42,752 INFO  [org.jboss.remoting] JBoss Remoting version 3.2.3.GA
04:09:43,889 INFO  [org.jboss.as.logging] JBAS011502: Removing bootstrap
log handlers
```

AS 7 애플리케이션 관리

애플리케이션을 관리하는 표준 도구를 가지고 있지 않기 때문에 클라우드에서의 작업은 처음에는 조금 어려울 수 있다. 글을 쓰는 시점에서 애플리케이션을 관리할 수 있는 유일한 장비는 커맨드라인이었지만, 애플리케이션의 관리를 단순화할 수 있는 새로운 웹 인터페이스가 발표되었다.

애플리케이션을 관리하기 위해, rhc app 명령어를 사용한다. 다음은(-help 플래그를 사용하여 사용 가능한 옵션 목록) 애플리케이션을 관리하는 데 사용할 수 있는 명령의 목록이다.

옵션	설명
create	애플리케이션 생성
delete	서버로 부터 애플리케이션 삭제
force-stop	모든 애플리케이션 프로세스 중지
reload	애플리케이션 설정 리로드
restart	애플리케이션 재시작
show	애플리케이션 정보 보기
start	애플리케이션 시작
show ⟨app⟩ --state	애플리케이션 상태 보기
stop	애플리케이션 중지
tidy	애플리케이션 로그 및 tmp 디렉토리 정리 및 서버에 있는 깃 리포지토리 정리

예를 들어, 방금 만든 example 애플리케이션을 재시작하려면, 다음과 같은 명령어를 작성한다.

```
$ rhc app restart -l fmarchioni@fmailbox.com -p password -a example
RESULT:
example restarted
```

클라우드에서 애플리케이션 설정

우리가 예상한 대로, 당신이 애플리케이션을 만들 때, 고급 클라우드 구성을 위해 사용할 수 있는 로컬 저장소를 가지고 있다. 이전에 deployments 폴더에 대해 논의했다. 이 외에도, 여러분의 깃 저장소에 좀 더 흥미로운 것들이 있다. 다음과 같이 .openshift 폴더 아래에 있는 파일을 참고하자.

```
[francesco@localhost .openshift]$ ls -al
drwxrwxr-x. 2 francesco francesco 4096 2013-09-02 16:36 action_hooks
drwxrwxr-x. 3 francesco francesco 4096 2013-09-02 16:36 config
drwxrwxr-x. 7 francesco francesco 4096 2013-09-02 16:36 cron
drwxrwxr-x. 2 francesco francesco 4096 2013-09-02 16:36 markers
```

action_hooks는 git push가 실행된 후, 애플리케이션이 시작되기 전에 build라는 이름의 스크립트를 포함하고 있다.

 당신은 몇 가지 변수를 세팅하거나 테이블을 만드는 것과 같은 일부 애플리케이션 초기화를 수행하기 위한 빌드 스크립트를 사용할 수 있다. http://tinyurl.com/3hp6yg7에서 확인하라.

markers 이름의 다른 폴더는 메이븐 컴파일러에 힌트를 보낼 수 있다. 예를 들어, skip_maven_build 마커 파일은 빌드 과정을 건너뛰라고 컴파일러에 알려준다. 가장 중요한 것은, config 폴더는 그 아래에 다음과 같은 구조를 포함한다.

```
[francesco@localhost config]$ ls -al
drwxrwxr-x. 2 francesco francesco  4096 2013-09-02 16:36 modules
-rwxrwxr-x. 1 francesco francesco 28283 2013-09-02 16:36 standalone.xml
```

여기서, standalone.xml 파일은 애플리케이션 설정에 사용되며, 몇 가지 제약이 있긴 하지만, 애플리케이션 환경을 수정하는 데 사용할 수 있다. 예를 들어, 자바 최대 힙heap 사이즈 128MB과 `PermGen` 사이즈를 83MB 이상 초과할 수 없다.

오픈시프트 온라인 사용자들은 애플리케이션 구동시 프로세스가 100개로 제한 되는데, 그 프로세스들은 최대 80개까지 자바 스레드로 전환한다. 따라서 과도한 스레드 생성은 유효한 프로세스를 갉아먹고 네이티브 스레드 생성에 실패해서 `java.lang.OutOfMemoryErrors`를 발생시킬 수 있다.

다음 절에서는 MySQL 데이터소스를 사용하여 표준 설정을 수정하는 방법을 보여준다.

마지막으로, 배포된 로컬 AS 7과 같은 폴더인 modules 폴더에 JBoss AS 7 환경 모듈을 삽입할 수 있다.

오픈시프트 스토리지 관리

모든 기업 애플리케이션은 데이터 때문에 스토리지가 필요하고, 오픈시프트 또한 마찬가지다. 오픈시프트 온라인은 애플리케이션을 위해 최대 128MB 스토리지 공간을 제공한다. 데이터베이스를 저장하기 위해 할당된 저장 공간을 사용할수 있다. 애플리케이션에서 MySQL 데이터베이스를 포함하려면 다음과 같이 `rhc cartridge` 명령어에 add 옵션을 사용해야 한다.

```
$ rhc cartridge add mysql-5.1
Adding mysql-5.1 to application 'example' ... done

mysql-5.1 (MySQL Database 5.1)
------------------------------
  Gears:          Located with jbossas-7
  Connection URL: mysql://$OPENSHIFT_MYSQL_DB_HOST:$OPENSHIFT_MYSQL_DB_PORT/
  Database Name:  example
  Password:       4914i4YZG2_E
  Username:       admin6AI2a4e

Use 'rhc env --help' to manage environment variable(s) on this cartridge
and application.
```

```
MySQL 5.1 database added.  Please make note of these credentials:
        Root User: admin6AI2a4e
   Root Password: 4914i4YZG2_E
   Database Name: example
Connection URL: mysql://$OPENSHIFT_MYSQL_DB_HOST:$OPENSHIFT_MYSQL_DB_PORT/
You can manage your new MySQL database by also embedding phpmyadmin-3.
The phpmyadmin username and password will be the same as the MySQL
credentials above.
```

이제, 애플리케이션 서버에 데이터소스를 설정해야 한다. 생각하기보다 훨씬 쉽다. 사실, standalone.xml은 이미 MySQL 데이터베이스에 대한 데이터소스를 포함하고 있다. 그것을 사용하여 콘솔에 표시된 계정정보를 입력하면 된다.

```
<datasource jndi-name="java:jboss/datasources/MysqlDS"
enabled="true" use-java-context="true" pool-name="MysqlDS">
<connection-url>jdbc:mysql://127.0.0.1:3306/example</connection-url>
<driver>mysql</driver>
<security>
        <user-name>admin6AI2a4e</user-name>
        <password>4914i4YZG2_E</password>
</security>
</datasource>
```

애플리케이션에서 사용하는 데이터소스를 `java:jboss/datasources/MysqlDS` JNDI 네임스페이스에 등록시켰다.[6]

요약

11장에서는 회사에서 운영되는 애플리케이션의 관점을 클라우드 환경으로 확대해 봤다. 제안된 AS 7 클라우드 애플리케이션은 무료 PaaS로 개발자가 다운로드 및 스택을 관리하는 스크립트를 작성하거나 에이전트 설치에 대해 걱정할 필요없이 클라우드에 배포할 수 있는 오픈시프트 플랫폼이다.

---

[6] 위와 같이 직접 데이터소스 정보를 수정해도 되지만, rhc app restart 명령어를 구동하면 자동으로 데이터소스 정보들이 수정된다. rhc apps 명령어를 구동하면 ssh 접속정보 및 mysql 계정 정보를 알 수 있다. – 옮긴이

오픈시프트 플랫폼은 마이크로소프트 애저Azure 등의 다른 클라우드 솔루션과 몇 가지 유사점이 있다. 애저와 마찬가지로, 오픈시프트는 기본 인프라에 계층화 플랫폼 추상화를 가진 공급업체가 관리하고 운영하는 서비스다.

반면에, 오픈시프트는 여러 호스트를 선택할 수 있는 기능, 여러 플랫폼에 대한 지원, 공급업체의 추격을 방지하는 것이 중요한 오픈소스 프로젝트 코드의 최종 릴리스를 제공한다.

부록

부록에서는 CLI로 애플리케이션 서버 관리 시 사용하는 가장 일반적인 명령과 작업에 대한 요약 정보를 제공한다. 간략하게 jboss-admin.sh 스크립트(리눅스 환경)만 언급하며 윈도우 사용자는 해당 파일을 jboss-admin.bat 파일로 대신한다.

시작 옵션

다음 명령은 비 대화형 방식으로 CLI를 구동할 때 유용하다.

- jboss-admin 셸에 스크립트 명령어를 작성

    ./jboss-admin.sh --connect command=:shutdown

- 파일에 포함된 CLI 셸을 실행

    ./jboss-admin.sh --file=test.cli

일반 명령어

다음 명령은 시스템 정보를 수집하고 특정 서버 프로퍼티를 설정하는 데 사용된다.

- 환경 정보 조회

  version

- JNDI 컨텍스트 조회

  /subsystem=naming:jndi-view

- XML 서버 설정 조회

  :read-config-as-xml

- 컨테이너에 등록된 서비스 및 상태 조회

  /core-service=service-container:dump-services

- 시스템 프로퍼티 설정

  /system-property=property1:add(value="value")

- 시스템 프로퍼티 조회

  /system-property=property1:read-resource

- 모든 시스템 프로퍼티 조회

  /core-service=platform-mbean/type=runtime:read-attribute(name=system-properties)

- 시스템 프로퍼티 삭제

  /system-property=property1:remove

- 소켓 바인딩 포트 변경(예, http port)

  /socket-binding-group=standard-sockets/socket-binding=http:write-attribute(name="port", value="8090")

- 퍼블릭 인터페이스 IP 주소 조회

  /interface=public:read-attribute(name=resolved-address)

도메인 모드

명령어를 구동시킬 호스트(또는 서버이름)를 지정하기 위해서 호스트 이름(만약 요구한다면, 서버이름)을 앞에 붙여라.

- master 호스트의 XML 설정 조회

    `/host=master:read-config-as-xml`

- master 호스트에 구동되고 있는 server-one의 퍼블릭 인터페이스의 IP 주소 조회

    `/host=master/server=server-one/interface=public: read-attribute(name=resolved-address)`

배포 명령어

CLI로 애플리케이션 배포 또한 가능하다. 다음은 배포 명령어에 대한 요약이다.

- 애플리케이션 배포 목록

    `deploy`

- 스탠드얼론 서버로 애플리케이션 배포

    `deploy MyApp.war`

- 스탠드얼론 서버로 애플리케이션 재배포

    `deploy -f MyApp.war`

- 애플리케이션 배포해제

    `undeploy MyApp.war`

- 모든 서버그룹으로 애플리케이션 배포

    `deploy MyApp.war --all-server-groups`

- 하나 이상의 서버그룹으로 애플리케이션 배포(구분자 콤마)

    `deploy application.ear --server-groups=main-server-group`

- 모든 서버그룹의 애플리케이션 배포해제

    undeploy application.ear --all-relevant-server-groups

- 하나 이상의 서버그룹의 애플리케이션 배포해제

    undeploy as7project.war --server-groups=main-server-group

- 내용을 삭제하지 않고 배포해제

    undeploy application.ear --server-groups=main-server-group--
    keep-content

JMS

다음 JMS와 관련된 명령어를 찾을 수 있는데 JMS목적지를 만들거나 삭제하는 데 사용할 수 있다.

- JMS 큐 추가

    add-jms-queue --name=queue1 --entries=queues/queue1

- JMS 큐 삭제

    remove-jms-queue queue1

- JMS 토픽 추가

    add-jms-topic --name=topic1 --entries=topics/topic1

- JMS 토픽 삭제

    remove-jms-topic topic1

데이터소스

다음은 간단한 데이터소스 명령어 목록이며, 데이터소스 별칭을 사용하여 실행한다.

- 데이터소스 추가
  ```
  data-source add --jndi-name=java:/MySqlDS --pool-name=MySQLPool
  --connection-url=jdbc:mysql://localhost:3306/MyDB --driver-
  name=mysql-connectorjava-5.1.16-bin.jar --user-name=myuser
  --password=password --max-pool-size=30
  ```
- 데이터소스 삭제
  ```
  data-source remove --jndi-name=java:/MySqlDS
  ```

데이터소스(리소스에서 오퍼레이션 사용)

데이터소스 서브시스템에서 오퍼레이션을 사용하여 데이터소스를 운영할 수 있다.

- 드라이버 설치 목록
  ```
  /subsystem=datasources:installed-drivers-list
  ```
- 데이터소스 추가
  ```
  /subsystem=datasources/data-source=testDS:add(jndi-
  name=java:jboss/datasources/MyDB, pool-name= MySQLPool,
  driver-name=mysql-connector-java-5.1.16-bin.jar, connection-
  url=jdbc:mysql://localhost:3306/MyDB)
  ```
- XA데이터소스 추가(오퍼레이션 사용)
  ```
  /subsystem=datasources/xa-data-source="MySqlDSXA":add(jndi-
  name="java:/MySqlDSXA",driver-name="com.mysql", pool-
  name="mysqlPool") /subsystem=datasources/xa-data-
  source=MySqlDSXA/xa-datasource-properties=ServerName:add(valu
  e=localhost) /subsystem=datasources/xa-data-source=MySqlDSXA/
  xa-datasource-properties=PortNumber:add(value=3306) /
  subsystem=datasources/xa-data-source=MySqlDSXA:enable
  ```

- 데이터소스 삭제(리소스에서 오퍼레이션 사용)

    `/subsystem=datasources/data-source=testDS:remove`

모드클러스터

모드클러스터 관리는 다음과 같은 CLI 작업으로 수행할 수 있다.

- 프록시 리스트에 연결

    `/subsystem=modcluster:list-proxies`

- 프록시 정보 조회

    `/subsystem=modcluster:read-proxies-info`

- 클러스터에 프록시 추가

    `/subsystem=modcluster:add-proxy(host= CP15-022, port=9999)`

- 프록시 제거

    `/subsystem=modcluster:remove-proxy(host=CP15-022, port=9999)`

- 웹 컨텍스트 추가

    `/subsystem=modcluster:enable-context(context=/myapp, virtualhost=default-host)`

- 웹 컨텍스트 비활성

    `/subsystem=modcluster:disable-context(context=/myapp, virtualhost=default-host)`

- 웹 컨텍스트 중지

    `/subsystem=modcluster:stop-context(context=/myapp, virtualhost=default-host, waittime=50)`

- 메트릭 추가

    `/subsystem=modcluster:add-metric(type=heap)`

배치

다음은 CLI로 배치Batch 처리를 다루는 방법이다.

- 배치 시작 명령어
  `batch`
- 배치 중지
  `holdback-batch`
- 배치 명령어 목록
  `list-batch`
- 배치 명령어 세션 제거
  `clear-batch`
- 배치 명령어 목록 실행
  `run-batch`

스냅샷

스냅샷은 서버 설정의 검색과 저장을 허용한다.

- 서버 설정 스냅샷 획득
  `:take-snapshot`
- 유효한 스냅샷 목록
  `:list-snapshots`
- 스냅샷 삭제
  `:delete-snapshot(name="20110726-223444446standalone.xml")`

찾아보기

ㄱ

가상 파일 시스템 200
격리 수준 182
경량 디렉토리 액세스 프로토콜 333
고가용성 249, 287
광고(Advertise) 메커니즘 295, 299
권한부여 324
그리드 컴퓨팅 359
깃 372

ㄴ

네이티브 CLI 인터페이스 57
네임 스페이스 373
네임스페이스 격리 199
네트워크 인터페이스 카드 59
네티 107
노 인터페이스(No-interface) EJB 96

ㄷ

단순 인증 및 클라이언트 인증 349
데이터베이스 로그인 모듈 330
데이터소스 84
데이터소스 생성과 수정 227
데이터소스 설정 242
데이터 퍼시스턴트 설정 145

도메인 54, 154, 368
도메인 서버 44
도메인 컨트롤러 154
동기 메시지 271
동적인 클러스터링 294

ㄹ

레드햇 365
로거 69
로거 객체 77
로그 라이브러리 69
로드 메트릭 294, 308
로드밸런싱 249, 287, 288
로컬 클래스로더 46
루트 55
루트 컨텍스트 141
리모트 EJB 145
리모트 EJB 클라이언트 142
리모트 인터페이스 141
리모팅 142

ㅁ

마법사 187
마이크로소프트 애저 383
마커 파일 189

ㅁ

매니지드 빈　133, 134
매니페스트 파일　204
멀티캐스트　264
멀티호밍　255
메시지 드리븐 빈　95, 102
메시지 지속성　114
메시징 서브시스템　249
명령어　226
모듈 아키텍처　38
모듈화 서비스 컨테이너　32
무상태 세션 빈　95
무설정 파일　94

ㅂ

배치 CLI 스크립트　231
배포 디스크립터　62, 325
배포 스캐너　183
배포판　37
별칭　120
보안 경고　37
보안 도메인　327
보안 도메인 요소　354
보안 서브시스템　326
보안 제공자　142
부트　56
부트스트랩 라이브러리　49
비 대화형 방식　234
비 대화형 출력 리다이렉션　235
비동기 EJB　96
비동기 메시지　271
비동기 핸들러　73
비클러스터링 환경을 위해서 사용되는
　　default 프로파일　259
빌딩블록　264

ㅅ

사용자 정의 핸들러　74
상대 식별 이름　333
상태유지 세션 빈　95
생명주기 통지　294
서버　55
서버 라이브러리　49
서버 부트스트랩 라이브러리　48
서버사이드 컴포넌트　150
서버 코어 서비스　53
서버 프로파일 설정　241
서브시스템　53
선언적 보안　325
설정의 스냅샷 찍기　235
세션 빈　148
세션 빈 클러스터링　313
소켓 바인딩 그룹 설정　246
수동 배포　182
수평적으로 확장된　251
스냅샷 찍기　237
스레드 팩토리　63
스레드 풀　122
스레드 풀 서브시스템　62
스케일업　254
스탠다드 자바EE 서비스　53
스탠드얼론 서버　33, 44
스탠드얼론 서버 클러스터링 설치　250
스티키 세션　306
시그윈 셸　191
식별 이름　333
실행자　64
싱글턴 EJB　96

ㅇ

아카이브 138
아파치 벨로시티 API 204
아파치 톰캣 7.0 120
애노테이션 134, 325
애노테이션 보안 326
애플리케이션 서버 31, 54
애플리케이션 서버 노드 154
어드민 콘솔 접속 240
어셉터 107
엔터프라이즈 366
엔터프라이즈급 웹 서버 119
엔터프라이즈 아카이브 181
엔티티스 146
엔티티스 설정 148
엔티티 캐싱 317
엔티티 클러스터링 313
엠빈즈 39
오리진 366
오퍼레이션 218, 221
오퍼레이션 목록 221
오프셋 포트 246
오픈시프트 357
오픈시프트 엔터프라이즈 서비스 357
오픈시프트 오리진 서비스 358
오픈시프트 온라인 서비스 357
온라인 366
웹 루트 컨텍스트 48
웹 서버 커넥터 설정 121
웹 서비스 보안 343
웹 서비스 유틸리티 스크립트 45
웹 아카이브 150
웹 애플리케이션 배포 139

웹 애플리케이션 보안 338
웹 애플리케이션 아카이브 181
웹 애플리케이션 클러스터링 313, 320
웹 어드민 콘솔 215, 239
이클립스 33, 188
이클립스 개발환경 설치 41
익스플로디드(압축 해제된 디렉토리 형태) 아카이브 184
인메모리 148
인스턴스 획득 타임아웃 98
인증 324
인증 검사 354
인증서 관리 도구 350
인증서 자체 서명 351
인터럽트 40
인피니스팬 102, 264, 268
인피니스팬 서브시스템 249

ㅈ

자동 배포 182
자동 완성 기능 217
자바EE 6 애플리케이션 119
자바 아카이브 180
자바 인증 및 권한 부여 서비스 354
자바 트랜잭션 API 115
전송계층 보안 347
정적 리소스 구성 126
정적 리소스 설정 152
정적 파일 시스템 50
제이그룹스 263
제이그룹스 서브시스템 249, 264
종료 스크립트 위치 40

ㅊ

채널 264
친구 복제 276

ㅋ

카트리지 371
커넥션 풀 88
커넥터 107
커맨드 218
커맨드라인 인터페이스 39, 215, 216
컨시스턴트 캐시 알고리즘 274
컨텍스트 스위칭 오버헤드 66
코요테 123
쿼리 캐시 319
큐 메시징 105
클라우드 컴퓨팅 358, 359
클래스로더 56, 179
클래스로딩 의존성 200
클러스터링 288
클러스터링 환경을 위한 ha 프로파일 259

ㅌ

트랜잭션 컨텍스트 95
트랜잭션 코디네이터 116
트위들 39

ㅍ

파일을 이용한 스크립트 실행 234
팜 배포 254
패스워드 암호화 331
패시베이션 100
패시베이션 캐시 102

ㅎ

퍼블리시 서브스크라이브 메시징 105
퍼블릭 클라우드 361
퍼시스턴스 API 146
퍼시스턴스 제공자 147
퍼시스턴스 컨텍스트 145
포맷터 69
폴 페라로 101
풀의 최대 크기 98
프라이빗 클라우드 361
프로그램 보안 325
프로세스 컨트롤러 154
프로토콜 스택 264
프로파일 58
프론트엔드 컴포넌트 150
프리 풀 97
피켓박스 프레임워크 323, 354
필수 권한 부여 354
필터 69

ㅎ

하드와이어링(hardwiring) 63
하이버네이트 4.0 151
하이브리드 클라우드 361
핸들러 69
호넷큐(HornetQ) 106, 282
호스트 58
호스트 컨트롤러 54, 154
확장성 249

A

acceptors 107
add-jms-queue 명령어 226
add-JMS-topic 227

add-proxy 명령 302
address-setting 112, 113
address 요소 283
advertise-socket 요소 296
Apache Velocity 204
APR HTTP 커넥터 123
APR 커넥터 124
AS 7 관리 인터페이스 보안 344
ASYNCIO 114
AS 릴리스 49
Authentication 324
Authorization 324
auto-deploy-exploded 184
auto-deploy-zipped 184

B

batch 모드 231, 233
batch 명령 231
blocking 64
boot 56
buddy replication 276

C

cd 219, 220
classloader 56
ClassNotFoundException 80
Class-Path 213
classpath hell 80
CLI 215
CLI 사용법 217
CLI에서 도움받기 231
CLI의 히스토리 238
clustered 요소 282

cn(변경 노드) 219
command 218
connection-factory 110
connectors 107
connector 속성 121
context-root 138
Custom handlers 74
CXF 프레임워크 120
cygwin 191

D

data-source 227, 230
default-interface 60
default-timeout 117
default 스캐너 218
delete-snapshot 238
dependencies 섹션 209
Dependencies 속성 207
deployment descriptor 62
deployment-scanner 리소스 218
deploy 185, 186
destination 54
disable-context 302
distributable 태그 253
distributed 274
distributed-cache 271
Distribution 270
domain 54
domain.bat 44
domain.xml 46
domain 폴더 46
driver 88
durable 요소 112

E

EAR(Enterprise Archive) 181
ear-subdeployments-isolated 요소 210
EAR 파일 180
EJB 3 서브시스템 99
EJB 리시버 145
EJB 보안 341
EJB 싱글턴 133
enable-context 302
enable-statistics 117
excluded-contexts 지시자 304
exclusion 섹션 208
Executor 64

F

Farm deployment 254
Filter 69
formatters 69

G

global-modules 206

H

H2 84
handlers 69
hand-off 65
hardwiring 63
help 231
history 239
holdback-batch 232
HornetQ 282
host 58

Host controller 54
host.xml 46
http connector 122
HTTP 세션 270
HTTP 통신 보안 351

I

IaaS 363
Infinispan 249
installed-drivers-list 228
interrupt 40
invalidation 270, 276
invm 107
InVmConnectionFactory 110

J

J2SE Logging libraries(JUL) 69
JAR(Java Archive) 180
JAR 실행 파일을 직접 사용 51
JAR 파일 180
JBoss AS의 보안 소켓 계층 사용 350
JBoss Dependencies 213
JBoss Logging 62
JBoss security 323
JBoss tools 설치 42
JBossTS 복구 서브시스템 116
JBoss 가상 파일 시스템 47
JBoss 로깅 서브시스템 62
JBoss 모듈 32
JBoss 스탠드얼론 인스턴스 38
JBoss 재시작 41
JBoss 정지 40
JBoss 툴즈 프로젝트 188

JCA 어댑터　106
JDBC 4　92
JDBC 드라이버　92
JGroups　249
JkMount 지시자　290
JMS ConnectionFactory　110
JMS 목적지　54, 111
JMS 목적지 설정　244
JMS 목적지 추가　226
JMS 클라이언트　102
JNDI　84
JNDI 네임스페이스　143
JNDI 룩업 섹션　144
JPA 배포자　151
JPA 서브시스템　147
Jserv 프로토콜　123
JSF 릴리스 2.1　130
JSF 설정 파일　134
jsp-configuration　127, 128
JSP 구성　126
JSP 설정　152
JSR-107 호환 캐시　264
JTA　115
JUL 로그매니저(LogManager)　70

K

KeepAliveTimeout　299
keystore　351
keytool　350

L

LDAP 로그인 모듈　333
LDAP의 데이터 교환 형식　335

list-batch　232
list-snapshots　238
LoadModule 지시자　290
Local　269
local datasources　87
Log4j　69
log4j.properties　78
log4j.xml　78
loggers　69
logging.properties　47
ls 명령어　224

M

management 네트워크 인터페이스　58
ManagerBalancerName　299
MaxKeepAliveRequests　299
MBeans　39
MDB(message driven beans)　102
MDB(Message-driven beans)　95
Messaging　249
mod_cluster　287, 294, 296, 321
mod_cluster_manager　303
mod_jk　287, 289, 294, 321
mod_proxy　292, 321
module.xml　85
module 속성　86
multihoming　255

N

namespace　199
native　57
Netty　107
NIC(Networks Interface Card)　59

NIO 114
non-interactive 234

O

ObjectStore 117
offset 246
operation 218
org.jboss.ejb3.annotation.CacheConfig
　애노테이션 314

P

PaaS 364
Passivation 100
path 183
Paul Ferraro 101
periodic-rotating-file-handler 72
PicketBox 323
pool 88
port 60
prepared-statement-cache-size 89
profile 58
public 네트워크 인터페이스 58
pwd 220

R

RAR 파일 180
read-children-names 225
read-children-resources 225
read-children-types 224
read-children 224
read-resource 221
read-resource-description 223
read-resource 222
RecoveryManager 117
relative-to 183
RemoteConnectionFactory 111
remove-metric 310
remove-proxy 302
replicated-cache 271
replication 273
Replication 270
retry-interval 284
rhc app 379
RollingFileAppender 78
root 55
root-logger 76
run-batch 231

S

SaaS 364
SAR 파일 180
scale-up 254
scheduled-thread-pool 68
selector 요소 112
server 55
ServerAdvertise 299
services 키워드 205
SFSB(Stateful session beans) 95
singleton 96
SingletonBean 136
size-rotating-file-handler 73
SLSB(Stateless session beans) 95
SLSB 인스턴스 97
SSH 핸드셰이크 370
standalone.bat 44
standalone.xml 47

standalone 폴더 47
Stateful 세션 빈 270
statement 89
static-resources 127
sticky session 306
stop-context 302
sub-deployment 요소 208
subscriptions 283
subsystems 53

T

take-snapshot 237
TCP 107
The asynchronous handler 73
Thread Pool 62
TransactionManager 116

U

UDP 107
undeploy 186
UnifiedClassLoader 200
UserRoles 로그인 모듈 329

V

VFS(Virtual File System) 200

W

WAR(Web Application Archive) 181
WAR 파일 180
Write-Attribute 218

X

xa-datasource 90
xa-datasources 87, 93
XA 데이터소스 만들기 244
XA데이터소스 생성과 수정 230

기호·숫자

--all-relevant-server-groups 194
--all-server-groups 194
@Clustered(loadBalancePolicy="FirstAvailable") 314
@Clustered 애노테이션 314
--disabled 185
.failed 191
.isdeploying 192
.isundeploying 192
@javax.ejb.Timeout 104
@javax.persistence.Cacheable 318
@org.jboss.ejb3.annotation.Clustered 애노테이션 313
.pending 192
.skipdeploy 192
2차 캐싱 317

에이콘출판의 기틀을 마련하신 故 정완재 선생님 (1935-2004)

JBoss AS 7 따라잡기
강력한 오픈소스 자바 엔터프라이즈 애플리케이션 서버

인   쇄 | 2013년 12월 16일
발   행 | 2013년 12월 23일

지은이 | 프란체스코 마르치오니
옮긴이 | 김완철 • 신정훈 • 김상곤 • 안광운

펴낸이 | 권 성 준
엮은이 | 김 희 정
　　　　윤 설 희
표지 디자인 | 한국어판_그린애플
본문 디자인 | 남 은 순

인   쇄 | 한일미디어
용   지 | 진영지업(주)

에이콘출판주식회사
경기도 의왕시 내손동 757-3 (437-836)
전화 02-2653-7600, 팩스 02-2653-0433
www.acornpub.co.kr / editor@acornpub.co.kr

Copyright ⓒ 에이콘출판주식회사, 2014, Printed in Korea.
ISBN 978-89-6077-499-5
ISBN 978-89-6077-210-6 (세트)
http://www.acornpub.co.kr/book/jboss-as7

이 도서의 국립중앙도서관 출판시도서목록(CIP)은 서지정보유통지원시스템 홈페이지(http://seoji.nl.go.kr)와
국가자료공동목록시스템(http://www.nl.go.kr/kolisnet)에서 이용하실 수 있습니다.(CIP제어번호: CIP2013027636)

책값은 뒤표지에 있습니다.